JN437057

개정판

# 국제운송론

백종실 | 김영민 | 우정욱 공저

# 개정 머리말

경제활동의 글로벌화와 정보통신 및 교통기술의 발달로 세계는 좁아지고, 기업간, 산업간 경쟁은 날로 치열해지고 있다. 기업은 물류비 절감과 고객서비스 향상을 위한 물류전략은 기업경영에 있어서 중요한 요소로 인식하고 있고, 국가와 지자체도 물류효율화를 위해 다양한 노력을 기울이고 있다. 특히, 2008년 글로벌 금융위기 이후 수요 감소와 경기침체, 유동성 부족, 외환위기 상존 등 뉴노멀(new normal) 상황이 지속됨에 따라 물류비 절감을 통한 생존전략이 필요하기 때문이다.

또한, 21,000TEU급 대형 컨테이너선과 벌크선의 대량 발주에 따른 선박공급과잉이 지속되고 운임회복이 어려운 세계 해운시장은 물론 국제물류시장에서도 물류기업간 경쟁이 치열하기 때문에 경쟁우위 확보를 위한 물류전략이 필요하다. 아울러, 세계 주요국들도 물류산업의 발전을 통한 고용창출과 외국기업 유치를 위한 부가가치 창출 및 산업발전정책을 적극 추진하고 있다.

운송은 물품의 장소이동, 즉 공간적 효용을 창출하는 활동으로서 시간적 효용을 창출하는 보관하역과 더불어 물류분야에서 가장 큰 비중을 차지하고 있다. 특히, 경제활동이 글로벌화되면서 경영활동을 수행하기 유리한 세계 각 지역에서 원재료, 부품, 반제품 등의 조달, 생산, 판매가 이루어지기 때문에 국제운송의 수요도 급증하고 있고, 전세계적으로 해외직접구매 등이 확대됨에 따라 국제특송 등 수요도 매년 확대되고 있다. 국내운송과 국제운송간 매끄러운 연계와 문전에서 문전까지 원스톱 일관운송 서비스도 확대되는 등 디지털 경제시대에도 운송의 중요성은 여전히 높다.

화물운송의 효율화는 리드타임이나 시장수요에 맞춰 적기에 필요한 상품을 고객에게 인도하기 위한 글로벌 소싱이 확대되고, 글로벌 SCM이 고도화될수록 요구되고 있다. 특히, 국제특송을 비롯한 국제물류활동이 확대되면서 국제복합운송과 국제해상 및 항공운송, 국제특송화물의 일관운송 수요도 날로 높아지고 있다. 오늘날 국제운송시스템은 녹색물류에 대한 관심과 물류보안과 안전이 중요한 관리

요소로 등장하였으며, TMS, Routing 등 정보시스템을 바탕으로 RFID, Mobile, 3D 프린팅, 드론(drone) 등을 활용하는 최신 물류기술을 접목시켜 물류효율화와 최적화를 도모하기 위하여 지속적으로 진화되고 있다.

국내 및 국제물류체계가 고도화되고 아웃소싱이 확대될수록 정보시스템과 첨단 물류기술을 활용한 수배송계획과 재고관리를 효율적으로 수행할 수 있는 전문물류인력이 필요하다. 급변하는 국내외 물류환경변화 물류 고도화에 따라 적절한 물류전략을 수립하고 개선대안을 제시할 수 있는 물류전문가는 국내는 물론 해외에도 턱없이 부족하다. 실무능력과 분야별 전문지식을 갖추고, 원활한 의사소통이 가능한 외국어 구사능력을 가진 물류전문가의 수요는 갈수록 증가하고 있다.

국제운송론은 육상·해상·항공·철도의 운송수단, 운송경로, 운임, 수배송계획, 합리화, 녹색물류와 물류보안 등을 다루고 있으며, 이를 통해 물류의 기본개념을 이해하고, 물류관리 전반에 대한 이해를 한층 높일 수 있다. 이 책의 특징은 첫째, 운송에 대한 이론적인 내용은 물론 실무적인 내용까지 포함시키기 위해 노력하였다. 둘째, 최근 법률과 제도의 변화와 통계자료를 최신화하고, 국내외 물류환경변화 추세를 최대한 반영하여 국제운송 흐름에 대한 이해를 높이는데 주안점을 두었다. 셋째, 그림과 도표를 활용하여 독자의 이해를 높이고, 본문 중 정리나 설명이 필요한 부분을 별도로 정리하여 물류관리사 등 수험공부에도 도움이 되도록 정리하였다. 넷째, 새로운 물류패러다임 요소인 녹색물류, 물류보안, 물류기술, 안전에 대한 내용을 소개하여 이해를 높이고자 하였다.

이번 국제운송론 개정판은 국내외 법률과 제도의 변화에 따라 개정된 내용을 반영하였고, 물류 및 화물운송과 관련한 각종 통계자료를 최신화하였으며, 글로벌 물류환경변화에서 나타나는 중요한 추세와 이슈에 대한 내용을 보강하였다.

바쁜 업무중에도 이 개정판을 발간할 수 있도록 지원해 주시고, 출판해주신 도서출판 두남 사장님 이하 편집부 관계자 여러분께 깊이 감사드린다.

2015년 8월

백종실·김영민·우정욱 씀

# 차 례

## 제1장 화물운송 개요 / 11

## 제2장 도로운송 / 43

## 제3장 철도운송: 국내 철도운송 / 85

## 제4장 철도운송: 국제 철도운송 / 113

## 제5장 해상운송 일반 / 143

## 제6장 해상운송: 정기선 · 컨테이너운송 / 191

## 제7장 해상운송: 부정기선 · 연안운송 / 233

## 제8장 항공운송 / 269

## 제9장 소화물일관운송 / 289

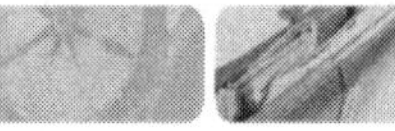



## 제10장 국제복합운송: 복합운송 일반 · 포워더 / 305

## 제11장 국제복합운송: 랜드브리지 · Sea & Air / 335

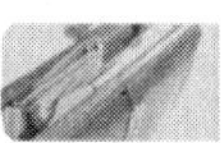

## 제12장 수배송시스템 / 349

## 제13장 화물보험 / 393

## 제14장 녹색물류 · 물류보안 · 물류기술 · 안전 / 417

제 01 장

# 화물운송 개요

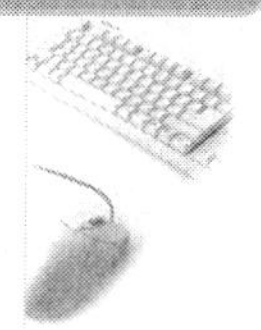

## 제1절 화물운송의 개념

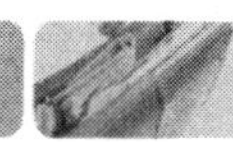

### 1. 운송(運送)의 정의

운송이란 자동차, 철도, 선박, 항공기 등 교통수단을 이용하여 사람이나 재화의 출발지(공급지)와 도착지(수요지) 간의 공간적 거리의 조정과 시간적 격차를 줄이기 위한 '장소적 이동' 활동을 의미한다.

운송은 사람이나 재화를 한 장소에서 다른 장소로 신속하고, 안전하며, 저렴하게 고객이 원하는 장소, 시간까지 이동시키는 '물리적 행위'로 장소적 효용 창출을 목적으로 하고 있다. 운송은 물류활동 중 가장 큰 비중을 차지하고 있으며, 물류활동의 목표인 비용절감과 고객서비스 향상에 초점을 두고 있다.

#### 1) 운송과 유사 · 동의어

〈표 1-1〉 운송관련 용어 비교

| 용어 | 설명 |
|---|---|
| 운수(運輸) | 행정, 또는 법률적으로 운송과 동의 또는 더 큰 개념<br>– 운송과 운수는 동의어이지만, 화물자동차운수법에서 운수사업 = 운송사업 + 운송주선업 + 운송가맹사업으로 표현됨. 따라서 법적 용어로는 운송보다 상의의 개념임. |
| 수송(輸送) | 재화 이동의 서비스 공급 측면에서의 해석이며, 운송과 동의어로 사용 |
| 교통(交通) | 재화 이동에 대한 서비스를 현상으로 파악 |
| 운반(運搬) | 제한된 공간 범위 내에서 재화의 이동 |
| 배송(配送) | 화물 수화인에게 인도해 주는 운송 |
| 수배송(輸配送) | 수송 및 배송을 함께 일컬으며, 보통 수송은 선박, 철도 등을 이용한 거점 간의 간선경로이고, 배송은 트럭 등을 이용해 수화인에게 전달한다는 느낌이 강함. |

주1: 특송(特送) : 소화물일관운송 등으로 운송의 계속성, 완결성에 조점. 보통 '택배'라고 함.

주2: 화물(貨物) · 하물(荷物) : 화주·하주, 송화인·송하인처럼 화(貨)와 하(荷)는 혼용해 쓰이며, 원래 재화를 뜻하는 '화'가 더 맞지만 짐을 뜻하는 '하'도 널리 쓰임.

### 2) 최적의 운송

경제적으로 고객이 요구하는 운송서비스를 제공하는 것을 말한다.

〈그림 1-1〉 운송의 목적

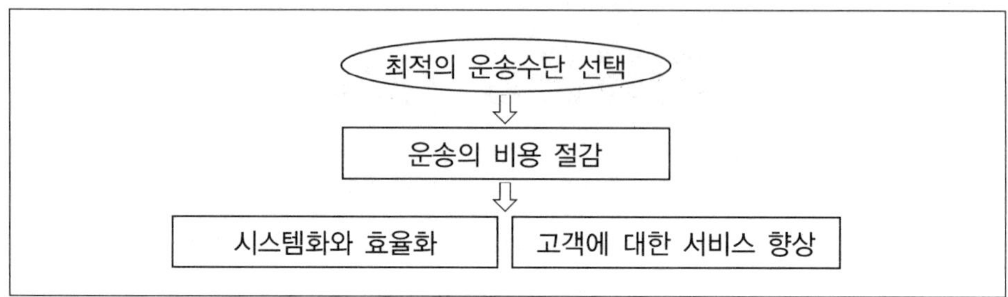


## 2. 운송의 기능과 효용

### 1) 운송의 기능

운송은 교통수단을 이용하여 재화의 공급지와 수요지 간의 공간적 거리의 조정과 시간적 격차를 줄이기 위한 활동이며, 기업들은 다음과 같은 기능을 수행하기 위하여 운송한다.

① 약속된 장소와 시간에 재화를 고객에게 정확하게 전달하는 것
② 판매와 생산의 조정역할을 수행하여 생산계획을 원활하게 추진하는 것
③ 물류계획을 올바르게 수행하는 것
④ 운송 중 운송수단에 일시적으로 재화를 보관하는 기능
⑤ 기업은 생산과 소비의 지리적(장소적, 공간적) 거리의 격차를 해소하고, 상품의 판매촉진을 위하여 운송한다.

### 2) 운송의 효용

운송의 효용은 크게 장소적 효용과 시간적 효용으로 구분할 수 있다. 장소적 효용은 공간적 거리의 격차를 해소시켜 주는 기능이며, 시간적 효용은 생산과 소비의 격차를 조정해 주는 기능이다.

#### (1) 운송의 장소적 효용

① **분업화** : 생산지와 소비지 지역간 또는 상업지역 또는 유통지역간 거리를 극

복하고, 각각의 기능을 유기적으로 분담할 수 있도록 한다.

② **범위 및 기능의 확대**(광역화) : 국내 각 지역 또는 세계 각 지역까지 상품의 조달, 생산, 판매를 촉진하고, 경제활동을 활성화시킨다. 특히 경제활동의 글로벌화에 따라 국내는 물론 세계 각 지역으로 조달, 생산, 판매활동을 확대시키는 기능을 수행하며, 공급사슬관리체계와 유통체계의 고도화에 따라 기업활동의 범위와 기능을 확대시키는 역할을 한다.

③ **집중 및 분산** : 운송서비스의 고도화에 따라 산업구조의 고도화와 규모의 경제를 추구하도록 지원하고, 생산지와 소비지가 광역화됨에 따라 시장을 활성화시키며, 상공업 지역을 분산시키는 기능을 함으로써 도시개발을 촉진시킨다.

④ **상품 가격의 평준화 및 안정화** : 공간과 거리의 격차를 해소하여 분업화를 가속화시키고, 유통체계의 고도화와 광역화를 통하여 상품가격의 평준화와 안정화에 기여한다.

⑤ **유통의 시스템화** : 3PL과 컴퓨터 등을 활용하여 운송서비스가 고도화됨에 따라 유통경로가 합리화되고 단축되며, 상류와 물류를 분리하여 유통효율화를 촉진시키고, 가격안정화를 도모하는 등 유통의 시스템화를 가속화시킨다.

⑥ **자본효율화** : 물류서비스의 아웃소싱과 신속한 적기운송은 재고를 감소시키고 자본의 회전율을 높임으로써 상품의 유통속도를 증가시킨다.

〈표 1-2〉 운송의 장소적 효용

| 구분 | 내용 |
|---|---|
| 분업화 | 생산지와 소비지 지역간 또는 상업지역 또는 유통지역간 거리를 극복하고, 각각의 기능을 유기적으로 분담할 수 있도록 하여 지역별 분업화 활발 |
| 광역화 | 국내 각 지역 또는 세계 각 지역까지 상품의 조달, 생산, 판매를 촉진하고, 경제활동을 활성화시킴. 특히 경제활동의 글로벌화에 따라 국내는 물론 세계 각 지역으로 조달, 생산, 판매활동을 확대시키는 기능을 수행하며, 공급사슬관리체계와 유통체계의 고도화에 따라 기업활동의 범위와 기능을 확대시키는 역할 |
| 집중 및 분산 | 운송서비스의 고도화에 따라 산업구조의 고도화와 규모의 경제를 추구하도록 지원하고, 생산지와 소비지를 광역화함에 따라 시장을 활성화시키며, 상공업 지역을 분산시키는 기능을 함으로써 도시개발 촉진 |
| 가격 안정화 | 공간과 거리의 격차를 해소하여 분업화를 가속화시키고, 유통체계의 고도화와 광역화를 통하여 재화의 지역간 이동을 활발하게 하여 수요와 공급을 조절함으로써 상품가격의 평준화와 안정화 기여 |
| 유통의 효율화 | 운송서비스가 고도화됨에 따라 유통경로가 합리화되고 단축되며, 상류와 물류를 분리하여 유통효율화를 촉진시키고, 가격안정화를 도모하는 등 유통의 시스템화 가속화 |
| 자본의 효율화 | 물류서비스의 아웃소싱과 신속한 적기운송은 재고를 감소시키고 자본의 회전율을 높임으로써 상품의 유통속도 증가 |

### (2) 운송의 시간적 효용

운송은 재화가 필요한 시점까지 저장(보관)하였다가 시장상황이나 수요에 따라 공급할 수 있도록 함으로써 시간적 효용을 창출한다. 또한 고객이 원하는 시간과 장소까지 신속하고 정확하게 운송서비스를 제공하는가에 따라 시간적 효용이 창출된다.

아울러 선박이나 철도 등 중장거리 운송시 운송기간 중 재화에 대해 일시적으로 재고(보관)기능을 수행함으로써 시간적 효용을 창출한다. 그러나 운송의 주기능은 장소적 효용이며, 시간적 효용은 보관하역의 주기능이라고 볼 수 있다.

## 3. 운송의 3대 요소

운송의 3대 요소는 운송연결점, 운송경로, 운송수단이다.

### 1) 운송연결점(Node)

운송연결점은 일반적으로 동종 또는 이종의 운송수단이 연결되는 지점 또는 간선과 지선 등 운송경로가 교차하는 지점을 의미한다. 즉, 운송연결점은 해상과 육상, 항공과 육상, 육상(도로)과 육상(철도)을 연결하여 운송화물의 하역작업, 환적작업, 중계작업 등을 수행하는 물류거점인 화물 터미널, 항만, 공항, 유통센터, 창고 등을 의미한다.

### 2) 운송경로(Link)

운송경로는 도로, 철도, 항공로, 해상항로 등 운송수단이 이용하는 통로나 운송로를 의미한다. 일반적으로 운송경로는 운송연결점과 운송연결점 간 운송로를 의미한다.

### 3) 운송수단(Mode)

운송수단은 화물자동차, 철도차량, 선박, 항공기 등 사람과 재화를 싣고 운행하는 운송도구를 의미한다.

■ 교통의 3대 요소는 일반적으로 경로, 수단, 노동력이며, 운송의 3대 요소는 노동력 대신 운송연결점으로 대체된 것이다.

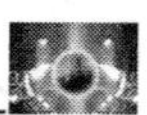

〈그림 1-2〉 운송의 3대 요소

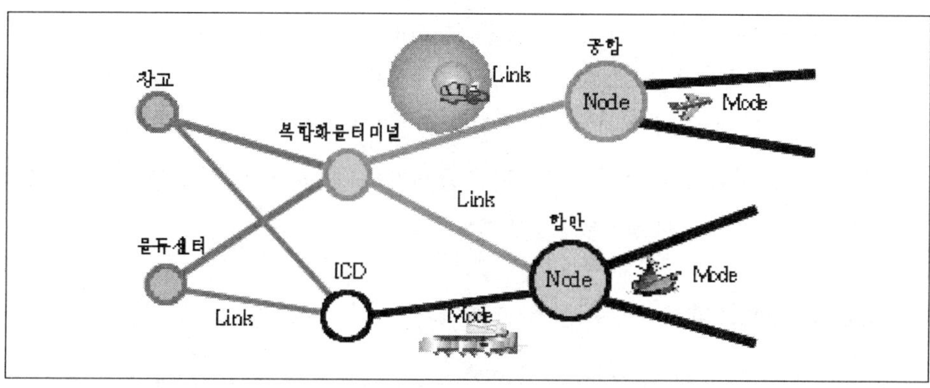


## 4. 운송의 중요성과 효율화 필요성

### 1) 운송의 중요성

우리나라 총물류비 중 운송비가 차지하는 비중은 약 4분의 3 이상으로 보관비, 하역비 등보다 월등하게 크다. 따라서 기업은 운송부문을 합리화하여 물류비를 절감하고, 고객이 원하는 신속하고 정확한 서비스를 제공하지 않으면 다른 기업과 경쟁할 수 없게 되었다.

운송부문의 합리화는 제조기업이나 유통기업을 불문하고 물류비 절감을 위해 필수적이며, 물류기업도 어떻게 하면 고객의 운송비를 절감하고 적기에 배송하여 고객을 만족시킬 수 있는가에 대해 지속적인 노력을 하고 있다. 운송은 단순히 재화의 장소적 이동을 위한 활동이 아니라 가장 중점적으로 관리하고 개선하여 기업의 물류시스템을 합리화하기 위한 중요한 요소로 인식되고 있다. 아울러 정보통신과 교통기술, 물류기술의 발달로 신속한 서비스, 즉 즉시인도체계(Just In Time : JIT)가 보편화되고 리드타임단축이 고객이 요청하는 중요한 요소로 인식됨에 따라 정확한 운송서비스의 중요성은 한층 부각되고 있다.

1990년대부터 북미와 유럽의 화주들은 핵심역량이 아닌 물류서비스는 자사내에서 수행하기 보다는 전문물류업체(third party logistics : 3PL)로부터 아웃소싱하고 있다. 특히 북미와 유럽 화주들의 70% 이상은 운송서비스를 핵심역량이 아닌 물류서비스로 인식하고 있기 때문에 아웃소싱하고 있으며, 최근 국내 대기업을 중심으로 운송과 보관서비스는 아웃소싱하는 경향이 증가하고 있다.

미국과 유럽 등 선진국들은 GDP 대비 국가물류비 비중이 10% 미만으로 낮은 수준이나 개도국이나 후진국은 10%를 상회하여 물류경쟁력이 뒤떨어지고 있다. 운송비는 국가물류비 중 가장 큰 비중을 차지하고 있기 때문에 국가 차원에서 운송비를 절감하기 위한 인프라 구축과 법제도 개선 등 물류시스템 구축을 추진하고 있다. 또한 도로중심의 운송체계에서 철도와 해상운송으로 수송수단을 전환하여 친환경적인 운송체계를 구축하고, 대량운송체계와 운송체계의 효율화를 도모하여 운송비 절감을 위한 정책을 추진하고 있다.

### 2) 운송효율화 필요성

과거의 운송이 단순히 생산지와 소비지 또는 생산지와 생산지 내지 소비지와 소비지 간 재화의 장소적 효용을 창출하는 기능에 초점을 두었다면 오늘날의 운송은 물류시스템의 하부 구조인 수주, 하역, 보관, 포장, 가공, 정보 등을 포함한 총물류비의 절감과 고객서비스의 향상이라는 물류의 목적을 실현하기 위해 가장 중요한 요소로 인식되고 있다.

특히 경제활동의 세계화로 국내물류뿐 아니라 국제물류활동이 확대됨에 따라 세계적 차원에서 원재료, 부품, 반제품, 완성품의 조달, 생산, 판매시 운송효율화가 절대적으로 필요하게 되었다. 파렛트와 컨테이너를 이용한 컨테이너화된 화물의 이음새 없는(seamless) 일관운송체계가 보편화되고 국제복합운송체계의 고도화가 요구됨에 따라 운송효율화의 필요성은 부각되고 있다.

기업차원에서 운송은 물류시스템 합리화의 중요한 요소로 인식하고, 핵심역량이 아닌 운송서비스는 전문물류업체(3PL)로부터 아웃소싱하고, 전문물류기업은 운송관리시스템(Transport Management System : TMS)과 모바일을 이용한 실시간 정보교환을 통하여 신속하고 정확한 운송 서비스를 제공하고 있다.

정부 차원에서는 도로, 철도, 항만과 공항 등 인프라 정비와 제도개선을 적극 추진함으로써 국내기업의 물류활동을 지원할 뿐 아니라 국가물류비 규모를 축소하고, GDP 대비 물류비 비중을 낮춰 경쟁력 확보를 도모하고 있다.

2012년 우리나라 국내화물 국가물류비는 약 152조원이며, GDP 대비 비중은 11.9%로 미국(약 9%)이나 유럽 국가의 비중에 비해 다소 높은 수준을 나타내고 있다. 국제화물까지 포함한 국가물류비는 약 189조원이며, GDP 대비 비중은 약 14.8%이다. 또한 2012년 기능별 물류비 중 운송비의 비중은 70.8%로서 2011년도에 비해 약간 증가하였으나 여전히 총물류비의 70%를 차지하고 있다는 점에서 운송효율화의 필요성이 강조되고 있다.

〈표 1-3〉 국가물류비 및 GDP 대비 물류비

(단위 : 10억원, %)

| 구 분 | | 2001 | 2005 | 2007 | 2009 | 2010 | 2011 | 2012 |
|---|---|---|---|---|---|---|---|---|
| 국내화물 | 국가물류비 | 83.7 | 95.8 | 107.5 | 116.2 | 131.2 | 149.7 | 152.0 |
| | GDP대비 비중 | 12.9 | 11.1 | 11.0 | 10.9 | 11.2 | 12.1 | 11.9 |
| 국내 + 국제화물 | 국가물류비 | 104.6 | 127.7 | 149.8 | 154.1 | 174.9 | 185.7 | 188.5 |
| | GDP대비 비중 | 16.1 | 14.8 | 15.4 | 14.5 | 14.9 | 15.0 | 14.8 |

자료: 한국교통연구원, 「2012년도 국가물류비 산정 및 추이」, 2014.2

〈표 1-4〉 국가물류비의 기능별 물류비 구성

(단위 : 10억원, %)

| 구 분 | 수송비 | 재고유지비 | 포장비 | 하역비 | 정보관리비 | 합 계 |
|---|---|---|---|---|---|---|
| 2001 | 58,241 | 17,996 | 1,744 | 1,140 | 4,543 | 83,663 |
| | 69.6 | 21.5 | 2.1 | 1.4 | 5.4 | 100.0 |
| 2005 | 72,269 | 16,332 | 2,081 | 1,809 | 3,301 | 95,792 |
| | 75.4 | 17.1 | 2.2 | 1.9 | 3.5 | 100.0 |
| 2007 | 79,183 | 20,609 | 2,298 | 1,991 | 3,398 | 107,479 |
| | 73.7 | 19.2 | 2.1 | 1.9 | 3.2 | 100.0 |
| 2009 | 84,836 | 26,311 | 2,529 | 2,169 | 394 | 116,238 |
| | 73.0 | 22.6 | 3.2 | 1.9 | 0.3 | 100.0 |
| 2010 | 95,604 | 29,732 | 2,888 | 2,579 | 439 | 131,242 |
| | 73.9 | 22.7 | 2.2 | 2.0 | 0.3 | 100.0 |
| 2011 | 104,033 | 33,898 | 3,203 | 2,910 | 5,611 | 149,654 |
| | 69.5 | 22.7 | 2.1 | 1.9 | 3.8 | 100.0 |
| 2012 | 107,587 | 32,407 | 3,304 | 2,837 | 5,846 | 151,980 |
| | 70.8 | 21.3 | 2.2 | 1.9 | 3.9 | 100.0 |

자료: 한국교통연구원, 「2012도 국가물류비 산정 및 추이」, 2014.2

## 제2절 운송의 구분

### 1. 국내 · 국제운송

운송은 일반적으로 장소 또는 지리적 범위에 따라 국내운송과 국제운송으로 구분할 수 있다. 국내운송은 국경을 통과하지 않는 자국 항만, 공항 또는 철도역이나

화물 터미널까지의 운송을 의미하고, 국제운송은 공항이나 항만에서 출항하여 국경을 통과하고 외국 항만이나 공항까지 운송하는 것을 의미한다.

### 1) 국내운송

국경을 통과하지 않고 국내 지역의 창고나 공장에서 국내 유통센터, 선적 항만, 공항(창고나 공장)까지 운송하는 것 또는 도착 항만이나 공항에서 도착지 창고, 공장, 유통센터까지 운송하는 것을 의미한다.

### 2) 국제운송

선적 항만이나 공항(수출지 선적항, 공항)에서 수입지 도착 항만이나 공항까지 국경을 통과하여 재화를 운송하는 것을 의미한다. 물론 유럽과 같이 여러 국가가 육로로 연결되어 있는 경우에는 국경 지역의 철도역이나 화물 터미널을 통과하여 다른 국가로 운송하는 것을 의미한다.

#### (1) 해상운송(외항)

#### (2) 항공운송(국제항공)

- 국제운송 물동량은 국내화물과 마찬가지로 해상운송의 비중이 월등히 높다.
- 해외현지운송 : 수출지 도착항에서 최종 고객에게 화물이 인도되기까지의 운송

## 2. 기타운송

### 1) 자가운송과 영업운송

#### (1) 자가운송

자신이 직접 자가화물을 운송하는 것을 의미한다.

#### (2) 영업운송

자가화물이 아닌 타인의 화물을 운송하고 운임을 수취하는 형태의 운송을 의미한다. 최근 화물운송은 대부분 전문물류업체에게 위탁하는 아웃소싱이 확대되면서 영업운송이 증가하고 있다.

## 2) 정형운송과 비정형운송

### (1) 정형(개체) 운송

파렛트나 컨테이너와 같은 용기 등을 이용, 단위화하여 물품을 운송하는 형태로서 컨테이너화의 진전으로 벌크화물이나 액체화물도 컨테이너에 적재되어 운송된다. 반드시 파렛트나 컨테이너가 아니더라도 상자, 포대 등을 이용하여 정형화가 가능한 형태로 운송하는 경우도 해당된다.

### (2) 비정형(벌크)운송

컨테이너화가 이루어지기 곤란하거나 경제성이 없어 벌크상태로 운송하는 경우이다. 일반적으로 곡물, 광석, 액체/가스화물, 석탄, 시멘트, 목재, 장척화물, 플랜트 등 전용선이나 설비 등을 갖춰 운송하는 경우를 의미한다.

## 3) 정기운송과 부정기운송

### (1) 정기운송

운항시간, 항로와 요율 등을 사전에 공표하고 물동량의 규모와 상관없이 정해진 시간에 운송하는 것으로 일반적으로 공공운송인(common carrier)이 제공하는 서비스를 나타낸다.

### (2) 부정기 운송

운송수요, 즉 일정량의 물동량이 발생할 경우 선사(항공사)나 육상운송업체(철도, 트럭)와 화주간 계약을 체결하고 운송하는 경우를 의미한다.

## 4) 단일운송과 복합운송

### (1) 단일운송

출발지에서 목적지까지 하나의 운송수단을 사용하여 운송하는 경우를 의미한다.

### (2) 복합운송

두 가지 이상의 운송수단을 사용하여 목적지까지 운송하는 것으로 주로 국제운송에 널리 이용되며, 국제복합운송은 운송주체가 자기 책임하에 두가지 이상의 운송수단을 이용하고, 복합운송증권을 이용하는 것을 의미한다.

## 5) 간선운송과 지선운송

### (1) 간선운송(Trunk Line)

주요 물류거점과 물류거점간 운송을 간선운송이라 하며, 거점 항만과 거점 항만간, 거점 공항과 거점 공항간, 철도거점과 항만간, 화물터미널과 항만 등을 대형 선박과 항공기, 화물열차나 대형 트럭을 이용하여 대량화물을 정기적으로 운송한다. 부산항과 상해항 또는 LA항, 인천국제공항과 나리타공항, 의왕ICD와 부산항/광양항간 철도 컨테이너열차, 복합화물터미널간 대형트럭으로 운송시 간선운송으로 볼 수 있다.

### (2) 지선운송(Feeder Line)

물류거점에서 화주문전까지 중소형 트럭으로 배송서비스를 제공하거나, 물류거점과 소규모 화물발생지/소비지까지 화물을 집화하거나 배송하는 운송서비스이다. 물류거점을 중심으로 중소형트럭을 이용하여 집화나 배송하는 서비스를 말한다.

## 6) FCL과 LCL

### (1) FCL(Full Container Load)

FCL은 1개 컨테이너에 단일 화주의 화물을 채울 만큼 대량의 화물을 적재하여 운송하는 형태로 다른 화주의 화물을 혼재하지 않는다.

### (2) LCL(Less than Container Load)

LCL은 1개 컨테이너에 단일 화주가 화물을 채울 수 없어 다른 화주의 소량화물과 혼재하여 FCL 형태로 운송하는 혼재화물 또는 소량화물이다.

FCL(Full Container Load)은 대량의 화물로서 1인의 화주가 컨테이너 단위로 운송하는 형태이고, LCL(Less than Container Load)은 소량의 화물로서 여러 화주가 컨테이너에 혼재하여 FCL로 만들어 운송하는 형태이다.

# 제3절 운송수단의 선택

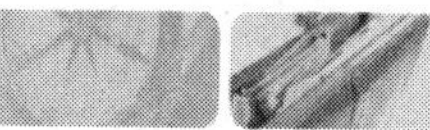

운송화물의 종류, 운송화물의 물동량, 운송빈도 그리고 고객의 납기수준 등에 따라 운송수단의 선택도 달라진다. 각 운송수단마다 특성을 가지고 있기 때문에 각각의 운송수단별 특성을 파악하여 최적의 수단을 선택하고, 운송수단의 최적경로 설정과 배송빈도 등을 고려하여 운송계획을 수립해야 한다. 또한 주요 운송거점에서 각 운송수단을 적절히 연계하여 물류비를 절감하고 고객에게 최적의 운송서비스를 제공함으로써 물류합리화를 추진하는 것이 중요한 과제이다.

최적의 운송수단을 선택하는 것은 단순히 운송비를 절감하거나 부분적인 운송서비스를 향상시키기 위한 차원의 방안이라기 보다는 전체적인 물류흐름을 최적화하고 총물류비를 절감하면서 고객만족서비스를 제공하기 위한 전략이라고 볼 수 있다. 운송수단의 선택은 물류전략의 핵심내용 중 하나이다.

물론 특화된 운송서비스를 제공하고, 틈새시장을 공략하기 위해서 일반적인 운송수단의 선택기준과는 다른 기준을 적용하여 운송수단을 선택하는 경우도 있지만 대체로 다음과 같은 사항을 고려하여 운송수단을 선택하고 있다.

## 1. 운송수단 선택시 고려사항

### 1) 최적 운송수단의 선택 기준

#### (1) 화물의 특성

화물의 종류, 중량, 용적, 성질, 가치, 운송로트, 운송경로와 운송거리, 운송시간, 납기 등 화물의 특성으로 고려한다.

#### (2) 운송수단의 특성

운송수단의 이용 가능성, 편리성, 신속성, 신뢰성, 안전성, 경제성 등을 고려한다.

### 2) 운송수단의 특성에 대한 평가내용

운송수단별 특성은 이용 가능성, 편리성, 신속성, 신뢰성, 안전성, 경제성 등이며, 이들에 대한 평가내용은 다음과 같다.

### (1) 이용가능성

운송수요 발생시 운송수단을 지체없이 이용할 수 있는지를 나타낸다. 예를 들면, 대량의 벌크화물을 수송하려 할 경우 철도노선이 연결되고, 화물열차 운행이 가능한지 그리고 트럭의 경우에도 화물의 적재에 적합한 장비와 용량을 갖추고 있는지 등이다.

### (2) 편리성

물류거점에서 연계운송이 용이한지 그리고 운송절차나 운송서류의 간소화가 얼마나 추진되었는지 그리고 운송업체와 편리하게 의사소통이 가능한지 등이다.

### (3) 신속성

운송소요시간을 의미하는 것으로 리드타임을 중시하는 경향이 강해지면서 신속성의 중요성이 부각되고 있다.

### (4) 신뢰성

약속된 정해진 시간까지 화물을 안전하게 인도하는 것을 의미한다. JIT체계가 보편화되면서 적기에 부품이나 화물을 인도하는 것이 중요하다. 신뢰성 중 정해진 시간 또는 공표된 일정을 준수하는 것을 정확성이라고 표현하기도 한다.

### (5) 안전성

운송도중 화물의 파손, 분실, 도난 등 사고발생 수준을 나타내며, 만약 화물의 파손이나 분실 등 사고발생으로 클레임 제기시 조기 보상이나 정산 등 합의하는 것을 의미한다.

### (6) 경제성

운송과 관련하여 발생하는 비용은 물론 포장비, 하역비, 보험료, 재고관련비용을 의미한다.

## 3) 운송유형별 및 운송화물별 적합한 운송수단

### (1) 운송유형별 운송수단

일반적으로 대량화물, 간선운송에는 철도, 선박, 대형트럭이 주로 투입되고, 소

량화물, 지선운송에는 소형트럭이나 연안선박 등이 투입되며, 고가화물이나 납기가 짧은 화물의 경우 항공이나 택배, 소형트럭을 이용한 직송 등을 이용한다. 즉, 공장과 물류거점간 간선운송의 경우 운송비 절감이 최우선 과제이기 때문에 대형트럭, 철도, 선박을 이용하여 규모의 경제효과를 활용하는 것이 일반적이다. 한편 물류거점과 소비자간 배송의 경우 납기준수와 정시성 등 고객서비스 극대화가 우선이기 때문에 소형트럭이나 택배차량을 활용한다.

〈표 1-5〉 운송유형별 운송수단

| 유 형 | 고려 요소 | 적합한 운송수단 |
|---|---|---|
| 공장 ⇨<br>물류거점 간 간선우송 | • 충분한 납기<br>• 차량단위 규모<br>• 계획유송<br>• 소품종 대량화물 | • 대형트럭(8톤 이상)<br>• 컨테이너<br>• 선박(원거리, 대량) |
| 공장 ⇨<br>대규모 소비자 직송 | • 불충분한 납기<br>• 정확성 유지 | • 중형트럭(4.5~8톤)<br>• 소형 컨테이너<br>• 카페리(원거리시) |
| 물류거점 ⇨<br>소규모 소비자 배송 | • 납기 임박<br>• 정확성 유지<br>• 소량 다품종 화물 | • 중 · 소형 트럭(4.5톤 미만)<br>• 승용화물차량<br>• 항공(소량, 납기촉박) |

### (2) 운송화물별 운송수단

운송화물별 운송수단은 대량벌크화물, 화물의 가치, 운송시간의 시급성, 운송거리, 운송수단의 이용가능성, 화물별 특수장비 필요성 등을 고려하여 이용하게 된다.

① **컨테이너** : 컨테이너는 단거리 운송의 경우와 시급성을 필요로 화물인 경우 도로수송을 이용하게 되며, 장거리 운송이거나 시급성을 요하지 않는 화물 또는 공컨테이너는 철도나 연안해운을 이용하는 것이 바람직하다.

② **철강제품** : 철강제품을 연안해운을 이용하여 운송시 운송시간은 도로를 이용하는 것보다 다소 많은 시간이 소요되나 대량으로 저렴하게 운송할 수 있다는 이점이 있다. 한편 도로운송은 단거리 소량의 철강제품 운송에 유리하며, 연안해운은 장거리, 대량의 철강제품 운송에 유리하다. 도로운송이나 연안운송에 비해 철강제품의 철도운송은 다소 경쟁력이 떨어지나 제철소내 제품창고와 주요 철도역 유통창고내까지 인입선이 설치되는 경우 철도운송도 활성화될 수 있다.

③ **시멘트** : 시멘트는 운송시간의 중요성이 비교적 낮은 화물이라고 볼 수 있으

며, 수송비 경쟁력은 철도운송과 내항해운이 비교적 높고 도로운송은 대체로 낮다. 우리나라에서 시멘트 회사가 철도운송 또는 연안운송을 선택하는 기준은 시멘트 공장이 연안에 위치해 있으면 연안해운을, 내륙지역에 위치해 있으면 철도를 이용하는 경향이 강하다.

④ 유류 : 유류는 연안해운 또는 송유관을 이용하는 경우가 많다. 우리나라의 경우 유조화차를 이용하여 유류를 운송하기도 하지만 그 물량이 많지 않다. 철도는 서울지역 저유소의 부재로 이용이 불가하다. 송유관은 정유공장이 있는 여천과 울산에서 수도권지역까지 설치되어 운영 중이다.

## 2. 운송수단별 특성

### 1) 화물자동차운송

자동차운송은 도로를 이용하는 화물자동차가 운송수단으로 이용된다. 자동차운송은 비교적 짧은 거리의 운송과 문전까지 운송을 완결하는 데 있어서 다른 운송수단보다 비교우위를 가지고 있다. 그러나 장거리 운송시 운임이 비싸고 중량제한이나 환경문제와 같은 단점도 있다.

〈표 1-6〉 화물자동차 운송 장단점

| 장 점 | 단 점 |
|---|---|
| • door to door 가능<br>• 화물의 파손과 손실이 적음<br>• 근거리, 소량 운송의 경우 유리<br>• 일관운송 가능, 자가 운송이 용이<br>• 운송 도중 적재변동이 적음<br>• 시기에 맞는 배차가 용이<br>• 하역비·포장비가 비교적 저렴 | • 장거리 운행시 운임이 비쌈<br>• 교통사고와 공해로 사회적 문제 야기<br>• 중량제한이 많아 운송단위가 작음<br>• 운행 중 사고 발생률이 높음<br>• 대량화물 운송에 부적합 |

### 2) 철도운송

철도운송은 기관차와 화차를 이용하여 화물을 운송한다. 따라서 철도운송은 대량화물의 중장거리 운송에 적합하나, 운임의 탄력성과 운송의 완결성이 미흡하여 화주 문전까지 운송할 수 없기 때문에 도로운송에 비해 경쟁력이 뒤떨어진다. 철도운송은 주로 대량화물의 간선운송으로 활용된다.

〈표 1-7〉 철도운송 장단점

| 장 점 | 단 점 |
|---|---|
| • 중장거리, 대량운송에 적합<br>• 중량에 크게 영향을 받지 않음<br>• 중장거리 운송시 운임 저렴<br>• 비교적 전천후적인 운송수단(기후영향 적음)<br>• 사고율이 낮아 안정성이 높음<br>• 계획운송이 가능(열차 발차시간 명확)<br>• 전국적인 네트워크 구축됨 | • 고객별 자유로운 운송요구에 적용 곤란<br>• 적기배차가 어려움<br>• 운임이 융통성 없음<br>• 문전수송을 위해 부수적인 운송 필요<br>• 근거리 운송시 비교적 운임이 비쌈<br>• 화차 용적에 대비한 화물의 용적에 제한 |

## 3) 해상운송

해상운송은 기상상태 등에 따라 제약을 받기도 하지만 선박건조기술의 발달에 따라 화물별 전용선화, 고속화, 대형화가 추진되어 세계 교역물동량의 상당한 비중을 해상으로 운송하고 있다. 화물별로 컨테이너선, 탱커(유조선, 특수액체 등), LNG · LPG선, 벌크선, 시멘트선, 자동차선, 기타 특수선이 운항되고 있다. 해상운송은 기항지, 항로, 출항 · 도착일시, 항해일시 등이 미리 정해져있는 정기선과 화물의 수요 또는 선박의 수요에 따라 계약을 체결하고 운송하는 부정기선이 있다.

〈표 1-8〉 해상운송 장단점

| 장 점 | 단 점 |
|---|---|
| • 대량화물, 중량화물의 장거리 운송에 적합<br>• 대량화물의 장거리 운송시 운임 저렴<br>• 크기나 중량에 거의 제한이 없음<br>• 도로나 선로의 설비 불필요<br>• 대량운송시 전용선과 전용하역장비에 의한 운송 및 신속한 하역작업이 가능 | • 타 운송수단에 비해 운항속도가 느림<br>• 기상상태의 영향을 많이 받음<br>• 항만시설비와 하역비가 비쌈<br>• 화물손상 사고가 많이 발생함<br>• 손상방지를 위한 포장비용이 많이 소요됨 |

## 4) 항공운송

항공운송은 교통통신기술의 발달로 선박과 마찬가지로 항공기의 고속화와 대형화가 추진되고, 경제활동의 글로벌화로 전세계적인 조달, 생산, 판매활동이 증가함에 따라 항공운송의 수요가 증가하고 있다. 대형화된 화물전용기가 투입되어 전세계 각지로 신속한 항공운송서비스가 가능하게 되었으며, 주요 항공운송대상 화물은 고가품(귀금속, 반도체, 고급의류 등), 납기가 급한 화물이나 예비품, 신선도의 유지가 생명인 화훼류, 냉동품 등이다.

〈표 1-9〉 항공운송 장단점

| 장 점 | 단 점 |
|---|---|
| • 고가, 소형 상품운송에 유리<br>• 물품 손상이 적음<br>• 포장이 간단하여 포장비 저렴<br>• 운송속도가 빠름<br>• 긴급화물, 유행에 민감한 상품에 적합<br>• 화주의 경우 재고유지비용 절감 | • 대량, 대형화물 운송 곤란<br>• 운임이 비쌈<br>• 중량에 제한이 있음<br>• 기상상태의 영향이 상당히 큼<br>• 이용가능지역 제한(공항이 없는 곳)<br>• 운송의 완결성 부족 |

### 5) 파이프라인

파이프라인은 송유관을 통하여 유류나 가스를 운송한다. 다른 운송수단과 비교할 때 교통혼잡이나 환경문제를 야기하지 않는 친환경적인 운송수단으로서 장거리, 대량운송이 가능하며 비교적 유지비가 저렴하다는 장점을 가지고 있다.

〈표 1-10〉 파이프라인 장단점

| 장 점 | 단 점 |
|---|---|
| • 유지비가 쌈<br>• 연속대량운송이 가능<br>• 용지 확보에 유리<br>• 컴퓨터시스템을 활용하여 완전 자동화<br>• 높은 안전성(운행 중 사고가 적음)<br>• 친환경적 운송수단 | • 이용 제품 한정(유류, 가스)<br>• 특정장소에 한정(송유관 설치지역만)<br>• 초기 시설투자비가 많이 듦 |

### 6) 소화물일관운송(택배업, 서류송달업)

소화물일관운송은 택배업 또는 서류송달업(특별송달, courier service)을 의미한다. 택배업은 대형, 대량화물이 아닌 소형, 소량화물의 문전운송서비스를 의미하는 것으로 소화물의 집화, 포장, 운송, 배송에 이르기까지 운송업체의 일관책임하에 신속하고 정확하게 서비스를 제공하는 것을 생명으로 하고 있다. 또한 서류송달업은 국제적으로 긴급한 선하증권, 보험증권 등 무역관련 서류나 견본품(샘플) 등 소량의 화물을 신속하게 고객에게 제공하기 위해 출발하였으며, 최근에는 소량화물의 규모도 다소 커져서 국제물류서비스의 한 부분을 차지하고 있다.

소화물 일관운송은 유통시장의 고도화와 전자상거래의 발달과 더불어 소비자의 다양화되고 고도화된 운송서비스에 대한 욕구가 확대되면서 택배시장의 규모가

나날이 급속히 팽창하고 있다. 소화물 일관운송은 홈쇼핑이나 온라인쇼핑은 물론 거리나 화물의 종류와 크게 관계없이 택배를 이용하여 화물을 발송하거나 수취하는 경향이 확대되면서 고객의 서비스 제고전략과 경쟁력 강화전략을 추진하고 있다.

## 3. 주요 운송수단별 비교

주요 운송수단별 기능을 비교하면 다음과 같다.

〈표 1-11〉 운송수단별 기능 비교

| 구 분 | 도 로 | 철 도 | 선 박 | 항공기 |
|---|---|---|---|---|
| 화물중량 | 중량, 소량 | 대량, 중량 | 대량, 중량 | 중량, 소량 |
| 운송거리 | 중근거리 | 중장거리 | 장거리 | 장거리 |
| 대상화물 | 소·중량 화물 | 대량화물 | 대·중량 화물 | 소·중량 화물 |
| 운임 및 탄력성 | 근거리 운송시 유리, 탄력적 | 중거리 운송시 유리, 비탄력적 | 장거리 운송시 유리, 비교적 탄력적 | 해상운임의 20배, 가장 비탄력적 |
| 안전성 | 조금 낮음 | 높 음 | 비교적 낮음 | 비교적 높음 |
| 기상상태 | 영향 받음 | 영향받지 않음 | 많은 영향 받음 | 가장 많은 영향 받음 |
| 복합일관운송 | 용 이 | 보통, 피기백 | 어려움, 육운연계 | 어려움 |
| 중량제한 | 있 음 | 없 음 | 없 음 | 있 음 |
| 운송시간 | 보 통 | 다소 긺 | 매우 긺 | 매우 짧음 |
| 보관, 하역 및 포장비 | 포장보관비 비교적 쌈, 하역비 거의 없음 | 비교적 쌈 | 보관, 하역 및 포장비 가장 비쌈 | 포장비는 싸나, 하역비는 비교적 비쌈 |
| 화물수취 | 가장 편리 | 철도역의 화물수취 불편 | 항만에서 화물수취 대단히 불편 | 공항에서 화물수취 대단히 불편 |
| 장 점 | • 소·중량화물의 중·근거리 운송 적합<br>• 문전일관운송<br>• 하역·포장비 저렴<br>• 배차용이 | • 대량·중량화물 일시 운송 적합<br>• 높은 안정성<br>• 전천후 운송수단 | • 대량화물, 장거리 운송 적합<br>• 중량제한 없음<br>• 운송비 저렴<br>• 대량운송시 전용선 운송 및 일괄하역 가능 | • 소량·경량물품 장거리운송 적합<br>• 운송시간 짧음<br>• 파손율 적고 포장 간단, 보험료 저렴 |
| 단 점 | • 대량운송 부적합<br>• 장거리 운송시 고비용, 안정성 결여<br>• 중량제한<br>• 공해, 교통체증 | • 근거리 운송시 고비용<br>• 환적작업 필요<br>• 적기 배차 곤란<br>• 화물수취, 문전운송용 트럭 집배송 필요 | • 운송시간 장기<br>• 항만설비 필요, 하역비 필요<br>• 기후의 영향 큼<br>• 위험도 높음 | • 운임 고비용<br>• 기후의 영향 큼<br>• 중량·부피제한<br>• 일관운송체제 확립 곤란 |

화주의 입장에서 볼 때 운송수단에 대한 선호도는 운송의 편리성, 운송비용, 속도, 수송량 등에 따라 운송수단별로 차이가 있으며, 운송수단별 선호순위는 다음과 같다.

〈표 1-12〉 운송수단 특성별 선호순위(화주 측면)

| 특 성 | 선호순위 |
|---|---|
| 이용 편리성 | 자동차 > 철도 > 항공 > 해운 > 파이프라인 |
| 비 용 | 파이프라인 > 해운 > 철도 > 자동차 > 항공 |
| 속 도 | 항공 > 자동차 > 철도 > 해운 > 파이프라인 |
| 수송량 | 파이프라인 > 해운 > 철도 > 자동차 > 항공 |
| 탄력성 | 자동차 > 항공 > 철도 > 해운 > 파이프라인 |

주: 수송량은 시간당 수송량을 말하는 것이고, 탄력성은 운임, 수송량, 기종점 변동과 같은 변화에 대한 적응성을 의미함.

## 4. 운송수단별 비용 비교

운송수단별로 운송하는 화물량에 따라 운송비용면에서 비교우위가 다르다. 다시 말하면 철도나 선박의 경우 장거리, 대량운송의 장점을 가지고 있기 때문에 대량화물을 운송할 경우 단위비용이 낮아져 항공이나 자동차운송시보다 유리하다. 그러나 소량화물을 운송할 경우 규모의 경제를 살리기 어려워 반드시 유리하다고 볼 수 없다. 즉, 화물량의 규모가 클 경우 일반적으로 비용면에서 우위는 선박 > 철도 > 트럭 > 항공 순이며, 화물량의 규모가 작을 경우 비용면에서 우위는 철도 > 컨테이너선 > 노선트럭 > 항공 순이다.

한편 철도의 운송속도는 느리나 운송비용은 비교적 저렴하며, 항공기는 운송속도는 빠르나 운송비용은 상당히 비싸다. 항공운송의 경우 운송속도가 빠르기 때문에 운송비용이 비싸나 리드타임이 다른 운송수단에 비해 대폭 단축되기 때문에 재고감축으로 보관비용(재고유지비용)은 감소된다. 철도운송의 경우 운송속도가 느리기 때문에 운송비용은 저렴하나 운송기간 중 재고를 유지해야 하기 때문에 재고유지비용이 증가하게 된다.

운송수단 선정시 운송비용과 재고유지비용을 고려하여야 하며, 운송수단의 속도와 비용과의 관계는 다음과 같다.

〈그림 1-3〉 운송수단 간 속도와 비용과의 관계

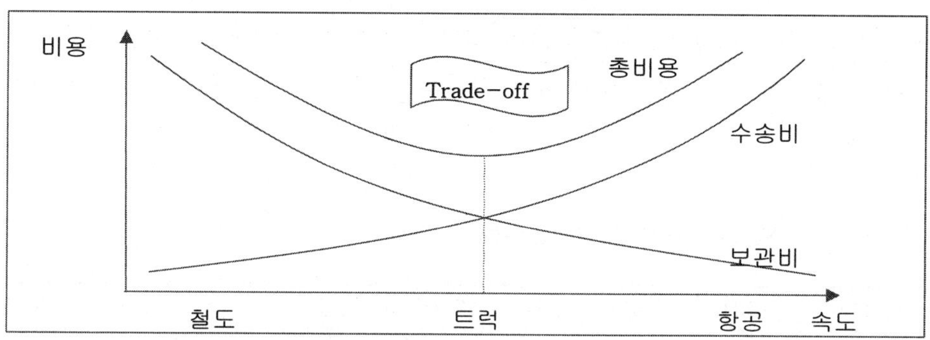


① 속도가 빠른 운송수단일수록 운송의 빈도수가 더욱 높아지기 때문에 수송비가 증가

② 속도가 느린 운송수단일수록 운송의 빈도수가 더욱 낮아지기 때문에 보관비가 증가

③ 수송비와 보관비는 절충관계(折衷, trade-off)이기 때문에 총비용 관점에서 수송수단 선택

속도가 느린 운송수단의 경우 운송량이 크고 빈도수가 낮기 때문에 보관비가 증가하는 경향이 있다. 그러나 이 그래프만으로 트럭운송이 최적이라고 말할 수는 없다. 현재의 절충관계는 IT의 발전으로 인해 수송비와 보관비를 동시에 낮출 수 있다.

## 제4절 화물운송현황

우리나라 국내 화물운송량은 2005년 6억 8,750만톤을 기록하였으나 매년 지속적으로 증가하여 2013년에는 8억 7,930만톤으로 증가하였다. 또한 국제화물운송량은 2005년 7억 5,760만톤을 기록하였고, 2013년에는 11억 2,650만톤으로 매년 꾸준히 증가하였다.

2013년 운송수단별 분담율(톤수 기준)은 도로가 압도적으로 많은 7억 2140만톤을 운송하여 82.0%를 차지하고 있고, 철도 4.5%, 해운 13.4%, 항공은 0.03%를 차지하고 있다. 2013년 도로운송은 국내 화물량의 80%를 상회하였으며, 2001년보다 도

로운송 분담율이 무려 7.8%나 증가한 반면, 해운의 분담율은 최근 다시 감소추세를 나타내고 있다. 2013년 국제화물의 경우 해운이 99.7%의 분담율(톤수 기준)을 차지하고 있고, 항공의 경우 0.3%에 불과하다. 물론 국제화물의 경우 톤수 기준이 아닌 화물가액 기준의 항공화물 분담율은 약 30%를 차지하고 있다.

〈표 1-13〉 운송수단별 국내화물운송 분담률

(단위 : 백만톤, %)

| 구 분 | | 2001 | 2005 | 2007 | 2009 | 2010 | 2011 | 2012 | 2013 |
|---|---|---|---|---|---|---|---|---|---|
| 철 도 | 수송량 | 43.1 | 41.7 | 44.6 | 38.9 | 39.2 | 40.0 | 40.3 | 39.8 |
| | 분담율 | 6.0 | 6.1 | 6.2 | 5.1 | 5.0 | 5.1 | 4.5 | 4.5 |
| 도 로 | 수송량 | 535.7 | 526 | 550.3 | 607.5 | 619.5 | 621.5 | 732.9 | 721.4 |
| | 분담율 | 74.2 | 76.5 | 76.9 | 79.2 | 79.6 | 78.9 | 82.1 | 82.0 |
| 해 운 | 수송량 | 140.5 | 119.4 | 120.1 | 120.0 | 124.2 | 125.6 | 119.1 | 117.9 |
| | 분담율 | 19.5 | 17.4 | 16.8 | 15.7 | 15.8 | 15.9 | 13.3 | 13.4 |
| 항 공 | 수송량 | 0.4 | 0.4 | 0.3 | 0.3 | 0.3 | 0.3 | 0.3 | 0.3 |
| | 분담율 | 0.06 | 0.06 | 0.04 | 0.04 | 0.04 | 0.04 | 0.03 | 0.03 |
| 합 계 | | 721.8 | 687.5 | 715.2 | 766.7 | 783.2 | 787.4 | 892.6 | 879.3 |

자료: 국토교통부, 「국가교통DB」 2015. 6

주: 도로운송의 경우 비영업용 화물차를 제외하고 영업용 화물차 수송량만 포함

〈표 1-14〉 운송수단별 국제화물운송 분담률

(단위 : 백만톤, %)

| 구 분 | | 2001 | 2005 | 2007 | 2009 | 2010 | 2011 | 2012 | 2013 |
|---|---|---|---|---|---|---|---|---|---|
| 해 운 | 수송량 | 610.9 | 754.9 | 862.5 | 848.3 | 966.2 | 1,065.1 | 1,108.5 | 1,123.2 |
| | 분담율 | 99.7 | 99.6 | 99.6 | 99.7 | 99.7 | 99.7 | 99.7 | 99.7 |
| 항 공 | 수송량 | 1.9 | 2.6 | 3.1 | 2.9 | 3.3 | 3.2 | 3.2 | 3.2 |
| | 분담율 | 0.3 | 0.4 | 0.4 | 0.3 | 0.3 | 0.3 | 0.3 | 0.3 |
| 합 계 | | 612.8 | 757.6 | 865.7 | 851.2 | 969.5 | 1,068.3 | 1,111.7 | 1,126.5 |

자료: 국토교통부, 「국가교통DB」 2015. 6

한편 도로화물운송은 다품종·소량화와 격화되는 제조업 및 유통업체간 경쟁으로 동일 품목에 있어서 교차운송이 증대되고, 아웃소싱시장이 활성화된 외국보다 영업용 차량 대신에 자가용 차량을 선호하는 경향 때문에 차량 운행효율의 저하, 물류시설 및 인원의 비효율적 운영, 교통혼잡의 원인이 되고 있다. 운송의 완결성 측면에서 다른 운송수단보다 우수하기 때문에 전자상거래의 활성화와 유통시장의

고도화가 진행되면서 도로운송의 비중이 증가하는 것이 일반적인 현상이기는 하지만, 우리나라의 도로운송 분담율이 지나치게 높다는 점은 국내 물류체계상 큰 문제점의 하나로 지적되고 있다.

최근 북미나 유럽 국가들은 도로중심의 운송체계를 철도와 연안운송 중심의 운송수단전환(modal shift)를 적극적으로 추진하고 있으며, 최근 우리나라도 대량운송화물의 철도와 연안운송으로의 전환을 추진함으로써 교통체증 완화와 환경오염 완화를 도모하고 있다. 도로운송은 운송수단별 효과측면에서 볼 때 다음과 같이 철도와 해운의 1회 수송량, 1인당 생산성, 환경 측면에서 불리함에도 불구하고 운송완결성과 탄력적으로 운송수요 발생시 운송할 수 있다는 장점 때문에 운송수단 중 절대적인 비중을 차지하고 있다.

〈표 1-15〉 운송수단별 효과

| 구 분 | 도 로 | 철 도 | 해 운 |
|---|---|---|---|
| 1회당 수송량(시멘트) | 20톤 | 1,000톤 | 5,000~8,000톤 |
| 톤/km당 에너지 소비효율(철도 대비) | 529 | 100 | 102 |
| 톤/km당 이산화탄소 배출량(철도 대비) | 829 | 100 | 165 |
| 노동자 1인당 연간 화물수송량(만톤/km) | 26.4 | 222.5 | 371.2 |

주: 톤/km당 에너지소비효율, 톤/km당 이산화탄소배출량 부분은 철도를 100으로 했을 경우.

## 제5절 운송시장과 환경변화

경영활동의 글로벌화와 함께 정보통신, 교통분야와 물류기술의 발전에 따라 운송시장의 환경도 급변하고 있다. 그동안 우리나라의 운송시장은 경제성장과 산업발전에 따라 화물량이 증가되어 왔고, 국민소득의 향상과 가치관의 변화 그리고 유통시장의 발전으로 소비자의 수요도 다양화, 개성화를 추구하고 있어 화물도 다품종, 소량화되고 있다. 특히, 홈쇼핑, 온라인 등 전자상거래 시장이 매년 큰 폭으로 성장하고 있고, 그에 따라 택배시장도 성장하는 등 운송시장이 급변하고 있다. 또한 국내 물류시장과 국제물류시장의 구분이 애매해지고, 외국 물류기업의 국내시장 진출이 확대되었으며, 핵심역량이 아닌 물류서비스를 아웃소싱하는 경향이 확대되면서 우리나라 운송시장에도 제3자 물류업체의 활동이 본격화되고 있다.

## 1. 정보화 사회의 진전과 시스템화

반도체 및 정보통신기술의 발전과 컴퓨터 보급의 확대로 정보화 사회, 지식 사회로 발전하고 있다. 운송서비스에 대한 정보시스템은 화주의 의뢰 내용이나 화물의 정보, 재고관리정보, 운송상황정보 등 화주와 관련한 정보의 가공 및 이용과 화주가 필요로 하는 정보를 신속하고 확실하게 전달하기 위하여 필수적이다.

3PL을 사업모델로 하는 물류업체의 경우 물류서비스를 제공하기 위한 인프라 구축과 화주기업을 유치하기 위한 마케팅 차원에서의 물류 정보화가 필요하다. 그리고 물류서비스를 아웃소싱하려는 화주기업에게는 아웃소싱으로 인한 비용절감을 경영실적에 연계시키는 경영관리 개선과 물류 통제력 상실을 방지하기 위한 운영·통제 관점에서 물류 정보화가 필수적이다. 다시 말하면 화주나 물류업체별로 물류정보화의 내용이나 수준에 다소 차이가 있을지 모르지만 모두 물류정보화를 필수적인 요소로 인식하고 있다.

세계 주요국들은 물류정보화를 자국 물류정책의 핵심정책으로 인식하고 있다. 특히 수출입 화물과 관련한 통관분야와 운송(육상, 해상, 항공 등)분야의 정보화는 물론 금융, 무역 등 다른 분야의 정보화도 적극 추진되고 있다. 주요국들은 통관분야 등에 '싱글윈도우' 개발을 서두르고 있어 향후 국제교역 및 물류는 세관당국의 물류정보시스템과 밀접하게 연계되어 운영될 것으로 예상하고 있다.

## 2. 화주 요구의 고도화, 다양화

화주들은 다양한 서비스, 산업별로 특화된 서비스, 그리고 원스톱 종합물류서비스를 요구하는 등 매년 고도화, 다양화되고 있다. 특히 글로벌 경영활동이 강화되면서 전세계적인 네트워크를 구축하고, 통관, 금융, 제조부문까지 물류기업이 제공해주기를 요구하고 있다. 특히 복잡하게 여러 물류기업을 상대하기 보다는 하나 또는 소수의 3PL이 알아서 최종 고객에까지 서비스를 제공해주기를 바라고 있다. 반면 화주는 물류서비스에 대한 대가인 요금을 인상해 주는데 인색하다.

고객욕구의 다양화와 개성화에 따른 제품의 다품종, 소량화와 제품수명주기의 단축과 고품질화, 기업의 세계화 등 환경변화는 기업에게 보다 더 빨리, 더 적은 비용으로 고품질 제품의 개발·생산을 필연적으로 요구하고 있고, 이에 대비한 기

업의 제품혁신이 기업의 성장과 생존의 열쇠가 되는 시대가 도래하고 있다.

## 3. 운송화물의 다품종, 소량화

고객의 기호와 요구사항은 점점 더 다양해지고 있고, 이에 대응하기 위한 기업들의 제품 전략도 점차 다품종 소량생산으로 변화하고 있다. 제품생산의 경박단소화, 제품생산의 다품종 소량화, 화물운송의 다빈도 소량화, 제품의 납기단축화, 정시수송을 통한 재고 최소화, 포장단위의 표준화 등을 충족시킬 수 있는 수송체제로서 상품이 다양화되어 가고 있다. 또한 프리미엄 제품의 증가로 인해 주문량은 점점 더 소량화되고 있으며, 국내에서 해외 공급자로부터 직접 인터넷 등으로 구배하는 해외직접구매와 해외 고객에게 직접 인터넷으로 판매하는 역구매 등이 점차 확대되고 있다.

화주 요구의 고도화와 다양화에 따라 일반 소화물의 다빈도 정시수송은 물론 지방특산물·야채·생선·생선회 등을 신선한 형태로 배달해 주는 서비스, 기업회의 및 세미나 등에 자료를 정시에 배달해 주는 서비스, 그리고 도시 내의 오토바이 택배업 등 그 형태가 다양해지고 있으며, 서비스 영역도 ‘Door to Door’ 단계를 지나 ‘Room to Room’, ‘Desk to Desk’ 단계에 이르기까지 점점 확대된 포괄적인 일관서비스를 제공하고 있다.

## 4. 인터넷 보급에 따른 전자상거래의 증가

당초 소비자에 의해 직접 처리되던 유통점과 소비자 간의 물류가 물품공급자의 관리영역으로 편입되고, 또 이같은 변화, 즉 상품 매입에 소요되는 시간과 노력의 감소는 전자상거래의 핵심적인 성장요인의 하나로 인식되고 있다는 점에서 전자상거래와 연계된 물류는 기존 물류와 상당히 다른 방향으로 전개되고 있다. 재래상거래의 경우 제조업체에서부터 소매 유통점에 이르는 물류네트워크가 비교적 단순하고 변화가 거의 없는 반면, 전자상거래와 관련한 물류네트워크는 불특정 다수의 소비자를 독립된 최종 지점(terminal node: 물류활동이 완결되는 최종 단계)으로 포함하기 때문에 매우 복잡할 뿐만 아니라 그 구조가 수시로 변하게 된다.

기존 유통망에 비해 전자상거래가 가격경쟁력을 확보하기 위해서는 물류부문의 저비용구조의 구축이 필연적이다. 또한 전자상거래를 이용하는 소비자의 특성상 신속하고 신뢰성이 높은 배송서비스가 뒷받침되지 않으면 전자상거래의 성장을 기대하기 어렵다.

전자상거래는 불필요한 유통과정을 없애고 생산자와 소비자 간의 실시간 직거래를 가능하게 하여 가격경쟁력을 가진 상품을 공급할 수 있게 한다. 또 24시간 세계 모든 곳의 소비자들에게 동등한 조건으로 서비스를 제공하고, 손끝 하나로 원하는 상품을 구매할 수 있다.

## 5. 운송시장의 국제화

국가 간에 상품, 서비스, 자본 등의 이동을 촉진시키고 정보의 교환을 확대시키는 정보통신기술과 그 인프라가 발달됨에 따라 운송시장이 급진적으로 확대되고 있다. 정보통신망의 발달로 지구상 '거리의 소멸'(Death of Distance) 현상이 초래되고 WTO 협정의 발효로 경제적 의미의 국경이 점차 사라지고 있기 때문이다.

국가 및 지역 간에 존재하던 상품, 서비스, 자본, 노동, 정보 등에 대한 인위적 장벽이 제거되어 세계가 일종의 거대한 단일시장으로 통합되어 나가는 환경하에서 생산, 판매, 투자 등 모든 경제활동이 한 나라나 한 지역의 영역에서 벗어나 세계 도처에서 이루어지게 된다. 무역거래에서 실행되던 국제마케팅은 텔레마케팅으로 전환되었고, 전통적 수출입거래는 인터넷 무역, 전자상거래(Electronic Commerce), 웹 상거래(Web Commerce)로 바뀌고 있다.

서비스 시장의 국제화에 따라 운송시장도 국제화가 급속히 확대되었다. 물류업체들은 자국에서 기반을 구축하고, 이웃 국가 또는 근거리 지역의 국가에 진출하는 단계를 넘어서 세계 주요 경제권 또는 신흥시장 등에 진출하여 물류서비스를 제공하고 있다. 다국적 기업의 조달, 생산, 판매활동을 지원하기 위하여 해외진출이 확대되고 있다. 해외 제3자 물류업체의 가장 큰 특징은 고객의 요구에 따른 서비스 범위의 확장과 국제화에 따른 서비스 지역의 확장이다. 제조·유통업체들이 국제화 추세에 따라 해외 진출을 추진함에 따라 국제 물류서비스를 제공하는 물류업체에 대한 이용이 증가하고 있다.

## 6. 운송시장의 경쟁 심화

북미와 유럽은 1980년대부터 운송분야의 규제완화를 추진하였으며, 규제완화의 영향으로 다수의 중소 물류기업이 시장에 진출하게 되고 경쟁이 심화되었다.

우리나라도 최근 운송분야를 포함한 각 분야의 규제완화를 적극 추진하면서 운

송시장의 경쟁이 격화되었다. 치열한 경쟁환경하에서 경쟁력을 확보하지 못한 기업은 시장에서 퇴출되고, 경쟁력을 갖춘 기업은 고객의 지속적인 확보와 정보시스템 및 물류시설장비의 확충, 전문인력의 확보, 컨설팅 능력의 확충 등을 통하여 지속적으로 성장하고 있다.

물류업계는 제조 및 유통기업의 물류수요변화에 대응하기 위해 기업 간 전략적 제휴나 인수합병을 통한 통합화(Integration)를 적극 추진 중이다. 운송을 포함한 물류사슬과 관련한 시장참여자들 간에 권력이동(Power Shift)현상이 발생하고 있다. 즉 과거에는 운송업, 특송업, 국제포워딩업, 전문물류업 등이 구분되고 독립된 시장에서 동일한 서비스를 제공하는 동종업체간 경쟁하였으나 최근 업종간 경계가 무너지고 통합물류수요가 확대됨으로써 물류시장의 경쟁구도가 동일 업종은 물론 이종업 업체와도 경쟁하는 형태로 전환되고 있다.

## 7. 아웃소싱시장의 확대와 제3자물류업체의 전문화, 대형화

화주기업은 물류서비스의 수준 향상과 물류운영원가의 절감을 위하여 핵심역량이 아닌 물류서비스는 아웃소싱(Outsourcing)을 확대하고 있다. 유통산업의 구조변화로 제조업체와 소매점간의 직거래가 확대되면서 이에 수반되는 물류 · 배송업무를 효율적으로 위탁관리해 주는 물류전문업체들의 시장 진출이 활발하게 전개되고 있다. 아웃소싱 시장의 확대는 물류 정보화의 발전, 물류서비스의 저가격 고품질화에 대한 요구의 확대, 물류시장의 대외개방에 따른 외국 물류전문기업의 진출 등에 의해 이루어지고 있다.

화주 고객이 물류전문기업에게 요구하는 물류 아웃소싱의 범위가 기존의 물류 단위업무 관리 · 운영에서 점차 물류 전략 · 관리 · 운영 등 전체 물류 업무의 최적 지원으로 범위가 확대되고 있다. 물류기업들은 물류 진단, 컨설팅, 제안, 물류 업무 재설계, 시스템 구축, 실행, 사후관리 및 물류개선활동 등 물류 전체 최적화를 위한 Total Solution 제공 능력을 확보하기 위해 노력하고 있다. 대부분의 고객기업들은 공급체인상의 통합된 물류서비스를 모든 지역을 대상으로 제공하는 물류업체를 선호하고 있다.

물류기업들은 치열한 경쟁에서 살아남기 위해 단지 기업규모와 시장 점유율 확대만이 아니라 고객에게 통합된 물류관련 서비스를 제공하는 통합물류서비스 제공업자(Integrated Logistics Service Provider)로서 위상을 차지하기 위해 전문화, 대

형화를 추진하며, 새로운 비즈니스모델 구축에 노력하고 있다.

## 8. 보안과 환경에 관련된 규제 강화

9·11 테러사태 이후 제기된 안전, 보안을 중심으로 하는 물류정책과 법 및 제도 제정은 미국과 EU 등 주요 국가는 물론 관련 국제기구의 지원을 받아 물류분야의 새로운 이슈로 확산되고 있다.

미국이 도입한 컨테이너 보안협정(Container Security Initiative : CSI)이 대표적인데, 세계관세기구(WCO)와 EU 등이 종합우수인증업체(Authorized Economic Operator : AEO)라는 유사한 제도를 도입하는 등 세계 규범으로 자리 잡으면서 새로운 질서 변화로 인식되고 있다.

또한, 2005년 교토의정서의 채택 이후 미국, EU, 일본 등 주요 국가들은 $CO_2$ 배출량의 삭감과 Modal shift 등 녹색물류(Green Logistics)를 자국 물류정책에 포함하고 있다. 특히 교토의정서에서 합의된 '2012년까지 온실가스 배출량 6% 삭감' 조항은 향후 우리나라 운송수단, 항만, 공항 등 물류시설 등에도 적용되어 국제적인 규제의 대상이 될 가능성이 높다.

# 제6절 운송합리화 방안

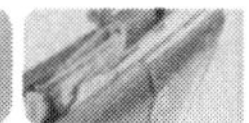

물류비 중에서 가장 큰 비중을 차지하고 있는 운송부문의 합리화를 추진하는 것은 물류합리화와 직결된다. 그만큼 운송합리화는 기업차원에서 물류비 절감은 물론 고객만족서비스를 제공하기 위해서 그리고 국가물류비 절감을 통한 국가경쟁력 확보를 위해서도 중요하다.

## 1. 운송합리화시 고려사항

운송합리화를 위하여 기본적으로 고려해야 할 사항은 다음과 같다.

### 1) 최적 운송수단 선택

화물의 종류, 물동량, 수배송 빈도, 운송거리 등을 종합적으로 판단하여 운송비

와 보관비 등 총물류비가 절감될 수 있는 최적의 운송수단을 선택해야 한다.

### 2) 최적 운송경로 선택

최적의 운송수단을 선택했다 하더라도 운송경로를 제대로 설정하여 운행하지 않으면 차량의 적재율과 회전율 그리고 공차율 등 차량의 생산성 향상과 물류비 절감 그리고 물류효율화를 도모하기 어렵다. 따라서 배송빈도나 화물량 등을 고려하여 최적의 운송경로를 선택해야 한다.

### 3) 정보시스템 구축

운송중인 화물에 대한 정보를 실시간 추적하여 고객에게 제공하거나 공급사슬 구성원들이 모두 실시간 운송정보를 공유하고 다음 프로세스에 적합한 활동을 수행하도록 하기 위하여 정보시스템 구축은 필수적이며, 다른 정보망과 연계운영되어야 한다. 보다 효율적인 운송관리를 위해서는 운송관리시스템(Transport Management System : TMS)을 설치하고, 물류거점간 또는 운송업체와 물류업체간 신속하게 정보를 교환하도록 해야 한다.

### 4) 단위화와 표준화

운송합리화를 위해서 화물의 단위화와 표준화는 필수적이다. 파렛트나 컨테이너를 이용하여 운송화물을 단위화, 표준화함으로써 물류거점에서 불필요한 하역작업이나 이송작업을 수행하지 않아도 되고, 운송도중 단위화된 적정포장을 통하여 화물의 파손이나 분실 등도 최소화할 수 있으며, 궁극적으로 물류효율화를 통하여 물류산업 발전에 기여할 수 있다.

### 5) 물류기기, 시설, 장비의 현대화, 자동화, 첨단화

물류기기, 시설, 장비 등 각 분야의 기술발전이 급속도로 이루어지고 인공지능을 이용한 자동화, 현대화가 추진되고 있기 때문에 생산성 향상과 물류비 절감을 위해서는 현대화, 자동화, 첨단화를 추진해야 한다. 특히 향후 RFID를 포함하는 유비쿼터스 기술에 기반을 둔 물류체계가 확대될 것으로 예상되기 때문에 각 물류기기, 시설, 장비에도 첨단화된 기술을 도입하여 가시성(visibility)을 확보하도록 해야 한다.

### 6) 안전, 보안, 환경 고려

기본적으로 안전한 화물운송을 통하여 고객으로부터 신뢰성을 확보하고, 갈수록 강화되고 있는 보안(security)을 고려해야 하며, 친환경적인 운송체계를 구축하도록 해야 한다. 특히 미국을 중심으로 강화되고 있는 보안문제를 해결하기 위한 적극적인 자세가 필요하며, 향후 녹색물류를 지향하는 탄소배출권 거래가 우리나라에도 시행되는 점을 고려하여 도로중심에서 철도와 연안운송으로 수송수단 전환과 화주들의 친환경적인 경영활동에 적합한 운송체계를 구축해야 한다.

### 7) 효율성과 생산성 향상

적기운송과 운송비 절감을 위하여 계획운송, 간선운송시 물량의 대형화, 운송장비의 표준화를 통한 적재율 향상 그리고 공차율 감소 등을 통하여 효율성과 생산성 향상을 적극 추진해야 한다.

## 2. 경제적 운송을 위한 원칙

### 1) 대형화 원칙

화물운송시 물류거점과 물류거점 간 간선운송은 가능한 대형화된 차량이나 철도 그리고 연안운송을 이용함으로써 규모의 경제효과를 도모하도록 한다. 물류거점은 대형차량 운행시 화물의 하역, 보관을 위한 창고나 물류센터가 확보되어 있어야 하고 아울러 주차장도 확보되어야 한다.

물류거점과 화주문전 간 배송 또는 집화운송은 중소형 차량을 이용하여 신속하게 화물을 인도하거나 집화하고, 물류거점에 집화된 화물은 대형차량, 철도, 연안운송을 이용하여 주요 물류거점별로 간선운송을 실시함으로써 물류비와 에너지를 절감하고, 공기오염 등 환경공해도 줄일 수 있다.

### 2) 실차율 극대화 · 공차율 최소화 원칙

실차율은 트럭의 총 운행거리 중 화물을 적재하고 운행한 거리의 비율을 나타낸 것이고, 반대로 공차율은 트럭의 운송거리 중 화물을 적재하지 않고 운행한 거리를 비율로 나타낸 것이다. 차량의 생산성 향상과 물류비 절감을 위해서 트럭의 실차율은 극대화하고 공차율을 최소화해야 한다.

트럭의 실차율을 극대화하기 위해서는 적정한 차량규모와 최적의 운송경로를 선택하고, 정보시스템을 바탕으로 계획운송, 순회운송 또는 공동운송 등의 방법을 활용해야 한다. 하나의 트럭이 여러 화주를 순회하여 소량의 화물을 집화, 운송하거나 화물터미널을 중심으로 여러 화주의 화물을 공동운송하거나 물류거점에서 복항시 화물을 운송함으로써 공차운행을 최소화할 수 있다.

### 3) 회전율 극대화 원칙

차량의 운행을 가능한 최대화함으로써 차량단위당 고정비에 대한 원가를 낮춰야 한다. 차량을 운행하지 않더라도 차량에 대한 감가상각, 제세공과금, 보험료 그리고 운전기사 급여 등이 고정적으로 발생하기 때문에 차량의 가동율을 극대화함으로써 단위당 고정비를 낮추도록 해야 한다. 물론 차량의 회전율을 극대화한다고 해서 운전기사가 1일 8시간 이상 계속해서 근무하는 것이 아니라 안전을 위하여 8시간 근무 운전기사는 휴식하고, 다른 운전기사가 차량을 계속 운전해서라도 회전율을 높여야 한다는 의미이다.

또한 차량의 상하차 작업을 위한 대기시간을 단축하고, 포크리프트나 기계화 작업 등 신속한 상하차 작업도 차량의 회전율을 향상시킬 수 있다. 아울러 도로 등 적절한 인프라를 확충하여 교통혼잡을 완화하고, 가능한 장거리, 대량화물은 철도와 연안운송으로 수송수단 전환을 추진함으로써 차량의 회전율을 향상시킬 수 있다.

## 3. 우리나라 운송체계 합리화 방안

### 1) 수송수단전환(Modal shift) 추진 – 녹색물류체계 구축

도로중심의 운송체계를 철도와 연안운송으로 수송수단 전환을 적극 추진해야 한다. 문전수송과 적기운송 등 트럭운송의 장점 때문에 도로운송의 의존도가 높지만 선진국 모두 수송수단 전환을 추진하여 친환경적이고 지속가능한 운송체계를 구축하고 있다. 우리나라도 수송수단 전환을 적극 추진하여 적어도 간선운송만큼은 철도와 연안운송 또는 대형화된 트럭을 널리 이용하도록 해야 한다.

### 2) 공동수배송 활성화

물류거점, 화물 터미널, 산업단지 등을 중심으로 동종업종 또는 동일 지역의 화주들이 공동수배송을 널리 이용하도록 해야 한다. 물류비 절감은 물론 국가적으로도 바람직하다는 인식을 가지고 개별 화주별로 자가용 트럭을 이용하기보다는 여러 화주가 공동으로 운송하여 적재율 향상과 공차율 축소를 도모하도록 해야 한다.

### 3) 물류개선을 위한 기기·장비·차량 개선

물류표준화를 적극 추진하고 파렛트화와 컨테이너화 등 유니트로드(또는 유닛로드, 이하 같다) 시스템이 확대되도록 하여 신속하고 안전한 화물운송이 이루어지도록 해야 한다. 또한 운송과 관련한 표준화, 즉 적재함 표준화, 철도화차의 표준화 등을 통하여 적재율을 향상시키고, RFID 등 첨단물류기술이 가미된 기기, 장비 등을 개발하고, 활용하여 물류시스템을 개선시킨다.

### 4) 정보시스템 구축

물류거점 간 정보망을 연결하고, 물류거점과 정부 및 관련기관 간 정보망 연계 그리고 물류망과 다른 금융망, 무역망, 보험망 등과의 연계를 위한 정보시스템을 구축해야 한다. 또한 화물의 실시간 추적을 위한 시스템을 구축하고, ITS, CVO 등 교통정보시스템과도 연계하여 운송 효율화를 도모하도록 해야 한다.

### 5) 물류 아웃소싱시장 활성화

우리나라는 북미나 유럽보다 물류의 아웃소싱 시장이 활성화되어 있지 않아 아직도 자가운송이나 자가물류활동을 수행하는 경우가 많다. 화주들은 핵심역량이 아닌 물류서비스나 운송서비스는 전문물류업체에게 아웃소싱하고, 디자인과 R&D 등 핵심역량만 자신이 직접 수행하는 것이 바람직하다는 인식을 확산시켜야 한다.

### 6) 복합운송체계의 지향

물류거점 간 장거리, 대량화물의 간선운송은 철도, 연안운송, 대형트럭을 이용하도록 하고 물류거점과 문전 간 집화와 배송은 중소형 트럭을 이용하도록 한다. 또한 물류거점을 중심으로 고객의 필요에 따라 트럭, 철도, 항공, 연안운송 등 운송수단을 선택적으로 활용할 수 있도록 연계운송망을 구축해야 한다.

### 7) 운송업체의 전문화, 대형화 유도

갈수록 고객의 운송업체에 대한 요구는 고도화되지만, 운임수준은 제자리 수준에 머무는 등 운송업체들도 전문화되고 대형화되지 않으면 생존하기 어려운 환경이다. 영세한 운송업체 간 제휴나 M&A 등을 통하여 정보시스템을 구축하고, 고객이 원하는 서비스를 제공할 수 있는 능력을 갖춰야 한다. 정부가 시행 중인 종합물류기업인증제도는 운송업체를 비롯한 물류업체 전반의 대형화와 전문화 그리고 글로벌 네트워크 구축을 유도하기 위한 정책이다.

### 8) 녹색물류체계 지향 및 야간 차량운행의 활성화

이산화탄소 배출에 대한 규제가 강화되고, 탄소배출권 거래제 등의 시행이 추진될 것으로 예상되기 때문에 태양열, 지열, 풍력 등을 이용하는 녹색물류체계를 지속적으로 지향하고 추진해야 한다. 아울러 주간에는 승용차나 여객 교통수요가 많으므로 화물운송은 가능한 주요 도로에서의 교통체증 해소와 물류비 절감을 위해 야간운행을 활성화한다.

제 02 장

# 도로운송

## 제1절 도로운송의 의의

### 1. 도로운송의 개념

도로운송은 공로운송 또는 화물자동차운송이라고도 하며, 도로를 이용하여 화물을 출발지에서 목적지까지 운송하는 것을 말한다. 도로망의 확충과 운송차량의 발전 및 대형화 추세에 따라 종합운송체계의 핵심적인 역할을 수행할 뿐만 아니라 우리나라 거의 모든 지역에 운송서비스를 제공하고 있다. 특히 도로운송은 화주의 문전까지 운송의 완결성과 필요한 시기에 언제라도 융통성있게 운행할 수 있는 탄력성을 갖고 있어 물류 및 유통환경이 고도화될수록 선호되는 운송이다.

화물자동차에 의한 도로운송은 원활한 기동성과 신속한 배송은 물론 다양한 고객의 요구에 대응하여 신속하고 정확한 문전에서 문전운송(door to door)을 실현하고 있다. 그러나 운송단위가 소량이면서 에너지 과소비형의 운송기관이라는 약점을 갖고 있다.

### 2. 도로운송의 특징

#### 1) 기동성과 신속한 배달 가능

화물자동차는 통행 가능한 도로만 있으면 어디든지, 언제든지 이동할 수 있으며, 연료보급 면에서도 다른 운송기관에 비하여 우위성을 유지하고 있는 등 기동

력이 있기 때문에 다빈도 소량운송에 가장 적합하다.

### 2) 신속하고 정확한 문전서비스(door to door delivery) 실현 가능

문전까지의 배달이 가능하며, 다른 운송수단을 개입시키지 않고 집화, 운송, 배송을 스스로 일관되게 처리할 수 있어 마감운송을 가능하게 한다.

### 3) 고객의 다양한 요구에 대응 가능

화물자동차는 차량의 종류와 차량이 풍부하고, 다종다양한 화물의 운송수요에 부합한 형태로 운송의 편리성을 제공할 수 있다.

### 4) 운송단위의 소량 및 에너지 다소비형 운송기관

에너지 효율이 철도와 선박과 같은 다른 운송수단보다 나쁘고, 운송생산성이 낮은 편이다.

## 3. 도로운송의 장점과 단점

화물자동차에 의한 도로운송은 국내 운송수단으로 가장 많은 운송실적과 높은 운송분담율을 나타내고 있는 것처럼 운송수단으로서 다음과 같은 장점을 갖고 있다.

첫째, 문전까지 일관운송이 가능하여 화물의 수취가 편리하다.

둘째, 근거리운송에 적합하고, 경제적이다.

셋째, 탄력적인 운임제도를 갖고 있다.

넷째, 비교적 간단한 포장으로 운송이 가능하다.

다섯째, 단위 포장시 파렛트의 이용이 가능하다.

여섯째, 필요시 언제든지 즉시 배차가 가능하여 기동성이 우수하다.

그러나 화물자동차에 의한 운송은 다음과 같은 단점을 갖고 있다.

첫째, 대량운송에 적합하지 못하다.

둘째, 원거리 운송시 운임이 상대적으로 높다.

셋째, 운송의 안정성이 결여된다.

넷째, 교통사고 및 공해문제 발생의 원인을 제공한다.

다섯째, 교통체증을 유발한다.

여섯째, 중량의 제한으로 도로 및 교량의 운송에 규제를 받는다.

## 4. 도로운송의 증가 이유

도로운송은 다른 운송수단에 비하여 많은 물동량을 처리하고 있으며, 철도, 해상, 항공을 포함한 전체 국내 화물량의 70% 이상(2013년 기준 82%)의 운송분담율을 기록하고 있다. 이렇게 도로운송이 증가하는 이유는 다음과 같다.

첫째, 도로운송은 대규모 고정자본을 투입하지 않고도 도심지, 공업단지 및 산업단지의 문전까지 운송할 수 있는 편의성을 갖추고 있다.

둘째, 소량화물을 전국 각지에 신속하게 운송할 수 있다.

셋째, 단거리운송에서 철도보다 높은 경제성(정거장 비용, 1회 발차시 소요되는 동력비, 간접비, 1회 운송시의 한계비 등)을 확보하고 있다.

넷째, 규모의 경제에서 오는 이익과 관련없이 투자가 용이하다.

다섯째, 단거리 문전운송으로 화물파손을 극소화할 수 있다.

여섯째, 국가에서 사회간접자본의 일환으로 도로망을 확충할 때 운송상의 경제성과 용이성이 가속화되고 있다.

## 5. 도로운송의 교통체증 유발 이유

도로운송의 편리성으로 물동량이 지속적으로 증가하면서 교통체증을 유발시키고 있으며, 그 이유는 다음과 같다.

첫째, 차량의 대형화와 물동량의 증가에 비해 철도운송의 수용능력 부족으로 화물이 자동차운송으로 전환되고 있다.

둘째, 운송시간이 철도에 비해 단축되고 문전까지 운송이 가능하여 화주들의 선호도가 높아지고 있다.

셋째, 국도, 지방도 및 고속도로가 전국적으로 확장되고 있다.

셋째, 철도운송에서 문전배송이 가능한 통운의 소화물일관(택배)운송시스템이 미숙하여 화물자동차로 화물이 이전되고 있다.

# 제2절 화물자동차운송사업 현황

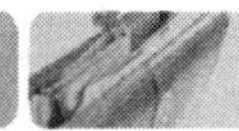

## 1. 화물자동차운수사업

화물자동차운수사업법에서 화물자동차운송사업, 화물자동차운송주선사업 및 화물자동차운송가맹사업으로 구분하고 있다.

### 1) 화물자동차운송사업

화물자동차운수사업법 제2조 제3호에서 화물자동차운송사업은 다른 사람의 요구에 응하여 화물자동차를 사용하여 화물을 유상으로 운송하는 사업으로 정의하고 있다. 이 경우 화주가 화물자동차에 함께 탈 때의 화물은 중량, 용적, 형상 등이 여객자동차 운송사업용 자동차에 싣기 부적합한 것으로서 그 기준과 대상차량은 별도로 규정하고 있다. 또한 화물자동차운송사업은 일반화물자동차사업, 개별화물자동차운송사업 및 용달화물자동차운송사업으로 세분하고 있다.

화물자동차운송사업을 경영하기 위해서는 국토교통부장관의 허가를 받아야 하며, 그 허가기준을 규정하고 있다(화물자동차운수사업법 시행규칙 별표 3).

〈표 2-1〉 화물자동차운송사업의 허가기준

| 구 분 | 일반화물자동차운송사업 | 개별화물자동차운송사업 | 용달화물자동차운송사업 |
|---|---|---|---|
| 기준대수 | 1대 이상 | 1대 | 1대 이상(집화만을 위해 허가를 받으려는 경우 1대) |
| 최저 자본금 | 1억 원(소유대수가 2대 이상인 경우만 해당) | 없음 | 5천만 원(소유대수가 2대 이상인 경우만 해당) |
| 사무실 및 영업소 | 영업에 필요한 면적 (소유대수 2대 이상인 경우) | 없음 | 영업에 필요한 면적 (소유대수 2대 이상인 경우) |
| 최저보유 차고면적 | 화물자동차 1대당 해당 화물자동차의 길이와 너비를 곱한 면적 | 해당 자동차의 길이와 너비를 곱한 면적(주사무소가 있는 시·도 또는 군의 주차여건과 교통상황 등을 종합적으로 고려하여 최대 적재량 1.5톤 이하의 개별화물자동차운송사업자에게 차고지를 설치하 | 화물자동차 1대당 그 화물자동차의 길이와 너비를 곱한 면적(주사무소가 있는 시·도 또는 군의 주차여건과 교통상황 등을 종합적으로 고려하여 소유 대수가 1대인 용달화물자동차운송사업자 |

| | | | |
|---|---|---|---|
| | | 지 않도록 해당 지방자치단체의 조례로 정한 경우 차고지를 설치하지 않을 수 있음) | 에게 차고지를 설치하지 않도록 해당 지방자치단체의 조례로 정한 경우 차고지를 설치하지 않을 수 있음) |
| 자동차의 종류 | • 최대적재량 5톤 이상의 화물자동차<br>• 대형 특수자동차<br>• 2대 이상의 화물자동차 또는 특수자동차 | • 최대적재량 1톤 초과 5톤 미만의 화물자동차<br>• 중형 특수자동차<br>• 이사화물의 운송을 위한 최대 적재량 5톤의 밴형 또는 특수용도형 화물자동차<br>• 이사화물의 운송을 위한 고정식 사다리형 장비를 갖춘 최대 적재량 1톤 초과의 화물자동차<br>• 이사화물의 운송을 위한 고정식 사다리형 장비를 갖춘 대형 특수자동차 | • 최대적재량 1톤 이하의 화물자동차<br>• 경형 및 소형 특수자동차<br>• 소형 특수자동차로서 이사화물 운송을 위한 고정식 사다리형 장비를 갖춘 특수 자동차<br>• 이사화물 운송을 위한 덮개, 결박 장비를 갖춘 소형화물자동차 |
| 업무형태 | 업무형태 제한하지 않음 | 업무형태 제한하지 않음. 단 집화 등만을 위해 허가받으려는 경우 국토부장관이 고시하는 시설・장비기준을 갖추고, 화물집화・분류・배송하는 운송사업자와 전속계약을 통해 그 운송사업자의 명의로 사업 수행 | 업무형태 제한하지 않음. 단 집화 등만을 위해 허가받으려는 경우 국토부장관이 고시하는 시설・장비기준을 갖추고, 화물집화・분류・배송하는 운송사업자와 전속계약을 통해 그 운송사업자의 명의로 사업 수행 |

화물자동차운수사업법 시행규칙 제21조의4는 운송사업자의 직접운송의무를 규정하고 있다. 즉, 운송사업자는 ① 법 제11조의2 제1항에 따라 일반화물자동차 운송사업자(소유 대수가 2대 이상인 경우에만 해당한다)는 연간 운송계약 화물의 100분의 50 이상을 직접 운송하여야 한다. 다만, 사업기간이 1년 미만인 경우에는 신규허가를 받은 날 또는 휴업 후 사업개시일부터 그 해의 12월 31일까지의 운송계약 화물을 기준으로 한다. ② 법 제11조의2 제1항 단서에서 "국토교통부령으로 정하는 차량"이란 제1항에 따른 운송사업자와 1년 이상의 운송계약을 맺은 다른 운송사업자 소속의 화물자동차를 말한다. ③ 제1항의 규정에도 불구하고 법 제11조의2 제4항에 따라 운송사업자가 운송주선사업을 동시에 영위하는 경우에는 연간 운송계약 및 운송주선계약 화물의 100분의 30 이상을 직접 운송하여야 한다. 다만, 사업기간이 1년 미만인 경우는 제1항 단서를 준용한다.

### 2) 화물자동차운송주선사업

화물자동차운송주선사업은 다른 사람의 요구에 응하여 유상으로 화물운송계약을 중개·대리하거나 화물자동차운송사업 또는 화물자동차운송가맹사업을 경영하는 자의 화물 운송수단을 이용하여 자기 명의와 계산으로 화물을 운송하는 사업을 말한다.

화물자동차운송주선사업을 경영하기 위해서는 국토교통부장관의 허가를 받아야 하며, 그 허가기준을 규정하고 있다(화물자동차운수사업법 시행규칙 별표 4). 즉, 화물자동차운송주선사업을 경영하기 위해서는 국토교통부장관이 화물의 운송주선 수요를 감안하여 고시하는 공급기준에 맞아야 하며, 사무실의 면적·자본금 또는 자산평가액 등 국토교통부령으로 정하는 기준에 부합되어야 한다.

〈표 2-2〉 화물자동차운송주선사업의 허가기준

| | |
|---|---|
| 사무실 | • 영업에 필요한 면적<br>다만, 관리사무소 등 부대시설이 설치된 민영 노외주차장을 소유하거나 그 사용계약을 체결한 경우에는 사무실을 확보한 것으로 봄 |
| 자본금 또는 자산평가액 | • 1억 원(영업소를 설치하는 경우에는 영업소의 수에 5천만 원을 곱한 금액을 합한 금액) 이상. 일반화물운송주선과 이사화물운송주선업을 겸업하는 경우 자본금 또는 자산평가액은 1억 5천만원 이상. |
| 상용인부 | • 2인 이상(일반화물운송주선사업자는 제외) |

### 3) 화물자동차운송가맹사업

화물자동차운송가맹사업은 다른 사람의 요구에 응하여 자기 화물자동차를 사용하여 유상으로 화물을 운송하거나 소속 화물자동차 운송가맹점에 의뢰하여 화물을 운송하게 하는 사업을 말한다.

화물자동차운송가맹사업을 경영하기 위해서는 국토교통부장관의 허가를 받아야 하며, 그 허가기준을 규정하고 있다(화물자동차운수사업법 시행규칙 별표 5). 화물자동차운송가맹사업의 허가 또는 증차를 수반하는 변경허가의 기준은 국토교통부장관이 화물의 운송수요를 고려하여 고시하는 공급기준에 맞아야 하며, 화물자동차의 대수(운송가맹점이 보유하는 화물자동차의 대수 포함), 자본금 또는 자산평가액, 운송시설, 그 밖에 국토교통부령으로 정하는 기준에 맞아야 한다.

〈표 2-3〉 화물자동차운송가맹사업의 허가기준

| | |
|---|---|
| 허가기준대수 | • 500대 이상(운송가맹점이 소유하는 화물자동차의 대수를 포함하되, 특별시·광역시를 포함한 8개 이상의 시·도에 각각 50대 이상 분포되어야 함) |
| 자본금/자산평가액 | • 10억원 이상 |
| 사무실 및 영업소 | • 영업에 필요한 면적 |
| 최저보유 차고 면적 | • 화물자동차 1대당 당해 화물자동차의 길이와 너비를 곱한 면적 (화물자동차를 직접 소유하는 경우에 한함) |
| 화물자동차의 종류 | • 제3조에 따른 화물자동차(화물자동차를 직접 소유하는 경우에 한함) |
| 기타 운송시설 | • 화물운송전산망을 갖출 것. 화물운송전산망은 운송가맹사업자와 운송가맹점이 전산망을 통해 물량 배정 여부, 공차 위치 등을 확인할 수 있어야 하고, 운임지급 등 결제시스템이 구축되어야 함 |

## 2. 화물자동차 등록 현황

2014년 12월 기준 등록된 화물자동차는 총 3,353,683대로, 관용 화물자동차 28,321대, 자가용 화물자동차 2,946,779대, 영업용 화물자동차 378,583대이다. 영업용 화물자동차의 경우 매년 지속적으로 증가하고 있으나 전체 등록 화물자동차 대비 11.3% 수준에 불과하고 있다. 자가용 화물자동차 역시 2008년에 감소하였으나 전체적으로 계속 증가하고 있는 추세를 보이고 있으며, 전체 화물자동차 중에서 자가용 화물자동차가 차지하는 비중은 87.9%로 운송비 증가의 주요 요인이 되고 있다.

〈표 2-4〉 화물자동차 등록 추이

| 구 분 | 합 계 | 관 용 | 자가용 | 영업용 |
|---|---|---|---|---|
| 2001 | 2,728,405 | 22,527 | 2,433,920 | 271,958 |
| 2005 | 3,102,171 | 24,480 | 2,755,991 | 321,700 |
| 2007 | 3,171,351 | 25,230 | 2,811,537 | 334,584 |
| 2009 | 3,166,512 | 25,970 | 2,798,797 | 341,745 |
| 2010 | 3,203,808 | 26,306 | 2,831,697 | 345,805 |
| 2011 | 3,226,421 | 26,680 | 2,848,544 | 351,197 |
| 2012 | 3,243,924 | 27,177 | 2,862,737 | 354,010 |
| 2013 | 3,285,707 | 27,768 | 2,890,373 | 367,566 |
| 2014 | 3,353,683 | 28,321 | 2,946,779 | 378,583 |

자료: 국토교통부, 「자동차등록현황」, 각년도.

또한 영업용 화물자동차는 면허 종류에 따라 일반화물, 개별화물, 용달화물자동차로 구분할 수 있다. 2013년 6월말 기준 일반화물자동차 운송사업체는 13,199개이며, 보유 차량대수는 217,418대이다. 개별화물자동차운송사업은 차량 1대만으로도 영업이 가능하며 보유차량은 2013년 기준 69,361대이다. 그리고 용달화물자동차 운송사업체 보유차량은 2013년 기준 94,355대이다.

〈표 2-5〉 영업용 화물자동차 면허 및 등록 추이

| 구분 | 일반화물 | | 개별화물 | 용달화물 |
|---|---|---|---|---|
| | 업체 | 차량 | | |
| 2003 | 8,440 | 201,664 | 64,309 | 83,531 |
| 2005 | 8,316 | 202,250 | 69,021 | 86,852 |
| 2007 | 9,077 | 218,210 | 69,872 | 85,565 |
| 2009 | 12,478 | 231,630 | 70,207 | 80,140 |
| 2010 | 13,109 | 231,655 | 69,000 | 86,345 |
| 2011 | 12,126 | 241,906 | 68,302 | 86,720 |
| 2012 | 13,094 | 249,134 | 69,520 | 88,927 |
| 2013.6 | 13,199 | 217,418 | 69,361 | 94,355 |

자료: 국토교통부 및 운수업조사통계

## 제3절 화물자동차

### 1. 화물자동차의 구분

#### 1) 법률에 의한 구분

화물자동차는 구조 기준이나 법률에 따라 여러 가지 형태로 구분할 수 있다. 우선 법률적으로 자동차관리법과 화물자동차운수사업법에서 화물자동차를 규정하고 있다.

자동차관리법 제2조 제1호에서 “자동차는 자동차의 크기 · 구조, 원동기의 종류, 총배기량 또는 정격출력 등 국토교통부령으로 정하는 구분기준에 따라 승용자동

차, 승합자동차, 화물자동차, 특수자동차 및 이륜자동차로 구분한다"라고 규정하고 있다. 그리고 자동차관리법 시행규칙 제2조에서 자동차의 종별 구분을 구체적으로 제시하고 있으며, 승용자동차, 승합자동차, 화물자동차, 특수자동차, 이륜자동차로 구분하고 있다.

화물자동차는 화물을 운송하기 적합하게 바닥면적이 최소 2제곱미터 이상(특수용도형의 경형화물자동차는 1제곱미터 이상)인 화물적재공간을 갖추고, 화물적재공간의 총적재화물의 무게가 운전자를 제외한 승객이 승차공간에 모두 탑승했을 때의 승객의 무게(1인당 65킬로그램)보다 많은 자동차로서 다음에 해당하는 자동차를 의미한다.

- 화물적재공간의 윗부분이 개방된 구조의 자동차, 유류 · 가스 등을 운반하기 위한 적재함을 설치한 자동차, 화물을 싣고 내리는 문을 갖춘 적재함이 설치된 자동차(구조 · 장치의 변경을 통하여 화물적재공간에 덮개가 설치된 자동차 포함) 등 승차공간과 분리된 화물적재공간이 있는 자동차
- 화물적재공간과 승차공간이 동일 차실 내에 있으면서 화물의 이동을 방지하기 위해 격벽을 설치한 자동차로서 화물적재공간의 바닥면적이 승차공간의 바닥면적(운전석이 있는 열의 바닥면적 포함)보다 넓은 자동차
- 화물을 운송하는 기능을 갖추고 자체 적하, 기타 작업을 수행할 수 있는 설비를 함께 갖춘 자동차

화물자동차운수사업법 제2조 제1호에서 "화물자동차란 자동차관리법 제3조에 따른 화물자동차 및 특수자동차로서 국토교통부령으로 정하는 자동차를 말한다"라고 규정하고 있다. 즉, 자동차관리법 시행규칙 별표 1에 따른 일반형 · 덤프형 · 밴형 및 특수용도형 화물자동차와 견인형 · 구난형 및 특수작업형 특수자동차를 말하며, 이 경우 밴형 화물자동차는 다음의 요건을 모두 충족하는 구조이어야 한다.

① 물품적재장치의 바닥면적이 승차장치의 바닥면적보다 넓을 것

② 승차 정원이 3명 이하일 것(다만 다음의 어느 하나에 해당하는 경우 예외)

- 경비업법에 따라 호송경비업무 허가를 받은 경비업자의 호송용 차량
- 2001년 11월 30일 전에 화물자동차 운송사업 등록을 한 6인승 밴형 화물자동차

## 2) 규모 · 형태 · 구조에 의한 구분

### (1) 규모별 기준

자동차관리법 시행규칙 별표 1에서 승용자동차, 승합자동차, 화물자동차, 특수자동차 및 이륜자동차의 기준을 정하고 있으며, 그 중에서 화물자동차와 특수자동차의 규모별 기준은 다음과 같다.

〈표 2-6〉 규모별 화물자동차와 특수자동차

| 종류 | 경형 | 소형 | 중형 | 대형 |
|---|---|---|---|---|
| 화물 자동차 | 배기량이 1,000cc 미만으로서 길이 3.6미터 · 너비 1.6미터 · 높이 2.0미터 이하인 것 | 최대적재량이 1톤 이하인 것으로서, 총중량이 3.5톤 이하인 것 | 최대적재량이 1톤 초과 5톤 미만이거나, 총중량이 3.5톤 초과 10톤 미만인 것 | 최대적재량이 5톤 이상이거나, 총중량이 10톤 이상인 것 |
| 특수 자동차 | 배기량이 1,000cc미만으로서 길이 3.6미터 · 너비1.6미터 · 높이 2.0미터 이하인 것 | 총중량이 3.5톤 이하인 것 | 총중량이 3.5톤 초과 10톤 미만인 것 | 총중량이 10톤 이상인 것 |

## 2) 유형별 기준

자동차관리법 시행규칙 별표 1에서 화물자동차와 특수자동차의 유형별 기준을 다음과 같이 규정하고 있다. 화물자동차는 일반형, 덤프형, 밴형 및 특수용도형으로 구분하고, 특수자동차는 견인형, 구난형 및 특수작업형으로 구분하고 있다.

〈표 2-7〉 유형별 화물자동차와 특수자동차

| 종류 | 유형별 | 세부 기준 |
|---|---|---|
| 화물 자동차 | 일반형 | 보통의 화물운송용인 것 |
| | 덤프형 | 적재함을 원동기의 힘으로 기울여 적재물을 중력에 의하여 쉽게 미끄러뜨리는 구조의 화물운송용인 것 |
| | 밴형 | 지붕구조의 덮개가 있는 화물운송용인 것 |
| | 특수용도형 | 특정한 용도를 위하여 특수한 구조로 하거나, 기구를 장치한 것으로서 위 어느 형에도 속하지 아니하는 화물운송용인 것 |
| 특수 자동차 | 견인형 | 피견인차의 견인을 전용으로 하는 구조인 것 |
| | 구난형 | 고장 · 사고 등으로 운행이 곤란한 자동차를 구난 · 견인할 수 있는 구조인 것 |
| | 특수작업형 | 위 어느 형에도 속하지 아니하는 특수작업용인 것 |

### 3) 구조별 기준

구조별로는 보통트럭, 트레일러, 전용특장차 및 합리화 특장차로 구분할 수 있다. 보통트럭(평바디)은 트럭 중에서 가장 일반적인 자동차로서 차종은 적재량 1톤 미만의 소형차로부터 16톤의 대형차에 이르기 까지 종류가 다양하다. 트레일러는 자동차의 동력부분(견인차 또는 트랙터)과 적재부분(피견인차)을 분할할 경우 자체의 동력을 갖추지 않은 적하부분을 지칭한다. 일반적으로 세미 트레일러, 풀 트레일러, 폴 트레일러의 3가지로 대별할 수 있다. 전용특장차는 자동차의 동력을 취하여 적하작업, 기타의 작업을 행하는 기계장치를 설치한 차량을 말하며, 덤프차, 믹서차, 분립체운송차, 액체운송차, 냉동차 등이 있다. 그리고 합리화 특장차는 전용특장차의 차량 자체에 화물을 적재하거나 하역할 때 작업을 합리화하기 위하여 설비기기를 차량 자체에 설치하고 있는 차량을 말한다.

〈표 2-8〉 구조별 화물자동차의 종류

| 구 분 | 종류 | 특 징 |
|---|---|---|
| 보통트럭 | 소형 | 최대 적재량 1톤, 총중량 3톤 이하 |
| | 중형 | 최대 적재량 1톤 초과 5톤 미만, 총중량 3톤 초과 10톤 미만 |
| | 대형 | 최대 적재량 5톤, 총중량 10톤 이상 |
| 트레일러 | Semi 트레일러 | 후축에만 타이어가 부착되고, 전축에는 연결장치인 커플러가 지지하여 운행하는 차량. 평판 트레일러와 샤시 트레일러로 구분하며, 전자는 강관, 핫코일 등을 운송하고, 후자는 주로 컨테이너를 운송함 |
| | Full 트레일러 | 세미 트레일러와 달리 전축은 물론 후축에도 타이어가 부착되어 있어 커플러와 킹핀이 아닌 특수연결장치로 연결됨 |
| | Pole 트레일러 | 전신주, 구조물 등 길이가 긴 장척물 운반용 트레일러 |
| | Double 트레일러 | 세미 또는 풀 트레일러 2대를 연결하여 운행하는 트레일러 |
| 전용 특장차 | 덤프트럭 | 적재함을 후방으로 기울여 화물을 미끄러지게 하는 차량 |
| | 믹서트럭 | 콘크리트 믹서차(레미콘 차량) |
| | 분립체운송차 | 곡물, 사료, 유류 등 벌크화물을 운송하는 차량 |
| | 냉동차 | 냉동, 냉장화물을 운송하는 차량으로 단열재와 냉동기를 부착 |
| | 액체운송차 | 유류, 당밀, 기름 등 액체화물을 운송하는 탱크로리 |
| | 기 타 | 가축운송차량, 행어(hanger) 차량 |
| 합리화 특장차 | | 화물적재나 하역시 합리적으로 상하차 작업을 할 수 있는 설비가 장착된 차량 |

## 2. 자동차의 종류

자동차의 종류를 보통트럭, 트레일러, 전용특장차 및 합리화 특장차를 중심으로 구체적으로 살펴보고자 한다.

### 1) 보통트럭

보통트럭은 일반적으로 화물을 적재하는 적재함을 간단하게 접어 화물이 떨어지지 않도록 문짝을 설치하여 적재함을 갖춘 차량을 의미한다. 북미나 유럽에서 보통트럭은 많지 않으며, 일반적으로 밴형 트럭이 주로 운행된다.

### 2) 트레일러

일반적으로 트레일러는 자체 동력을 갖추지 않은 적재부분의 차량을 의미한다. 트레일러를 견인하는 자동차를 트랙터라고 하며, 보통 트랙터와 트레일러를 통칭하여 트레일러라고 부르기도 한다. 트레일러는 일반적으로 보통트럭보다 마력수가 큰 경우가 많아 중량물, 장척물, 컨테이너 등을 운송하는데 주로 이용된다.

#### (1) 트레일러의 장점

① 트랙터의 효율적 이용 : 트레일러가 하역을 위해 체류하고 있는 중이라도 트랙터 부분을 사용할 수 있으므로 회전율을 높일 수 있다.

② 효과적인 적재량 : 트럭의 총중량톤은 20톤으로 제한되어 있으나 트레일러의 경우 트랙터, 트레일러의 각 부분이 20톤으로 합계 40톤을 적재할 수 있다.

③ 탄력적인 작업 : 트레일러를 별도로 분리하여 화물을 적재하거나 하역이 가능하다.

④ 트랙터와 운전기사의 효율적 운용 : 트랙터 1대에 대해 복수의 트레일러를 운영할 수 있으므로 장비와 인적자원의 이용효율을 제고할 수 있다.

⑤ 일시 보관기능의 실현 : 트레일러 부분에 일시적으로 화물을 적재한 상태로 보관이 가능하다.

⑥ 중계지점에서의 탄력적 이용 : 중계지점을 중심으로 각각의 트랙터가 거점에서 중계점까지 왕복 운송함으로써 차량운용효율을 높일 수 있다.

### (2) 연결형식에 따른 트레일러의 유형

① **모터 트럭**(Motor Truck) : 보통트럭으로 동력부분과 화물적재부분이 일체화되어 있는 일반 화물자동차를 말한다.

② **세미 트레일러 트럭**(Semi-trailer Truck) : 적하중량의 일부가 트랙터에 실리는 트레일러로서 가장 많이 운행되는 유형이다. 세미 트레일러용 트랙터는 지지력과 견인력을 지녀야 하므로 뒷바퀴를 보통 2배수로 장착하고 연결기를 설치하여 연동, 연결 및 분리한다.

③ **풀 트레일러 트럭**(Full-trailer Truck) : 트레일러와 트랙터가 완전히 분리되어 있고, 트레일러 자체도 하중을 지탱할 수 있는 바퀴가 달려 있다. 보통트럭에 비하여 적재량을 늘릴 수 있고, 트랙터 한 대가 트레일러 두 세대를 견인할 수 있어 트랙터와 운전자의 효율적 운용을 도모할 수 있으며, 트랙터와 트레일러에 각기 다른 발송지별 또는 품목별 화물을 운송할 수 있다.

④ **폴 트레일러 트럭**(Pole-trailer Truck) : 1대의 폴 트레일러용 트랙터와 1대의 폴 트레일러로 이루어진 조합이다. 교각, 대형목재, 대형 파이프, H 형강 등 장척화물 운반용 트레일러가 부착된 트럭이다. 트랙터에 장치된 턴테이블에 폴 트레일러를 연결하고 하대와 턴테이블이 적재물을 고정시켜 운송한다.

⑤ **더블 트레일러 트럭**(Double-trailer Truck) : 2대의 세미 트레일러용 트랙터와 1대의 세미 트레일러 및 1대의 풀 트레일러로 이루어지는 조합이다. 1대의 트랙터가 2대의 트레일러(세미 또는 풀 트레일러)를 동시에 견인하는 형태이다.

⑥ **연결차**(Motor Vehicle Combination) : 1대의 모터 차량에 1대 또는 그 이상의 트레일러를 결합시킨 것을 말하며, 통상 트레일러 트럭이라고 불린다. 대형

중량화물을 운송하기 위하여 여러 대의 자동차를 동원하거나 특수 제작된 차대를 끌기 위하여 견인차 1대 이상 연결한 차량을 의미한다.

### (3) 트레일러의 형상에 따른 유형

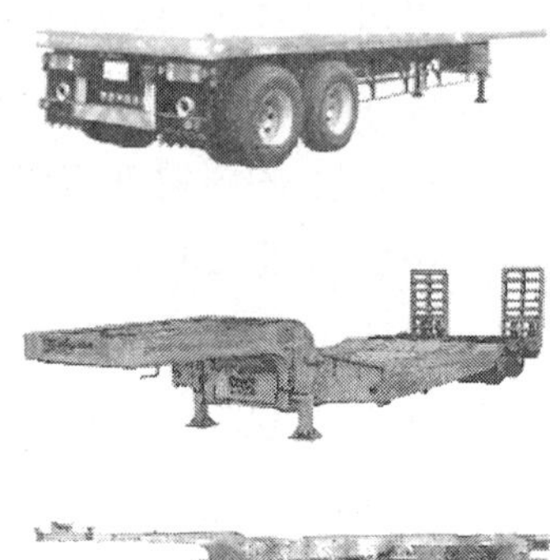

① **평상식**(Flat Bed Trailer) : 전장의 프레임 상면이 평면의 화대(샤시)를 가진 구조로 일반화물이나 강재 등의 운송에 적합하다.

② **저상식**(Low Bed Trailer) : 全高가 낮은 화대(샤시)를 가진 트레일러로 기중기 등 건설장비의 운반에 적합하다.

③ **중저상식**(Drop Bed Trailer) : 저상식 트레일러 가운데 프레임 중앙 화대(샤시)부가 낮은 트레일러로 핫 코일 등의 운반에 적합하다.

④ **스켈레탈식**(Skeletal Trailer) : 컨테이너 운송을 위해 제작된 트레일러 전후단에 컨테이너 고정장치가 부착되어 있다.

⑤ **밴형 트레일러**(Van Trailer) : 화대(샤시) 부분에 밴형의 바디가 장착된 트레일러로 일반잡화 및 냉동화물 등 운송시 사용한다.

⑥ **오픈 탑 트레일러**(Open Top Trailer) : 밴형 트레일러의 일종으로 천장에 개구부가 있어 채광이 가능한 화물 운송용으로 이용된다.

⑦ **특수용도용 트레일러** : 덤프 트레일러, 탱크 트레일러, 자동차 운반용 트레일러 등 특수한 목적 하에 제작된 트레일러가 화물운송에 이용된다.

## 3) 특장차

특장차는 차량의 적재함을 특수한 화물에 적합하도록 구조를 갖추거나 특수한 작업이 가능하도록 기계장치를 부착한 차량을 의미한다. 특장차는 운송화물의 특성에 맞추어 제작되기 때문에 차체의 무게가 무거워지고, 차량가격도 상승하며, 해당 화물이 없을 때에는 다른 화물의 운송이 곤란한 이용상의 제약을 받을 수 있

다. 또한 귀로시 복화화물을 확보하는 것이 어렵기 때문에 편도 공차운행을 해야 하는 비효율성을 갖고 있다.

### (1) 특장차의 특징

① 화물을 안전하게 운송할 수 있고, 복포와 결박이 불필요하여 포장비를 절감할 수 있다.

② 하역기계화로 작업시간을 단축할 수 있고, 차량 회전율을 향상시킬 수 있다.

③ 다른 화물의 운송이 부적합하고, 귀로운송시 화물확보가 어려울 경우 공차운행이 불가피하다.

④ 하역기기의 구입비가 높아 차량이 고가이다.

⑤ 상하차 기계화가 가능하며, 하역비용을 절감할 수 있다.

### (2) 특장차의 종류

① **덤프 트럭** : 덤프 트럭은 특장차 중 대표적인 차량으로 평바디, 밴형 차량에서 많이 볼 수 있다. 덤프 차량은 적재함 높이를 경사지게 하여 적재물을 쏟아 내리는 것으로 주로 흙, 모래를 운송하는데 사용한다.

② **믹서 차량** : 믹서차는 적재함 위에 회전하는 드럼을 싣고 운송 도중 레미콘이 응고되지 않도록 레미콘이 적입된 드럼을 회전시키면서 토목건설 현장 등으로 직행하여 레미콘을 운송하는 차량이다. 드럼으로 구성된 바디 부분은 회전하면서 운송하는 기능을 갖고 있으며, 건설중기로 등록되는 대형차이다.

③ **분립체 운송차(Bulk Truck)** : 시멘트, 사료, 곡물, 화학제품, 식품 등 분립체를 자루에 담지 않고 살물(撒物) 상태로 운송하는 차량이며, 일반적으로 벌크차라고 부른다. 샤시는 밀폐형 탱크 구조로서 상부에 적재하고 스크루식, 공기압송식, 덤프식 또는 이들을 병용하여 배출한다. 시멘트와 사료 운송차량이 가장 많으며, 포장의 생략, 하역의 기계화라는 관점에서 상당히 합리적인 차량이다.

④ **액체 운송차** : 각종 액체를 운송하기 위해 탱크 형식의 적재함을 장착한 차량으로 일반적으로 탱크로리라고 부른다. 운송하는 화물의 종류는 대단히 많으며, 적재물의 명칭에 따라 휘발유 로리, 우유 로리 등으로 불린다. 탱크로리는 주로 원통형 적재대가 설치되며, 운송화물별로 안전운송을 위한 특수장치들이 설치된다.

⑤ **냉동냉장차** : 단열 바디에 차량용 냉동장치를 장착하여 적재함 내의 온도관리가 가능한 차량이다. 냉동식품이나 야채 등 온도관리가 필요한 화물운송에 사용된다. 바디는 단열되어 있으며, 냉동장치를 갖추지 않은 것을 냉장차라고 한다. 적재대의 모양은 밴형과 동일하지만 적재대의 벽체가 단열되어 있고, 냉동기가 부착되어 있으며, 적재대 내부가 냉기순환이 가능한 구조로 되어 있다.

⑥ **차량운송용 차량(TransPorter)** : 차량(주로 승용차)을 전문적으로 운송할 수 있는 적재대를 갖춘 차량을 의미한다. 운송되는 차량이 직접 적재대에 올라갈 수 있는 장치와 적재대가 2층으로 되어 있어 많은 차량을 적재할 수 있는 구조를 갖추고 있다.

⑦ **동물 운송차량** : 말, 소, 동물원의 동물 등 특정 동물을 전문적으로 운송하기 위한 차량으로, 운송 중 동물이 스트레스를 적게 받게 하거나 상처를 입지 않도록 특수한 보호장치를 갖추고 있다.

〈표 2-9〉 특장차의 종류

| 차량 형태 | 특 징 |
|---|---|
| 카고 | 가장 일반적 형태의 화물자로 4각 적재함 내부가 보이는 차량 |
| 내장탑 | 도난방지나 규격제품 등 눈, 비로부터 보호차량, 의류, 유제품, 식자재, 화장품, 택배화물 등을 적재 |
| 냉장탑 | 일정 온도 유지가 필요한 차량(탑차에 냉동시설 부착). 주로 유제품, 빙과류, 축산물, 식품 등을 적재 |
| 윙바디 | 차량 화물칸이 양쪽으로 개폐 가능하여 지게차를 이용 상하차 작업이 가능하며, 보통 5톤 이상 화물차로 물류센터~센터, 물류창고~중간 집화장에서 주로 이용 |
| 리프트탑 | 차종은 내장탑이나 카고와 동일하며 단지 무거운 단일 제품의 상하차에 사용하기 위해 부가적으로 탑재한 화물차 |
| 탱크로리 | 유조차, LPG 운송차, 화학물 운송차 등 유류나 가스 등 특수화물 운송에 사용되는 특수 목적 차량 |
| VAN | 승합차와 승용차에서 뒷 칸 부분을 화물운송용으로 만든 차량으로 현금운송, 유가증권 운송, 택배, 퀵서비스, 의약품 배송 등에 주로 이용됨 |

⑧ **활어 운송차량** : 산지에서 소비지까지 수산물을 살아있는 상태로 운송할 수 있도록 바닷물을 채울 수 있는 수조 구조를 갖춘 적재대에 산소공급기 등을 갖추고 있다.

⑨ **중량물 운송차량** : 중량화물을 안전하게 운송하기 위하여 차체가 넓고 길며,

운송 중 수평을 유지할 수 있도록 각 바퀴마다 독립현가장치를 장착하고 있다. 또한 한 대의 차량으로 운송하기 어려운 화물을 운송할 수 있도록 차량을 Back to back 방식이나 Side by side 방식으로 여러 대를 연결하여 하나의 차량처럼 운행할 수도 있어 Moudule truck이라고도 한다.

### 4) 합리화 특장차

합리화 특장차란 운송화물의 범용성을 유지하면서도 적재함 구조를 개선하고, 화물을 싣거나 내리는 하역작업을 합리화하는 설비기기를 차량 자체에 장비하고 있는 차량을 의미한다. 합리화란 노동력의 절감, 신속한 화물의 적재와 하차, 화물의 품질과 안전성 유지, 적재함의 효율적 활용, 기계화에 의한 하역비의 절감방법 중 하나 이상을 목적으로 하고 있다.

#### (1) 합리화 특장차의 특징

① 기계 상하차로 인건비 절감 및 인력난을 해소할 수 있다.
② 기계 상하차로 하역대기시간을 줄여 차량의 회전율을 높일 수 있다.
③ 차량의 기계화에 따라 차량이 고가이다.
④ 파렛트를 사용하거나 화물의 규격화가 필요하다.
⑤ 각종 기계장치에 의해 차체 중량이 무거워져 화물의 적재량이 적어진다.
⑥ 측면 전개차량이나 탈착식 바디차량 등은 상하차 장소에 제약을 받는다.

#### (2) 하역 합리화 특장차

화물의 상하역을 보다 효율적으로 하기 위하여 차체 구조를 개선하거나 상하역 조력장치를 부착한 차량을 말한다.

① **덤프 트럭** : 덤프 트럭은 개발된 지 가장 오래된 합리화 차량이라고 할 수 있다.
② **리프트게이트(Lift gate) 트럭** : 적재한 후문에 화물을 싣고 내릴 수 있는 리프트를 장착한 차량을 말한다. 인력으로 상하역이 곤란한 화물을 운송할 때 지게차 등의 상하역 장비 없이도 용이하게 상하역을 할 수 있는 장점이 있다. 따라서 중량물을 운송하는 중소형 차량에 많이 이용된다.
③ **크레인장착 트럭** : 트럭 적재함의 앞쪽 또는 뒷부분에 크레인을 장착하여 자신이 운송할 화물을 직접 상하역하거나 상하역 장비가 없는 현장에서 다른 차량에 적재할 화물을 실어주거나 내려주는 역할을 한다. 크레인에 너클장치

를 부착하거나 후크를 부착하여 다양한 형태로 작업을 할 수 있다.

④ **세이프로더(Safe Loader)** : 적재함의 앞부분을 들어 올려 뒷부분이 지면에 닿도록 함으로써 차량 등이 직접 적재함에 올라갈 수 있도록 하거나 적재함 앞부분에 인치를 부착하여 화물을 끌어 올릴 수 있도록 하여 중량물을 용이하게 상하역할 수 있도록 한 차량이다.

### (3) 적재함 구조 합리화 차량

적재함 구조 합리화 차량이란 적재함의 형태를 개선하여 화물을 보다 안전하고 효율적으로 적재하거나 적재함에 올려진 화물을 적재대 내에서 효율적으로 이동시키기 위한 장치를 한 차량을 말한다.

① **리프트 플로어(Lift Floor) 차량** : 적재함 바닥에 레일형 전동리프트를 장착하여 싣거나 내릴 화물을 레일을 Pop-up시켜 앞 또는 뒤쪽으로 이동시킬 수 있도록 한 차량을 말한다. 주로 다소 중량이 있는 화물을 운송하는 차량에 적용한다.

② **롤러 컨베이어(Roller Conveyor) 장치차량** : 적재함 중앙에 롤러 컨베이어를 장착하여 박스화된 화물을 롤러를 이용하여 앞뒤로 이동시킬 수 있도록 한 차량이다. 주로 경량의 박스 화물 운송차량에 적용한다.

③ **롤러 베드(Roller Bed) 장치차량** : 롤러 컨베이어 장치차량이 롤러를 적재함의 중앙부에만 설치한 데 반해 롤러 베드 장치차량은 적재함 바닥 전문에 롤러 또는 볼베어링을 설치하여 적재함의 모든 부분 및 방향에서 화물을 용이하게 이동시킬 수 있도록 한 트럭이다.

④ **파렛트 레일(Pallet Rail) 장치차량** : 적재함에 바퀴가 달린 스케이트가 이동할 수 있는 홈을 설치하고 스케이트 위에 화물을 적재한 후 홈을 통해 앞뒤로 이동시킬 수 있도록 한 차량이다. 화물의 이동이 끝나면 탈거하도록 되어 있다.

⑤ **파렛트 슬라이더(Pallet Slider) 장치차량** : 적재함 바닥에 파렛트를 적재하여 적재함의 앞뒤로 이동할 수 있는 슬라이더(화물적재대)가 장착된 차량을 말한다. 파렛트 레일차량의 스케이트가 이동을 완료한 후 탈거되는 형식인 데 반해 파렛트 슬라이더차량은 슬라이더 위에 화물이 적재된 상태로 운송한다.

⑥ **행어(Hanger) 적재함 차량** : 적재함에 행거를 설치하여 의류를 박스화하거

나 구기지 않고도 운송할 수 있도록 제작한 차량이다. 행어 적재함 차량은 행거를 탈착할 수 있으며 높낮이를 조절할 수 있도록 행거 거치대와 행거 봉이 특수하게 설계되어 있다.

⑦ **이동식 칸막이차량** : 하나의 적재함 내에 서로 다른 종류의 화물을 적재할 수 있도록 적재함의 중간을 특수한 장치로 막을 수 있도록 한 차량이다. 동일한 화물을 운송할 때는 칸막이를 설치하지 않고 필요한 때만 중간을 막아서 2개의 적재함처럼 이용한다. 주로 냉동화물과 냉장화물 또는 일반화물을 동시에 운송할 때 많이 활용한다.

⑧ **화물 압착차량** : 쓰레기와 같이 부피가 많은 화물을 적재하면서 압축하여 부피를 적게 만들어 운송함으로써 운송비를 줄일 수 있도록 한 차량으로서 주로 청소차량에 많이 활용된다.

⑨ **스테빌라이져(Stabilizer) 차량** : 적재함에 특수한 장치를 부착하여 운송 중인 화물이 흔들리거나 붕괴되지 않도록 유동을 방지할 수 있도록 한 차량을 말한다. 측면에서 화물을 안정화시키는 방법과 적재함 위면에서 눌러서 안정화시키는 방법이 있다.

⑩ **워크쓰루밴(Work Through Van)** : 운전기사가 운전석에서 적재함에 바로 진입할 수 있도록 운전석과 적재함 사이에 출입문이 설치된 차량을 말한다. 화물의 배달업무를 수행하는 기사들이 운전석 밖으로 나가서 다시 적재함 문을 열고 화물을 찾아 배달하는 시간적인 낭비를 줄이기 위해 적재함 내부로 바로 진입하여 화물을 찾아 밖으로 나갈 수 있다.

### (4) 적재함 개폐 합리화

적재함 개폐 합리화 차량이란 밴형 차량의 단점, 즉 상하차 작업을 후문을 이용함으로써 작업시간이 많이 소요되고 하역장비의 사용, 물류센터의 구조 등에 제약을 받는 문제점을 해결하기 위하여 적재함의 개폐방법 및 형식을 개선한 차량을 말한다.

① **윙바디(Wing Body) 차량** : 적재함의 상부를 새의 날개처럼 들어 올릴 수 있도록 한 차량으로서 측면에서의 상하차 작업이 가능하도록 한 차량이다. 적재함 측면의 지지력이 약하기 때문에 부피화물 위주로 운송하는 적합하며 주로 중대형 차량에 많이 적용된다.

② **셔터도어(Shutter Door) 차량** : 밴형 차량의 경우 일반적으로 여닫이식 문을

채택하기 때문에 문을 여는 방향으로 일정한 공간이 필요하며 문을 여닫는 데 시간이 소요된다. 이러한 문제를 해결하기 위하여 밴형 차량의 적재함 문을 상하로 개폐할 수 있는 셔터형으로 제작한 차량을 말한다. 개폐의 신속성, 차체무게 도어의 경량화, 작업공간 확보 문제들을 해결할 수 있는 이점이 있다. 셔터의 측면 지지력이 약해 부피가 큰 화물운송에 이용한다.

③ **컨버터블(Convertable) 적재함 차량** : 밴형 차량의 적재함 덮개 전체 또는 측면부가 적재함에 설치된 레일을 따라 앞뒤로 개폐될 수 있도록 제작된 차량을 말한다. 따라서 화물을 상하차할 때는 덮개를 앞이나 뒤로 이동시킨 후 작업을 하고 작업이 완료된 후 원래대로 복귀시켜 밴형 화물차와 같은 형태로 운송할 수 있다. 윙바디 차량보다 차량 가격이 저렴하고 차체가 가벼워 적재량이 증가한다.

④ **슬라이딩도어(Sliding Door) 차량** : 밴형 차량의 측문이 하나이거나 한 쪽에만 설치되어 있어 측면에서의 상하차 작업이 불편할 뿐만 아니라 지게차에 의한 상하차작업이 곤란한 문제점을 해결하기 위하여 측면의 문을 미닫이식으로 설치하여 측면 전체가 개방이 가능하도록 제작된 차량이다. 주로 무거운 화물을 배송하는 중소형 차량에 적용한다.

### (5) 시스템 차량

시스템 차량이란 적재된 화물을 이적하지 않을 상태에서 다른 차량을 이용하여 계속적인 연결운송이 가능하도록 하거나 차량과 적재함을 분리하여 상하차 시간 및 대기시간 등을 단축할 수 있도록 제작된 차량을 말한다. 시스템 차량이 분리형 차량인 트레일러와 다른 것은 트레일러는 견인차와 피견인차로 완전히 분리된 차량인데 반해 시스템 차량은 적재함 자체만 분리되고 차체는 하나로 되어 있다는 점이다.

① **스왑바디(Swap Body) 차량** : 스왑바디 차량은 차량의 적재함으로 서로 교체하여 이용할 수 있도록 제작되어 있다는 의미에서 붙여진 이름이다. 컨테이너형 적재함이 차체와 분리 및 장착이 가능하도록 만들어 화물을 싣거나 내릴 때는 대기시간이 발생하지 않도록 고안된 차량이다. 다수의 적재함을 만들어 상하차장에 배치하고 차체는 상하차가 끝난 적재함을 계속적으로 운송만 함으로써 대기시간을 삭감하여 운행효율을 높이고 작업장에서도 배치된 여러 대의 적재함에 계속적으로 상하차작업을 할 수 있게 됨으로써 중단

없는 하역작업이 가능해 진다. 국내에서는 일부 이삿짐업체들이 이사화물의 일시 보관용으로 이용하고 있으나 유럽 등에서는 이용이 일반화되어 있다.

② **암롤(Arm Roll) 트럭** : 사용목적과 용도는 스왑바디 차량과 동일하나 스왑바디 차량이 적재함에 4개의 랜딩랙(Landing Lag)을 부착하여 수평으로 지면에 장치한 후 차체와 탈 부착하는 방식인데 반해 암롤 트럭은 적재함 자체를 지면에 내려놓은 후 차체에 설치된 적재함 견인용 암(Arm)과 차체에 설치된 가이드 장치에 의하여 끌러 올린다는 점이 다르다. 따라서 적재함을 올리고 내릴 때 경사가 생기므로 파손 염려가 없는 화물을 운송할 때 주로 이용한다. 쓰레기 수거차량, 항만에서의 고철 또는 무연탄과 같이 벌크로 운송되는 화물운송에 주로 이용된다.

## 제4절 물류터미널

### 1. 일반물류터미널

과거에는 화물터미널이라는 용어를 사용하였으나 현재 물류시설의 개발 및 운영에 관한 법률에서는 물류터미널이라는 용어를 사용하고 있다. 일반적으로 화물터미널은 화물자동차운송에 있어서 물류거점 간 또는 지역간 대량운송과 장거리의 결절(Node)기능, 상호 중계가능 및 도시 내 집배송의 결절기능이 이루어지는 시설이라고 할 수 있다. 또한 물류터미널은 화물의 집화・하역 및 이와 관련된 분류・포장・보관・가공・조립 또는 통관 등에 필요한 기능을 갖춘 시설물을 말한다. 물류터미널 또는 화물터미널은 화물운송의 중개기지, 정기노선 화물운송업체의 화물기지, 개별 생산업체의 배송센터 역할, 도매시장의 기능, 화물 트럭 및 터미널 이용자에 대한 서비스 제공 등과 같은 기능을 하고 있다.

물류터미널사업은 물류터미널을 경영하는 사업으로서 복합물류터미널사업과 일반물류터미널사업으로 구분할 수 있다. 복합물류터미널사업은 두 종류 이상의 운송수단 간의 연계운송을 할 수 있는 규모 및 시설을 갖춘 물류터미널사업을 말하며, 일반물류터미널사업은 물류터미널사업 중 복합물류터미널사업을 제외한 것을 말한다.

일반물류터미널은 양재동의 한국트럭터미널, 신정동의 서부트럭터미널 등을 포함하여 2013년 8월말 현재 34개가 운영 중이다.

## 2. 복합물류터미널

복합물류터미널은 2가지 이상의 운송수단 간의 연계운송을 할 수 있는 규모와 시설을 갖춘 물류터미널을 위미한다. 수출입 화물의 원활한 처리와 저비용, 고효율 물류체계 구축을 위해 복합운송이 가능한 철도와 도로 등의 시설을 갖추고 대규모로 운영하는 물류터미널로 볼 수 있다.

현재 복합물류터미널은 군포(수도권), 양산(부산권), 장성(호남권), 세종시(중부권), 칠곡(영남권)에 건설되어 운영 중에 있으며, 수도권을 제외한 지역에서는 내륙컨테이너기지(Inland Container Depot : ICD)와 함께 건설되어 운영 중이다. 아울러, 수도권(군포 확장), 호남권(2단계) 및 수도권 북부 복합물류터미널의 건설이 추진되고 있고, 수도권 남부 지역의 복합물류터미널도 건설 추진 중에 있다.

## 3. 내륙물류기지

내륙물류기지는 2가지 이상 운송수단(도로, 철도, 항만, 공항)간 연계운송을 할 수 있는 규모 및 시설을 갖춘 복합물류터미널과 내륙컨테이너기지를 말하며, 화물을 대량으로 모아 한꺼번에 운송함으로써 물류비용을 절감하기 위해 전국의 주요 물류거점에 구축하는 대규모 물류시설을 말한다. 내륙물류기지는 화물의 운송수요는 급증하는데 반해 물류시설이 크게 부족하여 기업 물류비가 증가하고 국가경쟁력이 약화됨에 따라 다품종 소량 다빈도 화물을 집적화하여 대량으로 운송하는 연계운송망을 구축할 필요가 있어 전국 5대 물류거점에 내륙물류기지(복합물류터미널과 내륙컨테이너기지)를 건설 또는 운영 중에 있다.

내륙컨테이너기지(ICD)는 바다에 접해 있는 항만과 달리 내륙에서 컨테이너를 처리하는 항만기능을 수행하는 공간을 말한다. 내륙에 철도와 도로 등 연계운송시설, 컨테이너 야드와 창고 등을 갖추고 항만과 유사한 보관, 하역, 통관, 혼재 등의 기능을 수행하는 컨테이너터미널을 말한다.

〈표 2-10〉 전국 내륙물류기지 현황

| 구분 | | 사업명 | 위치 | 면적 (만㎡) | 사업비 (억원) | 비고 |
|---|---|---|---|---|---|---|
| 운영 중 (5) | 수도권 | 군포복합물류터미널<br>의왕내륙컨테이너기지 | 경기 군포<br>경기 의왕 | 70.3<br>75.3 | 2,457<br>331 | 컨화물: 1,370 천TEU/년 |
| | 부산권 | 양산복합물류터미널<br>양산내륙컨테이너기지 | 경남 양산 | 31.7<br>95.2 | 2,543<br>2,782 | 컨화물: 1,412 천TEU/년 |
| | 호남권 (1단계) | 장성복합물류터미널 및 내륙컨테이너기지 | 전남 장성 | 52.1 | 1,881 | 컨화물: 340천 TEU/년 |
| | 중부권 | 중부권복합물류터미널 및 내륙컨테이너기지 | 세종시 | 48.1 | 2,028 | 컨화물: 350천 TEU/년 |
| | 영남권 | 영남권복합물류터미널 및 내륙컨테이너기지 | 경북 칠곡 | 45.6 | 2,468 | 컨화물: 330천 TEU/년 |
| 공사추진 | 호남권 (2단계) | 장성복합물류터미널 및 내륙컨테이너기지 | 전남 장성 | 24 | 1,442 | |
| | 수도권 북부 | 파주복합물류터미널 및 내륙컨테이너기지 | 경기 파주 | 39 | 2,469 | 승인('09.7) |
| 계획 중 (1) | 수도권 남부 | 평택복합물류터미널 및 내륙컨테이너기지 | 경기 평택 | 42 | 4,107 | 제안서 접수('08.10) |

자료: 국토교통부

## 4. 물류단지

### 1) 물류단지의 개념

물류단지는 물류시설의 개발 및 운영에 관한 법률에서 물류단지시설과 지원시설을 집단적으로 설치·육성하기 위하여 지정·개발하는 일단(一團)의 토지로 정의하고 있다. 즉, 물류단지는 물류터미널·공동집배송단지·도소매단지·농수산물도매시장 등의 물류시설과 정보·금융·입주자 편의시설 등의 지원시설을 집단적으로 설치하기 위한 일단의 토지라고 할 수 있다.

물류단지시설이란 화물의 운송·집화·하역·분류·포장·가공·조립·통관·보관·판매·정보처리 등을 위하여 물류단지 안에 설치되는 물류터미널 및 창고, 대규모점포·전문상가단지·공동집배송센터 및 중소유통공동도매물류센터, 농수산물도매시장·농수산물공판장 및 농수산물종합유통센터, 궤도사업을 경영하는 자가 사용하는 화물의 운송·하역 및 보관 시설, 농협(수산업, 산림조합, 중소기업)중앙회가 설치하는 구매사업 또는 판매사업 관련 시설, 화물자동차운수사업에 이용되는 차고, 화물취급소, 기타 화물의 처리를 위한 시설, 의약품 도매상의 창고 및 영업소 시설을 말한다.

지원시설은 물류단지시설의 운영을 효율적으로 지원하기 위하여 물류단지 안에 설치되는 시설로서 대표적으로 대통령령으로 정하는 가공·제조시설, 정보처리시설, 금융·보험·의료·교육·연구시설, 물류단지의 종사자 및 이용자의 생활과 편의를 위한 시설, 기타 물류단지의 기능 증진을 위한 시설을 말한다.

## 2) 물류단지의 기능

### (1) 물류기능

① **환적기능** : 불특정 화주를 대상으로 지역간 화물의 운송 및 하역의 거점기능을 수행하고 대·소 운송업체가 입주하여 영업용 화물을 운송하거나 자가 물류업체가 입주하여 자체 화물의 연계운송을 담당한다.

② **집배송기능** : 특정 화주를 대상으로 일정 지역 내에서 화물을 산지로부터 집화하거나 최종 수요지까지 배송하는 기능을 갖고 주로 최종상품을 취급하며, 국내에서는 자가 물류업체가 직접 담당하는 것이 일반적이지만 대·소 운송업체에게 위탁하는 것이 선진국의 일반적인 형태이다.

③ **보관기능** : 불특정 화주를 대상으로 원재료 혹은 제품의 분류, 보관 및 일부 가공기능을 수행하고 물품의 특성에 따라 일반창고 및 냉동·냉장창고, 위험물창고 등의 보관시설과 가공공장이 결합된 형태이다.

④ **조립·가공기능** : 생산자가 일괄적으로 생산한 반제품을 수요자의 요구에 따라 조립 혹은 가공하는 제조기능을 대행한다. 특히 공동의 업종이 수행하는 동일한 조립·가공기능을 통하여 수행할 수 있다는 점에서 일반 공단의 조립·가공기능과 차이가 있다.

⑤ **컨테이너처리기능** : 불특정 화주를 대상으로 화물을 컨테이너에 혼재하거나 컨테이너로부터 분류하는 기능을 하며, 국내에서는 컨테이너를 수출입화물에서 사용하는 주로 대형 선사가 담당하고 있다.

⑥ **통관기능** : 수출입화물의 통관업무를 수행하는 기능을 갖고, 항만이나 공항이 아닌 물류단지에서 통관을 함으로써 절차를 간소화하여 불필요한 시간낭비를 줄일 수 있다.

### (2) 상류기능

① **판매기능** : 상품을 최종소비자 혹은 중간상인에게 매매하는 기능을 갖고, 특성에 따라 일반도매, 일반소매, 대형소매 등으로 구분할 수 있다.

② **전시기능** : 판매할 상품의 디자인과 기능을 잠재적 수요자에게 보여줌으로써 수요욕구를 증진시키고자 하는 기능을 갖고, 특히 전문매장이 없는 중소기업 제품을 위한 전시기능의 보강이 향후 도·소매시설의 조성에서 필수적이다.

③ **포장기능** : 상품의 손상방지·운송효율성 제고 혹은 상품가치의 보존을 위한 일련의 기능을 수행하고, 물류기능으로 수행하는 포장은 주로 산업포장이고, 상품의 가치를 제고하기 위한 상품포장은 도·소매 기능으로 분류할 수 있다.

④ **기획기능** : 소비자의 수요변화에 따라 새로운 상품 혹은 기능이나 디자인을 생산자에게 제시하는 기능을 갖고, 다품종·소량생산이 일반화되는 추세에서 더욱 요구되는 기획기능을 수행한다.

## 3) 물류단지의 현황

2014년 1월 현재 14개의 물류단지가 운영 중이며, 11개 단지가 공사 중이며, 경기도에 가장 많은 10개소가 있으며, 충북 3개소, 대전과 울산이 각각 2개소이다.

〈표 2-11〉 전국 물류단지 현황

| 시·도 | 물류단지명 | 위 치 | 면 적(㎡) | 비 고 |
|---|---|---|---|---|
| 서울시(1) | 서울 동남권 | 서울 송파구 문정동 | 560,694 | 운영중 |
| 부산시(1) | 부산 감천항 | 부산 서구 암남동 | 206,408 | 운영중('99~) |
| 인천시(1) | 경인아라뱃길 인천 | 인천시 서구 경서동 | 1,145,026 | 공사중 |
| 대전시(2) | 대전 | 대전 유성구 대정동 | 463,887 | 운영중('02~) |
| | 남대전 종합 | 대전시 동구 구도동 | 558,869 | 운영중 |
| 울산시(2) | 울산 진장 | 울산 북구 진장동 | 457,151 | 운영중('06~) |
| | 울산 진장(2단계) | 울산 북구 진장동 | 206,427 | 공사중 |
| 경기도(10) | 평택 도일 | 경기 평택시 도일동 | 486,062 | 운영중('07~) |
| | 평택 청북 | 경기 평택시 청북면 | 827,748 | 공사중 |
| | 여주 | 경기 여주군 여주읍 | 264,242 | 운영중('07~) |
| | 광주 | 경기 광주시 도척면 | 278,016 | 운영중('10~) |
| | 이천 패션 | 경기 이천시 마장면 | 797,643 | 운영중 |

| | 부천 오정 | 경기 부천시 오정동 | 460,088 | 단지지정 |
|---|---|---|---|---|
| | 안성 원곡 | 경기 안성시 원곡면 | 679,457 | 공사중 |
| | 초월 | 경기 광주시 초월읍 | 269,388 | 공사중 |
| | 경인아라뱃길 김포 | 경기 김포시 고촌면 | 894,454 | 운영중 |
| | 화성 동탄 | 경기 화성시 동탄면 | 473,913 | 공사중 |
| 강 원(1) | 강릉 | 강원 강릉시 구정면 | 173,883 | 공사중 |
| 충 북(3) | 음성 | 충북 음성군 대소면 | 283,934 | 운영중('08~) |
| | 제천 | 충북 제천시 봉양읍 | 161,578 | 공사중 |
| | 영동 황간 | 충북 영동군 황간면 | 263,587 | 공사중 |
| 충 남(1) | 천안 | 충남 천안시 백석동 | 463,517 | 운영중 |
| 경 북(1) | 안동 | 경북 안동시 풍산읍 | 225,411 | 운영중('08~) |
| 경 남(1) | 고성 | 경남 고성군 거류면 | 273,209 | 공사중 |
| 전 북(1) | 전주 장동 | 전주시 덕진구 장동 | 189,151 | 운영중('07~) |
| 합 계 | 25개소 | | 11,062,806 | |

자료: 국토교통부

## 제5절 화물자동차의 운송유형과 운영방식

### 1. 화물자동차의 운송유형

#### 1) 거리에 따른 구분

일반적으로 운송거리에 따라 근거리운송, 중거리운송 및 장거리운송으로 구분한다.

##### (1) 근거리운송

주로 100km 이내의 화물자동차운송을 의미한다. 화물자동차운송의 편리성, 기동성, 경제성을 최대한 살릴 수 있는 거리로서 주로 소형 차량을 이용한다.

##### (2) 중거리운송

100~300km 정도의 화물자동차운송을 의미하지만 정확한 기준은 없으며, 전문가

의 관점과 지역별 운송비용 등에 따라 달라질 수 있다. 주로 중형 또는 소형차량을 이용한다.

### (3) 장거리운송

300km 이상 대형차량을 이용한 물류거점 간 대량화물의 간선운송시 경제적이다.

## 2) 운송형태에 따른 구분

운송 형태는 간선과 지선, 집화와 배송 등으로 구분한다.

### (1) 간선운송

물류(화물)터미널, 철도역, 항만, 공항 등 비교적 부지도 넓고, 다수의 물류시설이 위치하며, 복수의 물류업체들이 대량의 화물을 취급하는 물류거점과 물류거점 간 운송을 의미한다. 일반적으로 간선운송은 대량의 화물을 철도, 선박 또는 대형 트럭을 이용하여 장거리 운송하는 경우가 많다.

### (2) 지선운송

물류거점 간 간선운송이 아닌 물류거점과 소도시 또는 물류센터, 공장 등 화물을 집화하고 배송하는 운송을 말한다.

### (3) 집화운송

화주 문전 또는 생산공장이나 물류센터에서 화물을 수집화여 주요 철도역, 항만, 공항, 물류터미널 등 물류거점까지 운송하는 것을 의미한다. 주로 중소형 트럭을 이용한다.

### (4) 배송운송

철도역, 항만, 물류터미널 등 물류거점에서 화주 문전까지 운송하는 것을 의미하며, 주로 중소형 트럭을 이용한다.

### (5) 순회운송(milk run)

부품 공급업체나 원료 공급업체 또는 부품 수요업체 등에게 부품이나 원재료 등을 공급하기 위하여 1개 차량이 여러 업체를 순회하면서 운송하는 것을 의미한다. 예를 들면 자동차 조립 공장의 경우 주변 지역에 다수의 부품 공급업체가 위치해

있을 경우 순회 운송차량이 부품 공급업체를 순회하여 적기에 부품을 공급할 수 있도록 운송해 준다.

#### (6) 노선운송

정기화물과 같이 정해진 노선과 운송계획에 따라 운송서비스를 제공한다.

### 3) 차량 소유 형태에 따른 구분

차량이 자기 화물을 대상으로 하는지 혹은 불특정 다수 타인의 화물을 대상으로 하는가에 따라 자가용 운송과 영업용 운송으로 구분한다.

#### (1) 영업용 운송

타인의 화물을 유상으로 운송하는 것을 의미한다. 화주의 입장에서 보면 운송사업자의 운송수단 또는 운송서비스를 이용하는 대신 운임을 지급하게 된다.

#### (2) 자가용 운송

타인의 화물을 유상으로 운송하는 것이 아니라 자신의 화물을 자기 차량으로 직접 운송하는 것을 의미한다.

〈표 2-12〉 자가용 화물자동차와 영업용 화물자동차 이용의 장점과 단점

| 구 분 | 장 점 | 단 점 |
|---|---|---|
| 자가용 | • 벽지나 오지까지 배송 가능<br>• 화물추적정보시스템 이용 가능<br>• 귀로시 공파렛트, 빈상자, 서류, 소포 등 자가 회수 또는 발송 가능<br>• 운전기사를 통해 사무처리 가능<br>• 화물파손 및 도난방지의 효과<br>• 부가가치세가 없으며, 책임 보험료도 저렴하여 물류비 절감 | • 운송량의 급격한 변동에 따른 신속 대응 곤란<br>• 인력 및 설비에 대한 투자로 고정비용 증대<br>• 차종이나 차량(컨테이너 트레일러) 보유대수의 한계 |
| 영업용 | • 돌발적인 수요증가에 탄력적으로 대응<br>• 귀로시 타사 화물을 적재할 수 있기 때문에 공차 회송율의 감소<br>• 화주는 인력 및 설비에 대한 투자가 필요없기 때문에 소량화물을 수배송하는 화주에게 유리<br>• 운송비가 비교적 저렴 | • 운임인상시 대응이 어렵고 일관운송시스템의 구축이 어려움<br>• 자가용 이용시보다는 기동성이 떨어짐<br>• 화물파손이나 도난 발생시 클레임 처리 곤란 |

### 4) 국내 및 수출입 화물에 따른 구분

#### (1) 국내 화물운송

국내에 거주하고 있는 화주를 대상으로 특정 지점을 기종점으로 화물을 운송하는 형태로 주로 화물자동차에 의해 운송된다.

#### (2) 수출입 화물운송

운송사업자의 입장에서 볼 때 컨테이너화물의 운송은 컨테이너단위(FCL : Full Container Load) 또는 소량화물(LCL : Less than Container Load)의 집화와 혼재 등으로 구분할 수 있다.

① FCL 수출컨테이너 화물 흐름도

ⓐ 육상운송업체는 화주, 선박회사, 포워더로부터 해상운송 신청을 접수한다.

ⓑ 트럭회사는 운송 신청을 기준으로 선박회사에 대해 공 컨테이너의 수도를 통보한다.

ⓒ 선박회사로부터 기기인도지시서(EDO : Equipment Dispatch Order)를 교부받는다.

ⓓ 트럭회사는 CT(Container Terminal)에 대해 EDO 1통을 제시하고, 기기수도증(ER : Equipment Receipt) Out용 1통, 공 컨테이너 반입표 및 Seal 등을 수령하는 동시에 CY(Container Yard)에서 관리하는 공 컨테이너를 수취한다.

ⓔ 공 컨테이너에 컨테이너 반입표 및 Seal을 동봉한 다음 화물의 발송지(화주의 창고, 공장, 야적지)로 보낸다.

ⓕ 화물의 적입(Vanning)이 완료된 다음 Seal을 부착하고 컨테이너 반입표에 필요한 사항(본선명, 도착지 등)을 정확히 기입하고 서명한다. 그리고 CT까지 운송한다.

ⓖ CT에 도착하면 컨테이너 반입표, ER Out용 1통을 터미널에 제출한다. 이때 터미널에서는 ER에 기준하여 컨테이너를 검사한 다음 인수용 ER(In용) 2통을 기사에게 건네준다.

〈그림 2-2〉 수출입 컨테이너 화물운송 개념도

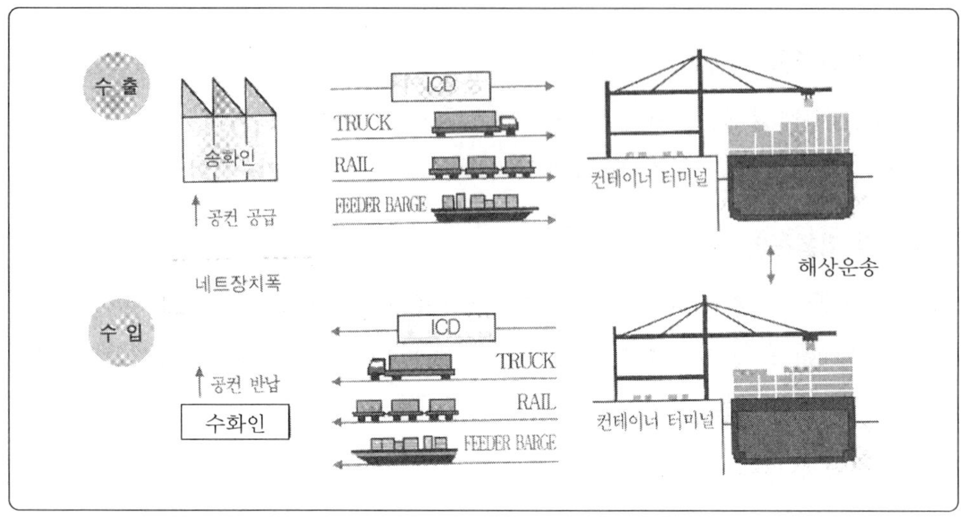


② FCL 수입컨테이너 화물 흐름도

ⓐ 화주 또는 포워더로부터 운송 신청을 접수한다.

ⓑ 동시에 화주 또는 통관업자로부터 보세운송 OLT(Over Land Trip) 승인서 또는 수입승인서, D/O(Delivery Order)를 수취한다.

ⓒ 트럭회사는 선박회사에 대해 상기 서류를 제시하고 EDO(Equipment Dispatch Order) 1통을 교부받는다.

ⓓ CT에 EDO 1통을 제시한다.

〈그림 2-3〉 FCL 수입화물 운송절차

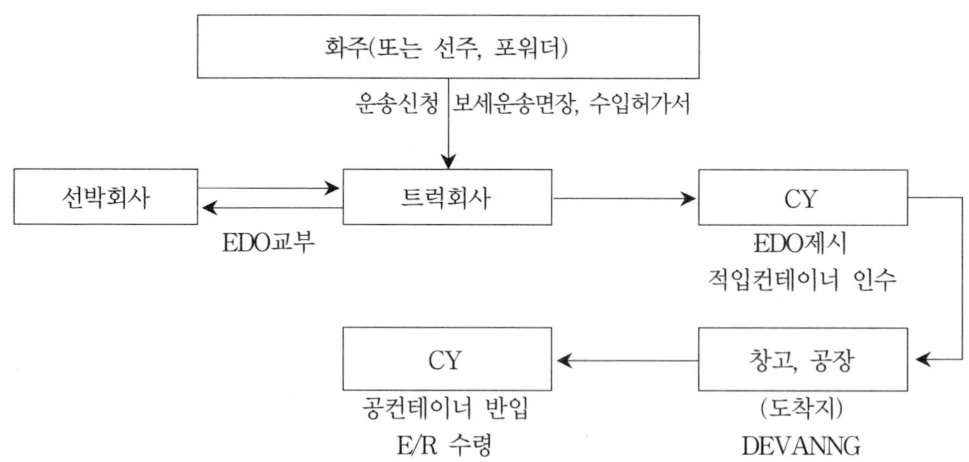

ⓔ CT에 ER(Out용)을 수취하는 동시에 CY에서 적입컨테이너를 인도받는다.

ⓕ 당해 컨테이너를 도착지(창고, 공장, 야적지)까지 운송한다.

ⓖ 도착지에서 수입화물을 적출한 다음 공 컨테이너를 CT까지 회송한다.

ⓗ CT에서 ER(Out용) 1통을 인도하는 동시에 이에 기준하여 컨테이너를 검사한 다음 ER(In용) 1통을 수취하고 CY에 공 컨테이너를 인도한다.

③ LCL 수출컨테이너 화물 흐름도

ⓐ 화주로부터 CFS(Container Freight Station, 컨테이너화물 조작장)나 내륙 데포까지 운송 신청을 접수한다.

ⓑ 트럭회사와 화주와의 운송계약에 따라 발송지에서 화물을 싣고 CFS 또는 내륙 데포까지 운송한다.

ⓒ 트럭회사는 CFS나 내륙 데포까지는 일반 트럭이나 트레일러로 운송한다.

ⓓ 내륙 데포에 도착한 화물을 목적지별로 분류하여 공 컨테이너에 적입한 다음 FCL화물과 동일한 절차를 수행한다.

## 2. 영업용 화물자동차의 직영 운영과 지입제 운영

### 1) 지입제 운영

영업용 화물자동차의 지입제란 운송회사에 개인 소유의 차량을 등록하고, 운송회사로부터 화물을 받아 운송서비스를 제공한 후 보수를 지급받는 제도를 의미한다.

지입제가 운영되는 이유는 화물자동차를 소유한 개인은 마케팅 능력이 부족하기 때문에 운송회사에 등록되어 지입료를 지불하는 대가로 화물을 받아 운송을 하게 된다. 우리나라 중소 운송회사 대부분의 화물자동차는 이러한 지입제 형태로 운영되어 왔다.

지입제 운영에 따른 문제점은 다음과 같다.

① 지입차주는 실제 사무실 운영비 등 관리경비가 소요되지 않아 시장의 운임보다 낮은 운임 수준으로 화물을 확보하기 위한 경쟁이 발생하여 시장을 교란시킬 우려가 있다.

② 사고가 발생하였을 경우 보상능력이 부족하다.

③ 상습적인 과적행위 등 부당행위가 발생할 우려가 높다.

④ 화물자동차의 소유자가 재산권을 손상당할 우려가 있다. 즉, 차량 소유자는 본인인데 나중에 운송회사가 파산하였을 경우 운송회사에 등록된 본인의 화물자동차까지 가압류당할 수 있다.

### 2) 영업용 화물자동차

과거 우리나라 화물자동차운송시장은 시장진입규제가 상당히 심하여 소수의 대형 운송업체가 주도권을 행사하였으나, 다른 부문과 마찬가지로 개방화, 규제 완화가 화물자동차운송시장에서도 추진되면서 치열한 경쟁이 전개되었다. 규제완화 이후 자유로운 시장경쟁체계가 제대로 정착되지 못하고, 영세한 운송회사 또는 개인이 화물자동차를 지입제 형태로 운영하게 됨에 따라 영세성과 낙후성 등 많은 문제점을 안고 있다.

1999년부터 화물자동차운송사업이 허가제에서 등록제로 완화된 이후 2003년까지 영업용 화물자동차는 13만 8,000대(78%)가 증가되었으나 물동량은 38% 증가하는 수준에 그쳐 운송시장의 수급불균형이 심화되었다.

정부는 2004년 화물자동차운수사업법의 개정을 통하여 화물자동차운송사업을 등록제에서 허가제로 전환하고, 정부가 시장 수급상황을 고려하여 공급기준을 고시하도록 제도화하였다. 이에 근거하여 정부는 수급균형 확보를 위해 2011년까지 신규허가 및 증차에 대한 제한조치를 시행하였으나 최근 택배수요가 급증하고 물동량이 증가함에 따라 택배차량을 비롯한 화물자동차의 증차를 허용하고 있다.

## 3. 벌크운송

벌크(Bulk)운송은 곡물, 석탄, 시멘트 등 살화물(Bulk cargo)을 포장하지 않은 상태로 운송하는 것을 의미한다. 살화물은 일반적으로 산지(수출국)에서 출하(또는 수출)하여 선박이나 철도를 이용하여 대량으로 운송하는 경우가 많아 소단위로 포장하기 어렵기 때문에 덤프트럭 등으로 주로 운송하였으나 최근에는 벌크화물에 적합한 특장차 등을 제작하여 운송하고 있다.

벌크화물을 운송하는 특장차는 화물의 상하차에 적합한 구조나 설비를 갖고 있기 때문에 차체가 무겁고, 차량가격도 높은 편이다. 또한 벌크화물용 특장차는 다른 화물을 적재하기 어려운 경우가 대부분이기 때문에 특정화물을 확보하지 못할 경우 귀로시 공차운행을 하는 경우가 많다.

벌크운송은 포장비 절감, 하역기계화를 통한 비용 절감, 차량회전율 향상, 높은 특장차 투자비, 특장차의 중량, 공차운행으로 적재효율 저하 등과 같은 특징을 갖고 있다.

또한 벌크운송 화물에는 액체운송차량, 호퍼형 운송차량, 덤프 트럭 및 분말 탱크차량 등이 있다.

## 제6절 도로운송정보시스템

### 1. 첨단화물운송정보서비스

#### 1) CVO의 개념

첨단화물운송정보서비스(CVO; Commercial Vehicle Operation)는 화물 및 화물차량에 대한 위치를 실시간으로 추적·관리하여 각종 부가정보를 제공함으로써 생산성 향상을 도모하고, 특히 위험 화물의 적재차량을 추적·감시하며, 돌발 상황 시 조난신호를 자동적으로 발신하도록 하여 신속한 사고처리체계를 구축함으로써 교통체계 내 안정성 향상을 도모할 수 있는 시스템을 의미한다.

CVO는 화물과 차량을 연결하여 전자지도 상의 화면에서 실시간으로 움직이는 차량과 화물을 최근접 차량에 배차시켜 유류비 절감 및 운송효율 향상, 교통량 감소 등의 효과로 물류비용을 30% 이상 절감시킬 수 있다. 또한 화물의 운송상태를 실시간으로 관리하면서 최종소비자에게 최상의 품질로 화물을 운송시켜 줄 수 있는 서비스를 제공한다. 또한 CVO 서비스는 냉동냉장차량에 온도센서를 장착하여 차량의 온도를 실시간으로 전송하여 관제센터에서 차량의 온도를 파악할 수 있으며, 화주 및 소비자도 실시간으로 인터넷을 이용하여 해당 차량의 온도를 파악할 수 있다.

〈그림 2-4〉 첨단화물운송시스템의 서비스 구성도

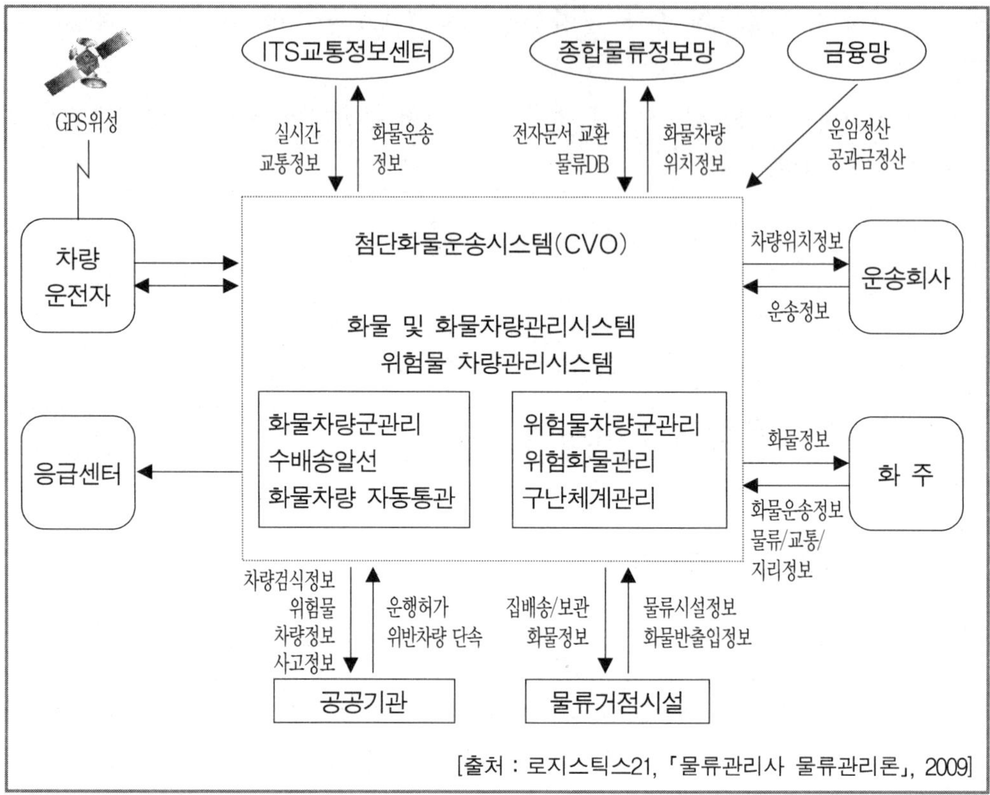

[출처 : 로지스틱스21, 「물류관리사 물류관리론」, 2009]

### 2) CVO 서비스의 종류

CVO는 다음과 같은 서비스를 제공한다.

① 실시간 차량 및 화물 위치추적 서비스

② 차량운행관리 서비스

③ 수・배송알선, 자동통관 서비스

④ 위험물 차량관리, 교통상황 정보서비스

⑤ 거점별 화물추적 서비스

⑥ 구난체계관리, 생활물류 DB서비스

### 3) CVO 이용의 효과

#### (1) 공차율 감소

① 차량 관제를 통하여 최적 차량에 배차

② 공차율 15% 감소, 운송비 14% 절감, 수익 30% 증대효과가 나타남

#### (2) 물동량 확보

① 전국 화물운송 안내 서비스를 통한 물량 확보
② 인터넷으로 화물운송 의뢰 및 화물정보 검색 서비스

#### (3) 차원 높은 서비스 제공

① 화물의 위치와 상태를 알려줌으로써 화주의 궁금증 해소
② 도착 예정시간을 알려줌으로써 고객 만족
③ 화물운송 의뢰시 최단시간에 도착함으로써 고객 만족
④ 긴급사태에 대비할 수 있어 고객의 불안감 해소
⑤ 국내외 유관망 연계 서비스

#### (4) 업무효율 증대

① 업무의 전산화 및 자동화
② 계획적인 운행으로 차량관리의 효율화
③ 운행경로의 최적화로 이동시간 단축
④ 공차운행 및 배차대기시간 감소로 비용 절감
⑤ 거래업체 및 거래실적 등 각종 통계관리 자동화
⑥ 화주 및 운송업체와 상시 연락체계 구축

## 2. 운송관리시스템

### 1) TMS의 개념

운송관리시스템(TMS; Transportation Management System)은 화물운송시 수반되는 자료와 정보를 신속하게 수집화여 이를 효율적으로 관리함과 동시에 수주 단계에서 입력한 정보를 기초로 비용이 가장 적은 운송경로와 운송수단을 제공하는 시스템이다. TMS는 공급 배송망 전반에 걸친 재고 및 운송비 절감, 대응력 개선, 공급업체와 필요 부서 간의 정확한 정시 납품 보장 등을 실현하고, 최적의 운송계획 및 이행 기능은 유입 · 유출 물류와 재고 보충 등의 운송제약 조건을 고려해 운송을 계획 · 최적화하는 동시에 이행 기능을 이용해 계획을 수행한다.

TMS는 실시간 운송 현황을 파악해 통제하고 관제하는 시스템으로 고객의 화물을 접수하고 차량을 배차하는 등 디지털 물류정보 체계를 제공한다. 특히 운송관리 최적화를 통해 총 물류비를 절감하는 효과가 있으며, 시스템을 무선통신망과 연계해 실시간으로 차량의 위치를 파악하고 이동 중에 업무보고가 이루어지도록 하는 공급사슬관리의 주요 시스템이다.

운송관리의 방향은 고객의 다양한 요구를 수용하면서 수배송 비용을 절감하는 동시에 재고비용까지 절감함으로써 총비용을 절감하는 것이다. 이를 위하여 크로스도킹(Cross-docking) 등의 방법을 사용하여 운송시스템을 더욱 빠르게 하고 업체의 재고비용을 절감하게 된다. TMS는 출하되는 화물의 규모나 수화주의 배차 가능 차량을 종합적으로 고려하여 가장 효율적인 배차 또는 가장 효율적인 운송차량의 선정, 운송비 계산, 차량별 운송실적관리 등에 활용되고 있다.

〈그림 2-5〉 운송관리시스템의 개념도

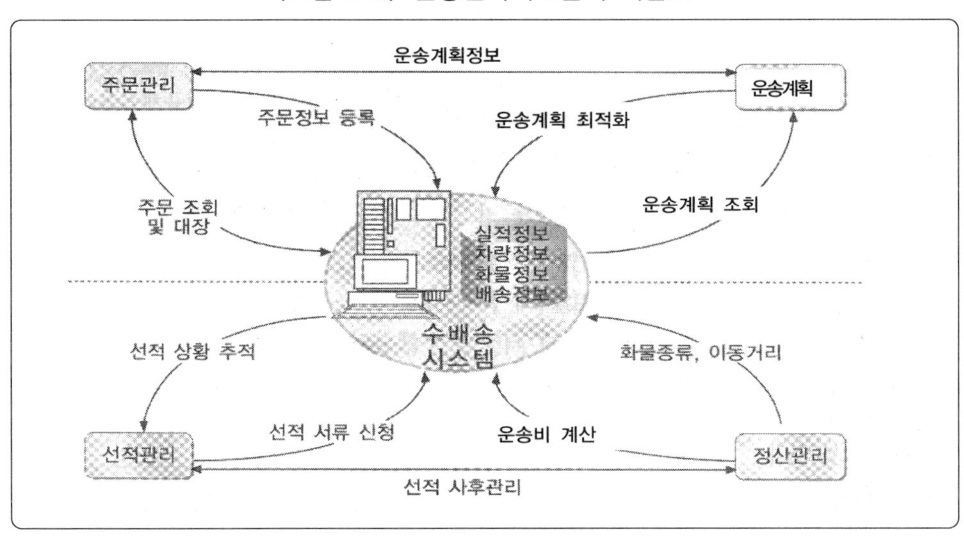


## 2) TMS의 주요 기능

TMS는 모바일 기기와 연동하여 주문처리, 배차기능, 차량과 화물의 추적관리, 운송비 정산 등의 기능을 수행한다. 또한 인터넷을 통하여 신속하게 배송의뢰를 받고 처리 및 관리하며, 알고리즘을 통하여 자동배차, 수동배차, 직접배차, 고정노선배차 등을 실시한다. 그리고 화물과 차량의 추적정보를 운송상태 및 운송시간 등과 함께 제공하여 고객서비스를 제고시키고, 배송시 발생할 수 있는 상황변화에 적극 대처하도록 하고 있다. 뿐만 아니라 다양한 형태로 운임산정이나 운임정산이 가능하다.

① 최적 수배송 루트 선정
ⓐ 적재율 향상
ⓑ 최적 수배송 루트 설정
ⓒ 정시 수배송 체계 구축
ⓓ 수배송 스케쥴링 및 전자지도 구축

② 물량 평준화 및 자동배차
ⓐ 물량에 따른 자동배차계획 수립
ⓑ 적절한 수배송주기 설정을 통한 물량 평준화
ⓒ 상품별 수배송방법 차별화
ⓓ 상품선도관리 철저를 위한 탑내 온도 측정

③ 차량 효율성 및 차량실적관리
ⓐ 차량 적재효율 향상 및 상품체적관리
ⓑ 실시간 차량 위치 추적
ⓒ 차량주행거리 및 수배송실적 관리
ⓓ 공차율 감소 및 적재 통행거리 향상

### 3) TMS의 효과

TMS을 도입함으로써 업무효율을 대폭적으로 개선하고, 대기시간 및 실시간 정보 공유가 가능하다. TMS 도입시 차량 적재율과 회전율의 향상으로 차량 소요대수가 축소되며, 차량배차업무를 신속하고 효율적으로 수행할 수 있다. 배차업무의 신속, 효율화로 주문시간 연장과 서비스 정밀도를 향상시킬 수 있으며, 운송비를 체계적으로 관리할 수 있다. 또한 화물의 도착을 빠르고 정확하게 확인 및 추적하고, 긴급상황 발생시 유연하게 대처할 수 있는 등 고객서비스 측면에서 많은 효과를 얻을 수 있다.

또한 10~30%의 운송비 절감과 물류비의 삭감 등 재무적인 성과향상을 가져올 수 있으며, 적적한 유통 재고량을 유지하고, 정확한 물류 계획을 수립하기 위해 수주에서 출하까지 작업의 표준화, 효율화를 통한 주문의 안정화가 이루어져야 한다.

## 3. 적재관리시스템

### 1) VMS의 개념

적재관리시스템(VMS; Vanning Management System)은 공급체인 상에 발생하는 적재, 포장 문제를 해결하는 최적화 솔루션으로 포장 및 적재 프로세스 최적화를 기반으로 전체 가치사슬(Value Chain)에 실시간으로 유용한 정보를 제공한다. VMS는 화물량, 화물의 형태나 중량 등을 고려하여 어떻게 포장하고 적재하는 것이 비용을 절감하고, 적재효율을 높일 것인가를 시뮬레이션을 통해 파악할 수 있도록 해 준다. VMS는 도로, 해상 및 항공 컨테이너의 적재계획 수립, 선적 및 출하 계획 수립, 수배송 물동량 산정, 영업팀의 주문 협상시 컨테이너 소요량 계산, 제품이나 포장박스의 치수 설계 및 표준화 설계, 적재 작업지시서의 자동 발행과 이메일 전송 등에 적용된다.

〈그림 2-6〉 적재관리시스템의 개념도

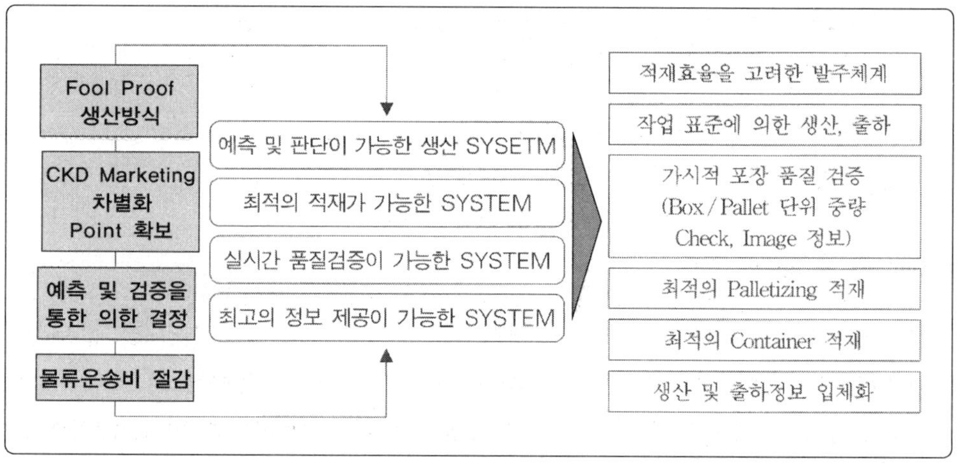


### 2) VMS의 주요 기능

① 혼합 적재 최적화

여러 종류의 제품을 모두 적재하는 최소 용기의 수량을 결정한다.

② 세트 적재 최적화 : Set 비율 기준

하나의 용기에 2가지 이상의 제품을 혼재할 경우 각 제품의 최대 적재 수량을

결정한다. 세트를 이루는 각 제품을 적재하는 최적의 방법을 결정하며, 각 제품의 세트 구성비를 준수하도록 한다.

③ 세트 적재 최적화 : 용적 비율 기준

하나의 용기에 2가지 이상의 제품을 혼재할 경우 각 제품의 최대 적재 수량을 결정한다. 세트를 이루는 각 제품을 적재하는 최적의 방법을 결정하며, 각 제품의 용적 구성비를 준수하도록 한다.

④ 단일 적재 최적화

하나의 컨테이너에 한 종류의 제품을 최대로 적재하는 수량을 결정한다.

⑤ 혼합 세트 적재 최적화

주문한 화물을 모두 적재하기 위해 필요한 용기의 수량을 결정한다. 다양한 포장방법(단일 적재, 혼합 적재)을 지능적으로 판단하여 결정한다.

### 3) VMS의 효과

물류 프로세스 중 포장 및 적재 문제를 최적화 하기 때문에 물류업무 속도와 유연성의 향상 및 물류비의 절감을 기대할 수 있다. 기업의 경쟁력을 좌우할 비용절감과 신속한 서비스의 제공 등 획기적인 효과를 가져올 수 있다.

① 직접적인 물류비용의 절감

최적의 계획으로 물류비용을 절감할 수 있고, 수작업을 탈피하여 인건비를 절감할 수 있다.

② 최적해 도출에 의한 생산성 향상

최적해 산출로 컨테이너 차량 등 낭비 공간을 줄이고 적재효율을 향상시킬 수 있다.

③ 물류업무의 속도 향상

수작업 처리로 인한 비효율성을 제거하여 포장 및 적재 업무의 속도를 향상시킬 수 있다. 또한 차량계획을 신속하게 집행할 수 있으며, 다량의 데이터와 영업 정책을 빠른 속도로 처리할 수 있다.

④ 물류업무의 유연성 향상

변화하는 고객의 요구와 시장상황에 신속하고 용이하게 대처할 수 있으며, 재계획 수립시 계획 수립의 시간을 단축할 수 있고, 신뢰성을 향상시킬 수 있다.

⑤ 물류 활동의 관리 상태 확보

임의적인 상황의 발생과 조치가 감소하고, 변동 발생을 정규적인 프로세스로 흡수한다.

⑥ 증가하는 업무량에 대응

계속 증가하는 업무 처리량을 전산화 및 자동화로 대응하여 효율화를 도모한다.

## 4. 지능형 교통시스템

### 1) ITS의 개념

지능형교통시스템(ITS; Intelligent Transport System)은 도로, 교통, 신호시스템 등 기존의 첨단차량도로시스템에 전자, 통신, 제어, 기계 등의 기술을 적용하여 교통 정보 흐름을 원활히 하고 구성요소들이 상호 유기적으로 작동하게 하여 교통시설을 효율적으로 이용하고 운전자의 편의성과 안전성을 극대화하는 새로운 개념의 교통체계이다.

ITS의 궁극적인 목표는 교통시설, 운전자, 차량간의 정보와 제어의 흐름을 원활히 함으로써 소통애로 및 교통사고의 증가 등 교통문제를 해결하고자 함이다. ITS의 도입을 통하여 교통시스템의 안전 증진, 효율성 증진, 환경비용의 절감, 생산성의 향상, 개인교통수단의 질적 향상과 교통시스템의 편의성 증진 등의 편익을 얻을 수 있게 된다.

### 2) ITS의 특징

ITS는 여러 하부체계들이 결합된 시스템으로 여러 기술적인 요소들이 결합되어 다양한 서비스를 동시에 제공하며, 교통혼잡 해소를 위해 교통관리체계의 구축 및 운영으로 차량소통을 증진시킨다. 또한 첨단차량 및 도로체계의 안전 관련 서비스 체계의 구축과 돌발사고관리 서비스 체계를 운영하며, 대중교통에 관한 각종 정보를 제공하여 이용자 서비스 수준을 향상시킬 뿐만 아니라 화물운송체계를 구축하여 화물운송의 과학화와 전문화를 추구하게 된다.

### 3) ITS의 도입 효과

① 교통혼잡의 완화

교통량의 변화에 따른 실시간 교통흐름 제어, 교통위반 단속 및 요금수수 등의 자동화, 실시간 교통정보 및 우회경로정보를 제공함으로써 교통체증의 감소를 가져온다.

② 교통서비스의 획기적 개선

최적 이동시간, 이동수단 및 이동경로에 대한 선택권 부여로 합리적인 공간 활용이 가능하며, 대중교통의 정시 운행 향상, 정류장 대기시간 단축, 차내 혼잡 감소 등 대중교통의 서비스를 향상시킨다.

③ 교통 안정성의 향상

교통사고 상황, 도로 공사, 기상변화 등 차량과 도로의 위험상황에 대하여 자동경고 및 제어 등을 통해 교통안전 증대 효과를 가져 오며, 과적 등 교통위반 단속의 자동화를 통한 교통위반의 감소 효과를 가져온다.

④ 물류비 절감을 통한 국가경쟁력 제고

혼잡완화와 화물차 운행 최적화로 물류비 절감, 혼잡대기 및 교통사고 감소로 개인과 기업의 생산성을 증대시킨다.

⑤ 첨단산업의 국제경쟁력 강화

전자, 통신, 제어, 시스템 통합 등 첨단핵심기술의 자체 확보를 가능하게 하며,정보수집용 검지기, 차량 항법장치, 차량안전시설, GPS 단말기 등 ITS 관련 기기의 국제경쟁력을 제고시킨다.

⑥ 환경보전 및 에너지 절감

동일한 교통수요 처리를 위해 상대적으로 작은 도로시설로 가능하므로 SOC 확충에 따른 자연 파괴를 감소시키며, 교통혼잡 완화로 차량 매연발생 감소 및 혼잡완화, 대중교통 전환으로 에너지 절감을 가능하게 한다.

## 5. 라우팅시스템과 화물추적시스템

### 1) 라우팅(Routing) 시스템

물류업계에서 라우팅 시스템은 화물자동차의 운행경로와 차량을 최적화 해주는 정보시스템을 의미한다. 과거 배송 라우팅은 대리점의 우편번호를 기준으로 한 고정 라우팅 방식이라 물동량의 변화에 적합하지 않았고, 비용 최적화 관점이 비용절감이 아니고 배송기사의 배송을 쉽게 하는 라우팅이었다. 동적 라우팅은 차량의 가용성을 고려하되 기존 라우팅을 무시하고 운송비를 최소화하기 위한 TMS를 추구하는 라우팅이다.

무조건 동적 라우팅을 계획하면 현실적인 제약, 즉 차량 진입 조건, 교통혼잡 등으로 실제 배송을 못할 수도 있다. 동적 라우팅의 제약 조건은 대리점의 입장에서 볼 때 차량 진입 조건과 하차 가능 시간이며, 지리적 특성과 관련된 제약은 교통혼잡이다. 동적 라우팅에서 중요한 기준이 거리정보이므로 대리점 간의 이동거리를 기준으로 총 이동거리를 최소화할 수 있도록 하여야 한다. 또한 이동거리는 배송기사와 사전에 이동거리의 객관성을 공감해야 배송 거부감을 해소할 수 있고, 검증 과정에서 미처 고려하지 못한 요소들을 반영할 수도 있다. 현실적인 제약을 고려해서 최적의 배송 라우팅 계획을 수립하여도 주문 마감 이후 긴급 주문이 발생하면 배송계획을 변경하여야 하며, 결국 운송비는 증가할 수밖에 없다.

### 2) 화물추적(Track and Tracing) 시스템

화물추적시스템은 화물의 이동 중 화물의 상태나 위치는 물론 어떤 단계나 경로를 거쳐 누구에게 배송되었는지를 정보시스템을 통해 알려주는 시스템이다. RFID의 활용기술이 발전하면서 실시간으로 가시성을 확보하는 화물추적시스템의 핵심요소가 되고 있다. 화물위치 추적시스템이란 이동하는 화물차량으로부터 위치 데이터 및 관련 정보를 수신하여 중앙 관제센터에서 이 정보를 데이터베이스에 저장하여 두고 화물위치 정보를 지도 위에 표시하는 시스템으로서 화주, 운송회사 등 육상물류관련 기관에서 화물 위치 추적, 공동수배송, 화물차량 통제 등 다양한 용도로 사용될 수 있다.

제 03 장

# 철도운송: 국내 철도운송

## 제1절 철도운송의 의의

### 1. 철도운송의 의의

철도운송이라 함은 다른 사람의 수요에 응하여 화물을 운송하는데 필요한 철도시설과 철도차량을 이용하여 유상으로 화물을 이동시키는 행위를 일컫는다.[1)2)] 우리나라의 철도운송은 1899년 9월 18일 경인선(노량진과 제물포간 33.2km)의 개통으로 시작되어 1960년대까지는 운송수단 중에서 가장 높은 비중을 차지하고 있었다. 그러나 고도경제성장 과정에서 도로중심의 편중된 교통정책과 투자, 도로운송의 편리성 등의 영향으로 도로운송량이 급증하면서 철도운송은 1990년대 이후 지속적인 감소추세를 보이고 있다.

철도운송은 출발역과 도착역간 간선운송을 담당하는 대운송과 출발역과 도착역에서 송・수화인의 문전까지의 집화, 배송 및 부수된 하역, 보관활동을 수행하는 소운송으로 이루어져 있다. 우리나라 철도운송은 과거에는 정부조직이었던 철도청에서 시설 및 운영을 함께 담당하였으나 2003년 철도구조개혁으로 시설과 운영이 분리되면서 2005년 1월부터는 한국철도공사에서 대운송을 담당[3)]하고 있으며,

---

1) 「철도산업발전기본법」 제3조 제1호.
2) 「철도사업법」 제2조 제6호.
3) 우리나라의 철도사업은 1963년 교통부의 외청으로 발족한 철도청에 의해 정부기업특별회계에 의한 독립채산제로 운영되어 왔다. 그러나 철도운송의 비중 감소, 적자 등으로 인해 철도구조개혁의 필요성이 고조되면서 2003년 7월 29일에 철도산업발전기본법이 제정되어 2004년 1월부터 철도 인프라의 관리책임(건설・관리)은 철도시설공단에서, 열차의 운행은 2005년 1

소운송은 화주 또는 복합운송업체에 의하여 운영되고 있다.

〈그림 3-1〉 철도운송의 개념

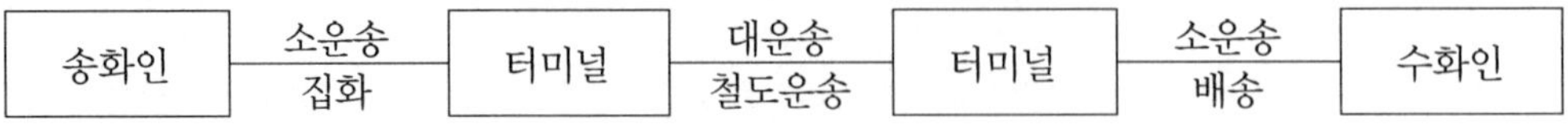

| 송화인 | 소운송<br>집화 | 터미널 | 대운송<br>철도운송 | 터미널 | 소운송<br>배송 | 수화인 |
|---|---|---|---|---|---|---|

주: 대운송(간선운송) : 철도화물역과 화물역간 철도를 이용하여 화물운송
소운송(단말운송) : 화주문전과 철도화물역 간 연계운송(집화, 배송, 하역, 보관)

## 2. 철도운송의 특징 및 장단점

### 1) 철도운송의 특징

철도운송은 수송단위가 큰 중량화물의 장거리 운송에 적합한 운송수단이며, 정해진 시간표에 따라 화물열차가 운행되기 때문에 발착시간이 정확하여 도로혼잡 등과 같이 정체로 인한 소요시간의 변동이 적어 정시성 확보에 유리한 장점을 지니고 있다. 그리고 다른 운송수단에 비해 $CO_2$ 배출량, 에너지 소비량, 안전성 및 국토이용의 효율성 등의 측면에서도 우위에 있다. 그러나 철도운송은 다른 운송수단에 비해 사업규모가 크고, 공공기관에 의해 운영되어 독점성이 강한 특징을 가지고 있으며, 도로운송에 비해 door to door 운임이 높고, 화물열차의 편성이 제한적이어서 원하는 시간대에 발착이 어려우며, 리드타임이 길기 때문에 기동성 측면에서 열위에 있다.

### 2) 철도운송의 장단점

#### (1) 철도운송의 장점

첫째, 견인력 및 시설 등을 감안할 때 장거리 · 대량화물 운송에 적합하다.

둘째, 정해진 운행시격(時隔)에 따라 운행되고, 날씨의 영향을 비교적 덜 받으며 도로와 같은 교통체증현상이 없어 정시성 측면에서 우위에 있다.

셋째, 안전설비가 확충된 궤도를 운행하므로 안전성 측면에서도 우위에 있다. 철도의 교통사고 발생건수는 자동차의 약 1/125에 불과하며, 사망빈도는 1/30수준

월에 발족된 한국철도공사에서 담당하는 기본적으로는 상하분리의 구조개혁이 실시되었다. 또한 현재 2017년부터 철도공사를 지주회사 형태로 전환하고 서비스별 자회사를 운영하는 독일식 공기업 중심의 철도경영체제의 도입을 위한 준비작업을 하고 있다.

이며, 부상빈도는 1/100수준에 불과하다.[4)]

넷째, 에너지 효율성이 뛰어나고 환경오염 배출측면에서 친환경적인 운송수단이다. 에너지소비 원단위를 비교해 보면 해운이 555, 영업용트럭이 2,573, 비영업용트럭이 11,818, 항공이 22,186인데 반해 철도는 459에 불과하다.[5)] 운송수단별 $CO_2$배출원단위도 영업용트럭이 161, 비영업용트럭이 971, 항공이 1,500인데 반해 해운이 37, 철도는 22에 불과하다.[6)]

이 외에도 철도는 전국적인 네트워크를 보유하고 있어 규모의 경제를 달성할 수 있는 가능성이 크며, 계획운송이 가능한 장점 등이 있다.

### (2) 철도운송의 단점

첫째, 서비스 완결성이 미흡하여 화물수취에 있어 부수적인 운송이 필요하다.

둘째, 열차편성에 시간이 소요된다. 국내 철도운송의 경우, 운송 2일전까지 운송의뢰를 해야지만 화차의 수배가 가능하기 때문에 운송물량의 증감에 따른 탄력적 대응이 어렵다.

셋째, 운임체계가 비합리적이다. 도로운송요금은 door to door 요금으로 구성되어져 있는데 반해 철도운송은 레일운임을 기본으로 하는 철도운임에 발착지 양단의 셔틀비, 상하차작업료, 장치료 등의 부대비용을 더한 요금으로 구성되어 있다. 또한 국내 철도화물의 운임은 거리비례제가 채용되고 있는데 이러한 철도화물의 요금구성과 거리비례제에 따른 운임산정방식은 도로운송과 비교해 볼 때 철도의 운임경쟁력을 저하시켜 철도운송에 불리하게 작용하고 있다.

넷째, 시간경쟁력이 부족하다. 철도운송은 door to door로 일관운송이 불가능하기 때문에 철도터미널에서 트럭에서 철도로의 양하작업이 필요할 뿐만 아니라 하역작업에도 많은 시간이 소요된다.

---

4) 국토해양부, 「교통안전연차보고서」, 2006.

5) 이 중에서 비영업용 트럭의 경우, 영업용트럭의 4.6배, 철도의 25.7배가 높아 에너지 소비효율이 낮은 수송수단임을 알 수 있다. 도로운송에서 비영업용 트럭이 차지하는 비중이 높은 것은 에너지소비문제에 한정되지 않고 환경문제에도 영향을 미치게 된다. 화물운송에서 어느 수송수단을 이용하는 것이 효율적인가에 대해서는 에너지 소비에 한정하여 판단하는 것은 불가능하지만 효율적 에너지 이용의 관점에서 고려할 여지가 있다.

6) 일본정책투자은행, 「조사보고서」, 2006.

## 제2절 국내 철도운송 현황

### 1. 화물운송체계의 변화와 철도화물운송

#### 1) 철도화물운송 분담률 추이

우리나라 총 화물운송량은 1960년대 이후 고도경제성장과 수출입화물의 증가에 의해 크게 증가하여 2013년 현재 약 8.8억 톤에 이르고 있다. 1985년부터 2013년까지의 운송수단별 화물운송추이를 살펴보면, 국내 화물운송량은 1995년도를 100으로 보았을 때, 1985년에는 40의 수치를 보이고 있었으나 2000년에는 113.6으로 증가하여 1990년대 이후부터 2000년대 초반 사이에 증가율이 급증하였음을 알 수 있다. 같은 기간동안 도로운송량은 1985년에 36.4의 수치를 보였으나, 2000년에는 121.5, 2010년에는 151.7로 증가하여 국내 총 화물운송량의 증가를 크게 상회하고 있다. 이와 같은 추세는 비영업용 화물차의 운송량을 포함시킬 경우, 더욱 두드러지는 것으로 나타났다. 이에 반해, 철도운송량의 움직임은 1985년에는 93.6의 수치를 보이고 있었으나 1990년대 중반 이후부터는 지속적으로 감소하여 2013년 현재에는 69.3에 머무르고 있다.

〈표 3-1〉 운송수단별 화물운송 추이

(단위 : 천톤)

| | 총운송량 | 철도 | 도로 |
|---|---|---|---|
| 1985 | 238,292 (40.0) | 55,347 (93.6) | 148,699 (36.4) |
| 1990 | 337,145 (56.6) | 57,922 (100.8) | 215,125 (52.7) |
| 1995 | 595,272 (100.0) | 57,469 (100.0) | 408,368 (100.0) |
| 2000 | 676,315 (113.6) | 45,240 (78.7) | 496,174 (121.5) |
| 2005 | 687,451 (115.5) | 41,669 (72.5) | 526,000 (128.8) |
| 2006 | 690,779 (116.0) | 43,341 (75.4) | 529,278 (129.6) |
| 2007 | 715,221 (120.2) | 44,562 (77.5) | 550,264 (134.7) |
| 2008 | 729,826 (122.6) | 46,805 (81.4) | 555,801 (136,1) |
| 2009 | 766,677 (128.8) | 38,898 (67.7) | 607,480 (148.8) |
| 2010 | 783,234 (131.6) | 39,217 (68.2) | 619,530 (151.7) |
| 2011 | 787,356 (132.3) | 40,012 (69.6) | 621,475 (152.2) |
| 2012 | 892,550 (149.9) | 40,309 (70.1) | 732,919 (179.5) |
| 2013 | 879,312 (147.7) | 39,822 (69.3) | 721,377 (176.6) |

자료: 국토교통부, 「국토교통통계연보」, 각년도.
주: ( )는 1995년을 100.0으로 한 지수를 가리킴.
도로의 경우, 비영업 화물차를 제외한 영업용 화물차를 기준으로 함

같은 기간동안 국내 화물운송의 분담률도 크게 변화하였는데, 톤킬로 기준으로 철도의 분담률이 매년 감소하고 있는 반면, 도로운송의 경우에는 증가추세에 있으며, 2012년 현재 66.8%를 차지하여 장거리 도시간 운송에서도 도로운송이 선택되어지고 있는 것으로 나타났다. 2012년을 철도운송의 분담률은 9.1%에 머무르고 있다.

〈표 3-2〉 운송수단별 화물운송 분담률 추이(톤킬로 기준)

(단위 : 백만킬로, %)

| | 철도 | 도로 | 연안해운 | 항공 | 전체 |
|---|---|---|---|---|---|
| 1985 | 12,296 (39.7) | 7,068 (22.8) | 11,639 (37.5) | - | 31,003 (100.0) |
| 1990 | 13,663 (18.2) | 9,325 (21.1) | 21,127 (47.5) | 72 (0.2) | 44,187 (100.0) |
| 1995 | 13,838 (18.2) | 18,213 (23.9) | 43,936 (57.7) | 121 (0.2) | 76,108 (100.0) |
| 2000 | 10,803 (17.8) | 11,412 (18.8) | 38,298 (63.1) | 166 (0.2) | 60,679 (100.0) |
| 2005 | 10,108 - | - - | 26,590 - | 151 - | 36,849 (100.0) |
| 2010 | 9,452 - | - - | 25,249 - | 106 - | 32,840 (100.0) |
| 2011 | 9,997 (9.4) | 72,845 (68.6) | 23,281 (21.9) | 115 (0.1) | 106,238 (100.0) |
| 2012 | 10,271 (9.1) | 75,556 (66.8) | 27,220 (24.1) | 109 (0.1) | 113,156 (100.0) |

자료 : 국토교통부, 「국토교통통계연보」, 각년도.
주: ( )는 전체에서 차지하는 비중을 나타냄.
도로의 경우, 비영업용 화물차를 제외한 영업용 화물차를 기준으로 함.
2013년도 운송실적은 집계 중(2015년 8월 현재).

### 2) 품목별 운송추이

철도의 품목별 운송량의 추이를 살펴보면, 톤수 기준으로 볼 때, 석탄, 유류, 양곡이 대폭 감소하고 있는데 반해 컨테이너 운송은 증가추세에 있다. 과거 철도의 주요 화물이었던 석탄의 경우, 1980년대부터 진행된 에너지 소비패턴의 변화로 석유와 가스가 경쟁 에너지원으로 대두되면서 1990년대 초반 이후 운송비중이 급격히 감소하였다가 최근 유가상승의 영향으로 다시 그 비중이 상승하고 있으나 총 운송량은 일정수준을 유지하고 있다. 유류의 경우에도 1990년대 초반부터 시작된 파이프라인의 가동 및 탱크로리 운송의 증가 등의 영향으로 운송비중이 낮아지고 있다.

한편, 양회는 사일로 단지까지 인입선이 부설되어 있는 경우가 많아 철도운송이 강점을 지니고 있는 품목으로 2013년 현재 철도운송의 약 37.3%를 차지하여 운송

비중이 가장 높은 것으로 나타났다. 철도운송에서는 주로 벌크양회를 운송하고 있다. 또한, 1990년대 이후 컨테이너의 운송비중이 증가가 눈에 띄는데, 이는 컨테이너화 화물의 증가와 ICD(Inland Container Depot), CY(Container Yard)의 인입선 부설로 인해 철도운송의 여건이 개선되었기 때문이다. 이와 같이 고도성장에 의한 에너지 전환, 도로운송의 발전이 철도화물의 운송품목에도 영향을 미치고 있으며, 석탄, 양곡 등의 운송감소를 컨테이너 화물의 증가로 철도운송의 감소폭을 다소 해결하고 있다.

〈표 3-3〉 철도 운송품목 구성의 변화(톤 기준)

(단위 : 천톤, %)

| | 1990 | 1995 | 2000 | 2005 | 2010 | 2013 |
|---|---|---|---|---|---|---|
| 양곡 | 262 (0.5) | 128 (0.2) | 149 (0.4) | 2 (0.0) | 0 (0.0) | 0 (0.0) |
| 양회 | 14,109 (24.4) | 20,158 (35.1) | 17,361 (42.6) | 15,160 (36.4) | 14,799 (37.7) | 14,847 (37.3) |
| 비료 | 1,874 (32) | 1,503 (2.6) | 944 (2.3) | 352 (0.8) | 147 (0.4) | 93 (0.2) |
| 석탄 | 19,681 (34.0) | 9,525 (16.6) | 2,472 (6.1) | 6,566 (15.8) | 6,170 (15.7) | 4,585 (11.5) |
| 유류 | 5,277 (9.1) | 5,644 (9.8) | 2,580 (6.3) | 2,402 (5.8) | 1,641 (4.2) | 1,033 (2.6) |
| 광석 | 4,664 (8.1) | 4,324 (7.5) | 2,412 (6.4) | 1,967 (4.7) | 2,023 (5.2) | 1,944 (4.9) |
| 건설 | 1,088 (1.9) | 541 (0.9) | 358 (0.9) | 283 (0.7) | 0 (0.0) | 0 (0.0) |
| 사업용품 | 1,504 (2.6) | 1,396 (2.4) | 1,731 (4.3) | 1,065 (2.6) | 393 (1.0) | 462 (1.2) |
| 일반기타 | 6,161 (10.6) | 8,805 (15.3) | 3,803 (9.3) | 3,837 (9.2) | 4,104 (10.5) | 5,006 (12.6) |
| 컨테이너 | 3,283 (5.7) | 5,445 (9.5) | 8,716 (21.4) | 10,034 (24.1) | 9,948 (25.4) | 11,853 (29.8) |
| 합계 | 57,903 (100.0) | 57,469 (100.0) | 40,726 (100.0) | 41,668 (100.0) | 39,217 (100.0) | 39,822 (100.0) |

자료: 한국철도공사, 「철도통계연보」, 1990-2013.
주: ( )는 비중을 나타냄.

톤킬로 기준에서도 철도의 분담률은 매년 감소하고 있으며, 운송품목의 비중구성도 톤수 기준과 비슷한 양상을 보이고 있으나, 컨테이너의 경우에만 톤수 기준보다 더 높은 것으로 나타났다. 이는 컨테이너의 주요 운송구간이 경기에서 부산(부산항), 전남(광양항) 등과 같이 장거리 노선이 주를 이루고 있기 때문이다.

〈표 3-4〉 철도 운송품목 구성의 변화(톤킬로 기준)

(단위 : 백만톤킬로, %)

| | 1990 | 1995 | 2000 | 2005 | 2010 | 2013 |
|---|---|---|---|---|---|---|
| 양곡 | 62 (0.5) | 24 (0.2) | 4 (0.0) | 1 (0.0) | 0 (0.0) | 0 (0.0) |
| 양회 | 3,181 (23.3) | 4,466 (32.3) | 3,542 (32.8) | 3,067 (30.3) | 2,880 (30.5) | 2,992 (28.6) |
| 비료 | 535 (3.9) | 413 (3.0) | 262 (2.4) | 100 (1.0) | 39 (0.4) | 28 (0.3) |
| 석탄 | 4,065 (29.8) | 1,803 (13.0) | 1,317 (12.2) | 1,216 (12.0) | 1,205 (12.7) | 986 (9.4) |
| 유류 | 1,142 (8.4) | 1,205 (8.7) | 565 (5.2) | 593 (5.8) | 454 (4.8) | 334 (3.2) |
| 광석 | 1,279 (9.4) | 1,146 (8.3) | 696 (6.4) | 512 (5.1) | 427 (4.5) | 420 (4.0) |
| 건설 | 293 (2.1) | 145 (1.0) | 104 (1.0) | 108 (1.1) | 39 (0.4) | 44 (0.4) |
| 사업용품 | 125 (0.9) | 126 (0.9) | 182 (1.7) | 103 (1.0) | 43 (0.5) | 65 (0.6) |
| 일반기타 | 1,655 (12.1) | 2,400 (17.3) | 1,018 (9.4) | 1,150 (11.3) | 1,192 (12.6) | 1,564 (15.0) |
| 컨테이너 | 1,327 (9.7) | 2,109 (15.2) | 3,113 (28.8) | 3,287 (32.4) | 3,173 (33.6) | 4,026 (38.5) |
| 합계 | 13,644 (100.0) | 13,838 (100.0) | 10,803 (100.0) | 10,137 (100.0) | 9,452 (100.0) | 10,459 (100.0) |

자료: 한국철도공사, 「철도통계연보」, 1990-2013.
주: ( )는 비중을 나타냄.

## 3) 철도화물유통

일반차급화물은 충북, 강원도에서 발생하여 경기, 서울, 충북으로 운송되어지는 양이 많으며, 유통범위가 비교적 좁은 특징을 가지고 있다. 이는 충북과 강원도에서 생산되는 양회와 석탄의 주요 소비지가 경기, 서울, 충북이기 때문이다.

컨테이너화물은 경기와 부산을 상호발착지로 하는 구간에서의 운송량이 가장 많고, 그 다음이 경기와 전남, 경북과 부산, 충남과 부산, 전북과 전남 순으로 많은 것으로 나타났다. 이는 현재 국내 컨테이너운송이 의왕 ICD와 부산진역 CY를 중심으로 이루어지고 있으며 신선대역, 광양항으로 수출입되는 컨테이너가 주로 철도로 운송되고 있기 때문이다. 또한 충남의 경우에는 천안, 조치원, 소정리 등지에 자동차부품, 전자제품 제조회사들이 상당수 집결되어 있는 지방산업단지가 위치해 있고, 경북의 경우에는 섬유, 금속, 기계산업이 집결되어 있는 지방산업단지가 위치해 있어 이들 지역에서의 발생하는 컨테이너화물이 많기 때문인 것으로 보여진다. 특히 충남의 산업단지의 경우에는 수도권 이전 공장들의 공업용지 수요에 대처하고 수도권 정비 및 중부권 개발촉진을 목적으로 조성되었는데, 최근 지가상승으로 인해 생산기지를 수도권에서 지방으로 이전하는 기업들이 증가하고 있어 향후 이 지역에서의 더욱 더 많은 컨테이너화물의 증대가 예상되고 있다.

### 4) 수출입 컨테이너화물의 철도운송 분담률

우리나라의 수출입컨테이너 화물량은 고도경제성장과 수출입화물운송의 컨테이너화 추세에 따라 급격히 증가하여 2013년 우리나라 전체 항만수출입컨테이너 화물량이 13,948천TEU를 기록하였다. 이 중에서 8,938천TEU(64.0%)가 부산항을 통과하여 수출입되었으며, 1,748천TEU(12.5%)가 광양항을 통해 수출입되었다.

2013년 현재, 부산항의 운송수단별 컨테이너화물의 운송추이를 살펴보면 도로운송의 분담률이 90.5%로 2000년 이후 일관되게 높게 나타났다. 반면, 같은 기간 동안 철도운송의 분담률은 초기에는 감소경향을 보이다가 경부고속철도 개통에 따른 경부선의 선로여유 증가, 부산~인천 간 컨테이너 정기선 항로의 폐지 등에 힘입어 2005년 이후 약간 증가추세로 전환되었다. 그러나, 2009년 이후 광양항의 수출입 컨테이너화물 취급량이 증가하면서 다시 감소추세로 전환된 이후, 증감을 반복하고 있으나 2013년 현재, 철도의 분담률은 9.5%에 그치고 있다.

〈표 3-5〉 운송수단별 컨테이너화물의 운송추이(부산항 기준)

(단위 : 천TEU, %)

| | 철도 | 도로 | 연안해운 | 합계 |
|---|---|---|---|---|
| 2000 | 650 (12.6) | 4,384 (85.1) | 116 (2.3) | 5,150 (100.0) |
| 2005 | 686 (10.3) | 5,893 (88.4) | 85 (1.3) | 6,664 (100.0) |
| 2006 | 750 (11.0) | 6,053 (88.6) | 28 (0.4) | 6,831 (100.0) |
| 2007 | 801 (10.8) | 6,636 (89.2) | 7 (0.1) | 7,444 (100.0) |
| 2008 | 856 (11.2) | 6,782 (88.7) | 7 (0.1) | 7,645 (100.0) |
| 2009 | 550 (8.4) | 6,019 (91.6) | 39 (0.6) | 6,569 (100.0) |
| 2010 | 646 (8.1) | 7,193 (90.9) | 82 (1.0) | 7,918 (100.0) |
| 2011 | 813 (9.2) | 7,895 (89.4) | 124 (1.4) | 8,832 (100.0) |
| 2012 | 863 (9.1) | 7,946 (89.9) | 90 (1.0) | 8,899 (100.0) |
| 2013 | 847 (9.5) | 8,087 (90.5) | 4 (0.0) | 8,938 (100.0) |

자료: BPA, 「부산항 컨테이너화물 처리 및 수송 통계」, 각년도.
주: ( )는 비중을 나타냄.

## 2. 선로용량 및 시설 현황

### 1) 선로용량

2014년 12월 현재 철도영업노선 연장은 3,590.0km로 1985년에 3,120.0km에 비해

약 15.1%의 증가율을 보였는데, 이는 같은 기간 동안 도로연장이 52,264km에서 106,414km로 약 2배 정도가 증가한 것과 비교해 볼 때 극히 미비한 수치이다. 궤도연장은 같은 기간에 6,299.0km에서 8,465.3km로 34.4% 증가하였는데, 이는 2004년 경부고속철도의 개통과 기존노선의 복선화 사업에 따른 것이다. 기존선의 경우에는 적자선의 폐지수준으로 신설건설이 이루어졌기 때문에 기존선의 영업노선의 연장은 거의 이루어지지 않았다. 2014년 현재 복선화 구간은 2,009.0km로 총 철도연장의 56.0%이며 주로 경부선, 호남선, 충북선, 그리고 수도권 전철에 한정되어 있다. 전철화 구간은 2,456.7km로 2004년 고속철도개통을 계기로 전철화율이 크게 상승되어 2014년 현재 68.4%에 이르고 있다. 그러나 아직 일부구간에서는 비전철화로 인해 디젤기관차에 의한 운행이 이루어지고 있어 열차속도를 높이는 데에는 한계가 있다.

## 2) 화물역 시설

2015년 7월 현재 화물취급역은 총 106개 역이 있으며, 이 중 85개 역이 물류편제역으로 구성되어 있다. 화물취급역은 거점화 정책에 따라 소규모 취급역의 정비가 진전되고 있어 계속 감소추세에 있다.

컨테이너 취급역은 총 23개로서 총 977,848㎡의 컨테이너 야드를 보유하고 있으며, 연간 처리가능 능력은 261만 TEU에 달한다. 컨테이너 야드(Container Yard, CY)의 사용면적은 824,882㎡로 취급면적 대비 68.2%의 사용실적을 보이고 있으며, 이 중에서 오봉 및 부산진 컨테이너 야드의 비중이 75%를 차지하고 있다. 나머지 21개의 컨테이너 취급역은 소규모로 운영되고 있다.

대표적인 컨테이너 취급역인 오봉역의 경우에는 유효장의 적하선이 11개로 총 6,045미터이며, 부산진역은 적하선 5개로, 총 2,415미터를 보유하고 있다. 반면, 나머지 주로 도중취급을 하는 소규모 컨테이너 취급역은 대부분 짧은 유효장의 적하선 1개를 선로편측으로 사용하고 있어 별도의 입환기가 필요하며, 입환에 따른 수송시간의 지연 등의 문제가 발생하고 있다. 이와 같이 소규모 CY가 다수 존재함으로써 경유에 따른 운행시간의 증가 및 다수의 운송물량을 요구하는 블럭트레인의 확대에도 제약이 따르고 있다

〈표 3-6〉 철도 시설현황 추이

(단위 : km, %)

| | 영업연장 | | | 궤도연장 | 복선화구간 | 전철화구간 |
|---|---|---|---|---|---|---|
| | 화물 | 여객 | 계 | | | |
| 1985 | 3,022.0 | 2,973.2 | 3,120.6 | 6,299.0 | 757.9(24.3) | 368.9(11.8) |
| 1990 | 3,026.0 | 2,961.2 | 3,091.3 | 6,434.6 | 844.6(27.3) | 522.4(16.9) |
| 1995 | 3,028.8 | 3,004.1 | 3,101.2 | 6,554.3 | 879.8(28.4) | 556.3(17.9) |
| 2000 | 3,055.8 | 3,028.2 | 3,123.0 | 6,706.3 | 932.8(29.9) | 668.7(21.4) |
| 2005 | 3,060.1 | 3,264.1 | 3,392.0 | 7,871.7 | 1,355.0(39.9) | 1,596.7(47.1) |
| 2010 | 3,376.6 | 3,091.9 | 3,557.3 | 8,426.0 | 1,763.0(49.6) | 2,147.0(60.4) |
| 2011 | 3,361.3 | 3,077.8 | 3,558.9 | 8,427.6 | 1,863.5(52.4) | 2,357.7(66.2) |
| 2012 | 3,378.5 | 3,054.0 | 3,571.8 | 8,419.0 | 1,982.4(55.5) | 2,445.3(68.5) |
| 2013 | 3,381.0 | 3,063.9 | 3,587.8 | 8,456.4 | 2,006.8(55.9) | 2,453.8(68.4) |
| 2014 | 3,383.2 | 3,063.9 | 3,590.0 | 8,465.3 | 2,009.0(56.0) | 2,456.7(68.4) |

자료: 한국철도공사, 「철도통계연보」, 각년도.
주: ( )는 복선화율, 전철화율을 나타냄.

### 3) 상하역장비

현재 트랜스퍼크레인을 보유하고 있는 화물역은 의왕 ICD, 부산진 CY, 신선대역, 광양항역의 4개역에 불과하며, 나머지 화물역에서는 리치스태커 1~2기로 상하역 작업을 하고 있다. 이 두 장비 1개당 작업효율은 비슷하지만 적하선 측면 사용시 리치스태커를 사용하게 되면 작업완료 후 이선에 대기하고 있는 열차에 접근할 수 없기 때문에 기관차가 입환해 줄 때까지 대기상태가 발생하게 된다. 이와 같이 철도역의 상하역장비의 부족은 장비효율을 저하시키고 연속적 작업을 불가능하게 함으로써 철도운송의 정시성 확보에도 역효과로 작용한다.

〈표 3-7〉 컨테이너 취급장비 현황

| | 의왕 ICD | 부산진 | 신선대 | 광양항 | 양산 ICD | 장성 ICD | 약목 | 기타 16개역 |
|---|---|---|---|---|---|---|---|---|
| 트랜스퍼크레인 | 3기 | 2기 | 2기 | - | - | - | - | - |
| 리치스태커 | 4기 | 11기 | 1기 | 1기 | 2기 | 1기 | 5기 | 22기 (평균 1.4기) |

자료: 한국철도공사 내부자료.

## 제3절 철도운송의 종류 및 절차

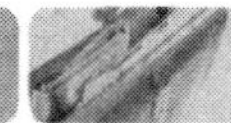

### 1. 철도운송의 종류

#### 1) 화물형태에 따른 철도운송의 종류

철도운송은 취급화물의 형태에 따라 크게 대화물운송, 소화물운송, 수화물운송, 혼재차운송으로 나뉘어 진다. 대화물운송은 다시 차급운송과 컨테이너운송으로 분류되고, 소화물운송은 보통급, 특별급, 전세급의 3종류로 세분화된다.

##### (1) 대화물운송

대화물운송은 양회, 석탄, 광석, 유류, 파렛트 화물 등 철도로 운송되는 장거리·대량화물의 운송에 많이 이용된다.

가. 차급운송

차급운송이란 화물을 화차단위로 탁송[7]하는 것을 의미하며, 철도로 운송되는 석탄, 광석, 시멘트, 양곡, 유류 등 벌크화물은 화차단위로 화물을 적재하여 운송된다. 차급운송은 탁송화물 1건[8]을 화차 1량으로 운송하는 것이 일반적이나 화물의 크기가 화차 1량을 초과하는 장대화물은 화차 2량 이상을 1건으로 취급하기도 한다. 동일 송화인이 3건 이내의 소량화물을 1역발 2역착까지 차급화물로 운송하는 것은 톤단위 분할차급화물이라고 한다.

차급운송에서는 화물의 종류, 특성, 중량, 용적 등에 따라 이용하는 화차의 종류가 다양한데, 특히 시멘트, 유류, 석탄 등은 전용화차를 이용하는 경우가 많다. 전용화차가 아닌 화차에는 덮개가 있는 유개차, 덮개가 없는 무개차, 코일제품을 운반하는 코일차, 자동차를 운송하는 자동차수송차 등이 있다. 최근 시멘트, 유류 등 화주가 사유화차를 직접 제작하여 투입하는 사유화차[9]의 수가 증가추세에 있다.

---

7) 고객이 철도회사에 화물운송을 신청하는 것을 말한다.

8) 1건의 의미는 화차 1량(컨테이너 1개를 포함)에 적재할 수 있는 수량으로써 보내는 고객, 받는 고객, 발역, 착역, 탁송일시, 취급종별, 운임, 요금지급방법이 동일한 화물을 철도화차 1차를 전용하여 발송역에서 목적지까지 직통운송하는 것을 말하며, 운임계산은 1차단위로 계산한다.

9) 사유화차는 철도회사의 투자재원 부족으로 적기에 화물운송수요에 적합한 화차를 제작하여 투입하기가 곤란한 경우가 많기 때문에 화주가 직접 화차를 제작하여 투입하는 대신 철도운임의 일부를 감면 받는 형태로 운영되고 있다. 사유화차의 제작절차는 다음과 같다. 사유화차 제작신청서 제출(고객)→제작승인(철도회사)→제작→시험운전→철도차적에 등록→사유

차급운송에서 사용되는 화차의 종류는 다음과 같다.

① 유개화차: 유개차, 철제유개차, 전개형유개차, 유개코일차, 차장차 등
② 무개화차: 일반 무개차, 홉파형무개차, 자갈차 등
③ 평판차: 곡형평판차, 철판코일차, 자동차수송차, 컨테이너겸용차, 침목차
④ 조차: 수조차, 유조차, 아스팔트조차, LPG조차, 프로필렌조차, 황산조차 등

나. 컨테이너운송

차급운송과 동일한 개념으로 20피트, 40피트, 45피트 컨테이너를 화차에 적재하여 운송하는 것을 말한다. 컨테이너화차는 일반 컨테이너를 주로 사용하나 냉동 컨테이너 화물의 증가로 냉동기를 부착한 전용화차도 운행되고 있다.

### (2) 소화물운송

소화물운송은 소량의 화물을 여러 화주로부터 집화하여 소화물 전용열차로 운송하는 방식을 말한다. 소화물운송은 보통급, 특별급, 전세급의 3종류로 구분된다. 보통급 소화물은 일반적으로 취급되는 소화물을 가리키며, 특별급 소화물은 신문, 잡지와 같이 신속한 수송을 요하는 등 운송상 특별한 주위를 요하는 화물에 대하여 철도회사와 별도 계약하여 운송하는 화물을 가리킨다. 전세급 소화물은 소화물 전용화차를 전세로 대여하여 운송하는 것으로서 대량의 소화물 운송에 이용된다.

### (3) 수화물운송

수화물운송이란 이용여객이 여행하는데 필요한 물품을 객차 내에 싣기 어려울 만큼 그 양이 많거나 부피가 큰 경우에 별도로 운송하는 것을 말하는데, 우리나라에서는 오래전부터 그 실적이 없어 유명무실한 취급방식이 되었다.

### (4) 혼재차 취급

철도소운송업체가 일반 화주들로부터 소화물의 운송을 위탁받고 이를 행선지별로 화차취급이나 컨테이너 단위로 재취합하여 차급 또는 컨테이너화물로 운송함으로써 그 운임의 차액을 취득하는 운송방식을 말한다. 일반적으로 화주는 소운송업체와 운송계약을 체결하고, 소운송업체는 철도회사와 운송계약을 체결하여 운송하는 방식으로 되어 있지만 2005년에 철도소운송업법이 폐지되면서 현재는 이

---

화차 운송계약체결→철도운송에 투입.

루어지지 않고 있다.

## 2) 열차운행방식에 따른 철도운송의 형태

### (1) 직행운송

특정 출발역과 도착역을 결정하여 도중에 열차의 입환작업이 없이 그 구간을 직행으로 운송하는 방식을 말한다. 철도역간 운송 외에 양회, 유류, 컨테이너 등 대량화물 중 운송구간이 일정한 화물을 공장 간, 생산지와 소비지 간을 전용열차로 직행 운송하는 것도 여기에 해당한다. 직행운송은 운송시간을 단축할 수 있고, 화차의 운용효율을 높일 수 있으며 운송관리도 용이한 장점이 있다.

### (2) 컨테이너 운송

컨테이너운송도 직행운송의 형태를 취하고 있는데, 컨테이너의 운송량이 많은 주요 항만과 ICD 간 간선운송구간에서 출발역과 도착역간을 컨테이너 전용열차로 직행 운송하고 있다.

### (3) 거점운송(쾌속운송)

거점운송은 차급운송의 하나로 지역별로 거점역을 정하고 그 거점역 간을 직통열차로 운송하는 방식을 말한다. 직행운송이나 컨테이너운송은 대체로 단위전용열차 중심으로 운행되는 방식을 가리키는데 반해 거점운송은 단위열차에 미치지 못하는 차급화물을 적재한 화차를 거점역에서 환적 또는 연계하여 간선 철도역간을 운송하는 방식을 의미한다.

### (4) 야드(조차장) 집결운송

근거리 내에 소규모화물 취급역이 존재하는 경우에 화물이 적재된 화차를 조차장에 집결시켜 근거리에 있는 행선지별로 구분시켜 열차를 조성한 다음, 도착역에 가장 가까이에 있는 조차장에서 다시 소규모화물 도착역으로 운송하는 방식으로 일종의 Hub & Spoke 방식이라 할 수 있다. 우리나라에서는 소규모 철도역 CY와 거점역간에서 이러한 유형의 집결운송이 이루어지고 있다.

### (5) Block Train, Y-Shuttle Train, Coupling & Sharing Train

Block Train은 출발역에서 도착역까지 직통으로 운행하는 열차형태로서 화물량이 충분하고, 조차장이 충분하지 않은 화물을 효율적으로, 운송시간을 단축할 수 있는 운송방식이다.

Y-Shuttle Train은 한 개의 중간 철도역을 경유하는 방식으로서, 터미널을 경유하는 것을 제외하고 셔틀열차와 거의 동일한 운송방식이며, Coupling & Sharing Train은 중단거리 수송이나 소규모 터미널을 중심으로 이용가능한 소형열차 운송방식이다.

## 2. 철도운송 절차

### 1) 철도화물 운송신청

화물 탁송 시 송화인은 발역명 및 착역명과 전용선명 또는 화물선명, 송수화인, 화물품명, 취급종별, 운임 · 요금의 지급방법 등을 화물운송장에 기재하여 화물역에 운송을 신청한다. 운임할인을 청구하는 화물이나 화약류, 사체 등 특수화물에 대해서는 할인증표, 화물운반신고필증, 사망증서 등 철도운영자의 운송약관에서 정한 서류를 첨부하여야 한다. 운송신청은 매 1건마다 화물운송장을 제출하여야 하며, 운송열차를 지정하거나, 전세열차로 운송을 청구할 수 있다. 일반운송에 있어서는 화물운송장을 화물과 같이 수화인에게 인도하는 것이 일반적이나 철도운송에서는 화물운송장은 철도회사에서 보유하고 수화인에게는 교부하지 않는다.[10]

### 2) 운송수락(계약의 성립) 및 화물 적재

철도회사는 운송신청에 따른 제출서류와 화물의 운송 적합성 및 포장상태 등 수탁검사를 완료한 후에 지장이 없다고 인정한 때에 한하여 운송을 수락한다. 철도

10) 철도운송에서는 안전운송을 위해 화차에 적재할 화물의 중량 및 용적을 제한하고 있는데 그 내용은 다음과 같다. 적재중량 제한사항으로는 첫째, 화약류는 화차표기하중톤수의 80%(외부포장의 중량 포함)를 초과할 수 없다. 단, 초유폭약, 실포 및 공포를 제외한 화약류는 예외가 인정된다. 둘째, 액체 및 산화물은 화차표기하중톤수를 초과할 수 없다. 단, 조차로 운송하는 액체화물과 발역에서 화차계중기로 검량하는 산화물의 경우에는 1톤까지 증적이 허용된다. 셋째, 기타화물의 경우에는 특정한 경우를 제외하고 화차표기하중톤수를 초과할수 없다. 넷째, 표준중량 적용화물은 화물표준중량표에 따른다. 적재용적 제한사항으로는 첫째, 화차의 옆판 및 머리판 밖으로 화물이 돌출되게 적재할 수 없다. 단, 철도회사가 승인한 경우 또는 수송지침에 따라 적재하는 화물은 제외한다. 둘째, 화물의 높이는 무개화차의 경우에는 화차 중앙부 2.4m, 화차양쪽 옆 2.2m 이내로 적재하여야 한다. 단, 목재류의 경우에는 표기하중톤수 40톤 이상의 화차에 한하여 화차 중앙부는 2.6m, 화차 양 옆은 2.4m까지 적재 가능하다. 그리고 화물의 중량이나 용적제한이 초과된 특대화물의 적재를 위해서는 철도회사의 별도승인이 필요하다. 이 경우에는 임시열차운행, 열차운행속도 제한 또는 운행선로의 변경 등 많은 주의가 요구되므로 할증운임이 적용된다.

회사는 운송수락과 함께 화차를 수배하여 적하작업선(전용선 또는 화물지선)에 차입시켜야 하며, 화차가 적하작업선에 차입되면 화주는 6시간(화약류 3시간, 컨테이너 5시간)이내에 적재작업을 완료하여야 한다.

### 3) 화물수취

철도회사가 운송을 수락하고 화물을 수취한 후 송화인에 대하여는 계약관계를 명료히 하는 동시에 화물을 수취하였다는 증거로서 화물운송통지서를 발행하여 송화인에게 교부한다. 철도운송에서 화물운송통지서는 화물의 수탁, 수송, 인도, 수취 등에 있어서 증표가 될 뿐이며 유가증권은 아니다.

### 4) 운송

화물이 화차에 적재되고 행선지별로 분류되면 기관차가 배정되고 열차가 조성된다. 조성된 열차는 정기열차의 경우에는 지정된 운전시각에, 임시열차는 사령의 운전명령에 의하여 본선을 운행하여 목적지 철도터미널까지 운송한다. 화물을 탁송한 후 화주는 탁송취소, 착역변경, 발역송환, 운송열차, 운송경로의 지정변경, 수화인 변경, 운임요금의 지불방법 변경 등의 지시를 내릴 수 있는데, 철도회사는 운송상 지장이 없는 경우에만 화주의 지시를 수락한다. 이 때 철도회사는 별도의 지시수수료를 수수한다. 화물의 적재통지를 한 후 탁송취소 청구에 응한 경우에 철도회사는 적재통지를 한 후 6시간이 경과한 때로부터 화차유치료를 수수한다. 그리고 화주가 탁송취소한 화물을 지체 없이 역 구내로 반출하지 아니한 때에는 철도회사는 다음날부터 별도의 화물유치료를 수수한다.

### 5) 화물인도

#### (1) 화물인도기간

화물인도기간이란 철도회사가 발역에서 송화인으로부터 화물을 수취한 날로부터 기산하여 착역의 수화인에게 화물을 인도할 때까지의 기간으로서 연착여부를 결정하는 기간을 말한다.

#### (2) 인도기간

인도기간은 발송기간과 운송기간을 합산하여 계산하는데, 발송기간은 화물을

수취한 날로부터 2일로 간주하며, 운송기간은 운임계산거리 180km까지 마다 1일로 계산한다. 운송열차를 지정한 경우에는 지정열차가 착역에 도착할 소정시각으로부터 10시간이 경과한 때를 인도기간이 끝난 때로 간주하며, 철도회사의 책임이 아닌 사유로 화물이 연착되었거나 화물을 인도하지 못하였을 때에는 그 지연일수만큼 연장된 것으로 간주한다.

철도회사는 화물을 적재한 화차가 목적지 철도터미널에 도착하면 즉시 수화인에게 도착통지를 하고 도착통지를 한 날로부터 5일을 경과하여도 화물을 인수해가지 않을 때에는 수화인에 대하여 화물수령의 최고(崔告)를 하여야 한다. 수화인은 화차가 작업선에 차입된 시간부터 6시간 이내(컨테이너는 3시간 이내)에 하화를 하여야 하며, 인도 완료한 화물을 인도당일(18시 이후 하화가 완료된 것은 익일 중)에 역구내외로 반출하지 못할 경우에는 소정의 화물유치료를 지불하여야 한다.

〈그림 3-2〉 철도화물운송 절차

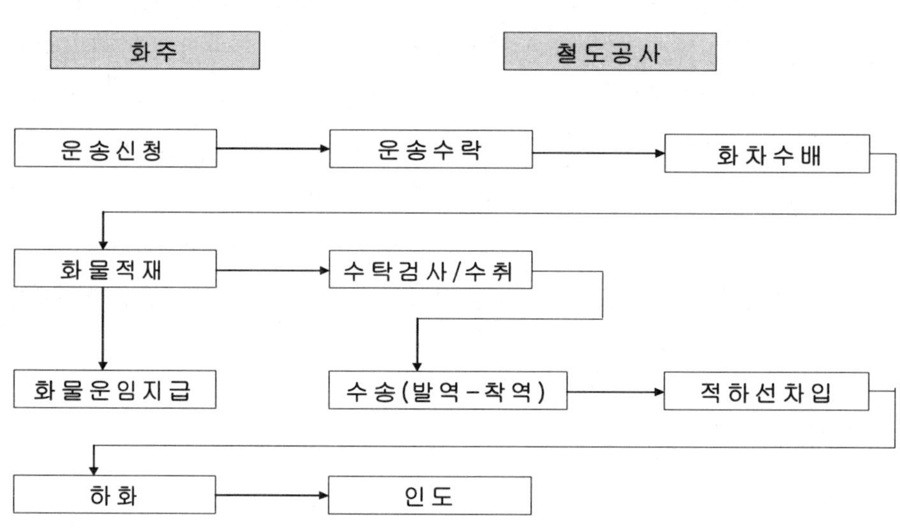


## 3. 컨테이너 철도운송

### 1) 컨테이너 철도운송의 발달

국내 컨테이너 철도운송은 1972년 7월에 부산진역과 용산역 간 컨테이너 전용

 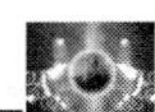

열차가 운행되면서 시작되었다. 수출입 컨테이너운송이 급증함에 따라 1984년 7월에 현재의 의왕 ICD의 남부화물기지내에 컨테이너기지(의왕 ICD 제1터미널)를 완공하여 수도권 지역에 산재해 있는 철도 CY를 통합하여 운영하게 되었다. 1997년 1월에는 제3섹터 방식으로 의왕 ICD 제2터미널을 건설, 완공하여 기존의 컨테이너기지(제1터미널)와 함께 연간 100만 TEU를 처리할 수 있는 능력을 갖추게 됨으로써 수도권 지역의 철도물류의 핵심기지로서의 역할을 담당하고 있다.

### 2) 컨테이너 철도운송절차

송화인이 컨테이너화물을 탁송하고자 할 경우에는 차급화물과 마찬가지로 컨테이너 1개를 1건으로 하여 1건마다 화물운송장을 제출하여야 한다. 송화인, 수화인, 발송역, 도착역 및 품목이 동일한 컨테이너 여러 개를 적재하여 운송할 경우에는 이를 1건으로 하여 운송계약을 체결할 수 있다. 화물운송장에는 컨테이너의 명칭, 번호, 선박회사명, 내적화물의 품명 및 개수 등을 기입하여야 하며, 국내 컨테이너화물을 탁송할 때에는 화물운송장에 컨테이너화물 적재명세서 1부를 첨부하여 제출하도록 하고 있다. 컨테이너에 화물 적입 및 안전과 관련하여 주의해야 할 사항으로는 먼저, 우리나라 철도에서 분류하고 있는 '위험품' 중 화약류(군용 탄약 제외)와 방사능 물질류는 철도운송이 불가능하다는 점이다. 또한, 화주의 책임 하에 컨테이너의 시봉 또는 개봉을 시행하여야 하는데 이상이 있을 때에는 운송수취가 거절될 수 있으므로 주의해야 한다. 컨테이너화물의 인도시기는 컨테이너 적재화차를 하화작업선에 차입 완료한 시점이며, 수화인은 컨테이너화차가 작업선에 차입된 시간부터 3시간 이내에 하화를 완료하여야 한다.

### 3) 철도 컨테이너 하역방식

#### (1) TOFC(Trailer on Flat) 방식

TOFC 방식은 철도 대차 위에 컨테이너를 적재한 트레일러를 직접 적재하거나 하화하는 하역방식을 말한다. TOFC 방식에는 피기백방식과 캥거루방식이 있다.

##### 가. 피기백방식(Piggy back)

트레일러나 트럭으로 컨테이너를 운송할 경우에 화물열차의 대차 위에 트레일러나 트럭을 컨테이너와 함께 실어 운송하는 방식이다. 피기백방식은 1926년에 미국의 Chicago North Shore Load(LCL) 서비스에서 처음으로 도입한 것으로서 트럭의 기동성과 철도의 장거리, 신속성을 결합한 복합운송방식이다. 화물의 적재단위가 크고 장거리일수록 편리하게 이용할 수 있으나 하대가 평판으로 되어 있어 세로방향의 홈과 피기 패커(Piggy packer)[11] 등의 하역장비가 별도로 필요한 것이 단점이다.

나. 캥거루방식

캥거루방식은 1964년에 프랑스 국철에서 처음 도입한 방식으로 컨테이너의 운송단위가 크지 않은 유럽에서 보편화되어 있다. 장거리 정기노선에 있어서 운송의 효율을 높이고 세미트레일러를 이용하여 지역 간 신속한 집화와 인도를 목적으로 도입되었으며, 정시인도와 열차배차의 규칙성, 하역장비의 불필요, 연료의 효율성 등의 장점이 있다. 아울러 이 방식은 세미트레일러를 특수한 철도 대차에 싣는 형태로 세미트레일러의 바퀴를 대차의 바닥 아래로 낙하시킬 수 있도록 되어 있어 터널높이나 법규정상의 차량높이에 대한 제한을 상대적으로 덜 받는 장점이 있다.

### (2) COFC(Container on Flat Car) 방식

COFC 방식은 컨테이너만을 철도화차에 상하차하는 방식이다. TOFC 방식에 비해 하역작업이 용이하고, 화차의 중량이 가볍기 때문에 보편화된 철도하역방식이다. 철도화차에 컨테이너를 상하차하기 위해서는 크레인, 지게차 등의 하역장비가 필요하다.

가. 지게차에 의한 방식: 리치스태커(reach stacker)나 지게차(fork lift)를 이용하여 컨테이너를 트레일러 또는 철도화차에 상하차하는 방식으로 철도 컨테이너 터미널에서 널리 이용되고 있다.

나. 매달아 싣는 방식: 트랜스퍼크레인 또는 일반 크레인을 이용하여 컨테이너를 트레일러 또는 철도화차에 상하차하는 방식으로 지게차나 리치스태커에 비해 시간 당 처리할 수 있는 컨테이너 물동량이 많다.

다. 플래시 밴( Flexi-van): 세미트레일러의 주행부분을 없애고 컨테이너만을 턴테이블이 달려있는 전용화차로 운송하는 방식으로 트럭이 화물열차에 대해 직각으로 후진하여 무개화차에 컨테이너를 적재한다. 화차에는 회전판이 달려 있어 컨테이너를 90도 회전시켜 고정시킨다.

---

11) Piggy Packer란 철도의 무개화차에 트레일러에 적재된 컨테이너를 트레일러와 함께 지게차로 들어 올리거나 내리는 작업을 하는 하역장비로 캥거루 방식과 달리 화차의 측면에서 싣고 내릴 수 있기 때문에 피기백방식의 능률을 현저하게 증대시킬 수 있다.

# 제4절 철도화물운임체계

## 1. 철도화물 운임 및 요금의 의의

국내 철도운임은 2005년 한국철도공사가 출범하면서 인가제 운임에서 운임인상 상한제를 병행한 신고제 운임으로 변경되었다가 2008년에는 철도회사의 자율성을 보장하고 타 운송수단과의 경쟁을 유도하기 위하여 운임인상 상한제가 폐지되었다.[12] 국내 철도운임은 품목별 무차별운임을 적용하고 있으며, 운임구조는 거리비례제가 적용되고 있다. 운임계산은 차급화물은 화차 1량 단위, 컨테이너화물은 컨테이너 규격별 1개를 단위로 한다.

## 2. 철도화물의 운임체계

### 1) 일반차급화물

일반차급화물 운임=기본임률(1km당 운임)×화물영업거리(km)×화물중량(톤)

양회, 철광석 등 컨테이너 이외의 일반차급화물의 운임은 한국철도공사에서 정한 1km당 기본임률, 화물영업거리, 화물중량을 곱해 산출한다. 운송거리는 최단거리를 적용하고 화물중량은 실제 적재중량에 의하되 1량의 최저중량에 부족할 경우에는 최저중량을 적용한다. 일반차급화물의 운임률은 1톤, 1km 당 45.9원으로 되어 있다. 하중을 부담하는 사용화차는 화차표기하중 톤수의 100km에 해당하는 운임을 최저운임으로 하며, 하중을 부담하지 않는 보조차 및 갑종철도차량은 표기자중톤수의 100km에 해당하는 운임을 최저운임으로 한다.

### 2) 컨테이너화물

컨테이너화물의 운임률도 일반차급화물의 운임산정방식과 거의 동일하나, 컨테이너의 크기와 영컨테이너, 공컨테이너 등에 따라 1km당 운임률이 다르게 책정되

12) 연덕원, 「철도운송물류론」, 우송대학교, 2008, p.110.

어 있는데 공컨테이너의 운임률은 영컨테이너 운임률의 74%를 적용하고 있다. 2015년 현재 컨테이너화물의 운임률은 1km 당 20피트 영컨테이너의 경우에 516원, 40피트 영컨테이너는 800원, 45피트 컨테이너는 946원이 각각 부과되고 있다. 운송거리는 최단경로의 거리를 적용하며, 화물중량은 실제 적재중량에 의하되 1량의 최저중량에 부족할 경우에는 최저중량을 적용한다.

컨테이너화물 운임 = 종별 기본임률(1km당 운임)×화물영업거리(km)

〈표 3-8〉 철도 컨테이너 운임

| 종류별 \ 규격별 | 20피트 | 40피트 | 45피트 |
|---|---|---|---|
| 영컨테이너 | 516원/km | 800원/km | 946원/km |
| 공컨테이너 | 규격별 영컨테이너의 74% 적용 | | |

자료: 한국철도공사 물류사업단, 「업무현황」, 2015.

## 3. 운임할인할증제도

### 1) 할인제도

철도운송에서는 국가정책상 또는 철도경영상의 경제적 견지에서 운임할인제도를 시행하고 있다.[13] 정책적 할인제도로는 국책사업에 대하여 정책예산 절감에 따른 투자비 보전차원에서 사유화차 화물할인(투자금액에 따른 할인율 차등적용)이 있다.[14] 영업적 할인제도로는 탄력적인 시장 대응을 통한 철도화물수입 증대를 위해 필요한 경우에 실시하는 할인(할인율은 그때마다 따로 정함)과 왕복운송 할인 등이 있다. 한편, 사유화차 할인율은 화차제작비 및 운영경비 등 투자비보전을 위한 다른 운임할인과 겹칠 경우 중복할인이 가능하며, 최저운임의 경우에도 사유화차 할인율을 적용하고 있다.

13) 연덕원, 전게서, pp.114~116.

14) 다만, 이 세칙 시행(2011.5.25.) 이전에 제작운영하고 있는 사유화차 화물할인율은 종전 할인율을 적용한다. 즉, 화차의 종류에 따라 16~25%까지 할인을 적용. 벌크양회조차(22%), 유조차 · 무개차(25%), 컨테이너화차(17~22%), 기타 화차(투자비보전 25%), 컨테이너 사유화차의 할인율 16% 이외에 컨테이너 화차보유량 50량마다 1%씩 추가하여 최고 22%까지 할인율 적용.

## 2) 할증제도

운임할증제도는 운송상 주의를 요하는 위험품 및 용적・중량 초과 특대화물 등에 대한 할증, 열차운행 속도제한화물, 열차 및 운송경로 지정화물, 전세열차로 운송하는 화물, 감시인승차화물 및 임시취급화물 등에 대한 할증이 있다.

〈표 3-9〉 철도운임할증 내역

| 구분 | 세부내용 | 할증율 |
|---|---|---|
| 위험품 | 나프타, 솔벤트, 휘발유, 항공유, 황산 | 10/100 |
| | 고압가스류 | 20/100 |
| | 방사능물질 | 100/100 |
| | 화약류, 폭약류, 화공품류 | 150/100 |
| 특대화물 | 화물의 길이, 넓이가 소정의 적재제한을 초과하거나 그 밑부분이 상판 윗면보다 하방으로 튀어나온 것, 화물 적재 높이가 레일면으로부터 4,000mm 이상 되는 화물 | 50/100 |
| | 길이 20m, 중량 35톤을 초과하는 것 | 100/100 |
| | 길이 30m, 중량 50톤을 초과하는 것 | 250/100 |
| | 차량한계를 초과하는 화물 | 250/100 |
| | 건축한계(안전한계)를 초과하는 화물, 단 50mm 초과할 때마다 100/100가산 | 500/100 |
| 속도제한화물 | 시속 40km 이하의 속도제한화물(갑종철도차량포함) | 300/100 |
| 열차 및 경로 지정화물 | 임시약속 화물 중 화주가 운송열차를 지정 요구한 화물, 액화가스 등의 특수 위험품 수송열차지정 요구시 운송열차지정화물 | 20/100 |
| 전세열차 | 송화인의 청구에 의한 차급화물 운송 시 전세열차로 운송하는 화물 갑종철도차량은 30/100 | 20/100 |
| 임시취급화물 | 화물취급역이 아닌 장소에서 화물취급승인 | 300/100 |
| | 선로차단 또는 전차선로의 단전. 철거가 동시 필요한 화물취급승인 | 200/100 |
| 자동차운송용 사유화차 | 화차표기하중톤수 15톤으로 계산 | 50/100 |
| 감시인 승차화물 | 공사의 감시인이 승차하는 화물(갑종철도차량포함) | 50/100 |

자료: 한국철도공사, 「화물운송세칙」, 2015.

## 4. 철도화물요금

### 1) 일반화물요금

#### (1) 화물유치료

화물유치료는 송화인이 탁송 전 화물의 유치, 인도 완료한 화물을 반출하지 않고 역구내에 유치시키는 경우 및 탁송 취소한 화물을 역구내에서 반출하지 않는 경우에 수수하는 요금이다.

#### (2) 화차유치료

화차유치료는 화물의 적하화작업과 화차운용의 효율화를 위하여 수취하는 요금으로 적재 또는 하화통지를 한 때 또는 도착통지에 갈음할 수 있는 게시를 한 때부터 소정의 시간 내에 적재 또는 하화를 완료하지 아니한 때에는 그 후의 시간에 대하여 1톤 1시간마다 153원을 수수한다. 일반화물의 경우에는 5시간(18:01부터 다음날 06:00까지 적재 또는 도착 통지한 화물은 다음날 11:00까지), 화약류 및 컨테이너화물은 3시간 내에 적재 또는 하화를 하지 않는 경우가 이에 해당한다. 그리고 화주의 사정에 의하여 탁송을 취소한 경우와 지시에 응한 경우에도 착역에서 화차유치료를 수수한다.

#### (3) 하치장사용료

착역에서 인도 완료한 화물을 인도 당일 중에 역구내로 반출하지 않았을 때에는 그 다음날로부터 기산하여 반출 완료일까지 하치장사용료를 수수하며, 18:01 이후 하화 완료한 화물은 하치장 사용료를 수수한다.

#### (4) 구내운반료

동일 역 구내에서 철도화차를 사용하여 화물을 운반할 경우에 구내운반료를 수수한다.

### 2) 컨테이너화물 관련 요금

#### (1) 컨테이너 하치장 사용료

전용 CY처럼 특정인이 독점적으로 사용하는 하치장에 대하여는 월단위로 하치

장사용료를 수수한다. 공용 CY에 대하여는 이를 수수하지 않는다.

### (2) 컨테이너장치료

전용 CY는 하치장사용료가 부과되기 때문에 철도로 운송하는 컨테이너는 장치료가 면제되고, CY 반입 후 트럭으로 운송하는 컨테이너는 장치기간에 따라 7일 이내는 기본료를, 7일 경과 후에는 일단위로 장치료가 부과된다. 공용 CY에서 철도로 운송하는 컨테이너는 장치기간이 30일 이내는 기본료를, 30일 경과 후에는 일단위로 가산, 자동차로 운송하는 컨테이너는 장치기간 7일 이내는 기본료가, 7일을 경과한 후부터는 일단위로 가산된다.

## 제5절 국내 철도운송의 문제점 및 개선방안

### 1. 운임경쟁력 부족

철도화물의 요금구성과 거리비례제에 따른 운임산정방식은 도로운송과 비교해 볼 때 철도의 운임경쟁력을 저하시켜 철도운송에 불리하게 작용하고 있다. 거리비례제에 따른 운임의 비합리성 문제를 보완하기 위한 방편으로 운송거리 장거리 300km 이상의 차급화물(컨테이너 화물 제외)에 대하여 운임할인을 적용하고 있었으나 현재는 이마저도 폐지되어 실시되지 않고 있다.

실제 부산항과 의왕 간 도로와 철도의 컨테이너화물운송요금을 비교해 보면, 도로컨테이너 운송요금이 전국화물자동차운송사업연합회의 국토해양부 신고요율이 적용되는 경우에 모든 규격에 대하여 철도가 도로에 비해 경쟁력을 지니고 있는 것으로 나타났다. 철도본선구간운임은 도로운송에 비해 철도운송이 저렴하지만 집배송에 소요되는 셔틀비용, 조작료, 장치료 등 부대비용이 전체 철도운송요금의 약 30~40%를 차지하고 있어 이들 부대비용까지 포함시킬 경우에는 철도의 운임경쟁력은 크게 떨어진다.[15] 철도운송의 이용확대를 위해서는 본선운송구간에서의 탄력적인 운임제도의 적용과 트럭에 의한 셔틀요금, 터미널에서의 조작료, 장치료

---

15) 우정욱 · 김형기 · 문종범, 「화주 및 복합운송업체의 모달쉬프트 여건 조사」, 한국철도기술연구원, 2008, p.28.

등에서의 비효율적인 부분을 제거함으로써 부대비용을 절감시킬 수 있는 방안을 모색하는 것이 필요하다.

한편, 도로운송에 비해 운임경쟁력이 부족한 철도운송의 경쟁력 확보 및 비중 증대를 위해서는 탄력적인 운임제도의 도입이 필요한 상황이나 2008년 8월 1일부터 12월 31일까지 수출입 화물에 대한 국가경쟁력 지원책으로 한시적으로 도입되었던 부산지구도착 수출화물, 광양항 컨테이너화물, 그리고 지역 철도컨테이너화물 활성화에 따른 광주~부산 간 컨테이너화물에 대한 운임할인이 폐지되어 철도운송의 운임경쟁력이 더욱 떨어지고 있다. 더욱이 왕복운송 화물에 대해서는 복편 화물운임의 20%를 할인해 주고 있지만, 컨테이너화물은 제외시키고 있다. 차급화물과 달리 컨테이너화물의 경우, 왕복운송수요가 있는 화물로서 철도운송확대를 위해서는 컨테이너운송에서 운임경쟁력을 발휘할 수 있도록 인센티브의 확대, 즉 화물별 운송수요 특성에 부응하는 할인제도의 도입이 필요하다.

아울러, 사유화차를 소유하고 있는 화주의 경우에 사유화차 소유에 따른 할인을 적용받고 받고 있으나 사유화차 사용 시 검수비를 별도로 지불하고 있으며, 검수비의 비중 또한 매우 크기 때문에 사유화차 보유의 메리트를 느끼지 못하고 있는 실정이다.[16] 검수는 화물을 적하한 후, 운송의 안전을 기하기 위하여 점검하는 것으로서 이는 직접적인 운송업무와 관련된 것이기 때문에 간선운송운임에 포함시키는 것도 고려해 볼 필요가 있다. 더욱이 자사소유의 화차가 있음에도 불구하고 철도공사로부터 화차배정을 받지 못해 필요시 사용할 수 없는 경우도 속출하고 있어 화차의 보유량만큼 매년 고정적으로 지출되는 유지・보수비는 화주에게는 사유화차 소유에 따른 투자이익이 되기보다는 비용부담으로 되돌아오고 있다.

이 외에도 철도운송비용과 관련하여 문제가 되고 있는 것이 화차유치료, 하치장사용료 등의 부대비용의 증가를 들 수 있다. 화차유치료의 경우에는 작업선에 차입 완료한 때를 인도시기로 규정하고 있어 혼잡시 상하차 하역능력 부족에 따른 하역시간 지연으로 발생하는 화차유치료를 화주가 부담하고 있다. 하치장사용료의 경우에도 화차유치료와 마찬가지로 정체 및 작업장・하역시설의 부족으로 하역하지 못하여 지체되는 경우에도 그 책임을 화주에게 전가시키고 있어 화주의 불만

16) 복합운송업체의 인터뷰에 따르면 검수비가 40피트 컨테이너 한 개당 약 5,000원 가량이 소요되고 있는 것으로 나타났는데, 사유화차를 소유하고 있는 복합운송업체의 대다수가 중견기업으로 매월 3~5만TEU정도의 컨테이너를 처리하고 있어 검수비 지출로 인한 비용부담이 가중되고 있는 실정임(우정욱・김형기・문종범, 전게서, p.31).

이 가중되고 있다.

따라서 철도운송의 운임경쟁력을 높이는 방법으로 보다 적극적인 볼륨 인센티브의 도입, 화주의 비용부담을 가중시키는 운송사규의 개선, 셔틀비용, 부대비용을 포함한 door to door 관점에서 경쟁력을 발휘할 수 있는 일관운송요율을 적용하는 형태로 운임제도의 전환이 필요하다.

## 2. 시간경쟁력 부족

철도운송의 경우에는 door to door로 일관운송이 불가능하며, 철도역과 화주문전간 운송시 트럭에서 철도로의 양하작업이 필요할 뿐만 아니라 하역작업에도 많은 시간이 소요되고 있다. 또한, 선로의 유지보수작업을 위한 시간확보로 인해 화물운송은 주로 야간에 이루어지고 있어 화주의 입장에서는 운송시간의 선택에 제약을 받고 있다. 그리고 일부구간에서는 아직 비전철화구간도 남아 있어 디젤차량의 운행이 불가피함에 따라 열차속도를 높이지 못하는 문제점도 지니고 있다.

철도운송요금의 경우와 마찬가지로 부산에서 경인지구 간 철도와 도로의 운송시간을 비교해 보면, 부산항에서 경인지역까지 철도의 운송경로는 부산진 CY 경유, ODCY 경우, 보세지정 직반출, 3가지로 나눌 수 있다. 부산항과 경인지역간 도로운송은 4일 12시간이 걸리는데 비해 철도의 경우에는 부산진 CY를 경유하는 경우에 4일 15시간, 부산항 인근 ODCY를 경유하는 경우에는 5일 15시간, 보세지정 직반출(의왕 ICD 통관분)하는 경우에는 3일 2시간이 소요되고 있는 것으로 나타났다. 철도운송은 보세지정 직반출을 제외하고는 도로운송에 비해 운송시간이 더 많이 소요되고 있음을 알 수 있는데, 보세지정 직반출의 경우에도 그 비중이 전체운송 중 약 6%에 불과하여 철도운송이 경쟁력을 지니고 있다고는 보기 힘든 실정이다.

이와 같이 철도운송은 도로운송에 비해 시간 경쟁력에 있어서도 열위에 있음을 알 수 있는데, 철도운송의 시간단축을 위해서는 전철화 구간의 확대를 통한 화차의 평균속도 향상, 열차 조성시간의 단축, 하역장비의 보강, 블록트레인서비스 확대, 나아가 연착 및 화물역에서의 정체로 인한 선적 지연 시 철도공사의 보상책임기한을 보다 단축시키는 등의 제도적 보완노력이 필요하다. 또한, 화물터미널에서의 환적작업이 불가피한 철도화물의 특성상, IT의 활용으로 고객에게 열차의 운행중지, 도착지연 등의 정보와 함께 하역 지연 상황에 대한 정보를 제공함으로써 대

기시간을 최소화시킬 수 있는 방법의 강구도 필요하다.

## 3. 운송처리능력 부족

철도역 CY의 운영은 주로 CY 조성업체에 의해 이루어지고 있는데, CY 조성업체들은 전용 CY를 보유하고 있으며 하역장비까지 갖추고 있다. 운영 CY가 없는 복합운송업체의 경우에는 공용 CY를 이용하고 있으나 CY 조성업체의 배타적 사용으로 말미암아 CY 이용에 제약을 받고 있다. 또한, 공용 CY 사용 시 상하역료와 장치료를 지불하도록 되어 있어 전용 CY를 보유하고 있는 업체에 비해 높은 철도요금을 지불함으로써 철도운송의 접근성 및 저렴성 확보에 애로요인으로 작용하고 있다.[17)]

아울러 철도운송의 문제점 중 하나인 운송완결성 부족문제를 해결하기 위해서는 대규모 화물발생지인 항만이나 산업단지, 주요 화주의 공장까지 인입선 부설이 필요한데 현재 항만이나 산업단지와 철도역을 연결하는 인입선은 항만 9개소 29개선, 산업단지 7개소 136개선, 내륙화물기지 3개소 5개선이 있으나 대부분 10km 이내의 단거리 노선으로 대량화물의 수요발생지에 한정되어 있다. 한국철도기술연구원의 조사보고서[18)]에 따르면 양회, 무연탄, 유류, 철강 등 일부 벌크화물의 경우에는 개별 산업단지까지 부설된 인입선으로 접근성이 양호한 것으로 나타났으나 컨테이너를 포함한 일반화물의 경우에는 인입선이 설치되어 있지 않은 경우가 많아 접근성이 떨어지고 있는 실정이다. 철도운송의 접근성, 정시성, 저렴성을 향상시키기 위해서는 대규모 수요처까지 인입선 설치를 보강하여 일관운송체계가 구축될 수 있도록 할 필요가 있으며, 철도역 및 CY에서의 상하차 작업이 신속히 이루어 질 수 있도록 하역장비의 보완과 함께 상시하역체제를 갖추는 등 운영 효율화가 지속적으로 이루어져야 할 것이다.

## 4. 비효율적인 운영체제

현재 철도는 여객운송 위주로 운영되고 있어 화물열차의 운영에 제약이 따르고

---

17) 철도를 이용하고 있는 복합운송업체의 인터뷰에 따르면 철도역 및 CY에서의 상시하역체제가 정비되어 있지 않아 하역 필요시 즉각적인 대응이 어렵기 때문에 시간과 비용이 추가적으로 발생하고 있어 상시하역체제에 대한 필요성이 제기되고 있음

18) 한국철도기술연구원 · 서영엔지니어링 · 서울시립대학교, 「고속철도 개통 시너지 효과 극대화를 위한 철도시설 개량방안 연구」, 2007.

있으며 선로용량도 부족한 실정이다. 화물열차의 열차운행횟수는 여객열차의 약 47% 수준에 불과하며 운행도 주로 야간에 이루어지고 있다. 야간에 이루어지는 화물열차의 운행 또한 유지보수작업을 위한 시간 확보로 인해 제약을 받고 있어 화주 및 운송업체들의 요구에 탄력적으로 대응하지 못하고 있는 실정이다.

현재 컨테이너열차는 정기열차 형태로 운영되고 있지만, 다른 화물의 경우에는 화주의 요구가 있을 경우에만 열차를 편성하여 운행하고 있기 때문에 열차편성 및 운행이 능동적이지 못하고 화주의 운송요구만을 충족시키는 수동적인 열차편성이 이루어지고 있다. 또한, 철도운송의 경우, 운송 2일전까지 운송의뢰를 해야지만 화차의 수배가 가능하기 때문에 운송물량의 증감에 따른 탄력적 대응이 어려운 문제를 안고 있다. 특히, 컨테이너운송의 경우에는 수출입화물이 대부분을 차지하고 있기 때문에 철도의 운송스케쥴이 선사의 스케쥴에 맞추어 운영되고 있는데 선사의 작업시간인 월요일, 화요일에는 철도운송이 거의 없는데 반해 수, 목, 금요일, 월말에 운송량이 집중되어 있으나 열차운행이 고정적이기 때문에 화차부족으로 말미암아 원활한 운송이 어려운 실정이다. 이러한 철도운송의 제약은 운송시간의 지연을 초래하여 화주들이 철도를 기피하는 요인으로 작용하고 있다. 이와 같은 문제점을 개선하기 위해서는 화주들과의 운송스케쥴 조정 등을 통하여 물동량이 일정하게 유지될 수 있도록 할 필요가 있으며, 물량에 따라 임시열차의 운행, 장대열차편성 등도 고려해 볼 필요가 있다. 현재는 납입처의 희망일에 맞추어 운송하고 있지만, 향후에는 철도운송의 운임 및 시간 경쟁력 확보와 화주 및 복합운송업체의 친환경수송으로서의 철도에 대한 의식제고를 통하여 납입처와의 상호협력, 재고방침의 수정을 유도하는 등 보다 적극적인 운송모드의 전환을 촉진할 수 있는 시책의 강구가 필요하다.

제 04 장

# 철도운송: 국제 철도운송

## 제1절 국제 철도운송의 개요

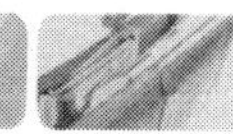

### 1. 국제 철도운송의 의의

국제 철도운송이란 국경을 넘어 2개국 이상과 연결되어 있는 열차를 이용하여 사람이나 화물을 운송하는 경제활동을 말한다. 현재 국제 철도운송은 국경 없는 철도시장 및 운송시장을 형성 발전시키기 위해 오픈엑세스 정책을 도입, 추진하고 있는 유럽에서 가장 활성화되어 있으며, 북미, 동아시아지역의 일부 국가에서 이루어지고 있다. 국제철도는 동 · 서간의 냉전체제의 종식과 유럽의 단일시장 형성, 그리고 동아시아지역의 경제협력 강화에 따라 근래 들어 그 중요성이 부각되고 있다. 전 세계 인구의 25%, 전 세계 GDP의 20%를 점유하고 있고, 세계 3대 성장 통로 중 하나인 동북아 지역에서도 중국의 급속한 경제성장, 러시아의 시장경제체제로의 이행, 북한의 개방 가능성 고조 등으로 역내 국가 간 상호의존도가 향상되고 있어 이 지역의 인적 · 물적 교류 활성화를 위해서는 통합 철도망을 구축해야 한다는 공감대가 역내 국가들 간에 확산되고 있다.

현재 동아시아 지역에서는 7개의 국제철도망[1])이 운영되고 있으며, 이 중에서 동북아와 유럽을 연결하는 주요 노선은 TKR, TCR, TMGR, TMR의 4개 노선이 있다. 우리나라의 경우에도 경의선, 동해선 복원 등 남북철도 연결 사업이 진전됨에

1) 시베리아횡단철도(TSR), 바이칼-아무르철도(BAM), 하얼빈-수이펜헤-블라디보스톡 연결철도, 만주횡단철도(TMR), 하얼빈-장춘-센양-다렌 연결철도, 몽골횡단철도(TMGR), 중국횡단철도(TCR).

따라 이들 동북아 대륙철도망과의 연계가 가시화되고 있는데 대륙철도와의 연결은 상징적인 의미뿐만 아니라 한반도가 해양과 대륙을 잇는 랜드브리지, 즉 동북아 물류중심국가로 성장할 수 있는 기반이 마련된다는 점에서 중요한 의미를 가진다. 그러나 남북철도와 대륙철도와의 연계를 위해서는 남북한 간 긴장완화를 바탕으로 동북아 각국 철도의 상이한 제도, 기술, 운영차이를 보완, 개선해야 하는 과제도 많이 남겨두고 있다.

## 2. 국제 철도운송의 종류와 정형거래조건

### 1) 국제 철도운송의 종류

국제 철도운송은 국내 철도운송의 경우와 마찬가지로 취급화물의 형태에 따라 차급화물운송, 소급화물운송, 대용량 컨테이너운송으로 분류되며, 운송신청은 1건 단위로 이루어진다.

#### (1) 차급화물운송

차급화물운송이란 탁송화물 1건을 단독 화차단위로 운송하는 것을 말하는데 화물의 중량이나 용적이 차량의 최대 적재량 또는 용적을 초과하지 않는 화물의 운송을 기본으로 하나 화물의 크기가 화차 1량을 초과하는 장대화물의 경우에는 화차 2량 이상을 1건으로 취급하기도 한다.

#### (2) 소급화물운송

소급화물운송이란 탁송화물이 5,000kg을 초과하지 않고, 용적 또는 종류가 단독 화차에 의해 운송될 필요가 없는 화물의 운송을 말한다.

#### (3) 대용량 컨테이너운송

대용량 컨테이너운송은 컨테이너를 화차에 적재하여 운송하는 것을 말하는데, 화물의 중량 및 용적 등이 소급화물의 요건에 해당되더라도 컨테이너를 이용하여 운송되는 화물은 대용량 컨테이너화물로 취급한다.

### 2) 국제 철도운송의 정형거래조건

국제 철도운송의 거래조건은 FOR(Free on Rail)-FOT(Free on Truck)계약을 기본으로 한다. FOR 조건은 LCL화물 및 Quantity Rates 미달 화물을 발송지의 철도화

물역까지 운송하는데 드는 비용을 매도인(수출업자)이 부담하고, 그 이후의 비용은 매수인(수입업자)이 부담하는 거래조건이다. FOT 조건은 FCL화물 및 Quantity Rates 화물을 철도화차에 적재하는 데까지 드는 비용을 매도인(수출업자)이 부담하는 거래조건이다.

#### (1) 위험부담의 분기점

FOR-FOT계약에서 위험부담의 분기점은 물품의 용적 또는 중량에 따라 상이한데, FOR 조건에서는 철도운송인의 보관 하에 물품을 급부함으로써 매도인의 인도의무가 완료되므로 그 이후의 물품에 대한 손해는 매수인의 부담으로 한다. FOT 조건에서는 물품을 화차에 적재하여 인도해야 하므로 적재 완료시까지 물품에 대한 손해를 매도인의 부담으로 한다. FOR-FOT계약의 비용부담의 분기점은 위험부담의 분기점과 일치한다.

#### (2) 제공서류

FOR-FOT 조건에서 매도인이 제공해야 하는 서류로는 통상적인 운송서류와 철도운송인이 발행하는 운송화물수취증(transportation receipt)이 포함된다.[2)] 그러나 철도화물상환증(Railway B/L)을 제공할 의무는 없다.

#### (3) 기타 주요의무

매도인은 FCL화물, Quantity Rates 화물의 경우에 필요시 방수포를 구비한 화차를 수배하여 주문하여야 하고, 물품인도완료 사실을 지체 없이 매수인에게 통지하여야 한다.

## 3. 국제철도화물협약

국제철도협약은 서유럽체계에서 적용되는 OTIF(Inter governmental Organization for International Carriage by Railway, 국제철도정부간기구)체계와 동유럽체계에 적용되는 OSJD(Organization for Cooperation of Railway, 국제철도협력기구)체계로 크

2) 예를 들어 철도를 통하여 러시아 국경에 진입할 경우에는 SMGS 화물운송장, 반입등록서, 품질 및 수량증명서, 부합증서, 원산지증명, 통과신고서, 상품생산자명세, 송장, 매매계약서 등이 요구되고 이 외에도 화물의 특성에 따라 방사능검사증, 위생검사증, 동식물검역증, 수입허가증 등이 필요하다(연덕원, 전게서, p.169.).

게 두가지로 구분한다. 양 체계는 각각 다른 화물협정의 적용을 받고 있는데 서유럽체계는 COTIF(Convention concerning International Carriage by Rail, 국제철도교통에 관한 협약)의 CIM(국제철도화물운송표준규칙)체계의 적용을 받고, 동유럽체계는 OSJD의 SMGS(Agreement on International Freight Transport by Rail, 국제철도화물협정)체계의 적용을 받는다.

우리나라에서 유라시아 대륙철도를 이용해 유럽으로 화물을 운송할 경우, 아시아 내에서 OSJD의 SMGS체계의 적용을 받고, 유럽에서는 CIM체계의 적용받게 된다. 유럽에서 아시아로 운송되는 철도화물의 경우도 철도의 운영체제가 변하는 벨라루스의 국경역인 Brest에서 유럽의 CIM체계에서 아시아의 SMGS체계로 변화함에 따라 추가적인 서류준비 및 절차 등을 밟아야 한다.

〈표 4-1〉 국제철도협약 비교

| 구분 | 서유럽 국가 | 동유럽 · 아시아 국가 |
|---|---|---|
| 국제기구 | OTIF | OSJD |
| 회원국 | 알제리아, 오스트리아, 벨기에, 독일, 프랑스, 필란드 등 32개국 | 러시아, 중국, 북한, 폴란드, 체코, 루마니아 등 27개국 |
| 관련협정 | COTIF의 부속서 CIM | SMGS |
| 공용어 | 독일어, 프랑스어 | 러시아어, 중국어 |
| 요금체계 | ETT(거리비례제) | ETT(거리비례제)<br>MTT(거리체감제) |

자료: 대한교통학회·한국철도학회, 「국제철도시대에 대비한 대응전략 개발」, 2002, p.225.

## 1) CIM(국제철도화물운송표준규칙)

유럽에서 철도를 이용한 국제운송을 할 경우에 OTIF에서 제정한 COTIF에 포함되어 있는 CIM을 적용 받는다.[3)] 본 규칙에서는 협정의 적용범위, 화물운송 당사

3) 국제철도화물운송을 규율하는 최초의 협약으로 1890년 유럽 국가들이 스위스 베른에서 조인한 국제철도화물운송협약(Convention Concerning International Carriage of Goods by Rail)이 있었는데, 현재 적용되고 있는 것은 그동안 여러 차례 개정을 거쳐 1980년에 채택된 COTIF(국제철도화물운송협정)에 포함되어 있는 국제철도화물운송통일규칙이다. COTIF에 따라 회원국 간 국제철도 통과교통에 있어 여객, 수화물, 화물수송에 적용할 수 있는 단일화된 법률체계를 설정하고 있다. 국제철도화물운송에 적용되는 단일규칙은 COTIF 부속서 Appendix B(Uniform Rule concerning the contract for International Carriage of Goods by Rail, CIM)에 규정되어 있다.

자의 주요 권리, 의무, 책임, 운송비용 등에 대한 사항이 규정되어 있다.

본 규칙의 적용범위는 최소 2개의 체약국가 영토를 통과하는 철도노선으로 단일 통운송장에 의해 운송되는 화물에 한정된다. 화물운송 당사자의 주요 권리 및 의무와 관련해서는 송화인은 본 규정 및 보조규정과 관세조항을 따라야 하며 수화인이 목적지에서 철도화물운송장의 인수 및 화물의 인도를 요청하기 이전에 한하여 운송인에게 운송의 중지, 반송 요청 및 인도지, 수화인 등의 변경을 요청할 수 있다. 철도회사는 화물점검권, 화물유치권을 지니며, 운송기간내 운송의무와 국경통과관련 업무의 수행의무를 준수해야 한다. 그리고, CIM체계에서는 운송시 통과국 중 한 개 국가라도 금지하는 물품, 통과국 중 해당 물품에 대한 통과영역내 독점운송권을 가지고 있는 물품, 물품의 치수, 부피, 포장상태 등이 수송화차에 맞지 않는 경우와 국제간 철도운송시 위험물 운송에 관한 규정에 저촉되는 물품은 운송이 불가한 것으로 되어 있다.

### 2) SMGS(국제철도화물협정)

구소련체제의 사회주의 국가, 중국 및 동유럽 국가에서 철도를 이용한 국제운송을 할 경우에는 OSJD에서 사회주의 국가 간의 철도화물운송을 규정하기 위하여 제정한 SMGS를 적용받는다. 유라시아 대륙의 거의 모든 국가들이 이 협정에 가입하여 회원국 간 국제철도화물 연합운송에 적용하고 있다. SMGS에는 본 협정의 적용범위, 운송서류의 구성과 사용언어, 운송화물의 제한, 통관 및 기타 부대서류, 운송비용 지불, 배상청구 등에 대한 사항이 규정되어 있다. 우리나라는 OSJD에 2003년 가입을 위한 절차를 추진하였으나 북한의 반대로 가입추진이 유보된 상태이다.

### 3) GBRT

OSJD/SMGS체계를 적용받는 폴란드, 벨라루스, 러시아와 OTIF/CIM체계를 적용받는 독일 간 컨테이너 등 화물열차운송을 원활하게 하기 위하여 CIM과 SMGS체계 및 철도요금을 통합하는 GBRT(German Berlarus/Russia International Rail Freight Tariff Agreement)를 체결하여 1998년 9월 1일부터 시행하고 있다. 이 협정은 CIM과 SMGS의 지역적 한계와 차이를 극복하기 위한 것으로서 향후 남북한의 분계역에서의 운송협정을 체결하는데 많은 활용이 될 것으로 평가되고 있다.

# 4. 국제철도화물운임체계

## 1) 국제철도화물운임

구소련체제의 사회주의 국가를 회원국으로 하고 있는 OSJD의 27개 회원국 중 헝가리, 루마니아, 이란을 제외한 나머지 국가들의 국제철도운임은 OSJD의 운임체계인 ETT(Common Transit Tariff)와 MTT(International Transit Tariff)를 적용하고 있다.

### (1) ETT(Common Transit Tariff)체계

#### 가. ETT운임

ETT운임은 OSJD체제의 회원국가들에게만 적용 운영되던 국제철도화물운임체계였으나, 현재는 ETT 회원국가 뿐만 아니라 유럽의 CMI협정 등의 비회원국가 간 화물운송시에도 적용된다. 운임의 적용방식은 차급화물, 소급화물, 컨테이너화물(소, 중, 대용량 컨테이너)로 분류되며, 운송속도에 따라 완행화물과 급행화물로 분류하여 운임을 적용한다. ETT 요금체계는 운송거리에 비례하여 요금이 증가하는 거리비례제가 채용되고 있어 장거리 철도화물운송자에게 불리한 운임체계이며, LCL화물에 맞도록 요금체계가 설정되어 있어 컨테이너운송 요금으로는 적합하지 않은 단점이 있다.

#### 나. ETT 운임산출의 일반원칙

철도운송상의 운임(화물운임, 승무원 통과료, 기타 운송상의 추가비용)은 본 요율표에 의해 계산되며, 요율은 운송계약 체결 당일부터 유효하다. 운임계산은 요율에 참가하는 각 운송철도마다 개별적으로 실시하되, 화물의 명칭과 요율등급, 발송화물의 무게, 발송형태, 철도운송거리, 운송속도, 요율에 의하여 규정된 기타 조건 등을 바탕으로 운임을 산출한다. 화물운임은 해당 운송거리에 나타나 있는 계산표에 의하여 계산하며, 운임과 추가비용 계산시 화물(차급, 소급화물)의 무게는 100kg단위로 계산되며, 마지막 남은 100kg 이하는 100kg으로 계산한다. 운임 계산시 최종적으로 계산된 액수는 1상팀(1/100프랑)까지 절상되며, 나머지 ½상팀 이상은 1상팀으로 간주하고 ½상팀 미만은 버린다. 운임과 비용의 계산에 사용되는 화폐는 스위스 프랑으로 한다.

## 나. ETT 운임의 종류

ETT의 운임은 크게 차급화물, 소급화물, 컨테이너화물 및 특수화물 운임으로 나뉘며, 환적, 대차교환, 세관 검사비용 등의 기타 부대비용이 있다. ETT의 운임의 기본구조는 완행화물을 기준으로 하되, 급행화물 운임은 완행화물운임에 100%를 가산하여 계산하고, 여객속도에 의한 화물(여객열차에 의한 개별차량발송)운송 시에는 200%를 가산한다. 대중량 컨테이너화물의 급행요율은 일반화물 보다 낮은 각각 50%, 100%를 할증한 금액이 적용된다.

### ① 차급화물운임

총 발송중량을 100으로 나눈 숫자에 100kg에 대한 요율을 곱하여 계산하되, 발송중량을 차량의 최소 적재기준중량으로 계산함으로써 최저운임이 적용된다. 표준궤간(1,435㎜) 철도운임은 축당 규정된 하중을 계산하여 차량에 적재될 수 있는 중량에 대한 운임을 초과할 수 없도록 한다. 3등급화물 운송에 관한 운임은 차량 축의 숫자에 계산표에 나와 있는 축에 대한 임률을 곱하여 계산하며, 차량의 운송 시 반드시 필요한 부속품 등을 운송할 경우에는 부과되지 않는다.

### ② 소급화물운임

소급화물이란 중량이 5,000kg을 초과하지 않고, 용적 또는 종류가 단독차량에 의해 운송될 필요가 없는 화물 발송 시 적용되는 운임이다. 소급화물 발송시 운임은 총 발송중량을 100으로 나눈 숫자에 100kg에 대한 요율을 곱하여 나온 액수에 50%를 할증 계산한다.

### ③ 컨테이너화물 운임

20피트 대중량 컨테이너 운임은 화물의 실제 중량과는 관계없이 15톤 1등급으로 계산한다. 30피트 대중량 컨테이너 운임은 20피트 대중량 컨테이너 요율에 의해 계산된 운임에 50%를 할증 부과하며, 40피트 대중량 컨테이너 운임의 경우에는 100%를 할증 부과한다. 공컨테이너의 운임은 영컨테이너 운임의 50%를 적용한다.

### ④ 특수화물운임

할증요율이 적용되는 화물에는 규정길이 초과 화물, 비규격 화물, 부패성 화물, 유해, 화장된 유골상자 등이 있다. 할인요율 적용 화물에는 화주 차량에 의한 화물, 본 요율에 참가하는 국가로부터 또는 참가 국가로 운송되는 가정용품 등이 있다. 화물과 함께 열차에 동승하는 승무원의 운임과 난방 또는 냉방장치를 필요로 하는 화물의 경우에는 별도 요율이 적용된다.

⑤ 기타 추가비용

기타 추가적으로 발생하는 비용으로는 화물환적비용, 대차교환비용, 가격신고비용, 세관검사비용, 운송서류 재수속 비용 등이 있다.

### (2) MTT(International Transport Tariff)체계

MTT의 운임체계는 기본적으로 ETT의 운임체계와 동일하다. MTT 운임의 종류에는 ETT 운임과 마찬가지로 차급화물, 소급화물, 컨테이너화물 및 특수화물운임으로 크게 4분류되며, 환적, 대차교환, 세관 검사비용 등의 기타 부대요금이 있다. ETT의 운임은 완행화물을 기준으로 하고 있는데 급행화물의 운임은 완행화물운임에 100%를 가산하여 계산하고, 여객속도에 의한 화물(여객열차에 의한 개별차량발송)운송 시에는 200%를 가산한다. 대중량 컨테이너화물의 급행요율은 일반화물 보다 낮은 각각 50%, 100%를 할증한 금액이 적용된다.

가. MTT운임

폴란드를 중심으로 한 유럽의 사회주의 국가들은 철도를 이용한 장거리 화물운송의 확대를 통해 자국의 철도 이용 증대를 목적으로 1977년에 거리체감제 요율체계를 근간하는 하는 MTT운임을 소개하고 1991년 1월부터 도입, 운영하고 있다.

MTT의 화물요율은 2개의 화물종류별, 즉 ClassⅠ(가공종료품목), ClassⅡ(벌크화물)로 구분하고, ClassⅠ의 화물은 ClassⅡ의 화물에 비해 30% 높은 가격으로 책정하고, ClassⅠ의 철도운송요금은 유럽의 주요 12개 국가의 평균요금수준을 기본 철도화물 운송요율로 정하였다.

ClassⅠ의 철도운송요금은 100km의 운송요율을 100%로 하였을 때, <표4-2>와 같이 체감하는 형태로 400km 이내의 단거리 운송에서는 MTT 운임이 ETT 운임보다 비싸지만 400km 이상의 장거리 구간에서는 MTT 운임이 훨씬 저렴하다.

〈표 4-2〉 MTT에 대한 거리별 요율변화

| 거리 | 100km이내 | 300km | 500km | 700km | 900km | 1,100km 이상 |
|---|---|---|---|---|---|---|
| 변화율(%) | 100 | 94 | 90 | 87 | 83 | 80 |

주: ClassⅠ 품목.

### 나. MTT운임결정의 일반 원칙

MTT운임도 ETT 운임과 마찬가지로 OSJD체제의 회원국가들 뿐만 아니라 CMI 협정 등의 비회원국가 간 화물운송시에도 적용된다. 운임계산은 화물의 품명, 운송거리, 발송형태, 운송속도, 발송량, 대중량 컨테이너의 범위, 비용에 추정되는 기타 조건 등이 기초가 된다. 차급화물은 1톤까지, 소급화물은 100kg 단위로 계산하되, 나머지는 사사오입하고, 추가비용 산출중량은 100kg 단위로 하되 나머지 100kg이하는 100kg으로 계산한다. 운임계산시 최종적으로 계산된 금액은 1상팀까지 절상되며, 나머지 ½상팀 이상은 1상팀으로 간주하고, ½상팀 미만은 버린다. 운임과 요금의 계산에 사용되는 화폐는 스위스 프랑으로 한다.

### 다. MTT 국제철도운임의 종류

#### ① 차급화물운임

차급화물의 운임은 별도로 정한 요율표상의 거리별 요율을 발송중량톤수에 곱하여 각 철도마다 개별적으로 계산하며, 발송중량은 계산중량 범위별 (5톤, 10톤, 15톤, 20톤, 25톤)로 최저 중량이 적용된다. 환적으로 인하여 1개 차량이 2개 이상의 차량으로 환적될 경우에는 처음 송장에 제시된 일반 발송물량에 준한 중량 범위의 비율을 적용하고, 반대로 2개 이상의 차량이 1개의 차량으로 환적되는 경우에는 환적 이후의 철도운임은 각 송장별로 차량에 적재된 총 발송중량에 따라서 산출된다.

#### ② 소급화물운임

소급화물의 운임은 별도로 정한 요율표상의 거리별 100kg당 요율에 발송중량을 100kg으로 나눈 숫자를 곱하여 산출한다. 차급화물의 발송규정에 의하여 산출된 운임이 더 낮은 경우에는 낮은 운임이 적용된다.

#### ③ 컨테이너화물

대중량 컨테이너화물은 거리별, 컨테이너 종별 및 영차, 공차 별로 따로 요율을 정하고 있으며, 국가별로도 요율을 달리하고 있다. 소중량 및 중중량 컨테이너운임은 차급 및 소급화물의 운임 규칙대로 컨테이너의 본체 무게를 고려하지 않은 실제 중량으로 산출한다.

#### ④ 특수화물운임

규정길이 초과 화물, 비규격 화물, 부패성 화물, 유해, 발송인의 요구에 의한 특별열차 운행시 등에는 할증요율이 적용되며, 자체 축으로 운행되는 차량수송, 철도에 속해있지 않은 보조차량 수송, 전시용 화물의 반송시 등에는 할인요율이 적용된다.

### 2) 국제 철도화물 운임체계의 문제점

현재 동북아시아와 유럽 간에는 3개의 운임체계(ETT, MTT, CIM)가 적용되고 있으며, 국가별로 상이한 거리별 철도운임요금체계를 적용하여 일정한 거리운송에 따른 운임적용이 곤란한 문제점을 안고 있다. 또한, 통운임(Through rail tariff) 및 해상운송, 항만이용료, 철도운송, 내륙운송과 연계된 복합운송요금체계가 없어 철도의 운임경쟁력이 부족한 실정이다. 아울러 공컨테이너의 회수비용은 양방향 무역 활성화에 절대적 장애요인이 된다.

## 5. 국제철도 화물운송장

### 1) 화물운송장

국제철도 화물운송장은 철도를 이용한 국제운송을 할 경우에 송화인과 철도회사 사이의 철도운송계약의 성립을 입증하는 증거서류, 즉 운송계약서이다.[4] 국제철도 화물운송장은 해상운송에 있어서 선하증권(B/L)과는 달리 단순한 화물운송장(invoice)이며, 유가증권은 아니다. SMGS협정에서 사용되는 운송장은 송장원본, 운행통관신고서, 송장사본, 화물인계장, 화물도착통지서 총 5장으로 구성되어 있으며, 송장사본은 송화인에게 교부하고 나머지는 화물과 함께 보내진다.

### 2) 철도화물수령증

SMGS협정에서는 송장사본을 송화인에게 교부함으로써 화물수령증에 대신하지만, CIM협정에서는 철도회사가 운송품의 수취를 확인하는 철도화물수령증(railway

---

4) SMGS협정에서는 운송장상 철도역 날짜도장은 운송계약증명(8조6항), 운송장에 가격 기재(10조1항), 화물보관, 차량억류 등 벌금에 관한 사항은 송장에 기재(11조2항), 운송용구나 빈용기 등 반환 요구 시 송장에 '철도측에 구속력이 없는 기록'란에 기재(11조3항), 송장에 기재된 내용의 정확성에 대한 송화하인의 책임(11조1항), 송장 중에 기재된 내용이 부정확 또는 불완전하여 문제 발생 시 벌금부과(12조3항), 화물과 송장을 인계받은 철도는 운송계약에 참가한 것으로 간주(22조2항) 등을 명확히 규정하고 있다.

consignment note)을 별도로 교부하도록 규정되어 있다. 철도화물수령증은 권리증권은 아니고 일종의 화물위탁서이다.

### 3) 화물상환증(Railway B/L)

국제철도운송에서 Railway B/L은 화물상환증이라고 하며, 상법에서 규정하고 있는 화물상환증 및 해상운송에서의 선하증권과 같이 처분증권성, 지시증권성 및 물권적 효력을 지닌다.

## 6. 국제철도협력기구

### 1) UN ESCAP(United Nations Economic and Social Commission for Asia and Pacific)[5)]

UN ESCAP은 1992년 4월 베이징에서 열린 제48차 총회에서 아시아고속도로(Asian Highway), 아시아횡단철도(Trans-Asian Railway), 육상교통촉진(Facilitation of Land Transports) 등 세 가지 프로젝트로 구성된 아시아육상교통기반시설계획(ALTID)을 승인하였다. 특히 UN ESCAP은 아시아횡단철도사업의 실현을 위해 1단계로 아시아횡단철도 노선의 지정(TAR network formulation), 2단계로 국경통과 절차 간소화(Facilitation Measure), 3단계로 철도요금 등 국제협정체결(Internationl Agreement), 4단계로 철도운행(Railway Operation)을 추진한다는 계획을 세우고 있다. 1994년에는 아시아횡단철도사업의 실행계획의 일환으로 아시아횡단철도 북부노선(Northern Corridor)의 타당성 조사를 실시하였는데, 여기에 중국, 몽골, 카자흐스탄, 러시아 철도와 함께 한반도 종단철도의 연결가능성이 검토되었다. 이러한 타당성 조사결과를 기초로 하여 1996년 UN ESCAP 제52차 회의에서 아시아횡단철도 북부노선(Northern Corridor)의 미연결구간인 남북한 철도복원에 참가국은 최우선적으로 노력한다는 결의안이 채택되었고, 여기에 북한은 암묵적으로 동의하였다. 이 외에도 UN ESCAP은 아시아횡단철도 북부노선 연결을 위해 컨테이너 운송 시범사업을 현재에 이르기까지 주도해 오고 있다.

---

5) UN ESCAP은 1947년 3월 유엔 경제사회이사회(ECOSOC)의 결의에 의거하여 아시아 극동 경제위원회(UN Economic Commission for Asia and the Far East, ECAFE)로 발족하였으나, 1974년 3월 ECAFE 총회에서 ESCAP으로 명칭이 변경되었다. 현재 정회원국은 역내국가 49개국과 역외국으로 미국, 영국, 프랑스, 네덜란드 등 4개국을 포함하여 53개국이며, 9개국의 준회원국으로 구성되어 있다.

## 2) OSJD(The Organization for Railway Cooperation)

OSJD는 1956년에 불가리아의 소피아에서 철도관계장관회의에서 설립된 기구로서 러시아를 포함한 CIS 국가와 동유럽 국가, 중국, 북한 등 사회주의체제의 국가를 중심으로 구성된 국제철도협력기구이다. 이 기구의 설립목적은 유럽·아시아간 철도망 개발 및 활성화에 있으며, 국제여객운송협정(SMPS)과 국제철도화물협정(SMGS), 국제수송화차(PPW), 국제철도여객운임(MPT), 국제철도화물운임(ETT) 등의 협정 및 회의를 관장하고 있다. OSJD 회원은 철도운송에 책임이 있는 중앙정부기관 또는 행정기관으로 현재 27개국[6]이 가입되어 있으며, 1993년 폴란드 바르샤바에서 개최된 제21차 장관회의에서 본 기구의 활성화를 위해 OSJD의 자격을 OSJD회원과 준회원, 옵저버[7]로 확대하였다.

OSJD의 주요기능으로는 철도운영을 위한 회원국간 협의, 철도여객 및 화물운임 조정, 국제협약 제정 및 개정, 철도노선, 신호체계 개선, 철도관련 신기술도입과 ESCAP, ECE, UIC 등 국제기구들과의 국제협력 증진 등이 있다. 최근의 주요활동으로는 CIM, SMGS의 통합 협정의 제정 추진, East Wind(베를린~모스크바)와 헬싱키~모스크바, 모스크바~부다페스트간 컨테이너화물 정기열차(Container block train)의 협의 및 운영 등을 들 수 있다.

주요 조직으로는 OSJD 최고조직으로 회원국의 장관급 협의회인 장관회의, 회원국 철도책임자간 회의체인 철도책임자 회의, 장관회의 휴회 기간 동안의 조직활동과 유지, 철도책임자 회의의 사무국 역할을 수행하는 OSJD 위원회, 실무조직인 상설위원회와 임시위원회가 있다[8]. 우리나라는 2003년 OSJD 가입을 위한 절차를 추진하였으나 북한의 반대로 가입추진이 유보된 상태이다.

## 3) OTIF(Inter governmental Organization for International Carriage by Railway)

OTIF는 서유럽 국가간 철도협력기구이다. 1980년 5월 COTIF(Convention concerning

6) OSJD 회원은 러시아, 중국, 북한, 베트남, 몽골, 우즈베키스탄, 우크라이나, 카자흐스탄, 슬로바키아, 타지크스탄, 투루크메니스탄, 아제르바이젠, , 에스토니아, 알바니아, 그루지아, 이란, 키르기지아, 쿠바, 라트비아, 리투아니아, 몰도바, 벨라루시, 불가리아, 헝가리, 폴란드, 루마니아, 체코의 총 27개 국가이다.

7) 현재 6개의 옵저버국가는 독일철도(German Railway, AGDB), 그리스철도(Greek Railways, CH), 프랑스철도(National Soclety of French Rallways, SNCF), 핀란드철도(Railways of Finland, VR), 유고슬라비아철도(Community of Yugosiav Railways, JZ), Gyor-Sopron-Ebenfurt철도(Gyor-Sopron-Ebenfurt Railway Co, 오스트리아와 헝가리 합작민영철도회사) 등이다.

8) 교통개발연구원·한국철도기술연구원, 「대륙횡단철도 운영현황 조사 연구」, 2004, p.226.

International Carriage by Rail, 국제철도교통에 관한 협약)를 제정하여 EU 회원국간 철도시장의 자유화를 도모하고 있다.

### 4) CCTST(International Coordinating Council on Trans Siberian Transportation, 시베리아횡단철도 운송조정협의회)

CCTST는 1993년에 모스크바에서 개최한 'TSR 통과 화물운송 국제회의'에서 설립되었으며, 철도회사, 선사, 항구, 운송주선업체 및 조합 등 총 55개 회원이 가입되어 있다. 최고 기구로 총회가 있으며, TSR(Trans Siberian Railway)운영 활동 전반을 관장하며, 총회 의결은 전 회원을 구속하며, 의장은 러시아 철도부장관이 겸임한다. CCTST에서는 회원 활동을 조정하고 아시아・유럽간 수송 및 경제관계를 개발하며 효율적인 TSR 운영을 위해 회원사간 공동의 작업을 위한 조건과 원칙을 개발한다. 우리나라에서는 한국철도공사, 복합운송주선업협회, 우진쉬핑, 현대상선이 회원으로 가입되어 있다.

## 제2절 동북아시아 대륙철도 현황

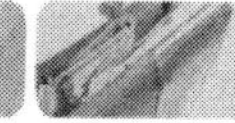

현재 동북아시아에는 7개의 국제철도망이 운영되고 있으며, 이 중 TKR(Trans Korea Railway), TSR(Trans Siberian Railway), TCR(Trans China Railway), TMGR(Trans Mogolian Railway), TMR(Trans Manchurian Railway)은 국제여객 및 화물을 담당하는 주요 운송망이다.

### 1. TSR(Trans Siberia Railway, 시베리아횡단철도)

#### 1) 운영현황

TSR은 러시아의 극동항인 블라디보스톡을 시점으로 하바로프스크, 울란우데, 노보시비르스크, 이르쿠츠크를 거쳐 모스크바에 이르는 총 연장 9,288.2km의 노선으로 1891년에 공사에 착수해 1916년에 완공되었다. TSR(Trans Siberia Railway)은 TCR(Trans China Railway), TMR(Trans Manchurian Railway), TMGR(Trans Mongolia Railway) 노선과 달리 국경통과 없이 블라디보스톡에서 모스크바로 연결이 가능하며, 현재 상트 빼테르부르크를 경유하여 핀란드로 연결되는 노선, 민스크나 브레스트를 거쳐 폴란드, 독일, 헝가리로 연결되는 노선, 우크라이나, 카프카즈의 3국으로 연결되는 노선과 연결되어 있어 유럽 및 CIS국가의 주요 도시와도 연계되고 있다.

〈그림 4-1〉 유라시아대륙 횡단철도망

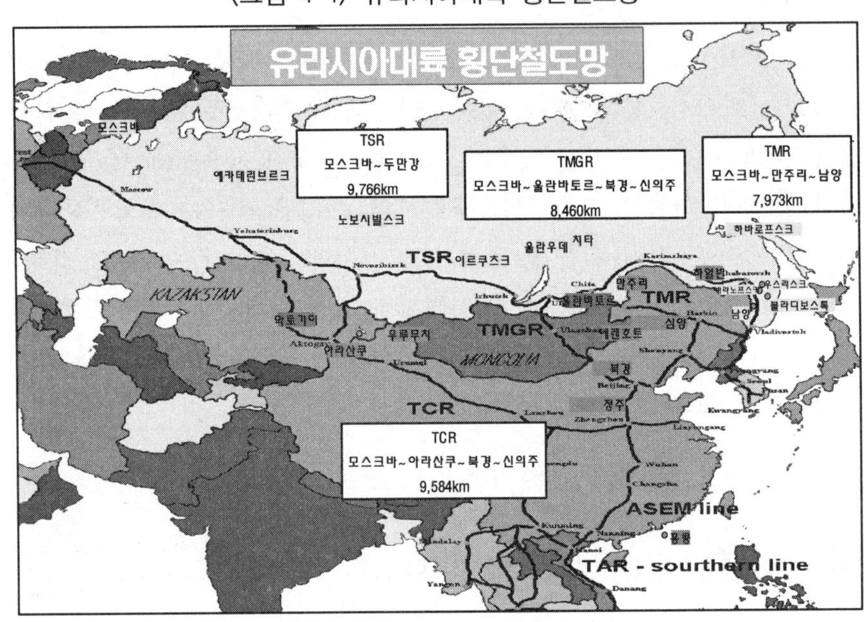

〈그림 4-2〉 시베리아횡단철도

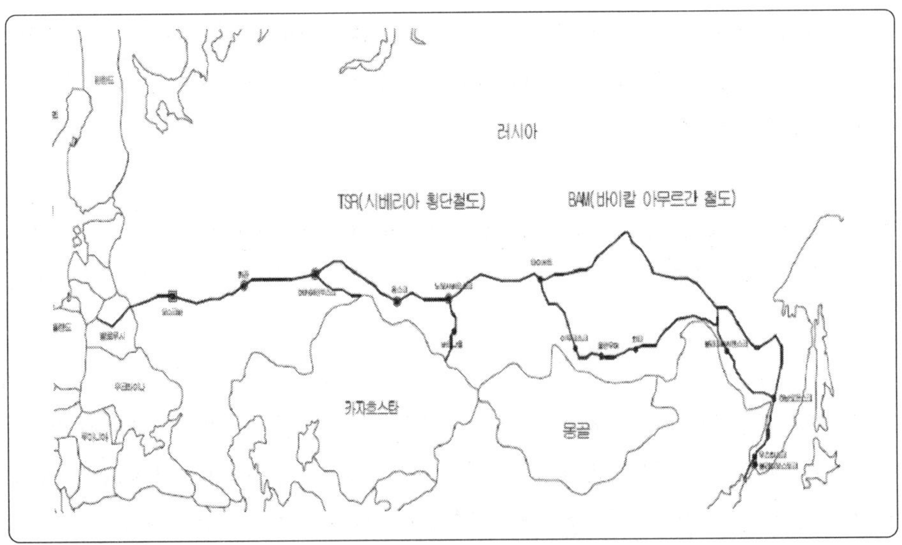


자료: 한국철도기술연구원, 「철도기술 국제화 연구」, 2005, p.123.

러시아의 시장경제체제로의 이행, EU의 단일시장 형성, 동아시아지역의 경제협력 강화에 따라 아시아와 유럽 간 수출입 물동량이 크게 증가될 것으로 기대되고 있는 가운데 TSR은 아시아와 유럽을 연결하는 가장 짧은 운송루트이기 때문에 그 중요성이 더욱 부각되고 있다.

TSR은 러시아철도와 더불어 러시아 화물운송의 대부분을 담당하고 있다. 전구간이 복선화 및 전철화되어 있다. 또한, 전 구간이 광궤(1,520mm)로 되어 있고, 사용전압이 직류 3,000V와 교류 25,000V를 혼용하여 사용하고 있어 표준궤(1,435mm)를 사용하고 있는 북한 및 중국 등과 연결 시 규격차이로 인한 환적 및 대차교환, 자동궤간가변시스템(Variable gauge boggies)[9]이 필요하게 된다.

## 2) 문제점

TSR을 이용한 철도화물운송은 1926년에 처음 시작되었는데 당시에는 주로 구소련의 내수물자와 일본의 물자도 일부분 운송하였다. 그러다가 1967년에는 일본과 유럽간에 TSR을 이용한 컨테이너 화물운송이 시작되었으며, 특히 1970년대 초부터는 유럽과 극동을 잇는 국제복합일관 운송시스템으로 발전하여 1980년대 초까지 지속적인 성장세를 보였다. 그러나 구소련의 붕괴, 시장경제체제로의 이행과정에서 시베리아 철도의 관리조정기능이 약화되면서 TSR의 안전성과 신뢰성이 급격히 저하되었고, 분국에 따른 CIS국가 통과 세관절차가 복잡해져 수송기간이 불안정해지고 저렴한 운임설정도 불가능해지게 되었다. 이와 함께 유럽항로에서의 비동맹선사들의 대거진출에 따른 저운임 정책 및 서비스 제고 등의 영향으로 경쟁력이 저하되면서 1990년대에 들어서는 취급물동량이 감소추세로 전환되었다.[10]

이후 구소련의 개혁과 대외개방정책의 추진의 중요 구성요소로 TSR이 인식되면서 TSR의 운송관련조직의 신설·개편, 철도물류인프라의 확충과 함께 블록트레인 서비스 확대, 열차운행속도 향상, 고속화, 정보화 등 TSR의 효율성 제고에 힘쓴 결과, 2000년 이후부터는 취급물동량이 다시 증가하고 있다. 이 외에도 러시아 정부는 TSR의 유용성을 증대시키는 방안의 일환으로 나진과 하산 간 철도 연결과 나진항 터미널 정비에 적극 나서고 있으며, 극동시베리아 개발을 위한 시베리아철

---

9) 자동궤간가변시스템이란 특별한 궤간전환설비를 통해 시속10㎞의 속도로 주행하면서 궤간을 변경하는 것을 말한다.

10) 유석형, "대륙횡단 철도운송의 현황과 발전전망", 「월간해양수산, 해양수산개발원, 1992, p.6.

도의 현대화 및 보수작업에 임하고 있어 향후 TSR의 운송능력 및 운영 효율의 증대가 더욱 진행될 것으로 기대되고 있다.

이러한 러시아 정부의 TSR의 활성화를 위한 일련의 노력에도 불구하고 아직 개선되어야 할 문제점도 많이 남아 있다.

첫째, 경합관계에 있는 해상운임에 비해 가격경쟁력이 낮은 것을 들 수 있다. 러시아 철도공사는 2006년 이후 3년 연속으로 20~26% 운임인상을 실시하였다. 2009년에는 세계 금융위기의 영향으로 시베리아철도의 운임이 소폭 하락하였으나 해상운임에 비해 여전히 높은 수준을 유지하고 있다. 예를 들면 부산항에서 모스크바 간 40ft 컨테이너 1개를 운송하는데 소요되는 운임이 해상운송의 경우 4,200~4,900달러인데 반해 시베리아철도의 경우에는 6,000~6,300달러로 해상운임에 비해 시베리아철도의 운임이 300~1,400달러 정도가 높다.

둘째, 극동지역의 대유럽 수출입에 있어서 양방향 화물의 불균형에 따른 공컨테이너 회수문제가 계속해서 문제점으로 지적되고 있다. 부산항에서 보스토치니항 간 컨테이너화물을 예를 들어 살펴보면 과거 5년간(2007~2012년) 공컨테이너의 회수율은 88.2~92.4%에 이른다. 대러 수출화물이 전자제품, 자동차, 화학제품 등의 완성품이 많은데 반해 대러 수입화물의 경우에는 컨테이너로 운송하기 적합하지 않은 천연자원이 대부분을 차지하고 있어 공컨테이너 회수에 따른 비용부담이 TSR의 발전에 장애요인으로 작용하고 있다.

셋째, 환적과정에서 나타나는 제반 문제점들을 들 수 있는데, 예를 들어 환적화물에 대한 통관비용이 해상운송에 비해 과다하게 부과되어 있으며, 철도운송은 상시 운행되지만 관할 운송센터는 주 5일 근무이기 때문에 행정업무 지연으로 인한 초과비용을 화주들이 부담하고 있다. 또한, 화물의 환적이나 하역작업에 순서가 정해져 있지 않아 보스토치니항에서의 선박과 철도 간 화물환적, 유럽접경지역에서의 화물환적이 원활히 이루어지지 못하고 있어 시간적 손실도 크게 발생하고 있다.

넷째, 통관 절차상의 문제를 들 수 있다. 국경 통과시 복잡한 세관절차, CIS국가 간 운송조건이나 일률적이지 못한 세율 적용은 TSR의 효율성을 저해하는 부분으로 오랫동안 지적되어 왔다. 또한 철도로 환적 시 컨테이너 체크 및 검역을 위한 대기시간이 길고 통관에 필요한 서류가 많은데다가 통관절차 또한 복잡하다. 여기에 통관규정이 변경되는 경우도 빈번하게 발생되고 있어 TSR을 이용하는 화주기업들의 불만을 초래하고 있다.

다섯째, 정기운행이 아닌 화물집화량에 따른 열차배정, 철도화차 및 기관차, 설

비가 노후화되어 있어 화물운송의 정시성 및 안정성 유지에 걸림돌로 작용하고 있다.

이 외에도 예측 불가능한 운행제도, 화물의 분실 및 파손에 대한 손해배상체계 미흡 등의 문제점을 안고 있다.

TSR이 동북아 국제운송에서 중추적 역할을 수행하기 위해서는 화주들에게 TSR의 경제성, 안전성, 정확성, 최단 수송시간 등을 고려한 최적의 운송조건 제시가 필수불가결하다. 이를 위해서는 TSR의 차량 및 설비의 현대화, 안정적 운임 확보와 환적 통관 시 정차시간을 줄이는 등의 문제점 개선을 위한 적극적인 노력이 요구된다.

## 2. TCR(Trans China Railway, 중국횡단철도)

### 1) 운영현황

TCR은 중국 장쑤성(江蘇省)의 롄윈항에서 출발하여 카자흐스탄의 국경역인 아라산쿠를 통과하여 TSR과 연결되는 노선으로 총 연장은 8,613km이고 전 구간의 82.7%(7,127km)가 복선화되어 있으며, 58.1%(5,001km)가 전철화 구간으로 되어 있다. 또한 전력방식은 1980년대 초부터 25,000V를 채용하고 있다.

〈그림 4-3〉 중국횡단철도 및 만주횡단철도

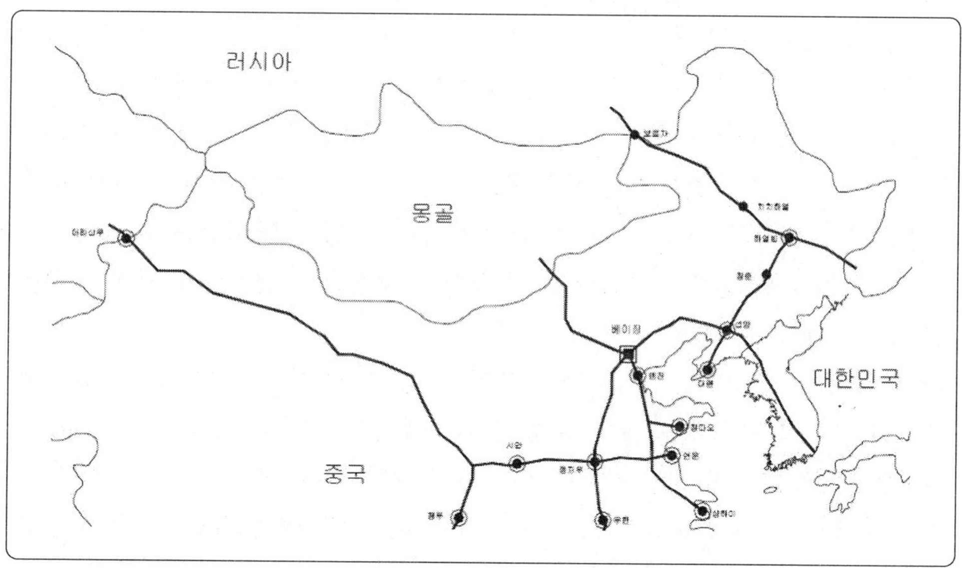


자료: 한국철도기술연구원, 「철도기술 국제화 연구」, 2005, p.134.

TCR은 총 6개 노선으로 구성되어 있으며, 현재 우리나라에서 이용할 수 있는 노선은 중국의 롄윈항에서 출발하여 란조우, 우르무치 등을 경유한 후 카자흐스탄과 국경역인 아라산쿠역(카자흐스탄의 드르주바역)을 통해 아크토가이, 모인티 등 카자흐스탄 지역을 통과한 후 러시아의 프레스고노르코프카역을 지나 에카테린버그역에서 TSR과 연계되는 노선이다. TCR은 전구간의 궤간이 표준궤(1,435mm)로 되어 있어 TSR과 연결 시 궤간차이가 발생하고 국경통과 절차가 요구된다.

### 2) 문제점 및 개선방안

TCR 운송화물의 대부분은 중앙아시아, 몽골, 러시아로 운영되고 있으며 극히 일부의 화물이 동유럽지역으로 운송되고 있다. TCR은 TSR에 비해 중앙아시아 지역으로의 거리가 짧을 뿐만 아니라 현재 중국정부가 추진하고 있는 서부 대개발 사업지역을 관통하여 중앙아시아 시장으로의 진출이 가능하고 출발지 항구의 이용도 편리한 장점이 있다.

그러나 TCR 운송서비스의 경우에도 많은 해결과제를 안고 있다.

첫째, 선로용량에 비해 중국내 운송물량이 많고 시설 운영 및 운송서비스에 대한 기술과 노하우가 부족하여 화물운송에 어려움이 있다. 또한, TCR의 기점인 롄윈항의 컨테이너 처리시설이 부족하며, 배후 도로망 및 연계철도도 미흡한 실정이다. 그리고 TSR에 비해 상대적으로 운임이 높게 책정되어 있어 화물유치에 어려움이 있으며, 정주, 서안, 난주, 우루무치역 이외에는 정확한 컨테이너 위치파악이 되고 있지 않아 화주에 대한 컨테이너 위치정보 제공서비스가 극히 한정적으로 이루어지고 있는 문제점이 있다. 아울러 중국 롄윈항, 톈진항에서 출발한 컨테이너는 우루무치까지의 구간에서는 중국철도의 관할이나 우루무치~아라산쿠 구간은 신장자치구 철도국의 관할로 이루어져 있어 일관성 있는 연계운송 서비스가 불가능한 실정이며, 철도운임 또한 신장자치구가 자체적으로 관리하고 있어 일괄운임 협상에도 어려움이 있다.

둘째, 카자흐스탄 지역에서의 국경 통과 시 많은 시간이 소요되고 있으며, 화차공급이 원활하지 못하여 원활한 운송이 이루어지지 못하고 있다.

TCR운송서비스의 개선방안은 다음과 같이 요약할 수 있다.

첫째, TCR 운영의 효율화를 도모하기 위해서는 현재 한정적으로 이루어지고 있는 컨테이너 화물추적 시스템의 확대가 필요하다.

둘째, 특히, 우루무치에서의 대량운송 시 적체현상이 빈번하게 발생하고 있기 때문에 우루무치~아라산쿠 구간에서의 철도운행서비스의 개선이 요구된다. TCR의 운영효율화를 위하여 중국정부는 3국간 화물(환적 및 통과화물 포함)을 급행으로 처리하는 등 점진적인 해결 방안을 모색하고 있다.

셋째, 아라산쿠역은 카자흐스탄의 드루쥬바와 연결되는 국제철도구간으로 당해역의 철도운송업무직원의 증원을 통하여 적체를 완화시키고, 행정적인 절차를 신속히 처리하도록 할 필요가 있다.

넷째, TCR 이용경로는 TSR이나 해상운송과 같은 대안 경로가 존재하기 때문에 타 운송수단과 비교하여 경쟁력 있는 철도운임 설정이 필요하다.

다섯째, 북중국지역과 유럽 및 남중국, 중앙아시아를 연계하는 철도서비스 개발을 통하여 서비스 범위를 보다 확대시킬 필요가 있다.

## 3. TMGR(Trans Mongolia Railway, 몽골횡단철도)

### 1) TMGR 현황

TMGR은 중국 톈진항을 출발하여 베이징, 몽골의 울란바토르를 거쳐 수프바토르역과 러시아의 울란우데역에서 TSR에 연계되어 유럽의 주요도시로 연결되는 노선으로 총 연장은 7,753km이고, 전 구간의 81.2%(6,296km)가 복선화되어 있으며, 전철화 구간은 74.5%(5,777km)에 달한다. 또한, TMGR은 전 궤간이 광궤(1,540mm)로 되어 있어 인접국인 중국과 궤간차이가 발생하며, 카자흐스탄, 러시아 통과 시에는 궤간차이는 없지만 국경통과절차를 거쳐야 한다. TMGR은 현재 몽골 화물의 약 90% 이상, 여객의 약 50% 이상을 운송하고 있으며 중국의 톈진항에서 울란바토르 구간에서 블록트레인을 운행하고 있다.

몽골은 내륙국가라는 지리적 특성상 국내용으로 사용가능한 항만이 없어 해상운송이 불가능하므로 철도와 도로운송을 포함하여 다양한 복합일관운송망 구축에 힘쓰고 있다.[11] 먼저, 자민우드에서의 환적시설 건설을 비롯해 일본정부의 지원을 받아 철도, 기관차, 객·화차를 개선하고, 철도운송시스템을 향상시키는 등의 조치를 취하고 있다. 그 결과, 최근 통과화물량이 현저하게 증가하고 있다. 또한, 몽골의 도르노드(Dornod)지방에서 중국의 아르한(Arxan)까지의 구간에서는 불확실한

11) 중국의 톈진항을 이용할 수도 있지만 톈진항에서는 몽골의 트럭을 사용할 수 없는 등의 문제점이 있다.

통과화물과 지방 물동량이 많고, 초기 투자비용이 많이 소요되는 점을 감안하여 이 구간에서는 도로를 우선적으로 연결시킨 다음, 철도와 연계하는 복합운송망 구축 계획을 가지고 있는 것으로 알려지고 있다.

그러나 몽골정부가 가장 역점을 두는 노선은 모스크바~울란바토르~북경~천진 노선과 동북아를 유럽과 연결하는 대안으로 몽골 동부~길림~두만강 노선이다. 몽골정부가 몽골 동부~길림~두만강 노선을 동북아의 운송망으로 포함시키려는 의도는 첫째, 이 루트가 몽골에게는 새로이 바다로 진출할 수 있는 통로를 제공해 줄 수 있기 때문으로 총 연장 1,750㎞에 달하는 당해 루트는 몽골의 입장에서 볼 때 블라디보스토크, 나호트카, 보스토치니 항구를 통한 TSR 운송로와 비교해 볼 때도 이동거리가 1,950㎞나 단축되는 이점이 있다. 둘째, 이 루트는 향후 두만강지역개발사업(TRADP)과 직접 연결될 수 있다는 기대에 부풀어 있으며, 두만강에 이르는 경로를 따라 중국과의 국경지역에서의 장기 발전도 전망해 볼 수 있는 가능성이 있기 때문이다.

〈그림 4-4〉 몽골횡단철도

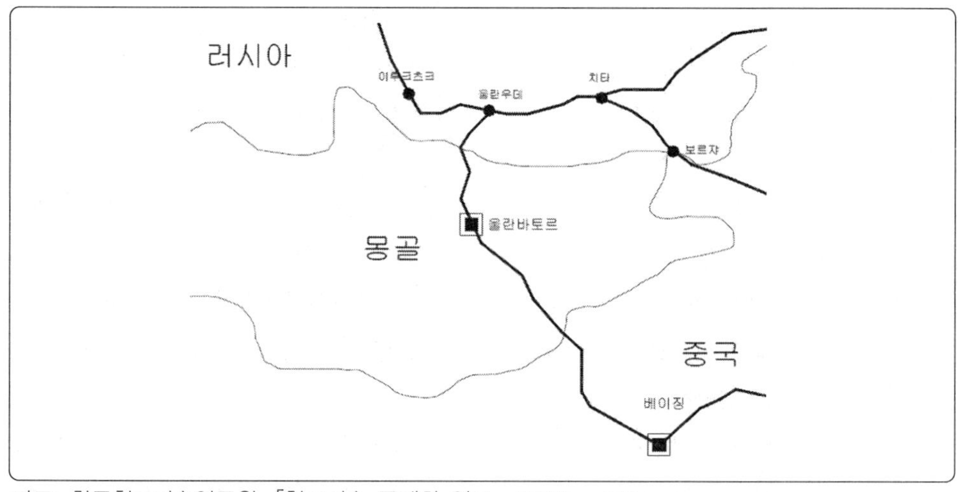


자료: 한국철도기술연구원, 「철도기술 국제화 연구」, 2005, p.126.

### 2) 문제점

첫째, 철도시설의 노후화와 비현대화 등으로 운송능력이 현저히 저하되고 있다.

둘째, 국경에서의 CIQ통과에 막대한 시간이 소요되고 있다. 여객열차의 경우에는 러시아와 몽골과의 러시아측 국경역인 나우스키역에서 대기시간이 평균 281분,

몽골측 국경역인 수흐바토르역에서는 140분간 정차하고 있는 것으로 나타나 시간적 손실이 크게 발생하고 있다.

### 4. TMR(Trans Manchurian Railway, 만주횡단철도)

TMR은 중국의 투멘을 기점으로 하얼빈을 거쳐 만주지역을 통과한 다음 중국과 러시아의 국경역인 만주리역(러시아 쪽은 자바이칼스크)을 경유하여 러시아의 카림스카역에서 TSR에 연결되어 유럽의 주요도시로 연결되는 노선이다. TMR의 총 연장은 7,721km이고 복선화구간은 총 연장의 95.4%(7,367km)이며, 전철화 구간은 총 연장의 78.6%(6,607km)에 달한다. TMR 이용 시 중국에서 러시아 통과 과정에서 만주리역에서 궤간차이의 문제가 발생하고 통관절차를 거쳐야 한다.

## 제3절 대륙철도 연결에 대비한 남북한 철도 분석

### 1. 대륙철도를 대비한 남북한 철도 운영 현황

#### 1) 남북철도 연결사업 추진현황

남북철도 연결 사업은 1990년에 이루어진 '남북기본합의서' 내용을 바탕으로 철도망 복원을 위한 작업이 추진되고 있다. 분단으로 인해 단절된 노선으로는 경의선, 경원선, 동해북부선, 금강산선 등이 있는데, 경의선 복원사업은 2000년 7월에, 동해북부선 연결 사업은 2002년 9월에 남북한 동시에 착공하기로 합의하였으며, 2003년 6월 14일에는 경의선(문산-개성 26.8km 복원)과 동해북부선(제진-금강산 25.5km 복원)이 동시에 연결되었다. 이어 2004년 4월 13일 '남북사이의 열차운행에 관한 기본 합의서'를 체결하고, 2007년 5월 17일 경의선·동해선 남북철도연결구간 열차시험운행을 실시, 같은 해 12월에는 단절된 지 56년 만에 남북한 간 정기 화물열차가 운행하기 시작하였다. 그러나 남북한간 긴장관계 고조로 열차운행을 재개한 지 1년만인 2008년 11월 다시 운행을 중단한 상태이다. 한편, 경원선 미연결 구간은 기본설계 및 노반설계와 용지매입을 완료하고, 현재 남측구간 중 신탄리~○○역(역사미정)간 5.6km를 공사 중에 있으며, 금강산선의 미연결 구간은

기본설계와 노반실시설계가 완료되어 있는 상태이다.

〈그림 4-5〉 남북한 철도 연결 추진현황

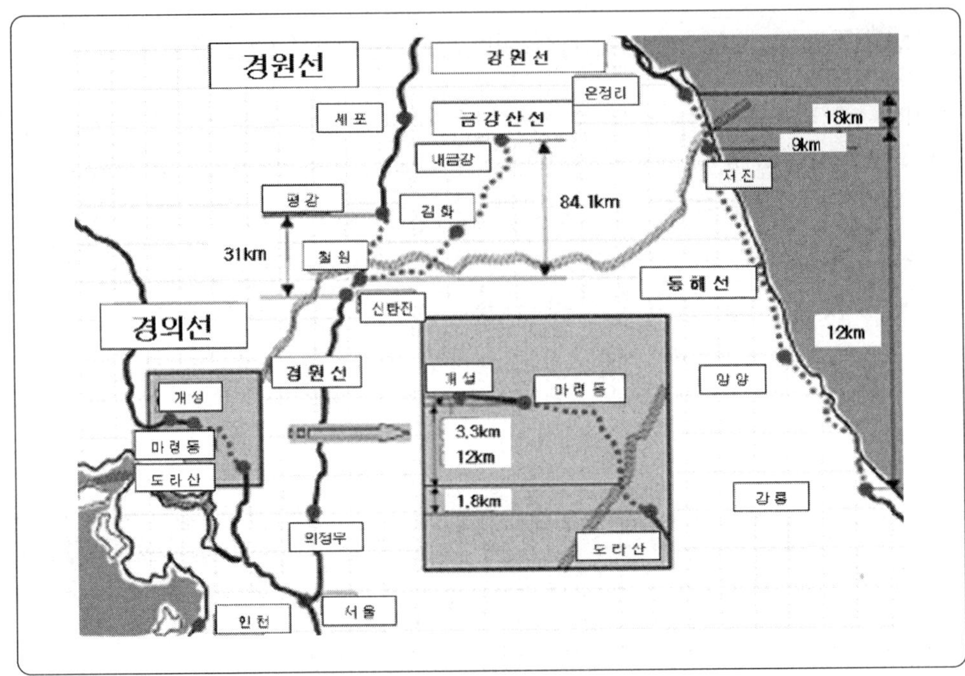


자료: 한국철도기술연구원, 「철도기술 국제화 연구」, 2005.

## 2. 북한철도 운영 현황

### 1) 북한의 철도현황

북한철도는 총 화물운송량의 약 86%를 차지하는 대표적 운송수단이다. 2005년 말 현재 북한의 철도 총 연장은 약 5,248㎞이며, 그 중 80%에 해당하는 4,211km가 전철화구간이나 노선의 98%는 단선으로 되어 있다.

북한의 철도망은 10개의 간선철도와 90여개의 지선으로 구성되어 있으며 서부의 해안 평지와 동부의 해안선을 따라 발달하였다. 철도망 형성은 산악지역이 많은 지형의 특성으로 낭림산맥을 경계로 한 동서로 양분되어 발전되어 왔다. 북한은 이러한 지형적 한계를 극복하기 위하여 1970년대 이후 동서연결과 전철화를 적극 추진하여 평라선(간리-나진 781km)과 청년이천선(평산-세포 141km)을 건설하였다. 주요 노선은 한반도의 서쪽을 연결하는 서부노선(평의선), 동쪽을 연결하는 동

부노선(평라선, 함북선), 북한의 내륙을 연결하는 내륙노선(만포선, 백두산청년선), 동서를 연결하는 노선(청년이천선, 평라선)으로 구분된다.

〈표 4-3〉 남북한 주요 철도지표 비교

| 노선지역 | 노선명 | 구간 | 연장 | 비고 |
|---|---|---|---|---|
| 서부노선 | 평의선 | 평양~신의주 | 224.8 | 1964년 전철화 |
| | 평부선 | 평양~개성 | 186.5 | 평양~평산간 전철화 |
| | 평북선 | 정주청년~청수 | 120.7 | 1980년 전철화 |
| | 평덕선 | 덕천~구장청년 | 192.3 | 대동강~장삼간 전철화 |
| 서부순환 노선 | 황해청년선 | 사리원청년~해주항 | 100.3 | 1982년 전구간 전철화 |
| | 은율선 | 은파~철광 | 117.8 | 은율광산 철광 수송용 |
| 동부노선 | 평라선 | 평양(간리)~라진 | 781.1 | 1992년 평양~청진 중량화 |
| | 함북선 | 반죽/회령~라진 | 326.9 | 무산광산 철광 수송용 |
| | 강원선 | 고원~평강 | 145.1 | 1986년 전구간 전철화 |
| 동서노선 | 청년이천선 | 평산~세포청년 | 140.9 | 1972년 개통 |
| | 평라선 | 평양(간리)~라진 | 781.1 | 1965년 청진~라진간 개통 |
| 내륙노선 | 만포선 | 순천~만포국경 | 303.4 | 1980년 전구간 전철화 |
| | 백두산청년선 | 길주청년~혜산청년 | 141.6 | 1990년 개통 |
| | 백무선 | 백암청년~무산 | 187.4 | |

주: 연장 100km 이상 노선 현황.

북한의 철도 건설 및 운영은 정무원 철도부가 담당하고 있으며, 지방에는 5개 철도국(평양, 사리원, 개천, 함흥, 청진철도국)을 설치하고 있으며, 철도국 산하에 분국을 두어 철도를 관리하고 있다.

북한의 철도역은 크게 기술역, 집중화물역, 여객역, 중간역, 간이역, 신호역으로 분류되는데, 기술역은 기관차, 화차, 객차의 수리 및 보수를 담당하는 역이며, 집중화물역은 화물의 하역장비를 설치하여 대단위 화물처리를 담당하는 역으로 현재 약 80여개의 집중화물역이 있다. 집중화물역은 지하자원과 임산자원의 운송수요가 많은 평안북도, 함경남도, 함경북도에 밀집되어 있다.12)

북한의 철도운행속도는 복잡한 지형과 선로의 노후화 등으로 인해 운행속도가 매우 느린 편이다. 대표적 간선철도인 평의선의 경우, 표준속도가 60km/h이며, 동서축의 평라선의 경우에도 하행 35.8km/h 정도로 주요 간선의 표정속도는 대략

12) 안병민, 「북한의 철도현황과 한반도의 대륙연계철도망」, 2001, pp.74-75.

23-60km/h인 것으로 파악되고 있다.

〈표 4-4〉 남북한 주요 철도지표 비교

<table>
<tr><th colspan="3">구 분</th><th>남 한</th><th>북 한</th></tr>
<tr><td rowspan="8">시설</td><td colspan="2">총연장(km)</td><td>3,590</td><td>5,248</td></tr>
<tr><td colspan="2">궤 간(mm)</td><td>1,435</td><td>1,435</td></tr>
<tr><td rowspan="3"></td><td>표준궤(km)</td><td>3,590(100.0)</td><td>4,591(87.5)</td></tr>
<tr><td>광 궤(km)</td><td>-</td><td>134(2.6)</td></tr>
<tr><td>협 궤(km)</td><td>-</td><td>523(10.0)</td></tr>
<tr><td colspan="2">복 선 화 구 간(km)</td><td>2,009.0(56.0)</td><td>106(3.0)</td></tr>
<tr><td colspan="2">신 호 자 동 화 구 간(km)</td><td>2,614.9(72.9)</td><td>60(1.2)</td></tr>
<tr><td colspan="2">전 철 화 구 간(km)</td><td>2,456.7(68.4)</td><td>4,243(80.8)</td></tr>
<tr><td rowspan="4">철도운송량</td><td colspan="2">화 물 운 송 량(백만톤)</td><td>37.4</td><td>(47.1)</td></tr>
<tr><td colspan="2">여 객 수 송 량(백만인)</td><td>1,263</td><td>38</td></tr>
<tr><td rowspan="2">철도운송분담률(%)</td><td>화 물</td><td>(4.5)</td><td>(90.8)</td></tr>
<tr><td>여 객</td><td>(8.2)</td><td>(62.0)</td></tr>
<tr><td rowspan="5">차량보유</td><td colspan="2">고 속 열 차(량)</td><td>1,160(7.0)</td><td>-</td></tr>
<tr><td colspan="2">기 관 차(량)</td><td>509(3.0)</td><td>1,193(5.0)</td></tr>
<tr><td colspan="2">동 차(량)</td><td>2,662(15.9)</td><td>1,227(5.2)</td></tr>
<tr><td colspan="2">객 차(량)</td><td>958(5.7)</td><td>2,043(8.6)</td></tr>
<tr><td colspan="2">화 차(량)</td><td>11,413(68.3)</td><td>19,177(81.1)</td></tr>
</table>

자료: 한국철도공사, 「철도통계연보」, 2014 및 나희승·황영진·박정진, "한반도 통합철도망을 위한 남북·대륙철도 상호연계기술 개발", Korea Rail Tech, 2007, p. 19.

주: 남한 철도의 국내화물운송 분담률 산정 시 비영업용 화물차의 운송실적 제외.

## 2) 북한의 국제철도 운영 현황

북한의 국제철도 노선으로는 중국과는 신의주~단동, 남양~도문, 만포~집안 등 3개의 노선이 있으며 러시아와는 두만강~하산 간 1개 노선이 있다.

신의주~단동노선은 중국 단독으로 운행해 오던 평양~북경 구간에서 1983년 10월부터 여객열차 운행이 시작되었으며, 총 운행거리는 1,347km, 소요시간은 약 22시간, 주 4회 왕복운행하고 있다. 남양~도문노선은 1960년대 '국경여행운행열차운행

협정'을 중국과 체결하여 운행하였다가 북한주민들의 탈북에 이용되는 일이 많아지자 현재는 열차운행을 중단하고 있지만 협정 자체는 그대로 존속상태에 있다. 만포~집안 노선은 운행 내용이나 실적은 알려진 것이 없으나 이 노선을 통한 화물운송 필요시 화물열차를 비정기적으로 운행하고 있는 것으로 파악되고 있다.

러시아와는 1963년 홍의~두만강간 홍의선(9.5km)이 신설되어 두만강에서 러시아의 극동 종착역인 하산역으로 연결되어 있다. 북러간은 궤도 폭이 다르기 때문에 두만강과 하산역에서 환적시설을 설치 · 운영하고 있었다. 한편, 나진항을 통한 러시아의 중계 화물량이 증가함에 따라 1974년 두만강~라진간 50km 구간에 혼합선을 부설 · 운영하고 있었으나 1989년에는 청진~강덕까지 연장하여 총 134km 구간에 광궤와 표준궤의 혼합선이 부설되어 있다. 또한 2013년 9월에는 두만강과 하산을 잇는 선로공사와 함께 나진과 하산 간 철도 개보수공사가 완료됨과 동시에 나진항 현대화 사업도 진전되고 있어 향후 이 노선에서의 화물처리량의 대폭적인 증가가 예상되고 있다.

북한의 국경철도 운영은 철도성 국제교통국에서 담당하고 신의주, 만포 남양 및 두만강지역에는 국제운송사업소를 두고 있다.

## 3. 남북철도 연결 시 문제점

1899년 일본에 의해 한반도에 부설된 철도는 1945년 해방 전까지 7,000km 이상을 건설, 운영되고 있었다. 철도의 기반시설이나 기초적인 운영방식이 남 · 북한 동일한 시스템으로 되어 있었기 때문에 분단 전에는 남북간 철도의 운행은 물론 만주 · 러시아 등의 대륙철도와도 연계 운행되고 있었다. 그러나 분단기를 거치면서 철도기반시설, 기술도입 국가의 상이함으로 인하여 생긴 기술적, 제도적, 운영적 차이 등으로 남북철도 연결에는 많은 해결과제를 안고 있다.

첫째, 북한철도의 선로용량 및 시설은 1980년대 이후 지속적인 경기침체로 새로운 보수작업을 하지 못해 상당히 노후화되어 있다. 북한 철도의 경우, 전철화율이 남한보다 높지만, 현재 만성적인 전력난으로 인해 운행빈도가 저조하고, 궤도 침목의 부식, 철교 및 터널의 노후화 진전, 통신과 신호시설의 미비 등으로 인해 정상적인 운행이 곤란한 실정이다. 따라서 남북간 열차운행을 위해서는 북한철도의 개보수 추진이 불가피하며, 열차안전운행확보 및 운행증대(횟수 및 속도상승)를 위한 시설개량이 필요하다.[13)]

둘째, 열차 운행 시 신호통신시스템의 차이로 속도지연 및 안전사고의 위험이 있어 차상신호장치 등의 보완장치 마련이 필요하다.

셋째, 차량 고장 등의 응급사항 발생시 규격표준화의 불일치로 인한 초동조치의 어려움이 발생한다. 대륙철도와 남북철도를 연결하기 위해서는 북한철도를 국제기준(UIC 또는 UN)규격에 맞추기 위한 철도기술력 향상이 요구된다.

넷째, 남북간 철도용어 표준화를 비롯하여 다양한 제도적 호환이 필요하다. 예를 들어 통행수수료, 재난 시 구조의무, 기록문서 상호송달, 통행관련정보 제공, 이견조정기구의 설치 등을 들 수 있다.

## 제4절 TKR의 발전가능성과 전망

### 1. TKR 구축시 노선

남북철도 연결시 TKR을 통해 대륙횡단철도와 연계하여 유럽으로의 연결이 가능한데, 예상 가능한 노선은 크게 5가지로 나누어 볼 수 있다.

#### 1) TKR(경의선)-TMR-TSR 노선

이 노선은 한국의 부산에서 출발하고 서울을 경유하여 북한의 국경역인 신의주에서 중국의 국경역인 단동으로 이어져 TCR로 연결되는 노선이다. 부산에서 신의주까지의 총 연장은 945km, 단동에서 모스크바까지의 총 연장은 8,613km이다. 이 노선은 한국, 북한, 중국, 카자흐스탄, 러시아를 통과하므로 국경통과절차가 필요하며, 한국, 북한, 중국까지는 궤간차이가 발생하지 않으나 카자흐스탄과 러시아지역에서는 궤간이 다르므로 환적이 필요하다.

#### 2) TKR-TSR 노선

이 노선은 부산에서 출발하여 북한의 원산, 청진, 라진을 경유하고 북한의 국경역인 두만강역에서 러시아의 국경역인 하산을 통과한 후 TSR과 연결되는 노선이다. 부산에서 두만강까지의 총 연장은 1,313km이며, 하산에서 모스크바까지의 총

13) 한국교통연구원 동북아・북한교통정보센타 홈페이지(http://www.nk-koti.re.kr)

연장은 9,208km이다. 이 노선은 한국, 북한, 러시아를 통과하므로 국경 통과절차가 필요하며, 한국과 북한지역간은 궤간 차이가 발생하지 않으나 러시아지역에서는 궤간차이가 발생하므로 환적이 필요하다.

### 3) TKR(경원선)-TMR-TSR 노선

이 노선은 부산에서 출발하여 서울, 신탄리를 거쳐 북한의 원산, 평강, 청진, 남양까지의 TKR노선(경부선, 경원선, 함경선, 도문선의 통합노선)과 북한과 중국의 접경역인 도문에서 만주리역까지의 TMR 노선 및 중국과의 국경역인 자바이칼스크에서 모스크바에 이르는 TSR노선으로 연결하는 노선이다. 부산에서 남양까지의 노선 연장은 1,354km, 도문에서 모스크바까지의 노선 연장은 7,721km이다. 이 노선은 한국, 북한, 중국, 러시아 등을 통과해야 하므로 국경통과절차 및 러시아지역으로 진입시 궤간차이가 발생하므로 환적작업이 필요하다.

### 4) TKR-TMGR-TSR 노선

이 노선은 부산을 시점으로 서울, 문산을 거쳐 북한의 개성, 평양, 신의주역에 이르는 TKR 노선과 TCR의 단동, 베이징을 거쳐 TMGR의 울란바토르를 통과하여 러시아의 울란우데역에서 TSR 노선으로 연결하는 노선이다. 부산에서 신의주까지는 945km, 단동에서 모스크바까지는 7,753km이다. 이 노선은 전 구간 중 복선구간이 9,338km, 전철화 구간이 8,744km이고 한국, 북한, 중국, 몽골, 러시아의 5개국을 경유해야 한다.

### 5) TKR-TCR-TSR 노선

이 노선은 부산을 시점으로 서울, 개성, 평양을 거쳐 북한의 국경역인 신의주역에서 중국의 단동으로 이어져 TCR에 연결된 후에 다시 중국을 지나 우즈베키스탄을 거쳐 러시아의 노보시비르스크역에서 TSR로 연결되거나 우즈베키스탄과 카자흐스탄을 거쳐 중동과 유럽으로 이어지는 노선이다. 부산에서 신의주까지의 총 연장은 945km, 단동에서 모스크바까지의 총 연장은 8,613km이다. 이 노선은 한국, 북한, 중국, 우즈베키스탄, 카자흐스탄, 러시아를 통과하므로 국경통과절차가 필요하며, 한국, 북한, 중국지역까지는 궤간차이가 발생하지 않으나 카자흐스탄과 러시아지역에서는 궤간이 다르므로 환적이 필요하다.

〈그림 4-6〉 한반도 종단 철도

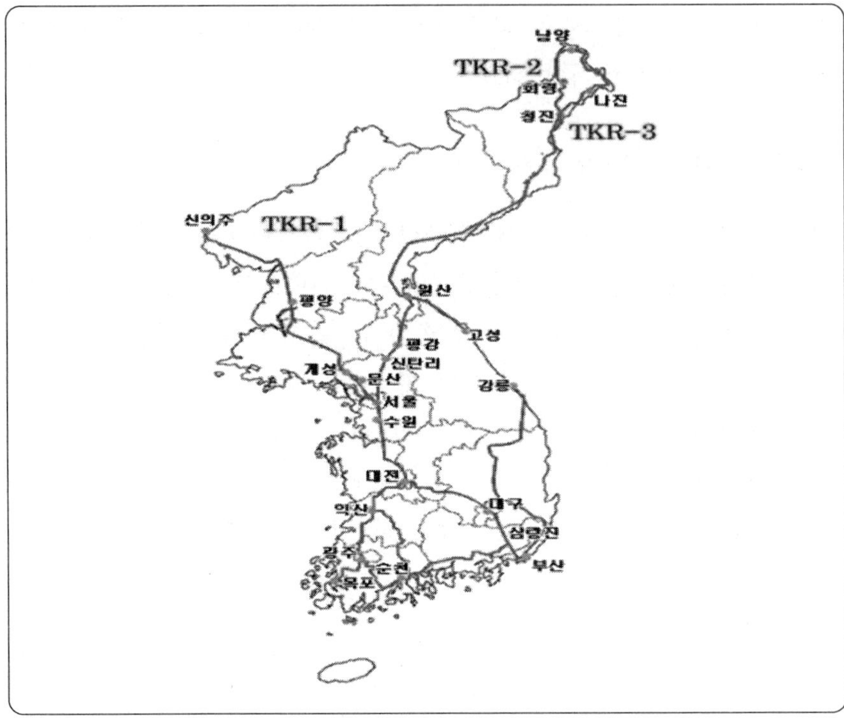


자료: 프레시안, 미래로 가는 대륙 철도, 그 꿈과 현실.

## 2. 대륙횡단철도 연결시 고려사항

첫째, TKR과 대륙철도를 연결하기 위해서는 북한철도의 시설 현대화가 선행되어야 한다.

둘째, 국가별 상이한 궤간차이를 극복해야 한다. 즉, 한국, 중국, 대부분의 유럽 국가에서는 표준궤간(1,435㎜)사용하고 있는데 반해 러시아, 몽고, 카자흐스탄, 폴란드 등에서는 광궤(1,520㎜)를 사용하고 있다. 국가간 궤간차이를 극복하기 위해서는 새로운 선로의 건설, 이중 궤간, 화물환적 · 대차교환, 자동궤간가변시스템(Variable gauge boggies)도입을 고려해 볼 수 있다. 이들 방법 중에서 단기적으로는 환적설비 확충에 의한 연계운행 방식이 고려되고 있는데, 이 방법은 국경역에 별도의 인프라시설이 필요하고, 시설 보수 및 유지관리에 많은 비용이 소요된다는 단점이 있다. 중장기적으로는 궤간가변대차시스템 개발이 유력한 방안으로 꼽히고 있는데 이 시스템은 궤간의 변화에 상관없이 하나의 열차로 화물을 운송할 수 있어 환적이나 대차교환 등에 따르는 부수적인 시설 투자가 필요 없는 경제적인

방법이라 할 수 있다.

셋째, 전력방식도 구간별로 전압의 차이가 있고, 직류, 교류의 혼합구간이 산재되어 있어 연결 구간처리를 위해 기관차에 이중모드 설치 등의 조치가 필요하다. 또한, 신호통신시스템의 차이를 극복할 수 있는 차상신호장치 등의 보완장치도 필요하다.

넷째, 선로 구축물의 경우 시베리아횡단철도 전구간이 복선·전철화되어 있지만 열차의 최고속도는 100~110km/h로 낮은 편이며, TKR과 연결되는 구간인 우수리스크~하산~두만강 지역은 비전철화되어 있는 등 전반적으로 철도운행에 대한 효율성과 차량 운행시 안전성 확보, 고밀도 고속화 운전 및 시설물 안전성 확보 등 철도통합을 위한 여러 면에서 부적합하기 때문에 이에 대한 철저한 대비책 마련과 꾸준한 투자가 동반되어야 한다.[14)]

다섯째, 대륙횡단철도를 이용하여 유럽으로 화물을 운송하고자 할 때 CIM과 SMGS상의 상이한 제반서류, 운영체계 및 MTT와 ETT의 상이한 요금체계 문제를 해결하는 협정이 없다. SMGS체제는 러시아어와 중국어를 사용하고 있으며, 러시아어로 운송장 등 관련서류를 준비하고 있으나 국제화물 운송체제가 바뀌는 국경역에서 문서를 재번역 하여야 하는 절차로 운송시간이 지연될 뿐만 아니라 화물운송자에게 추가적인 운임부담이 되고 있다. 따라서 SMGS와 CIM을 통합하는 제도적 장치 마련이 필요하다.

〈표 4-5〉 아시아 주요국 철도시스템 비교

| 구분 | 남한 | 북한 | 러시아 | 중국 |
|---|---|---|---|---|
| 궤간 | 1,435㎜ | 1,435㎜ | 1,520㎜ | 1,435㎜ |
| 차륜직경 | ¢860 | ¢860 | ¢950 | ¢860 |
| 연결기높이 | 880~830㎜ | 890~835㎜ | 1,050~950㎜ | 880㎜ |
| 차체폭 | 3,200㎜ | 3,200㎜ | 3,500㎜ | 3,200㎜ |
| 전차선전압 | AC25,000V (60Hz) | DC3,000V | AC25,000V (50Hz) DC3,000V | AC25,000V (60Hz) |

자료: 한국철도공사, 내부발표자료.

14) 나희승·손지언·조영걸, "대륙횡단철도 연계운영의 효율화를 위한 기초조사", 한국철도학회 춘계학술논문집, 2004, p.5.

# 해상운송 일반

## 제1절 해상운송 개관

### 1. 해상운송의 개요

해상운송(shipping, carriage by sea, ocean transport)은 선박을 운송수단으로 하며, 원양항로나 연안항로의 바다를 따라 사람과 재화의 장소적, 공간적 운송을 목적으로 한다. 해상운송은 해상에서 선박을 이용하여 여객이나 화물을 운송하고 그 대가로 운임을 수취하는 상행위를 의미한다.

해상운송은 운송경로인 바다, 운송수단인 선박, 운송을 통제하고 관리하는 선원을 3대 요소로 하고 있다. 해상운송은 일시에 대량으로 장거리를 운송할 수 있는 경제성 때문에 수출입화물의 대부분이 해상운송에 의존하고 있고, 국제운송의 중심적인 역할을 담당하고 있다.

일반적으로 선박이 하천, 호수, 운하를 운항하는 경우는 내수로운송 등으로 구분하며, 해상운송과는 선박의 운항범위나 운항여건 등이 상이하기 때문에 해상운송과 별도의 부문으로 인식하고 있다. 해상화물운송은 운송수단인 선박도 화물을 운송하는 상선을 그 대상으로 하며, 상행위를 하지 않는 선박이나 상행위를 하더라도 화물을 운송하지 않고 다른 서비스를 제공하는 어선, 준설선, 시추선, 군함 등은 해운의 대상에서 제외한다.

## 2. 해운항만의 환경변화

경제활동의 세계화와 정보통신 및 조선과 교통부문의 기술발달에 따라 해운항만의 환경에도 많은 변화가 있었다. 먼저 조선기술의 발달로 선박의 대형화, 전용선화, 고속화가 추진되었으며, 정보통신과 반도체 기술 발전에 따라 첨단항법장비나 하역장비 등을 갖춘 선박이 등장하게 되었다.

해상운송은 육상운송, 항공운송과 비교하여 신속성, 안전성, 정확성 등에서 뒤떨어지지만 일시에 대량화물을 저렴하게 장거리 운송할 수 있는 대표적인 운송수단이기 때문에 현재 우리나라 수출입화물의 99.7%가 해상운송을 통해 이루어지고 있다. 해운항만의 환경변화 중 가장 대표적인 사항은 다음과 같다.

### 1) 조선기술의 발전

조선과 관련한 기술의 급속한 발전과 컴퓨터에 의한 선박설계, 에너지 절감형 선박, 환경오염 방지형 선체 등 조선부분의 괄목할 만한 기술로 선박의 대형화와 전문화 등이 급속히 추진되었다.

컨테이너선의 경우 2006년 12,000TEU급 선박인 Emma Maersk호가 취항하였는데, 선체길이가 397m, 선폭이 56m, 속력 25노트, 15,500마력의 엔진 등의 제원을 가지고 있다. 최근 건조기술 발달로 초대형 컨테이너선이나 벌크선이 신속하게 건조되고 있다. LNG선이나 대형 시추선 등도 단기간 내에 건조할 수 있을 만큼 조선기술이 발전하고 있으며, 최근 북극이나 빙하지역을 항해할 수 있는 상선도 개발되어 시험운항도 이루어졌다.

### 2) 선박의 대형화

일반 상선은 그동안 고유가 때문에 고속화보다는 대형화에 초점을 맞추고 있다. 최근 선박의 대형화는 규모의 경제효과 더불어 친환경 요소를 도입하여 수송비를 낮추고 강화되는 $CO_2$ 배출규제에 적극 대응하고 있다. Maersk 선사는 18,000TEU과 Hapag Lloyd사는 13,000TEU급 컨테이너선을 다수 발주하는 등 컨테이너선의 대형화는 지속적으로 추진되고 있다. 2013년 7월 세계 최대 컨테이너선사인 Maersk Line은 Triple E급인 18,340TEU의 Mc-Kinney Moller호를 취항시켰으며, 2015년 6월초 현대중공업은 19,000TEU급인 CSCL Globe호(길이 400m, 폭 58.6m, 높이 30.5m)를 인도하였고, 삼성조선도 2015년 2월 MOL사로부터 21,000TEU급 4

척을 수주하여 2017년 인도할 예정이다. 2015년 5월 현재 18,000TEU급 컨테이너선 20척이 운항중이고, 2019년까지 추가로 54척이 인도될 예정이다. 유조선은 2차대전 당시만 해도 1만 6,000톤 정도의 원유를 적재하는 선박이 가장 컸으나, 그 후 점점 대형화되어 1968년 30만톤급 이상의 유조선이 건조되었다. 30만톤급의 유조선을 초대형 원유수송선 VLCC(Very Large Crude oil Carrier)라고 부른다.

일본은 1,000톤의 화물을 싣고 50노트로 항해하는 선박인 테크노슈퍼라이너(Techno Super Liner : TSL)의 시험운항까지 마쳤으나 고유가로 인한 경제성 때문에 실용화까지 이루어지지 못하였고, 해운업계는 고유가 때문에 오히려 저속운항(slow steaming)이 보편화되고 있는 실정이다.

미래의 선박도 대형화・고속화의 방향으로 나아갈 것으로 전문가들은 예상하고 있다. 전세계가 하나의 생활권으로 가까워지면서 교역량이 늘어나고, 이에 따라 고속운송에 대한 요구도 커질 것으로 예상하기 때문이다. 특히 선박 대형화와 고속화 등 급변하는 해운환경에 대처하기 위해서는 4세대형 부두인 스피드포트(Speed Port) 도입이 바람직한 것으로 전문가들은 지적하고 있다.

### 3) 부정기선의 전용화

전 세계적인 물동량의 증가로 화물을 효율적으로 운송하기 위하여 유조선, 광석운반선, 석탄 운반선, 양곡 운반선, 천연가스 운반선(LNG선), 자동차 운반선(PCC선), 중량물 운반선 등의 전용선이 건조되었다. 화물의 특성에 적합한 선체구조와 신속한 하역에 적합한 하역기기를 설치하거나 육상에 하역장비를 설치함으로써 벌크화물이나 액체화물도 신속한 하역이 이루어지고 있다.

### 4) 항만 터미널의 대형화와 하역기기의 발달

선박이 초대형화, 전용선화되면서 항만 터미널도 초대형선이 접안하여 하역할 수 있는 규모로 대형화되고, 하역장비도 선박의 초대형화 추세에 따라 현대화되고 있다. 컨테이너선의 경우 항만 터미널도 초대형 컨테이너선이 접안할 수 있는 16m 이상의 수심을 확보하고, 컨테이너를 하역하는 갠트리 크레인의 아웃리치(팔길이)도 초대형 컨테이너선의 폭에 맞춰 대형화되고, 동시에 여러 개의 컨테이너를 신속하게 하역할 수 있는 탠덤(Tandem)형 하역장비가 개발되는 형태로 발전하고 있다.

### 5) 정보화

정보통신과 반도체의 기술발전에 따라 해운항만분야에도 컴퓨터, 정보시스템이 필수적인 장비로 인식되고 있다. 선박의 초대형화에 따라 일시에 다량의 화물을 적재 또는 하역하게 되고, 이러한 화물에 대한 추적정보를 고객에게 실시간으로 제공해야 할 뿐 아니라 CIQ(Customs, Immigration, Quarantine) 기관이나 VAN 업체 등과의 정보교환을 위해서도 정보시스템 구축은 필수적이다.

또한 정보시스템은 터미널 내 화물의 이동, 보관, 반출입, 그리고 하역장비의 작업상황 등에 대한 자료를 축적하고 생산성과 효율성 향상을 위한 데이터 분석을 위해서도 첨단화된 정보시스템을 구축해야 하고, 관련된 선사, 물류업체, 관련기관과 정보를 교환해야 한다.

## 3. 해상운송의 장 · 단점

### 1) 해상운송의 장점

#### (1) 대량운송 용이

트럭보다도 그리고 철도보다도 대량으로 화물을 운송할 수 있다. 대형화된 선박은 트럭이나 철도가 상상할 수 없을 만큼 대량의 화물을 운송할 수 있기 때문에 단위당 운송비가 적게 소요된다.

#### (2) 장거리 운송 적합

특히 공해인 해상을 통하여 특별히 입항이 금지되거나 결빙된 항만이 아닌 한 전세계 어떤 항만이던 선박을 이용하여 화물을 운송할 수 있다. 선박대형화를 통한 규모의 경제효과를 누릴 수 있기 때문에 장거리, 대량화물의 운송에 적합하다.

#### (3) 운송비 저렴

철도나 도로와 같이 별도의 통로에 대한 투자 없이도 해상을 이용할 수 있고, 대형화된 선박으로 장거리 운송시 규모의 경제를 통하여 운송비를 낮출 수 있다.

### (4) 대륙간 운송 가능

철도나 도로는 시설이 갖춰진 통로를 통해서 열차나 트럭을 운행할 수 있으나 해상운송은 5대양과 6대주의 해양과 대륙으로 화물을 운송할 수 있는 국제성을 가지고 있다. 물론 선박은 통상적이고 관습적인 항로를 운항한다.

## 2) 해상운송의 단점

### (1) 항만시설에 하역기기 등의 설치 필요

선박의 전용선화가 추진되면서 선박 자체에는 하역기기를 설치하지 않고 육상의 전용하역장비를 이용하여 하역하는 선박이 많다. 컨테이너선, LNG선 등 선박이 갈수록 고가화되고 투자비가 커지자 본선에 하역장비를 설치하여 하역하기 보다는 육상의 하역장비로 신속하게 하역하고 선박은 지속적으로 운항하도록 함으로써 회전율을 높이고 있다. 선박이 전용선화되면서 항만시설의 현대화가 필요하고, 현대화된 항만에는 신속한 하역작업을 위한 전용하역장비를 설치하여 작업을 하는 경우가 많다. 따라서 항만시설과 하역장비에 대한 투자비의 규모가 커지게 된다.

### (2) 날씨의 영향을 많이 받음

인공위성이나 통신장비를 이용하여 본선에서 기상상태 등을 조기에 파악할 수 있기 때문에 과거보다는 본선이 악천후와 조우할 기회가 상대적으로 감소하였다. 그러나 대양에서 항해하는 선박은 선박의 대형화가 아무리 추진된다 하더라도 하나의 나뭇잎과 같고, 항만에서도 날씨에 따라 하역작업 등이 영향을 받기 때문에 계획운송이나 하역작업이 곤란한 경우가 발생하는 등 육상보다는 날씨의 영향을 많이 받게 된다.

### (3) 운송기간의 장기화

선박은 프로펠러를 회전시키는 추진력으로 항해하기 때문에 아무래도 육상교통기관에 비해 속도가 느리며, 따라서 대륙간 항해시 상당한 운송기간이 소요되게 마련이다. 예를 들면, 우리나라에서 미국 서안까지 25노트(knot)로 운항하더라도 최소 10일 이상은 소요되게 된다.

*1노트는 선박이 1시간에 1해리(1852m)를 항해하는 속도를 의미한다. 선박이 20노트로 운항한다면 육상에서는 시속 37Km로 달리는 것과 같다.

### (4) 다른 운송수단에 비해 위험도가 높음

대양을 운항하기 때문에 태풍이나 폭우를 조우할 가능성이 상당히 높고, 선박의 감항능력 등에 대해서 매 항차마다 확인할 수 없기 때문에 육상의 운송수단에 비해 많은 위험에 노출되어 있다. 선박운항 중 화물파손이나 손상의 위험이 다른 운송수단에 비해 높다.

## 4. 해상운송의 기능과 역할

해상운송은 오랜 역사를 가지고 있으며, 과거 많은 식민지를 가졌던 국가는 해상운송을 통하여 식민지로부터 많은 재산을 축적하였다. 해상운송은 국제무역활동에서 80% 이상을 담당하는 중요한 역할을 담당하며 운송의 안전성, 신속성, 정확성의 향상과 운송비의 저렴성은 물론 상품의 유통을 촉진시키고 재고를 감소시킨다. 최근 컨테이너선을 비롯한 LNG선, 유조선 등은 각 국가의 산업발전에 필요한 원료, 부품, 반제품 등을 운송하기 때문에 해상운송의 역할이 상당히 중요하다. 해상운송은 국제물류체계상 수출입 무역활동을 지원하고, 국제분업과 교환을 촉진함으로써 국민경제 발전에 기여하며, 유사시 군수물자와 병력을 운송하는 역할도 수행한다.

### 1) 국제수지의 개선

자국 선박을 이용하여 상품을 운송할 경우 외화를 절약할 수 있다. 선박이 불필요할 경우에는 대여함으로써 용선료를 수취할 수 있기 때문에 외화운임 수입뿐 아니라 수출입 증대를 통해 간접적으로 외화획득과 절약효과를 거둘 수 있어 국제수지 개선에 기여한다. 하지만 과거에 비해 이러한 국제수지 개선의 효과는 그리 크지 않다.

### 2) 관련 산업의 육성

조선업을 포함한 해운항만과 관련한 창고업, 운송업, 항만하역업, 급유 및 급수업, 해상보험업, 금융업, 검수검정업, 선박관리업, 선박금융업 등 관련 산업의 발전을 가져올 수 있다. 또한 무역업, 운송주선업, 중개업, 대리점 등 많은 전후방 관련 산업의 발전을 가져와 고용창출과 부가가치 증대에 기여하고 있다.

### 3) 자원의 효율적 배분

해상운송을 통하여 전세계 각지로 원료, 부품, 반제품, 완제품을 운송함으로써 국제분업을 활성화시킨다. 특히 해상운송은 장거리, 대량운송을 통한 낮은 물류비로 상품을 운송함으로써 유통을 촉진시킨다. 해상운송은 원재료나 부품 등의 생산지에서 소비지까지 무역을 확대시키고, 국제분업을 가속화시켜 국가의 산업발전과 국가경제에 기여한다.

### 4) 국방력 강화

자국선박은 유사시 군수물자와 병력을 신속하게 보급할 수 있는 운송수단으로 활용할 수 있다. 미국이 자국선사를 확보하고 있지 않더라도 유사시 군수물자 운송에 활용할 수 있는 예비선대를 운영하고, 예산을 지원하는 것도 국방력 강화를 위함이다. 자국상선대가 없으면 유사시 군수물자와 병력을 신속하게 전쟁발생지역에 보내기도 어렵고, 외국적 선박을 활용하기 어려워 군수물자 운송이 곤란하며, 비싼 용선료를 지불해야 한다. 따라서 남북한이 대치하는 우리나라의 현상황하에서 해상운송은 경제적인 측면뿐만 아니라 국가안보차원서도 대단히 중요한 의미를 가진다.

### 5) 국민소득증대 기여

자국상선대가 수출입 화물 운송시 외화절약이 가능하고, 제3국 간 운송서비스 제공을 통하여 외화획득이 가능하기 때문에 국민소득증대에 기여할 수 있다. 또한 적기에 필요한 원자재나 부품 등을 운송하여 국내산업 발전에 기여할 수 있고, 생산된 제품을 시장수요에 맞춰 공급할 수 있도록 함으로써 국민소득증대에 기여한다.

## 5. 해상운송방식

### 1) 정기선(Liner)운송

선박은 사전에 공표된 일정, 공표된 운임율과 공표된 지정항로에 따라 운항하는 특성을 가지고 있다. 공공운송인(common carrier)의 특성이 강하여 불특정 다수의 고객에게 화물의 과다 등을 고려하지 않고 정기적인 운송서비스를 제공한다.

정기선 운송은 특별히 운송할 품목이 정해져 있지는 않지만 대체로 완제품 및

반제품 등 상자화물, 포대화물, 베일(bale)화물, 파렛트화물, 컨테이너화물 등을 운송한다. 대체로 정기선으로 운송되는 화물의 가치는 벌크 화물 중심의 부정기선으로 운송되는 화물의 가치보다 높다.

과거 정기선 시장에서 정기선사들이 해운동맹이라는 카르텔을 형성하고 운영하면서 독점적인 지위를 누리기도 했으나, 2008년 이후 해운동맹의 기능이 거의 소멸되었다.

### 2) 부정기선(Tramper)운송

운항일자나 항로가 정해져 있지 않고 운송수요 발생시 화주 또는 선주의 필요에 따라 부정기적으로 운항된다. 개별운송인(private carrier)으로서 자유경쟁시장하에서 특정 화주와 선사가 용선계약을 체결하여 서비스를 제공하며, 중개인(broker)이 화주와 선사간 용선계약체결시 중요한 역할을 한다. 내항 여객운송사업, 광석, 목재, 곡물, 석탄 등 살화물(bulk cargo)의 대량운송에 이용된다.

운임은 시장의 용선료 등에 따라 화주와 선주간 협의하에 결정되며, 전세계적인 선박의 수급상황 등에 따라 자유롭게 세계해운시장에서 운임율 수준이 결정된다.

### 3) 전용선(Specialized Vessel)운송

부정기선 운송의 일종으로 특정 화물에 적합한 시설을 갖춘 선박을 이용하는 방식으로 청과물, 수산물, 육류를 운송하는 냉동선, 유류와 화학물질을 운송하는 유조선, 목재전용선, 자동차전용선, LNG / LPG선, 철재운반선, 시멘트 전용선, 중량물 운반선, 부유식 원유생산저장 하역시설(Floating Production, Storage and Offloading : FPSO) 등이 이에 해당한다.

### 4) 컨테이너운송

컨테이너운송은 컨테이너에 화물을 적입하여 운송하는 방식으로 부정기선 운송과 해상운송의 양대시장을 형성하고 있다. 컨테이너화의 진전으로 컨테이너 물동량이 지속적으로 증가함에 따라 세계 무역활동에 큰 영향을 미치고 있으며 유닛로드(Unit Load)시스템에 의한 협동일관운송이 보편화되면서 국제복합운송에 중추적인 역할을 담당하고 있다. 또한 컨테이너운송을 함으로서 하역비, 포장비, 보관비 등의 물류비 절감효과가 크게 나타나고 있다. 컨테이너운송이 이루어지기 위해서

는 현대화된 컨테이너부두가 필요하며, CY, CFS, 그리고 갠트리크레인, 트랜스퍼크레인, 리치스태커, 포크리프트, 운영건물, 정보시스템 등 시설과 장비가 필요하다.

## 제2절 해운업

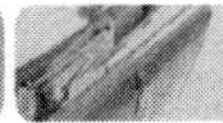

### 1. 해운업의 종류

해운업은 해상여객 운송사업, 해상화물 운송사업, 해상화물 운송주선업, 해운중개업, 해운대리점업, 선박대여업, 선박관리업, 선박금융업 등이 있다.

#### 1) 해상여객 운송사업

해상여객 운송사업은 해상 또는 해상과 인접한 내륙수로에서 여객선으로 사람 또는 사람과 화물을 운송하거나 이와 수반되는 업무를 처리하는 사업을 의미한다.

##### (1) 내항 여객운송사업

내항 정기여객운송사업은 국내 항만 간 일정한 항로와 일정표를 공표하고, 운항하는 해상여객 운송사업을 말한다. 내항 부정기여객운송사업은 국내항만 간 일정한 항로 또는 일정표에 의하지 않고, 운항하는 여객운송사업을 의미한다.

##### (2) 외항여객 운송사업

외항 정기여객운송사업은 국내 항만과 외국 항만 간 또는 외국항만 간 일정한 항로와 일정표를 공표하고 운항하는 해상여객 운송사업을 말한다. 외항 부정기여객운송사업은 국내 항만과 외국 항만 간 또는 외국 항만 간 일정한 항로 또는 일정표에 의하지 않고, 운항하는 여객운송사업을 의미한다.

#### 2) 해상 화물운송사업

해상 화물운송사업은 해상 또는 해상과 연접한 내륙수로에서 선박(부선과 예선이 결합된 경우 포함)으로 화물을 운송하거나 이에 수반되는 사무를 처리하는 사

업으로서 항만운송사업법 제2조 제2항의 규정에 의한 항만운송사업 이외의 것을 말한다.

#### (1) 내항화물운송사업

국내 항만 간 해상화물운송사업을 말한다.

#### (2) 외항정기화물운송사업

국내 항만과 외국 항만 간 또는 외국 항만 간 정해진 항로에 선박을 취항시켜 일정한 일정표에 따라 운항하는 해상화물운송사업을 말한다.

#### (3) 외항부정기 화물운송사업

위의 내항화물운송사업 내지 외항정기화물운송사업 외의 해상화물운송사업을 말한다. 일반적으로 유류, 철광석, 석탄, 곡물 등 벌크운송사업을 의미한다.

### 3) 해상화물 운송주선업

운송주선인(포워더 : forwarder)은 자기(계약된 외국인 주선인을 포함) 명의로 화주를 대신하여 선사의 선박에 의한 운송을 주선하는 사업을 말한다.

### 4) 해운중개업

해운중개업은 해상화물운송의 중개 또는 선박의 대여, 용대선 또는 매매를 중개하는 사업을 말한다.

### 5) 해운대리점업

해운대리점업은 해상여객운송사업 또는 해상화물운송사업을 영위하는 자(외국인운송사업자를 포함)를 위해 그 사업에 속하는 거래의 대리를 하는 사업을 말한다.

### 6) 선박대여업

선박대여업은 해상여객운송업 또는 해상화물운송업을 영위하는 자 이외의 자가 그가 소유하거나 소유권을 이전받기로 약정하고 임차한 선박을 타인(외국인 포함)에게 대여하는 사업을 말한다.

## 7) 선박관리업

선박관리업은 해상여객운송사업, 해상화물운송사업 또는 선박대여업을 영위하는 자(외국인 포함)로부터 선박관리, 선원관리 및 해상보험 등의 업무를 수탁하여 대행하는 사업을 말한다.

## 8) 항만운송사업

항만운송사업법상 항만하역사업, 검수사업, 감정사업 및 검량사업으로 구분된다.

〈표 5-1〉 항만운송사업의 종류

| | |
|---|---|
| 항만하역사업 | 항만에서 화물을 선박에 적양하하거나 보관, 장치, 운송 등 유통과정을 담당하는 사업 |
| 검수사업 | 적양하하는 화물의 개수를 계산하거나 수도를 증명하는 사업 |
| 감정사업 | 화물의 적재에 관한 증명 또는 조사 및 감정하는 사업 |
| 검량사업 | 화물의 용적 또는 중량을 계산 또는 증명하는 사업 |

## 9) 항만운송 부대사업

항만운송 부대사업에는 통선업, 용달업, 물품공급업, 선박청소업 등이 있다.

〈표 5-2〉 항만운송 부대사업의 종류

| | |
|---|---|
| 통선업 | 통선으로 본선과 육지 간의 연결을 중계하는 사업 |
| 용달업 | 본선이나 선원이 필요로 하는 선적용, 주부식, 기타 물품의 공급이나 선원의류 등을 세탁하는 사업 |
| 경비 및 줄잡이업 | 본선의 경비 또는 접안을 보조하기 위하여 줄잡이 역무를 제공하는 사업 |
| 물품공급업 | 선박운항에 필요한 물품이나 주·부식의 공급, 선박의 침구류 세탁 등 서비스를 제공하는 사업 |
| 선박청소업 | 선박 청소, 오물제거, 폐유 수집, 화물 고정이나 파장하는 사업 |
| 선박급유업 | 선박용 연료유를 공급하는 사업 |
| 선박급수업 | 선박에 청수를 공급하는 사업 |

## 제3절 선박

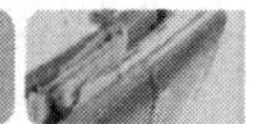

### 1. 선박의 정의

우리나라 해상법과 선박법은 선박에 대해 다른 정의를 내리고 있다. 해상법상 선박이란 상행위, 즉 영리를 목적으로 항해하는 것을 말한다. 여기서는 단정, 노도선, 공용선은 포함되지 않는다. 선박법상 선박은 부양성, 적재성 그리고 해상에서 스스로 항해할 수 있는 이동성을 갖춘 운송구조물을 말하며, 추진기관이 없는 단정이나 노를 저어 운전하는 선박은 제외된다.

### 2. 선박의 종류

#### 1) 선박의 재료, 추진기 등에 따른 분류

선박은 크게 재료, 추진원동력, 추진기, 사용목적에 의해 분류된다. 선박은 선체의 재료에 따라 목선, 합판선, 목철교조선, 철선(iron ship), 피복선, 강선(steel ship), 경금속선, 콘크리트선 등으로 분류된다. 추진원동력에 따라 인력에 의한 노도선, 중력에 따라 범선, 기범선, 풍통선으로 나눠진다. 기계력에 의해서는 기선(steam ship), 발동기선, 전기추진선, 원자력선 등으로 나뉜다.

추진기에 의해서는 외륜에 의해 선측 외륜선과 선미 외륜선으로 나뉘며, 나선추진기에 따라서는 나선추진기선, 공중프로펠러선, 수중익선, 공기부양선, 분사추진선, 익차추진기선 등으로 분류된다. 사용목적에 의해서는 여객선, 화객선, 화물선 등의 상선과 군함으로 나눌 수 있다.

#### 2) 상선의 종류

해상운송에 이용되는 선박은 크게 상선(화물선)과 여객선으로 구분할 수 있다. 상선은 다시 건화물선과 탱커(유조선)로 구분하며, 건화물선은 일반화물선, 전용선, 겸용선, 특수선으로 분류되고, 탱커는 유조선과 특수액체 운반선으로 분류된다.

또한 운송하는 화물의 종류에 따라 유류, 석탄, 광석 등의 원료운송은 대형화, 전용선화가 이루어졌으며, 일반잡화나 파렛트 화물 등 정형화된 화물은 컨테이너선이나 카페리 등 선박으로서 고속화, 하역작업의 자동화, 기계화, 컨테이너의 규

격화와 표준화 등이 이루어졌다.

화물을 적재하는 방식에 따라 구분하면, 자동차와 같이 스스로 이동할 수 있는 화물을 운반하는 선박을 Ro-Ro(Roll-on Roll-off)선이라 하고, 컨테이너 등 규격화된 화물을 올렸다 내리는 방식의 Lo-Lo(Lift-on Lift-off)선, 크레인 등으로 하역하기 곤란한 작은 선박이나 중량물/철구조물을 수송하는 중량물 운반선의 경우 화물을 물에 띄워 놓고 바지선 등의 선체를 약간 가라앉혔다 띄우면서 들어올리는 Fo-Fo(Float-on Float-off)선이 있다.

### (1) 일반화물선

① 일반화물선(General Cargo Ship)

일반화물선은 잡화 등 일반화물(General Cargo)을 운송하는 선박을 의미하며, 컨테이너선을 포함하기도 하고, 상자화물, 포대화물 등 운송용기에 적입되지 않은 화물을 운송하는 선박을 의미하기도 한다. 일반화물선은 재래선(Conventional Ship)이라 부르기도 하며, 개별포장단위 또는 파렛트 단위 등을 꾸러미 형태로 본선 내 선창에 적재한다. 운송화물의 선적과 양하작업은 본선 크레인 또는 육상의 크레인을 이용한다. 일반화물선은 본선 크레인을 이용하여 하역작업시 컨테이너선과 같이 육상의 전용하역장비를 이용할 경우보다 하역작업에 많은 시간이 소요된다. 그러나 일반화물선은 컨테이너선과 같은 컨테이너 전용부두나 전용하역장비가 없어도 하역이 가능하기 때문에 소규모 항만에 기항하기 용이하다.

〈그림 5-1〉 일반화물선

② 컨테이너선(Container Ship)

컨테이너선은 컨테이너를 적재하여 운송할 수 있도록 설계된 선박으로서 적재화물 또는 선창구조에 따라 세미컨테이너선(Semi Container Ship)과 컨테이너전용선

(Full Container Ship)으로 구분되며, 하역방법에 따라 Lo-Lo선, Ro-Ro선으로 구분된다.

Ro-Ro선은 본선의 선미나 선수를 통하여 트랙터나 포크리프트(fork lift) 등에 의해 컨테이너의 적하 및 양하가 이루어지도록 건조된 선박이다. Ro-Ro선은 선내에 경사로(ramp)를 따라 화물을 적재한 트럭이나 트레일러가 2층 이상의 선내에 들어가 일정한 위치에 정지하여 짐을 부리며 트럭, 트레일러를 그대로 운송하는 방식이다.

Lo-Lo선은 컨테이너를 갠트리크레인 등을 사용하여 하역하고 화물창구(hatch opening)를 통하여 상하로 올리고 내리게 하는 방식의 선박이다. 2단 이상 선적이 가능한 화물의 경우에는 Ro-Ro방식보다 하역능률이 높다.

세미컨테이너선은 일반화물과 컨테이너를 동시에 적재할 수 있는 선창(hold)의 구조를 가지고 있으며, 컨테이너 전용선은 컨테이너만 적재할 수 있도록 선창구조, 즉 셀가이드(cell guide)가 설치된 선박을 말한다.

컨테이너선의 크기는 총톤수, 적재톤수 등으로 표시되기도 하지만 실제 컨테이너 적재능력을 나타내는 단위인 TEU(Twenty-foot Equivalent Unit) 혹은 FEU(Forty-foot Equivalent Unit)라고 표기하기도 한다.

- 18,000TEU급 : 20피트 컨테이너 18,000개 적재가능한 선박
- 3,000FEU급 : 40피트 컨테이너 3,000개를 적재할 수 있는 선박

〈그림 5-2〉 컨테이너선

### (2) 전용선

전용선은 화물의 특성에 알맞게 선박의 구조, 하역장비, 보관설비 등을 갖춘 선박을 의미한다. 화물에 따라서 광석전용선(Ore Carrier), 석탄전용선(Coal Carrier), 곡물전용선(Grain Carrier), 목재전용선(Log Carrier), 냉동선(Reefer Carrier), 자동차

전용선(Pure Car Carrier) 등으로 분류할 수 있다. 전용선은 화물특성에 맞춰 선박을 설계한 선박으로 왕복운송이 가능하도록 화물을 수배할 수 있다면 좋겠지만 일반적으로 복항시에는 공선항해(Ballast Voyage)를 하는 경우가 많다.

① 자동차전용선(Pure Car Carrier)

자동차 전용선은 완성차를 적재하여 운송하는 선박으로서 부두에서 선창 내까지 자동차를 직접 운전하여 들어가고, 선내에 턴테이블, 리프트 등을 장치하여 선내에서 자동차를 효과적으로 적재할 수 있도록 설비를 갖추고 있다. 적재단위를 Unit로 표기하며, 1Unit는 차량 1대를 의미한다.

- 5,000 UNIT급 Ro-Ro : 5,000대의 자동차를 수송할 수 있는 선박

〈그림 5-3〉 자동차 전용선

② 살화물선(Bulk Carrier)

가루나 알갱이 상태의 화물(석탄, 광석, 곡물 등)을 포장하지 않은 상태로 선창에 실어 운송하는 선박이다. 광석, 석탄, 곡물 등 화물을 전용으로 운송하는 선박을 광석전용선, 석탄전용선, 곡물전용선 등으로 부른다. 살물선에 화물 적재시 컨베이어벨트 등을 이용하며, 하역작업시 버켓(bucket)작업 또는 진공을 이용한 흡입장비 등을 이용하여 하역한다.

벌크선의 선박 크기는 크게 핸디사이즈(Handy Size), 핸디막스(Handymax), 파나막스(Panamax), 케이프사이즈(Capesize), VLBC(Very Large Bulk Carrier) 등으로 구분된다. 핸디사이즈(Handy Size)급 벌크선은 2만~4만톤급 선박이고, 핸디막스(Handymax)급 벌크선은 핸디사이즈 벌크선보다 약간 큰 5만톤급 벌크선이다. 파나

막스(Panamax)급 벌크선은 파나마 운하를 통과할 수 있는 최대 선형으로 6만~7만톤급 선박이고, 케이프사이즈(Capesize)급 벌크선은 남아프리카공화국의 리차드항에 입항가능한 최대 선형인 10만~15만톤급 선박이며, VLBC(Very Large Bulk Carrier) 벌크선은 18만~20만톤급 선박이다.

〈그림 5-4〉 벌크선

③ 냉동선(Reefer Carrier)

냉동선은 육류, 과일, 야채, 생선 등을 운송하기 적합한 냉동냉장시설을 갖춘 선박이다. 일반화물선과 비슷한 구조이나 화물창 전체가 대용량 냉동냉장시스템을 갖춰 영하 20℃ 이하까지 낮춰 육류나 생선 등을 보관, 운송하는 선박이다.

〈그림 5-5〉 냉동선

### (3) 탱커(유조선)

① 유조선(Crude Oil Carrier)

원유를 운송하는 선박으로서 적재할 수 있는 원유의 양으로 크기를 표시한다. 유조선은 2차대전 당시 16,000톤 정도에 불과하였으나, 그후 점차 대형화되어 1968년 30만톤급 유조선 VLCC(Very Large Crude Oil Carrier)가 등장하였고, 45만톤급 유조선 ULCC(Ultra Large Crude Oil Carrier)가 등장하였다. ULCC는 전장 380m, 선폭 68m, 깊이 34m나 된다.

- 30만톤급 유조선 : 원유를 30만톤 적재할 수 있는 능력을 가지고 있는 선박

② 정유 운반선(Product Carrier) : 원유를 정제한 후 생성되는 나프타, 에틸렌 등을 운송하는 선박

③ 화학제품 운반선(Chemical Tanker) : 윤활유제품, 석유화학제품 및 화성화학제품(각종 알콜, 에칠, 유기산, 무기산) 등을 적재할 수 있도록 특수설계를 한 전용선

〈그림 5-6〉 유조선

④ 액화천연가스 운반선(LNG Carrier)

LNG는 비등점이 －162℃인 메탄 성분이 90% 이상을 차지하기 때문에 냉각・액화한 메탄을 운반한다. LNG선은 액화가스를 저장하는 화물창에 따라 모스(Moss)형과 멤브레인(Membrane)형으로 구분된다. 모스형은 직경 40m 가량의 둥근 공 모양의 탱크를 두꺼운 알루미늄으로 별도로 만들어 선박 위에 설치하는 방식이고, 멤브레인형은 별도의 탱크를 만드는 것이 아니고, 화물창 벽에 보온을 잘한 후 그 보온 표면에 특수한 금속판을 붙이는 것이다.

〈그림 5-7〉 LNG선

모스형식 LNG운반선

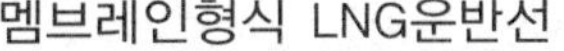
멤브레인형식 LNG운반선

⑤ 액화프로판가스 운반선(LPG Carrier)

저온으로 액화시킨 프로판가스를 운송하는 선박을 말한다. LPG선은 석유가스를 액화시키는 방법에 따라 저온식 LPG선과 가압식 LPG선이 있다. 저온식은 대기압과

거의 같은 압력에서 냉각시켜 수송하는 것으로 대량 수송에 적합한 방식이다. 오늘날 6만톤 정도의 수송능력을 가진 저온식 LPG선이 많이 취항하고 있으며, 대형화되고 있다.

⑥ 유조선의 크기 종류

유조건의 크기는 파나막스(Panamax), 아프라막스(Aframax), 수에즈맥스(Suezmax), VLCC(Very Large Crude Oil Carrier), ULCC(Ultra Large Crude Oil Carrier) 등으로 구분된다.

파나막스(Panamax)급 유조선은 파나마 운하를 통과할 수 있는 폭은 32m, 재화중량톤수(DWT)는 6만~7만톤급 선박이다. 아프라막스(Aframax)급 유조선은 운임, 선가 등을 고려했을 때 최대 이윤을 창출할 수 있는 가장 이상적이고 경제적인 규모의 선형으로 9만 5천톤급 선박을 지칭하며, 보통 8만~11만톤급 선박이다. 수에즈막스(Suezmax)급 유조선은 원유 등을 만재하고 수에즈 운하를 통과할 수 있는 최대 선형으로 13만~15만톤급 선박이다. VLCC(Very Large Crude Oil Carrier)급 유조선은 20만~30만톤급 초대형 유조선이며, ULCC(Ultra Large Crude Oil Carrier)급 유조선은 30만톤 이상의 초대형 유조선을 의미한다.

### (4) 겸용선

전용선의 공선항해를 줄이고 운항채산성을 맞추기 위하여 도입된 선박으로서 가는 항차와 오는 항차에 다른 화물을 적재하여 운송할 수 있도록 선박구조 등을 갖춘 선박을 의미한다.

① 광유운반선(Ore / Oil Carrier) : 갈 때는 광석을, 돌아올 때는 유류를 적재할 수 있는 선박으로 통상적으로 복항시 다른 화물을 적재하여 운송한다.

② 광탄유겸용 다목적선(Ore / Bulk / Oil Carrier : OBO) : 광석과 유류, 곡물을 동시에 적재할 수 있는 선박으로 통상적으로 복항시 다른 화물을 적재하여 운송한다.

### (5) 특수선

장척화물, 중량화물, 부패성 화물 등 특수화물을 운송할 수 있도록 설계된 선박이다. 냉장선(Refrigerating Ship), 중량물 운반선(Heavy Cargo Carrier), LASH선(Lighter Aboard Ship), 가축운반선, 부유식 원유생산저장 하역설비(Floating Production Storage and Offloading : FPSO) 등이 있다.

■ LASH선은 규격화된 전용선박을 운송단위로 사용하며, 부선에 화물을 적재한 상태로 본선에 적입한 후 운송하는 선박이다. LASH선은 화물이 적재된 부선을 운송하는 선박으로 항만에 접안하지 않고서도 적양하작업이 가능한 하역 시스템을 갖추고 있다.

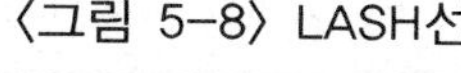
〈그림 5-8〉 LASH선

■ 중량물 운반선은 교량, 철강 구조물, 건설기자재, 플랜트 시설, 선박블럭 등 중량물을 선박에 적재하여 운송하는 선박으로서 중량물을 들어올리는 하역 장비 또는 선박이 반잠수식으로 하역작업이 가능하다.

〈그림 5-9〉 중량물 운반선

■ 부유식 원유생산저장 하역설비(FPSO)는 부유식 설비에서 원유를 생산(끌어 올려), 저장하였다가 탱커 등에 저장했던 원유를 하역하는 설비로서 일종의 정유공장이다. 원유시추 플랫폼을 선박 위에 옮겨 놓은 석유시추선 또는 가스시추선이다.

〈그림 5-10〉 FPSO선

### (6) 여객선과 카페리선

① 여객선(Passenger Ship)

여객만 승선하는 선박이다.

〈그림 5-11〉 여객선

② 화객선(Passenger and Cargo Ship)

여객과 화물을 동시에 운반하는 선박이다. 수면부분 이하의 선창에는 화물을 적재하고, 그 이상의 중갑판 및 상갑판의 선루에는 여객용 설비를 갖추어 여객을 탑승시키는 선박이다. 여객용 공간의 전후도 화물창으로 되어 있는 것이 보통이다. 화객선은 화물수송이 운항의 주목적이며 세계의 각 해역들을 항해하는 정기선으로 취항하고 있다.

■ 한일항로와 한중항로에 취항 중인 카페리선과 부산 ↔ 제주를 운항하는 '동양고속훼리호'와 같은 형태

### ③ 여객차량 겸용선(Car Ferry)

여객과 자동차를 함께 싣고 운항하는 선박이다. 선박과 육지를 잇는 램프를 설비하고, 차량갑판이 있으며, 운전자가 직접 자동차를 선박에 싣고 내린다. 장거리 트럭 수송과 연계하여, 선박이 지니는 대량수송성과 저렴성에 자동차가 지니는 신속성과 기동성을 조화시킨 수송 형태로 발전하고 있다.

〈그림 5-12〉 카페리선

■ 인천 · 평택과 중국 항만간, 그리고 부산과 일본 항만간 카페리선이 다수 취항하고 있다.

〈표 5-3〉 선박의 종류

<table>
<tr><td rowspan="7">화물선</td><td rowspan="5">건화물선</td><td rowspan="2">일반 화물선</td><td>정기선</td><td>컨테이너선, 일반정기선</td></tr>
<tr><td>부정기선</td><td>일반부정기선, 포장적재화물선</td></tr>
<tr><td>전용선</td><td colspan="2">광석전용선, 석탄전용선, 자동차전용선, 곡물전용선, 청과물전용선</td></tr>
<tr><td>겸용선</td><td colspan="2">• 광석 · 유류겸용선<br>• 광석 · 불포장화물 · 유류겸용선자동차 · 불포장화물겸용선</td></tr>
<tr><td>특수선</td><td colspan="2">냉장선, 중량물운반선, 래시 · 바지선</td></tr>
<tr><td rowspan="2">유조선</td><td>유송선</td><td colspan="2">원유수송선, 제품수송선</td></tr>
<tr><td>특수액체 운반선</td><td colspan="2">화학약품운반선, LPG탱커, LNG탱커, 당밀운반선</td></tr>
<tr><td colspan="3">여객선</td><td colspan="2">여객선, 화객선, 카페리, 유람선</td></tr>
</table>

## 3. 선명과 국적

### 1) 선 명

선박의 명칭은 국문이나 외래어로 작명하며, 선박법에 따라 관할 해운관련 행정당국에 등록하고, 선박의 명칭을 변경하는 경우 당국의 허가를 받아야 한다.

### 2) 선박의 국적

선박의 국적은 1851년 영국에서 선포된 항해조례에서 유래하였다.

대한민국 국적의 선박은 ① 한국의 국유 또는 공유에 속하는 선박, ② 대한민국 국민이 소유하는 선박, ③ 대한민국의 법률에 따라 설립된 상사법인이 소유하는 선박, ④ 대한민국에 주된 사무소를 둔 제3호 외의 법인으로서 그 대표자(공동대표인 경우에는 그 전원)가 대한민국 국민인 경우에 그 법인이 소유하는 선박을 의미한다.

## 4. 선박의 제원

선박은 크게 선체(hull)와 기관(engine)과 기기(machinery)로 구성된다. 선체는 선박의 내부와 외형 그리고 이를 지탱하는 모든 구조물로서 선박의 부력과 적재능력을 결정한다. 선체는 다시 선박 전체의 뼈대를 구성하는 용골(龍骨, keel), 뼈대를 지탱하는 늑골(肋骨, frame), 선박 내부를 세로로 구분하는 격벽(隔壁, bulkhead), 선박 내부를 가로로 구분하는 갑판(甲板, deck) 등으로 구성된다. 기관은 선박에 추진력을 부여하는 주기관(main engine)과 보조발전기 등을 의미하며, 기기는 주기관 및 보조기관을 지원하는 각종 기기, 하역을 지원하는 각종 설비, 항해안전 설비 등 각종 기계류를 의미한다.

### 1) 선체의 주요 치수

#### (1) 전장(Length Over All : LOA)

선체에 고정되어 있는 모든 돌출물을 포함한 선박의 맨 앞부분에서부터 맨 끝부분까지의 수평거리를 의미한다. LOA는 조선, 수리 등을 위한 접안 및 입거(dry docking) 그리고 운하 통과시 필요로 하는 요소이다.

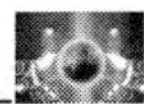

### (2) 선수 간 길이(Length Between Perpendicular : LBP)

화물을 만재하였을 경우 선박과 수면이 접촉한 직선길이를 의미한다. 만재흘수와 일치하는 선수부분의 수선(fore perpendicular)의 앞쪽 끝부분에서부터 선미수선(after perpendicular)의 뒤쪽 끝부분까지의 직선거리를 의미한다. 일반적으로 LOA보다 짧으며, 선박의 길이는 LBP를 사용하기도 한다.

### (3) 전폭(Extreme Breadth)

선체의 가장 넓은 부분에서 측정한 외판의 외면에서 반대편 외판까지의 수평거리를 의미한다. 전폭은 조선, 수리 등을 위한 입거시 또는 운하 통과시 고려해야 하는 요소이다.

### (4) 형폭(Moulded Breath)

선체의 제일 넓은 부분에서 측정한 프레임(frame)의 외면에서 외면까지의 수평거리를 의미하며 선박법상 선박의 폭에 이용된다. 형폭은 전폭에서 양쪽 외벽판의 두께를 제외한 길이를 말한다.

### (5) 선심(Vertical Depth)

선체 중앙에 있어 상갑판 가로들보(빔) 상단에서 용골의 상단까지의 수직거리를 의미하며, 선박법상 선박의 깊이에 이용된다. 형심으로 불리기도 하나 선박법과 국제만재흘수선조약 등에서는 선박의 깊이를 나타낸다.

### (6) 건현(Freeboard)

건현(Freeboard)은 선체 중앙부 현측에서, 갑판 윗면으로부터 만재흘수선(Load Line) 마크 윗단까지의 수직거리를 말한다. 선박의 깊이에서 흘수부분을 뺀 길이를 말한다. 건현은 만재흘수선 규정에 따라 지정되며, 건현이 크면 예비부력이 커져서 선박의 안정성이 커진다. 건현의 지정은 만재흘수선을 지정하는 것과 같은 의미이므로, 적재에 의해 배가 잠기는 깊이를 법적으로 제한한다는 뜻이 된다. 만재흘수선 규정은 충분한 복원성을 확보토록 고려되어 있다는 가정아래, 그 배에 필요한 최소 건현을 지정하여 거친 바다 위에서의 내항성을 확보하기에 충분한 예비부력을 보유케 하는데 그 목적이 있다. 아울러 만재흘수선 규정은 그 배가 지정된 건현에 상응하는 흘수에 충분한 구조강도(Structural Strength)를 갖도록 요구하고 있다.

〈그림 5-13〉 화물선의 구조

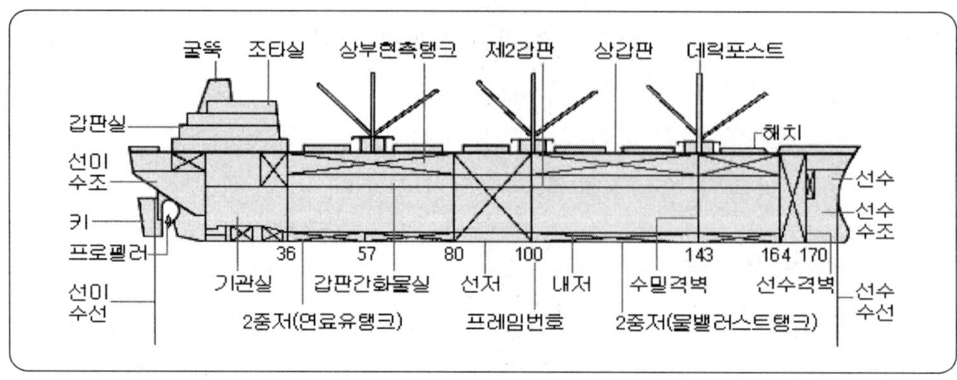


## 2) 선박의 흘수(吃水, Load Draft)

흘수는 선체가 수중에 잠겨있는 부분을 수직으로 잰 길이를 의미한다. 항만, 운하나 강 등 수심이 선박이 통항하는 데 지장이 없고, 입출항이 가능한지를 판단하기 위하여 필수적인 요소이다. 선박이 화물을 만재했을 경우 선박 정중앙부의 수면이 닿는 위치에서 선박의 가장 밑바닥 부분까지 수직거리로서 수심이 낮은 운하 및 하천의 배선과 원양선의 적하량을 설정하는 기준이 된다. 모든 선박은 선수와 선미에 20cm 간격으로 흘수눈금을 숫자로 표시하고 있다.

〈표 5-4〉 흘수 표시방법

| 흘수의 종류 | 내 용 |
|---|---|
| 전흘수(keel draft) | 수면에서 선저 최저부까지의 수직거리로서 용골과 외벽판의 두께를 포함하며, 일반적으로 흘수는 전흘수를 나타냄 |
| 형흘수(moulded draft) | 수면에서 용골 상단까지의 수직거리로서 용골과 외벽판의 두께를 제외한 길이 |
| 최대만재흘수<br>(load draft extreme) | 만재흘수선에서 용골의 상단까지의 수직거리를 나타냄. 항해의 안전상 허용되는 최대흘수로서 선박의 운항중량을 반영하며, 적재화물의 중량을 제한하는 기준으로 활용함. 만재흘수선 규정에 따라 시기, 해역에 따라 적재중 차이가 있음. 선측에 아라비아 숫자로 표시함 |
| 선수흘수(fore draft) | 선수부분의 흘수로서 선박 앞부분이 수면에 잠기는 정도를 나타냄 |
| 선미흘수(aft draft) | 선미부분의 흘수로서 선박 뒷부분이 수면에 잠기는 정도를 나타냄 |

〈그림 5-14〉 흘수 및 건현 표시

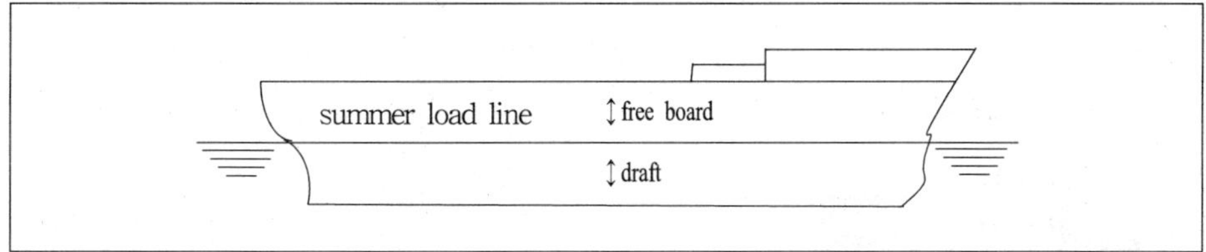


### (1) 만재흘수선 규정

국제해사기구(International Maritime Organization : IMO)는 1966년 만재흘수선에 관한 국제협약(Load Lines, 1966)을 채택하였다. 만재흘수선의 기본적인 개념은 선박이 물에 잠기는 정도가 물의 비중에 따라 다르고, 물의 비중은 해수와 담수간에 차이가 있으며 온도에 따라 변하기 때문에 그 상태를 몇 가지로 분류하여 기준을 정한 것이다. 만재흘수선국제협약은 각기 다른 지역과 계절에 따른 잠재적인 위험에 대해 고려하고, 건현갑판 하부 선체의 수밀성을 향상하도록 하였다. 아울러 선체 중앙부 양 현측에 지정된 건현을 만재흘수선 마크로 표시하도록 하였다.

### (2) 만재흘수선표(Load Line Mark)

선박에 화물을 선적할 때 더 이상 실을 수 없는 최대한도의 흘수를 만재흘수라 하고, 그때의 흘수선을 만재흘수선이라고 한다. 선박은 항해의 안전유지상 항해시기와 해역에 따라 적재중량을 조정할 필요가 있고, 만재흘수선을 선측에 표시하도록 하고 있다. 만재흘수선은 세계적으로 적용하며 전세계의 항로를 ㉠ 계절동기대 ㉡ 열대 ㉢ 계절열대 ㉣ 하기대의 4가지 지역으로 구분하고, 각 지역에 대해 하기계절과 동기계절 또는 열대로 정하고 있다. 모든 배에는 선체 중앙부의 양현에 지정된 만재흘수선을 나타내기 위해 만재흘수선표(Load Line Mark)를 표시해야 한다. 만재흘수선 표시는 처음 고안한 사람의 이름을 따서 Plimsoll Mark라고도 불린다. 마크는 영구적인 방법으로 부착해야 하며, 밝은 바탕에는 검은색, 어두운 바탕에는 희색이나 노란색으로 페인트 칠한다. 모든 선의 두께는 25mm이고, 원모양 양측에 표시된 LR 혹은 AB 등은 건현을 지정한 선급협회의 약자이다.

〈그림 5-15〉 만재흘수선 표시

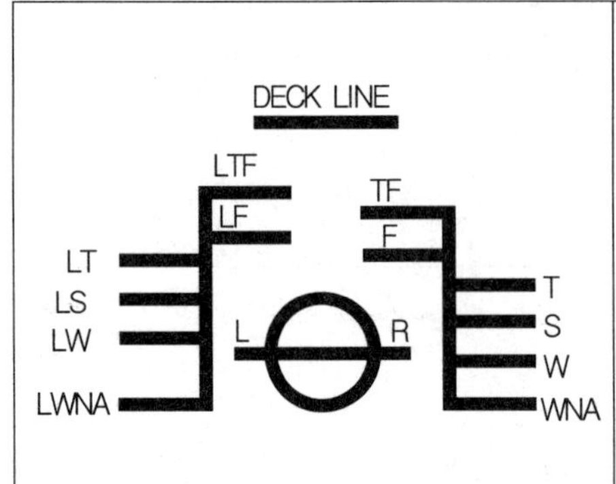


- LTF : Lumber, Tropical, Fresh(목재, 열대, 담수만재)
- LF : Lumber, Fresh(목재, 담수만재흘수)
- LT : Lumber, Tropical(목재, 열대만재흘수)
- LS : Lumber, Summer(목재, 하기만재흘수)
- LW : Lumber, Winter(목재, 동기만재흘수)
- LWNA : Lumber, Winter, North Atlantic(목재, 동기, 북대서양)
- TF : Tropical Fresh Water Mark(열대, 담수만재흘수)
- F : Fresh Water Mark(담수만재흘수)
- T : Tropical Load Line(열대만재흘수)
- S : Summer Load Line(하기만재흘수)
- W : Winter Load Line(동기만재흘수)
- WNA : Winter, North Atlantic(동기, 북대서양만재흘수)

## 5. 선박 톤수

선박의 크기는 선박자체의 용적과 중량으로 나타내나 화물선의 경우 선박에 적재할 수 있는 화물량이나 용적으로 표시한다. 선박의 무게를 표시하는 데 오래 전부터 톤(Tonnage)이 사용되었다. 선박의 크기를 나타내는 톤은 용적을 기준으로 측정한 용적톤과 중량을 기준으로 측정한 중량톤 등으로 구분할 수 있다.

선박의 톤수는 중량을 나타내는 배수톤수, 선박의 용적을 나타내는 총톤수와 순톤수, 선박이 적재할 수 있는 화물의 중량을 나타내는 재화중량톤수와 경하배수톤수, 선박 종류별 가공공수에 대한 상대적 지표인 표준화물선 환산톤수 등 여러 종류의 톤수가 사용되고 있다. 군함에는 배수톤수가 주로 사용되고 있다.

### 1) 용적톤

선박의 용적을 톤으로 환산시 100ft³을 1톤으로 하나, 화물의 용적을 톤으로 환산시 40ft³를 1톤으로 하며 용적톤으로 표시하는 것은 총톤수, 순톤수 및 재화용적톤수로 구분된다.

#### (1) 총톤수(Gross Tonnage : GT 또는 G / T)

선박 내부의 총용적으로 갑판 아래의 적량과 갑판 위의 밀폐된 장소의 적량을 합한 후 선박의 추진, 항해, 안전, 위생과 관련하여 사용되는 부분의 적량을 제외한 것을 톤수로 환산한 톤수이다. 총톤수는 각종 통계 및 관세, 등록세, 도선료 및 각종 심사료 등의 수수료와 제세금의 기준이 된다. 일반적으로 상선이나 어선의

크기를 말할 때는 총톤수로 표시하며, 각국의 해운력비교(보유선박량)의 자료가 된다.

#### (2) 순톤수(Net Tonnage : NT 또는 N / T)

순수하게 화물 및 여객의 운송 등 직접 상행위에 사용되는 용적으로, 총톤수에서 선박의 운항에 직접 이용되는 기관실, 선원거주공간, 해도실, 발라스트탱크 등 선박운항에 이용되는 부분의 적량을 공제한 순적량을 톤수로 환산한 톤수이다. 보통 총톤수의 약 65% 정도에 해당된다. 순톤수는 선주나 용선자의 상행위와 관련된 용적이기 때문에 항만세, 톤세, 운하통과료, 등대사용료, 항만시설사용료 등 모든 세금과 수수료의 산출기준이 된다.

#### (3) 재화용적톤수(Measurement Tonnage : MT)

선박 각 화물창의 용적과 특수화물창고 등 화물적재능력을 용적으로 표시한 톤수이며, 관습상 40ft³(약 1.133m³)을 1톤으로 한다.

〈표 5-5〉 선박톤수 종류

| 구 분 | 용 도 | 톤수의 종류 | 1톤의 크기 |
|---|---|---|---|
| 선박의 크기 | 중 량 | 배수톤수 | 2,240lbs(1,016kg) |
| | 용 적 | 총톤수 / 순톤수 | 100ft³(2.832m³ CBM) |
| 적재물량 | 중 량 | 재화중량톤수 | 2240lbs, MT, LT, ST |
| | 용 적 | 재화용적톤수 | 40ft³ = 1.133m³ |

### 2) 중량톤

중량톤은 배수톤수(Displacement Tonnage), 재화중량톤수(Deadweight Tonnage : DWT)로 분류되며, 중량톤 단위는 Metric Ton(MT), Long Ton(LT), Short Ton(ST)로 나타내며, LT가 국제적으로 널리 이용된다.

#### (1) 배수톤수(Displacement Tonnage)

선박의 중량은 선체의 수면밑 부분의 배수용적에 상당하는 물의 중량과 동일하다. 즉, 선체의 배수용적에 해당하는 물의 중량을 배수량 또는 배수톤수라고 한다. 주로 군함에서 사용하는 톤수이다. 군함의 경우 병기, 탄약, 승무원과 식량 등을

적재하고, 연료와 청수는 적재하지 않은 상태의 배수량을 기준배수톤수라 한다.

#### (2) 재화중량톤수(Deadweight Tonnage : DWT)

선박이 적재할 수 있는 화물의 최대 중량을 가리키는 단위로 영업상 가장 중요시되는 톤수이다. 여기에는 화물 외에 여객, 선원 및 그 소지품, 연료, 음료수, 발라스트, 식량, 선용품 등의 일체가 포함되므로 실제 수송할 수 있는 화물의 톤수는 배수톤수로부터 화물 외의 각종 중량을 뺀 무게가 된다. 선박이 적재할 수 있는 화물의 최대중량을 나타내기 때문에 선박의 매매, 용선료 등의 산정 기준이 된다.

#### (3) 경하배수톤수(Light Displacement Tonnage : LDT)

선박 자체와 기계류, 제반 기구와 다양한 부속품의 무게, 즉 경하 상태에 있는 선박의 무게를 말한다. 경하 배수량은 선박을 해체하기 위하여 매각하는 경우 지급되는 선가의 기본 단위가 된다.

### 3) 표준화물선 환산톤수(Compensated Gross Tonnage : CGT)

선종과 선형의 부가가치나 작업의 난이도 등을 고려하고, 조선소간 혹은 국제간의 선박 건조량을 비교하기 위해 각종 선박의 건조량을 표준화물선에 대한 값으로 환산한 톤수이다. 총 톤수 1만톤의 일반화물선에 있어서 1톤당 건조에 소요되는 가공공수를 1.0으로 하여 선종과 크기 등에 따라 상대적 계수를 정하고, 여기에 총톤수를 곱함으로써 실질적 건조량을 나타낼 수 있는 톤수이다.

CGT 개념을 적용하면, 10,000G / T 컨테이너는 환산계수가 1.2이므로 12,000CGT가 되며, 10,000G / T 여객선은 환산계수가 3.0이므로 30,000CGT가 되어 견적과 통계의 상호비교를 위한 기준이 된다.

### 4) 운하톤수

파나마운하나 수에즈운하의 통항료 산정을 위하여 특별한 측정규정을 정하여 이용하고 있다. 각 운하의 규정에 의한 톤수를 수에즈운하톤수 또는 파나마운하톤수라 한다.

## 6. 선급제도(Ship's Classification)

선박의 정상적인 항해가능 여부를 감항성(seaworthiness) 또는 내항성이라고 한다. 즉, 선체 및 기관에 이상이 없고 선장 이하 선원에 결원이 없으며, 연료, 청수 등 항해준비를 완벽하게 갖춘 상태를 감항성이 있다고 한다.

선박의 감항성 유무는 선주, 화주, 보험회사 등 모든 이해당사자에게 주요 관심사항이다. 그러나 감항성의 기준이 객관적으로 명백하지 못해 분쟁이 발생할 소지가 많았기 때문에 감항성의 객관적 · 전문적 판단을 위해 선급제도가 생겼고, 이를 담당하는 선급협회(Classification of Societies)가 있다.

### 1) 선급협회

선급제도는 보험자들에 의해 보험의 인수여부 및 보험료 결정을 위해 1760년에 'Green Book'이라는 선박등록부를 만들면서 시작되었다. 선주들도 자신의 이익보호를 위해 선급제도를 별도로 실시해 왔다. 선박이 특정 선급을 얻기 위해서는 선급검사관(surveyor)의 엄격한 감독하에 동 선급규칙에 맞춰 건조되어야 한다. 어떤 선박의 선급이 +100A1이라면 동 선박은 로이즈 검사관의 감독 하에 건조되었음을 의미한다. 또 선급을 계속 유지하기 위해서는 매년 일반검사(survey)를 받고 4년마다 정밀검사(special survey)를 받아야 한다.

전세계 45개 선급 중 로이즈 선급 등 11개 주요 선급이 상호 협력, 선급제도를 발전시키기 위해 1968년 국제선급협회(International Association of Classification Societies : IACS)를 창설하였다. 현재 정회원국은 영국, 미국, 프랑스, 독일, 노르웨이, 이태리, 일본, 중국, 폴란드, 한국 등으로 11개 선급협회는 <표 5-6>과 같다.

우리나라도 독자적인 선급제도의 필요성을 느껴 선박안전법 제7조의 규정에 따라 1960년 한국선급협회(KR : Korea Register)를 창설하였고, 선박검사의 국가대행기관으로서 지정되어 활동해 왔다. 1988년 6월부터는 중국과 함께 IACS의 정회원이 되어 선진해운 및 조선국임을 대내외로 인정받고 있다.

〈표 5-6〉 국제선급협회(IACS) 회원

| | |
|---|---|
| ABS(American Bureau of Shipping) | 미국 선급협회 |
| BV(Bureau Veritas) | 프랑스 선급협회 |
| DNV(Det Norske Veritas) | 노르웨이 선급협회 |
| GL(Germanischer Lloyd) | 독일 선급협회 |
| KR(Korean Register of Shipping) | 대한민국 선급협회 |
| LR(Lloyd' s Register of Shipping) | 영국 선급협회 |
| NK(Nippon Kaiji Kyokai) | 일본 해사 협회 |
| RI(Registro Italiano Novale) | 이탈리아 선급협회 |
| RS(USSR Register of Shipping) | 러시아 선급협회 |
| PRS(Polski Register Statkow) | 폴란드 선급협회 |
| ZC(China Classification Society) | 중국 선급협회 |

## 2) 선박검사

선박검사는 선박이 감항성을 유지하고 인명과 재산의 안전에 필요한 각종 시설(선박안전법 제2조)에 관하여 검사기준에 따라 적합여부를 판정하고, 그러한 기준에 맞도록 선박을 유지하게 함으로써 선박의 안전을 확보하기 위하여 실시한다. 선박검사의 종류는 시행주체에 따라 아래와 같이 분류한다.

〈표 5-7〉 선박검사의 종류

| | |
|---|---|
| **정부검사** | 국가 공권력에 의하여 인명과 재산보호를 목적으로 선박의 감항성 확보 여부 확인 |
| **선급검사** | 해상보험에서 출발하여 선박의 상태를 평가 |
| **상태검사** | 선박소유자가 자체적으로 실시하는 검사로서 주로 선박의 매매시에 선박의 유지관리 측면에서 현상파악이 주목적 |

선박의 구조, 성능 등을 평가하는 선급검사의 기술적 행위는 선박의 감항성 유지여부를 확인하는 정부검사와 근본적으로는 동일하다. 최근, 상당수의 국가에서는 선급검사의 실적을 평가하여, 선급검사의 대상은 정부검사를 생략하거나 간소

화하는 경향이 있다. 선박안전법상 선박검사의 종류와 시기는 다음과 같다.

〈표 5-8〉 선박안전법상 선박검사의 종류

| | |
|---|---|
| 건조검사 | 선박의 건조에 착수한 때부터 완성에 이를 때까지 전 건조공정에 걸쳐 선박의 설계, 재료, 구조 및 제작에 대하여 상세하게 실시하는 검사로서, 여객선과 길이 24m 이상의 선박(건조자)에 적용 |
| 정기검사 | 정기검사는 선박을 최초로 항행에 사용할 때와 선박검사증서의 유효기간이 만료한 때 실시하며, 선박시설과 만재흘수선 등 선박전반에 대한 정밀한 검사를 말한다. 단, 무선설비와 선박위치발신장치는 전파법의 규정에 따라 검사를 받았는지 여부 확인 |
| 중간검사 | 중간검사는 정기검사와 정기검사 중간에 선박의 크기 및 용도에 따라 제1종과 제2종으로 구분하여 실시 |
| 임시검사 | 선박시설의 개조・수리시, 선박검사증서에 기재된 내용 변경시, 선박의 용도 변경시, 만재흘수선 변경시, 무선설비의 신규 설치나 변경시 임시검사 실시 |
| 임시항행검사 | 정기검사를 받기 전 임시로 선박을 항행에 사용할 때에는 임시항행검사를 받아야 함 |
| 국제협약검사 | 국제항해에 취항하는 선박소유자는 선박의 감항성 및 인명안전과 관련하여 국제적으로 발효된 국제협약에 따른 검사를 받아야 함 |

### 3) 편의치적(Flag of Convenience) 및 제2치적(Second Registry) 제도

#### (1) 편의치적(Flag of Convenience)

편의치적 제도란 무거운 세금과 각종 안전과 오염방지 등 규제를 피하기 위해 자국이 아닌 외국에 등록하는 제도이다. 1922년 미국의 United American Line이 객선 2척을 파나마에 치적하면서 경제적 동기에 의한 편의치적이 시작되었고, 1948년 리베리아가 파나마보다 매력적인 조건을 제공하면서 편의치적국으로 등장하였다. 편의치적은 1950년대부터 지속적으로 증가하기 시작하여 1976년에는 전세계 선복량의 26.8%가 편의치적선이었고, 1976년 편의치적 선복의 74%가 리베리아에 치적되었다. 파나마, 리베리아 외에도 온두라스, 코스타리카, 레바논, 키프로스, 소말리아, 오만 등이 대표적인 편의치적국이다. 편의치적의 이점은 다음과 같다.

첫째, 저임금의 개도국 선원을 승선시켜 선원비를 절감한다. 선진국 선주들이

편의치적하는 주요 목적이다.

둘째, 편의치적국은 등록세와 매년 징수하는 소액의 톤세 외에 선주의 소득에 관여하지 않는다.

셋째, 선사는 재무상태, 거래내역을 자국의 세무당국 등에 보고하지 않아도 되고, 기항지도 제약을 받지 않는 등 자국의 경영상 간섭을 받지 않는다.

넷째, 금융기관이 선박에 대한 임치권(유치권) 행사를 용이하게 할 수 있어, 선박의 건조 또는 구입자금을 국제금융시장에서 쉽게 조달할 수 있다.

다섯째, 편의치적국들은 선박의 운항, 안전 및 보안기준 등에 대해 관심이 없어 규제하지 않기 때문에 갈수록 강화되는 국제규제 부문을 회피, 비용절감을 노려 치적하는 사례도 많다.

### (2) 제2치적(Second Registry)

편의치적을 대신해 등장한 제도가 제2치적, 역외치적(flagging out) 또는 국제선박등록제도(international ship registry)이다. 1980년대에 선진국의 선박이 지속적으로 편의치적을 이용하자, 자국선대의 해외치적을 방지하기 위해 자국의 자치령 또는 속령에 등록할 경우 선원고용의 융통성과 세제혜택을 허용하기 시작한 제도이다. 제2치적 제도는 자국내에 선박등록이나 선원고용 등 예외를 인정하고 인센티브를 부여하는 특정지역을 등록지로 삼는 제도이다.

영국은 버뮤다와 케이만 군도, 네델란드는 안틸레스제도, 프랑스는 Kerguelen, 포르투갈은 Madeira, 스페인은 Canary Islands 등을 제2치적지로 하였고, 독일, 덴마크, 노르웨이는 각각 국제선박등록제도인 Germany Int'l Ship Register(GIS), Denmark Int'l Ship Register(DIS), Norway Int'l Ship Register(NIS)를 도입하여 운영하고 있다. 제2치적제도의 주요 내용은 다음과 같다.

첫째, 기존의 국적선 등록지와 다른 지역(섬 등)에 선박을 등록하고 명목상의 본사를 둔다.

둘째, 자국기를 게양하면서 외국인 선원의 고용, 승선을 허용하고 세제상 혜택을 부여해 준다.

셋째, 선박안전 등에 관한 사항은 자국적선과 동일하게 적용하며 등록선박에 대한 관리체제가 잘 정비되어 있다.

우리나라는 2002년 국제선박등록제도를 도입하였는데, 대한민국 국민 또는 법인이 소유한 선박 및 대한민국 국적을 취득할 조건으로 임차한 외국선박이 등록대

상이다. 제주도에 등록하는 국제선박은 취득세 · 재산세 · 지방교육세 · 공동시설세 · 농특세 전액 감면(조특법 제121조의15), 외국선원 고용이 가능하다. 2010년말 현재 제주선박등록특구에 등록된 선박은 975척이다.

## 제4절 항만

### 1. 항만의 개념

항만(port, harbour)은 해륙운송의 중계지로서 육상운송된 화물의 선적과 해상운송된 화물을 원활하게 양륙할 수 있는 시설을 갖추고, 하역, 보관, 이송 등의 활동이 이루어지는 공간이다. 항만법에서 항만은 선박의 출입, 사람이 선박에 승선하고 내리거나 화물을 선박에 적재하고 내릴 수 있는 시설이 구비된 것으로 정의하였다.

항만은 선박의 자유로운 입출항과 신속한 하역작업 그리고 선박의 안전한 정박을 위한 충분한 수심과 넓은 접안시설, 하역장비 및 창고, 화물장치장과 육상교통과의 연계, 입출항에 필요한 세관 및 검역시설과 물류센터, 검사시설과 장비, 신속한 하역을 위한 하역장비 등을 갖춰야 한다. 항만은 국제무역의 증진, 해운산업의 발달 및 관련 산업에 파급효과가 크기 때문에 경제적 중요성이 높다. 세계 각국이 항만과 배후단지를 개발하고 유수의 외국 기업을 유치하고자 하는 것도 이러한 이유 때문이다.

### 2. 항만의 역할과 주요 기능

항만의 주요 기능은 승객과 국제화물 운송을 위한 해상과 육상의 연결지점으로서, 부가가치 물류서비스를 제공하는 공간으로서 이용되고, 자원의 효율적 배분을 위한 국제교역의 연결교차점으로서 기능을 수행하며, 교역증대, 교통, 배분, 고용창출, 국위선양, 국방, 도시개발, 공업생산증대, 서비스산업증진 등에 기여한다.

항만은 단순한 해륙연결거점이 아니라 부가가치서비스를 제공하는 공간으로 변모하였다. 항만과 배후단지에 다수의 창고나 물류센터를 중심으로 조립가공, 상표부착, 혼재, 분류 등 서비스를 제공하는 국제물류거점으로 활용되고 있다. 수출입화물은 물론 다수의 환적화물을 항만배후단지에 유치하여 부가가치 물류활동을 수행하고, 다시 제3국으로 수출하는 글로벌 공급사슬거점으로 활용되고 있다.

자료더보기

**항만기능이 효율적으로 이루어지기 위한 요소**

1. 항만 배후지에서 발생하는 국제무역수요를 효율적이고 경제적인 방법으로 처리할 수 있는 능력을 갖추고 지속적인 서비스 개선노력을 기울여야 한다.
2. 지역산업 개발과 무역창출의 기능을 수행하여야 하며, 지역혁신클러스터 또는 항만물류클러스터를 조성하여 지역경제 활성화에 기여하여야 한다.
3. 수출입 화물은 물론 환적 화물이 증가하더라도 충분히 효율적으로 처리할 수 있는 시설능력을 갖추고 지속적으로 환적화물을 유치하고 부가가치서비스를 제공할 수 있는 능력을 확보해야 한다.
4. 항만은 전・후방기지 및 해륙 연결점으로서 이용 고객과 관련 업체나 업계에 대하여 항상 최고의 효율적인 서비스를 제공할 수 있어야 한다.
5. 항만은 도시의 일부로서 도시기능과 잘 조화를 이루어야 하며, 시민과 고객이 항상 항만에 접근하여 즐길 수 있는 친수공간을 제공해야 한다.

## 3. 항만의 종류

항만은 사업목적상, 법률상, 건설방법상, 지형상, 결빙 여부 등에 따라 구분할 수 있다. 외국무역선의 입출항을 허용하는 개항(open port)과 외국무역선의 입출항은 허용하지 않고 국내 선박만 입출항할 수 있는 불개항(local port)으로 구분할 수 있다. 홍콩항, 싱가포르항 등은 항만 내에서 수출입 화물에 대한 관세를 부과하지 않고, 일부 제한적인 품목 이외에는 자유로운 활동을 부여하는 자유항(free port)도 있다.

〈표 5-9〉 항만의 종류

| 구 분 | 종 류 | 내 용 |
|---|---|---|
| 사업목적상 분류 | 상업항 | 국제무역 또는 국내 상거래를 주로 수행하는 항만 |
| | 공업항 | 공업용 원자재나 제품을 주로 수출입하는 항만 |
| | 어 항 | 어획물의 양륙을 주로 하는 항만 |
| | 군 항 | 군사적 목적을 주로 하는 항만 |
| | 피난항 | 악천후시 안전하게 피난할 수 있는 항만 |
| | 검역항 | 해외로부터의 전염병 방지를 목적으로 지정된 항만 |
| 법률에 의한 분류 | 개 항 | 외국 선박의 출입이 개방된 항만 |
| | 불개항 | 국내 선박만이 출입할 수 있는 항만 |
| | 자유항 | 수출입 화물에 대하여 관세부과 없이 보세구역과 같은 기능과 역할을 수행하는 항만 |
| 건설방법에 의한 분류 | 천연항 | 섬·암초 등에 둘러싸여 자연적으로 형성된 항만(목포항) |
| | 인공항 | 방파제 등에 의해 인공적으로 건설된 항만(부산항) |
| 지형상 분류 | 연안항 | 해안에 인접한 항만 |
| | 하구항 | 하구에 있는 항만(신의주항) |
| | 호 항 | 호수에 있는 항만 |
| | 하천항 | 하천에 형성된 항만(런던항) |
| 결빙여부에 의한 분류 | 동 항 | 결빙시 사용하지 못하는 항만 |
| | 부동항 | 결빙의 영향을 받지 않는 항만 |
| 개폐 여부에 의한 분류 | 개구항 | 조차가 크지 않아 항상 항만이 열려 있는 항만 |
| | 폐구항 | 조차가 커 갑문(lock)을 설치한 항만(인천항) |

## 4. 항만 시설

항만법 제2조 제6호에서 항만시설은 항만구역 내에 있는 다음의 하나에 해당하는 시설로서 해양수산부장관 또는 시·도지사가 지정, 고시한 것을 말한다. 항만시설은 크게 기본시설, 기능시설, 지원시설, 항만친수시설로 구분하였다.

### 1) 기본시설

기본시설은 수역시설, 외곽시설, 임항교통시설, 계류시설로 다시 구분할 수 있다.

## (1) 수역시설

수역시설은 항로, 정박지, 선류장, 선회장을 의미한다.

① **항로**(Access Channel) : 선박 입출항 통행로로서 충분한 수심을 확보해야 하며, 선박에 대한 조류의 영향을 최소화할 수 있도록 조류의 방향과 작은 각도를 이루도록 해야 한다. 또한 안전한 선박입출항을 위해서 부표 등 항행보조시설을 설치해야 한다.

② **묘박지**(Anchorage) : 선박이 항만의 부두시설에 접안하러 입항하기 전에 접안할 부두가 없거나 기상악화로 피항을 위하여 일시적으로 닻(anchor)을 내리고 대기하는 수역이다.

③ **선회장** : 선박이 방향을 회전할 수 있는 장소로서 예선의 유무, 바람, 조위 등의 영향을 고려하여 안전한 수면을 확보해야 한다. 보통 선회를 위해 필요한 공간은 자력 운항시 선박길이의 3배에 해당하는 직경이 필요하다.

**(2) 외곽시설** : 외곽시설은 방파제, 방사제, 도류제, 제방, 호안, 수문, 갑문 등이다.

**(3) 계류시설** : 계류시설은 안벽, 물양장, 잔교, 돌핀, 부잔교, 계선부표 등이다.

① **부두**(Wharf) : 항만 내에서 화물의 하역과 여객의 승하선을 위한 여러 가지 구조물을 말한다. 광의로는 부두광장, 임해철도, 창고와 장치장, 각종 하역설비 등이 설치된 지역 모두를 의미한다. 경우에 따라서는 안벽, 잔교 등을 포함하는 개념이다.

② **안벽**(Quay) : 화물의 하역과 여객의 승하선이 직접 이루어지는 구조물로서 선박이 접안할 수 있도록 해안선에 평행하게 육상높이와 같이 축조된 석조 또는 콘크리트 구조물로서 선박의 접안을 위하여 수직으로 만들어진 벽이다.

③ **잔교**(Pier) : 선박을 접안하고 계류하여 화물의 하역과 여객의 승하선을 용이하게 만든 목재나 철재 또는 콘크리트로 만든 교량형 구조물을 말한다. 보통 해안선과 직각의 형태로 돌출된 교량형 구조물을 의미하며 목재, 철재, 석재로 된 기둥을 해저에 박은 뒤 기둥의 윗부분을 콘크리트를 굳혀 육지와 연결한다.

④ **부잔교**(Floating Landing Stage) : 잔교의 일종으로서 폰툰(pontoon)이나 바지(barge)를 띄워 육상과 연결하는, 조석간만의 차가 심한 항만의 선박접안시설이다.

⑤ **돌핀**(Dolphin) : 해안에서 떨어진 해상에 몇 개의 기둥을 박아 선박을 계류시

킬 수 있는 시설로서, 유류, 액화가스, 화학제품, 시멘트 등 하역작업을 위해 육상까지 파이프라인이나 연속이동설비를 설치하여 사용하는 경우가 많다.

⑥ **계선부표**(mooring buoy) : 해저에 앵커(anchor)로 고정된 선박계류용 부표로서 해상에서 직접 하역작업 또는 선박계류를 위한 시설이다.

⑦ **계선주**(mooring bitt) : 선박을 부두나 안벽에 안전하게 밧줄로 묶어두기 위해 철제, 돌 등으로 만들어진 기둥이며, 볼라드(bollard) 또는 비트(bitt)라고도 한다.

(4) **임항교통시설** : 임항교통시설은 항만 내 인입철도나 도로 등 항만과 원활한 연계운송을 위하여 건설된 도로, 교량, 철도, 궤도, 운하 등 인프라를 의미한다.

### 2) 기능시설

① 선박의 입출항을 위한 항로표시, 신호, 조명, 항무통신시설 등 항행보조시설
② 고정식 또는 이동식 하역장비, 화물이송시설, 배관시설 등 하역시설
③ 대합실, 여객승강용시설, 소화물취급소 등 여객이용시설
④ 창고, 야적장, CY, CFS, 싸일로, 저유시설, 화물 터미널 등 화물의 유통 및 판매시설
⑤ 선박을 위한 급유시설, 급수시설, 얼음의 생산공급시설 등 선박보급시설
⑥ 항만의 관제, 홍보, 보안시설

### 3) 지원시설

① 보관창고, 집배송장, 복합화물터미널, 정비고 등 배후유통시설
② 선박기자재, 선용품 등의 보관, 판매, 전시 등을 위한 시설
③ 화물의 조립, 가공, 포장을 위한 시설
④ 공공서비스, 시설관리 등 항만관련 업무용 시설
⑤ 항만 사용자, 여객 등 항만이용자와 항만종사자의 휴게소, 숙박소, 진료소, 위락시설, 연수장, 주차장, 차량통관장 등 후생복지 및 편의제공시설
⑥ 항만관련 산업의 기술개발, 벤처지원 등 연구시설
⑦ 기타 해양수산부령이 정하는 항만기능의 지원을 위한 시설

### 4) 항만친수시설

① 낚시터, 유람선, 낚시어선, 모터보트, 요트 및 윈드서핑 등의 수용을 위한 해양레저용 기반시설
② 해양박물관, 어촌민속관, 해양유적지, 공연장, 학습장, 갯벌체험장 등 해양문화 · 교육시설
③ 해양전망대, 산책로, 해안녹지, 조경시설 등 해양공원시설
④ 인공해변, 인공습지 등 준설토를 재활용하여 조성한 인공시설

## 5. 우리나라 항만의 발전 방향

### 1) 부산신항, 광양항을 동북아의 Hub Port로 건설

동북아 중추거점항만의 지위를 확보하기 위하여 부산신항을 적기에 개발하고, 부산북항과 연계운영을 통한 효율화를 도모하며, 광양항과 인천항의 활성화를 도모한다. 2015년 현재 부산신항은 21개 선석에 923만TEU, 부산북항은 20개 선석에 600만TEU를 처리할 수 있는 시설을 확보하였다. 광양항은 2015년 현재 14개 선석에 460만TEU를 처리할 수 있는 시설능력을 확보하고 있다. 인천신항의 선광부두가 2015년 6월 일부가 개장하여 대형선 입항이 가능하게 되었으며, 경제자유구역과 연계하여 개발을 추진해 왔다. 현재 환적컨테이너를 상당량 처리하는 부산항 시설 확충이 추가적으로 이루어질 것으로 예상되며, 광양항은 시설능력에 다소 여유가 있다. 최근 주요 중국 항만개발 가속화로 부산항과 광양항이 중국 환적화물을 유치하는 데 어려움이 많아 항만개발도 Trigger Rule에 따라 충분한 항만개발수요가 있을 때 개발하는 형태로 항만정책이 추진되고 있다.

### 2) 첨단기능의 컨테이너 터미널 개발

초대형 컨테이너선 유치를 위한 수심을 확보하고 하이브리드형 접안시설과 최첨단 기능을 갖춘 자동화, 고속화 하역시스템, 항만 지능형 운영시스템을 구축하여 중심항만으로서의 경쟁력을 확보한다. 18,000TEU급 이상의 선박이 50척 이상 운항 내지 발주되고, 최근 20,000TEU급 컨테이너선박이 발주되고 있는 상황이므로 부산신항의 경우 17m 이상 수심이 확보하도록 하고, 초대형 컨테이너선이 접안하여 하역작업을 수행할 수 있는 접안시설을 개발한다.

### 3) 권역별 주요 항만 특화개발

전국을 국토종합계획 및 국가기간교통망계획과 연계하여 6대 권역으로 나누어 권역별로 거점항만을 개발한다. 수도권은 인천항과 평택당진항, 중부권은 대산항과 보령항, 호남권은 군장항과 목포항, 영남권은 부산항, 포항항, 울산항, 마산항 등이다.

### 4) 항만배후부지를 국제종합물류단지로 개발

항만배후부지를 조립・가공, 재포장, 상표부착, 검사, 마케팅 등의 부가가치물류(Value Added Logistics)를 제공하는 종합물류거점으로 개발한다. 국내 물류업체 및 다국적 기업의 동북아 물류중심센터(NEA Distribution Center)로 육성하고, 항만 및 배후지 중심의 종합화물 유통기지를 구축한다.

항만을 중심으로 화물의 집배송, 보관 및 재고관리, 수출입화물의 통관기능 등이 일관적으로 수행되도록 한다. 항만과 배후지 내에서 재포장, 품질관리, 완전조립, 상표부착 등 물류업 중심의 고부가가치 경제활동이 자유롭게 이루어지도록 지원한다.

### 5) 해외항만개발 추진과 글로벌 물류네트워크 구축

외국 투자자 등과 파트너십 구축 및 국내 항만기업의 해외 진출 기반 확보를 위해 국내항만개발 노하우를 바탕으로 개도국 항만개발의 지원을 추진하고, 국내 물류시장을 넘어 해외시장 진출을 위한 정보제공과 투자대상 발굴 지원 등 우리 항만을 중심으로 신규화물 창출을 위한 글로벌 물류네트워크 구축을 추진하고 있다. 산업은행과 해외 항만 및 물류센터 개발/운영, 물류기업 인수/합병(M&A) 등 국제물류에 특화된 투자펀드를 설립하고 지원체제를 구축 중이다.

### 6) 고부가가치 국제물류산업 육성 촉진

항만을 종합물류거점으로 육성하기 위한 제도적 기반을 마련한다. 국제물류관련 제도를 정비하고, 원스톱 물류서비스 제공을 위한 국제물류지원센터를 적극 활용한다. 부산신항 및 광양항 배후부지 등을 자유무역지역으로 지정하고, 조기개발을 추진하며, 항만배후지에 국제물류관련사업의 집중적으로 유치한다. 아울러 부

산항 국제선용품센터와 선박급유 및 유류중개기지 건립 등을 통한 항만물류산업 육성과 클러스터화를 통하여 아시아태평양지역에서의 국제물류중심기지로 발전시킨다.

### 7) 선진국형 항만관리체제 도입 및 부두운영회사제를 통한 항만운영효율성 제고

항만운영의 자율성을 제고하고, 민간경영기법을 도입하고, 관련 자치단체 및 항만이용자의 의견을 반영하는 항만공사제 도입을 확대하고, 건전한 발전을 도모한다. 항만공사제 도입에 따른 항만관련기관과 항만공사간의 기능을 합리적으로 배분하여 수행하며, 재정자립도 등 제반 여건개선 추이를 감안하여 부산항, 인천항 이외의 다른 항만에서도 항만공사제를 확대하여 시행한다. 부산항(2005년), 인천항(2006년), 울산항(2007년), 여수광양항(2011년)은 항만공사제를 도입하였다.

합리적인 TOC(terminal operating company)부두의 임대료 체계를 마련하고 TOC제를 지속적으로 확대한다. TOC임대기간의 장기화와 선석통합운영을 통해 시설투자 촉진 및 기계화로 인한 하역생산성 향상을 도모하고, 하역업체의 M&A 등을 통해 대형화, 전문화를 추진한다.

### 8) 항만재개발 및 친수공간화

항만 및 배후도시의 성장, 선박의 대형화, 화물의 컨테이너화 등 물류환경이 급격히 변화함에 따라 항만 및 기능지원 시설의 생애주기(Life-cycle)가 점차 단축되고, 이에 따라 노후 및 유휴 항만이 나타남에 따라 부산북항 등 항만재개발을 통해 적절한 기능전환을 추진 중이다. 또한 국민소득 향상과 주 5일 근무제 확산 등으로 여가 및 레저공간에 대한 수요가 증대됨에 따라 항만공간에 대한 재개발 요구가 증가하고 있다. 아울러, 해양레저인프라 기반으로서 마리나 개발을 체계적으로 추진하기 위한 전국 단위의 기본계획을 수립 등 활성화 방안을 추진한다.

### 9) 해운항만물류정보센터 구축

인터넷 Network를 활용하여 정부정보망과 민간부문에서 각 업체별로 운영하고 있는 물류정보망 등을 통합한 종합적인 물류정보시스템을 구축한다. 물류주체별・업체별로 운영하고 있는 해운항만분야의 모든 물류정보를 표준화・집중화・개방화하여 이용자들이 다양한 공간에서 저렴하게 해운항만물류정보네트워크에

접속할 수 있도록 물류정보화 기반을 조성한다. 축적된 물류정보를 상호 공유하고 정보화 확산을 지원하기 위한 해운항만부문의 종합적인 물류정보지원센터를 운영하고, 화물의 흐름을 종합관리하기 위한 통합 DB시스템을 구축한다.

### 10) 항만노무공급체계 개선을 통한 노무인력의 안정적 공급

공용부두와 군소항만은 보상에 따른 상용화 실익이 적으므로 우선 컨테이너 터미널 등 신설 기계화 부두의 상용화를 추진한다. 이미 부산항, 인천항, 평택당진항은 항만노무상용화를 실시하였으며, 향후 주요 항만으로 확대해 갈 예정이다. 아울러 ILO의 컨테이너운영자 교육프로그램 시행 및 자격제도 신설 등 항만근로자 교육훈련체제를 개편하여 우수한 항만하역인력 양성을 추진한다.

# 제5절 해상운송계약

## 1. 해상운송계약

해상운송계약이란 해상에서 선박을 이용한 화물운송을 인수하는 계약을 선주 및 운송인과 화주간에 체결하고, 화주는 일정한 운임을 지불할 것을 약정하는 행위를 말한다. 해상운송계약(Contract of Carriage of Goods by Seas)의 법적 성질은 도급계약으로 낙성계약(consensual contract), 쌍무계약(bilateral contract), 유상계약(remunerative contract), 불요식(informal contract)의 계약이다.

### 1) 개품운송계약(Contract of Affreightment in General Ship)

개품운송계약은 개별 물품의 운송을 목적으로 하는 운송계약이다. 보통 다수의 화주로부터 위탁받은 개별 화물을 운송하는 정기선에서 주로 사용한다. 정기선사는 특성상 불특정 다수의 화주로부터 위탁받은 화물을 집화 · 혼재하여 운송하며, 운송의 대가로 운임을 수령한다. 개품운송계약은 계약서를 별도로 작성하는 것이 아니라, 선적 후 운송인이 발행하는 선화증권에 의하여 운송계약이 성립된다. 개품운송계약 체결절차는 요약하면 다음의 표와 같다.

〈표 5-10〉 개품운송계약 체결 절차

| 주요 절차 | 추진 내용 |
|---|---|
| 운항일정 확인 | 화주는 선사의 홈페이지 또는 운송관련 사이트를 방문하여 운항일정 확인 |
| 선적요청서 작성 | 화주는 인테넷상 홈페이지에서 계약신청의 의사표시로 선적요청서(Shipping Request : S/R)를 작성 |
| 선복원부에 기입 | 선사는 계약승낙의 의사표시로 운송계약예약서(Booking Note)를 작성 |
| 선복예약서 교부 | 선사는 운송계약 성립시 송화인에게 Booking Note 교부 |
| 물품선적 후 선하증권 교부 | 화주는 물품을 선적하고 인터넷상의 홈페이지에서 선하증권을 출력 |

〈표 5-11〉 개품운송과 용선운송의 비교

| 구 분 | 개품운송 | 용선운송 |
|---|---|---|
| 형 태 | 선박회사는 다수의 화주로부터 개개화물의 위탁운송 | 선사는 특정의 상대방과 특약에 의하여 선박을 빌려주어 운송을 인수 |
| 선 박 | 정기선 | 부정기선 |
| 화 주 | 불특정 다수 | 특정화주 |
| 화 물 | 잡화와 같은 비교적 적은 화물 | 대량살적 화물(원유, 철광석, 비료, 곡물 등) |
| 계 약 | 선하증권(B/L, Bill of Landing) | 용선계약서(Charter Party : CP) |
| 운임조건 | berth term(liner term) | FI, FO, FIO |
| 운임률 | 공시요율(tariff rate) | 수요공급에 따른 시세(open rate) |

## 2) 용선운송계약

용선운송계약은 화물운송을 위해 선주로부터 선박의 일부 혹은 전부를 용선하고, 용선자는 그 대가로 용선료를 지급하는 형태의 계약이다. 용선운송계약은 선박의 일부만 용선하는 일부용선계약, 선박 전부를 용선하는 전부용선계약으로 구분할 수 있다. 또한 전부용선계약의 경우 일정 기간을 기준으로 하는 정기용선계약(time charter)과 특정 항만에서 항만까지 일정 항해를 기준으로 하는 항해용선계약(voyage charter), 장비와 선원 등 운항에 필요한 비용 등 일체를 부담하는 나용선계약(bare boat charter)으로 구분할 수 있다. 나용선계약은 운송계약이라기 보다는 일정기간 선박만 제공하는 선박임대차계약 또는 선박리스로 볼 수 있다. 용선운송

계약은 특정 화주에 대하여 선사가 선복을 제공하여 화물을 운송하는 계약으로서 주로 부정기선 화물운송에 이용된다. 용선계약의 종류는 다음과 같다.

### (1) 정기(기간)용선계약

일정기간 동안 용선자에게 모든 장비와 선원을 갖춘 선박을 대여, 용선자는 용선료와 운항비(연료, 항비, 하역비, 예선료, 도선료)만 부담하고, 감가상각비, 보험료, 선원비, 선용품비, 수리비 등 선비는 선주가 부담한다.

### (2) 항해용선계약

특정 항구에서 특정 항구까지 한 번의 항해를 위해 체결되는 계약으로 선주가 모든 장비와 선원을 갖춘 선박을 대여하고 모든 운항비와 선비를 부담한다. 항해용선계약은 선복용선계약(Lump Sum Charter)과 일일용선계약(Daily Charter)으로 구분된다. 선복용선계약은 운임을 화물선적량에 따라 산정하지 않고, 선박 전체를 하나로 용선한 것으로 간주하고 운송계약을 체결하는 방식이다. 일일용선계약은 용선계약서상 지정된 선적항에서 화물을 적재하고, 적재일로부터 날짜를 계산한 일자까지 양륙항으로 운송하여 화물을 인도할 때까지의 기간에 대하여 하루에 일정한 용선요율을 정하여 선박을 용선하는 방식이다.

### (3) 나용선계약

용선자가 선박만 임대하는 것이 아니라 선장, 선원, 장비와 소모품, 선박보험료 등 운항에 필요한 모든 일체의 운항비용과 책임을 부담하며, 실질적인 지배권을 가진 선주로서 활동한다.

## 제6절 해상운송 관련 기구

해상운송은 국제성이 강하기 때문에 해상운송과 관련된 국제기구가 활동하고 있다.

## 1. 국제해사기구(International Maritime Organization : IMO)

국제해사기구는 선박의 항로, 교통규칙, 항만시설 등을 국제적으로 통일하기 위해 설치된 UN전문기구로서 1958년 UN해사위원회에서 정부간해사협의기구(Inter-Governmental Maritime Consultative Organization : IMCO) 이름으로 설립되었으며, 1982년부터 현재 명칭으로 변경하였고, 조직은 총회, 이사회, 위원회, 사무국으로 구성되며, 본부는 런던에 위치하고 있다.

IMO의 목적은 국제항해에 종사하는 해운에 영향을 미치는 모든 기술사항에 관한 정부 간 협력을 촉진시키고 해상안전, 해수오염방지, 선박적재화물 계량단위 규격화, 해상 및 물류보안, 각국 해운 회사의 불공정한 제한조치 규제 등이다. 해운문제 심의, 정보 교환, 조약 작성이나 권고가 주요 임무이다. IMO는 기구의 임무를 효율적으로 수행하기 위하여 UN 및 다른 UN 전문기구 및 여타 국제기구와 긴밀하게 협조하고 있는데, IMO에서 인정한 비정부 간 자문기구로는 IACS(국제선급연합회)를 비롯하여 60여 개에 이른다.

## 2. 국제연합무역개발회의(UN Conference on Trade and Development : UNCTAD)

UNCTAD는 1964년 12월 제19차 국제연합총회의 결의 제1995호에 의거, 국제무역과 경제발전을 촉진할 것을 목적으로 설립된 국제연합의 전문기구이다. 특히 개도국의 경제발전을 위하여 설립되었으며, 77그룹으로 대변되는 개도국 그룹과 선진국 그룹으로 나뉘어 활동하고 있다.

UNCTAD 주관으로 채택된 해운관계 국제협약은 1974 정기선동맹의 행동규범에 관한 협약, 1978 UN해상화물운송조약, 1980 UN국제복합운송조약 등이 있다.

UNCTAD의 주요 기능은 다음과 같다.

① 선진국과 개발도상국 간, 또는 개발도상국 상호 간의 무역 증진
② 국제무역 및 이에 관련한 경제개발문제에 관한 원칙과 정책의 결정
③ 국제무역 및 이에 관련한 분야에 있어서 국제연합 조직 내의 타기관이 행하는 여러 활동의 조정 내지 검토
④ 각국 정부 및 EEC(European Economic Community : 유럽경제공동체) 등의 지역경제 집단의 무역정책 및 이와 관련한 개발정책의 조화 등이다.

## 3. 국제해운회의소(International Chamber of Shipping : ICS)

1921년 런던에서 국제민간선주들의 권익보호와 상호협조를 위하여 각국 선주협회들이 설립한 민간기구로서 UNCTAD, IMO의 자문역할을 수행한다. 세계 여러 나라의 민간선주를 대표하며, 합법적으로 조직된 단체만을 회원으로 인정하고 있다.

상선에 관한 기술적 · 법적 · 운영상 문제를 해결하고 화물선, 유조선, 여객선, 컨테이너 등과 관련된 단체와 밀접한 관계를 유지한다. 국제해사기구, 세계관세협회, 국제통신연합, UN무역개발회의, 세계기상학협회 등 여러 단체와 협력하고 있다. 140개국 선주협회가 회원으로 가입되어 있으며, 본부는 영국 런던에 있다.

## 4. 국제해운연맹(International Shipping Federation : ISF)

ISF는 1919년 ILO(국제노동기구)의 창설 이후 고용문제 및 노사문제가 국제적으로 대두되자 선원노조의 세계적인 단체인 국제운수노동자연맹의 활동에 대처하기 위하여 그 기능과 조직을 대폭 개편하였으며, 선원의 모집, 훈련, 자격규정, 승무, 사고방지, 의료복지, 임금, 노동조건 고용조건, 선내 거주시설과 복지시설, 사회보장제도 등 선원문제 전반에 걸쳐 각국 선주의 이익을 도모하고 있다.

## 5. 국제운수노동자연맹(International Transport worker's Federation : ITF)

ITF는 편의치적선에 승선하는 선원의 보호와 임금과 노동조건에 관한 국제협약을 체결하고 공정한 실행여부에 관한 검사활동 및 국제협약의 준수사항을 점검하는 역할을 수행한다. ITF는 편의치적 선박에 승선한 선원의 최저 근로조건을 명시하고, 그 기준에 합당한 선박에 대해서만 청색 증명서(blue certificate)를 발급, 소지토록 하고 있다. 청색 증명서를 소지하지 않은 편의치적선에 대해서는 하역을 거절하였다.

## 6. 국제해사법위원회(Committee Maritime International : CMI)

CMI는 해상법, 해상관행과 관습 및 해사실무의 통일을 기할 목적으로 1897년 벨기에의 앤트워프(Antwerp)에서 창설되었다. CMI는 민간 해사관계자의 국내 해법회에 의해서 구성된 민간단체로 현재 36개국이 정회원으로 가입된 국제 해사사법의 조사, 입법기관이다. 만국해법회라고도 부르며 해상법(海商法) 또는 해사(海事)에 관한 통일법을 제정하는데 기여하였으며, 현재까지 선박충돌조약(1910), 선주책임제한조약(1957), 복합운송조약(Tokyo Rules-1969) 등 12가지 해운조약안을 제정하는데 기여하였다. 우리나라에서는 1978년 6월에 해법회(海法會)가 창설되었다.

## 7. 국제운송주선인연맹(International Federation of Freight Forwarders Associations : FIATA)

국제운송주선인연맹(International Federation of Freight Forwarders Associations : FIATA)은 국가별 대리점협회와 개별 대리점으로 구성된 기구로서 1926년 비엔나에서 국제적인 대리업의 확장에 따른 제반 문제점을 다루기 위해 설립되었으며, 설립목적은 대리점업의 이익을 국제적으로 보호하여 대리점조직과 연관업체들의 협조관계를 유지하는 데 있다.

## 8. 국제선급협회(International Association of Classification Society : IACS)

선급협회로서의 공통목적을 달성하기 위해 상호 협력하고 또 여타 국제단체와의 협의를 목표로 1968년 10월에 결성한 국제선급협회의 연합이다.

우리나라도 중국과 함께 1988년 6월 1일 정식 가입함으로써 명실공히 선진해운, 조선국의 지위를 갖게 되었다. 현재 국제선급협회연합에 정회원으로 가입한 나라는 우리나라를 비롯하여 미국, 영국, 프랑스, 서독, 노르웨이, 이탈리아, 일본, 러시아, 중국, 폴란드 등 11개국이다.

## 9. 아태경제사회이사회(United Nations Economic and Social Commission for Asia and Pacific : ESCAP)

ESCAP은 ECE(유럽경제위원회), ECLA(라틴아메리카경제위원회), ECA(아프리카경제위원회) 등과 더불어 UN 경제사회이사회의 4개 지역경제위원회의 하나이다. 이것은 1947년 태국 방콕에 설치된 아시아극동경제위원회(ECAFE)를 1974년 명칭을 바꾼 것으로, 매년 이 지역 내의 선주협회장 회의와 화주기구, 선주협회, 항만당국 및 세관당국과의 합동회의를 개최하여 해운관련기관들의 협력방안을 협

의한다. 우리나라는 1954년 정회원으로 가입하였다.

## 10. UN 무역법위원회(UN Commission on International Trade Law : UNCITRAL)

UN 무역법위원회는 국제무역법에 있어서 법질서를 세계적으로 확립 · 통일하는 것을 목적으로 1966년 말 UN총회에 제출된 '국제거래에 관한 법의 점진적 발달'이란 보고서에 근거하여 총회 결의에 따라 설립된 UN 직속기관으로 1968년 발족하였다.

UNCITRAL은 신규 조약안 작성에 노력해 왔는데, 대표적인 것은 1924년의 Hague Rules의 개정을 시도한 1978년의 Hamburg Rules이다.

## 11. 발틱 국제해사위원회(The Baltic and International Maritime Conference : BIMCO)

발틱 국제해사위원회는 1905년 발틱해와 백해지역의 교역에 주로 참여하던 선주들의 공동이익을 위하여 코펜하겐에서 창설된 순수 민간기구로서 1927년에 조직을 대폭 개편하여 현재의 명칭으로 변경되었다.

BIMCO는 정치성의 개입 없이 정보를 교환하며 많은 간행물을 발간하여 국제해운의 경제적 · 상업적 협조에 주력하고 있다. BIMCO는 1906년 기간용선계약서의 양식인 Baltime Form을 제정하였다.

## 12. 유럽 및 일본 선주협의회(Japanese National Shipowner's Association : CENSA)

CENSA는 1963년 설립된 유럽선주협회협의회가 유럽선주위원회를 흡수하는 형식으로 해산하면서 그 기능을 인수하여 1974년 런던에서 설립되었다. CENSA의 회원은 11개 유럽해운선진국의 선주협회와 일본선주협회로 구성되어 있다.

제 06 장

# 해상운송: 정기선 · 컨테이너운송

## 제1절 정기선

### 1. 정기선운송

정기선 운송은 정해진 운항일정에 따라 정해진 항로에서 화물량 · 여객수에 관계없이 규칙적으로 반복운항하면서 공표된 운임을 부과되는 화물선과 여객선의 운송을 말한다. 불특정 다수의 고객에게 파렛트 화물, 잡화 등 일반 화물운송 서비스를 제공하며, 정기선사는 공공운송인으로서 서비스를 제공한다. 운송계약의 증거서류로는 주로 선하증권(Bill of Lading)을 사용한다.

정기선 항로에 취항하는 선박은 컨테이너선과 같이 대체로 고가이고, 항만터미널과 하역장비 등 투자비가 많기 때문에 집화능력을 강화하여 가능한 선박의 적재율을 높이고, 항만에서 신속하게 하역작업 종료후 다시 항해를 반복함으로써 선박의 회전율을 높이기 위해 노력하고 있다.

### 2. 정기선 운송의 기능

정기선 운송은 자국의 정기선 항로와 적정 선복을 유지함으로써 장기적으로 안정적인 운임으로 화주에게 해상운송서비스를 제공한다. 일정 기간별로 배선함으로써 수출입 상품을 적기에 운송할 수 있는 교역의 편의를 제공하고, 국가와 국가 사이의 운송수단이 존재하므로 교역을 촉진하여 해당 국가 간의 국제분업과 경제발전에 기여하고 있다.

정기선서비스는 현재 화물량으로 볼 때 세계 무역의 약 20%, 화물가액으로는 약 80%를 운송하고 있다. 특히, 항만에 얼마나 많은 정기선항로가 개설돼 있는가의 여부는 항만의 위상을 결정짓는 중요한 평가기준이 되기 때문에 세계 각국의 항만들은 정기선항로를 가능한 많이 유치하기 위해 치열한 경쟁을 벌이고 있다. 정기선사는 수요의 안정을 위해 공급면에서 일정 규모의 선대를 유지해야 할 필요성이 있고, 고객들에 대한 서비스 욕구가 고도화되면서 주간 정요일 서비스는 물론 부가가치 서비스 제공을 위해 노력하고 있다. 점차 동일 항로에 많은 선박이 운항하게 되면서 선사들은 화물유치와 이익이 많은 수익성 화물을 확보하기 위해 초대형 컨테이너선을 투입하거나 마케팅 활동을 한층 강화하고 있다.

## 3. 정기선운송의 특징

① 특정한 항로 일정이 정해져서 정기적으로 반복해서 출발 · 도착하고 특별한 사정이 없는 한 동일 선박이 취항하므로, 화물이 많거나 적거나, 적재 · 양하 화물이 있거나 없거나 기상이 악화되더라도 안전항해만 보장되면 운항한다.

② 운송화물의 대상은 주로 컨테이너 화물이나 파렛트 화물이며, 일부 화물은 반제품이나 완제품이기 때문에 부정기선 화물에 비해 단위당 화물가액은 높은 편이며, 단위당 운임도 부정기선에 비해 훨씬 높다.

③ 정기선의 운임은 사전에 운임율표(tariff)로 공시되고, 통일된 운송계약서를 이용한다.

④ 정기선운임은 liner terms으로서 선적 · 양륙시의 하역비를 모두 선주가 부담하고, 화주는 부담하지 않는다.

⑤ 정기선 해운은 불특정 다수의 화주를 위한 공공운송인(common carrier)으로서 서비스를 제공한다.

⑥ 정기선 해운은 컨테이너선 등 선박, 항만 터미널, 하역장비, 물류센터, 컨테이너, 정보시스템 등 막대한 투자비가 소요되나 시장의 불확실성이 상당히 크고, 본사 이외에 다수의 해외지점 및 인력과 집화와 영업조직이 필요하다.

⑦ 과거 정기선사들은 주요 항로에서 해운동맹을 결성하여 활동하였으나, 현재는 거의 유명무실화되고, 선사간 제휴(alliance)통해 비용절감 등을 도모하고 있다.

〈표 6-1〉 정기선 · 부정기선운송의 비교

| 구 분 | 정기선운송 | 부정기선운송 |
|---|---|---|
| 운항 형태 | 규칙성 · 반복성 | 불규칙성 |
| 운송인 | • 보통운송인(Common Carrier)<br>• 공중운송인(Public Carrier) | • 계약운송인(Contact Carrier)<br>• 전용운송인(Private Carrier) |
| 화물의 성격 | 이종 화물 | 동종 화물 |
| 화물의 가치 | 고 가 | 저 가 |
| 운송계약 | 선하증권(B/L) | 용선계약서(Charter Party) |
| 운 임 | 동일운임(동일품목/상이한 화주), 공표된 운임률 적용, 동맹운임율 | 선박과 화물의 시장수요와 공급에 따라 결정 |
| 서비스 | 화주의 요구에 따라 조정 | 선주 · 용선자 간 협의 결정 |
| 선 박 | 고가 · 구조 복잡(컨테이너선) | 저가 · 구조단순(벌크선) |
| 조 직 | 대형조직(본사 및 해외지점) | 수형조직 |
| 화물의 집화 | 영업부직원 | 중개인 |
| 여 객 | 제한적인 취급(카페리) | 취급하지 않음 |

## 4. 정기선 화물의 종류

### (1) 일반화물

일반화물은 하역작업이 쉽고, 대개 다른 화물과 혼적할 수 있는 화물로서 흔히 잡화로 불린다. 많은 종류의 일반 공산품이나 가공식품이 이에 해당되며, 특별한 하역취급이나 적부를 필요로 하지 않는 화물로서 정기선으로 운송되는 화물이 이에 속한다. 일반화물은 크게 컨테이너화물(containerized cargo), 재래선화물(break bulk cargo)로 구분할 수 있는데, 컨테이너화되어 운송되는 화물은 컨테이너화물이고, 재래선 화물은 컨테이너화물에 대응되는 개념으로서 일반화물선(general cargo ship)에 의해 운송되는 화물이다.

#### ① 청정화물(Fine or Clean Cargo)

포장이 잘 되어 있고, 그 내용물도 청결하며, 건조한 화물이다. 다른 화물과 혼재 또는 접촉하여도 다른 화물을 손상시킬 우려가 없는 화물로서 직물, 면제품, 도자기, 종이류, 통조림류 등이 포함된다.

#### ② 조잡화물(Rough Cargo)

오염, 융해, 또는 분말이나 악취를 발산하여 다른 화물을 오손시킬 우려가 있는 화물로서 더러운 화물(dirty cargo), 먼지 나는 화물(dusty cargo), 냄새나는 화물(smelled cargo) 등이 이에 속한다. 생피혁, 어분, 시멘트, 염장어획물, 흑연 등이 이에 속한다.

③ 살화물(Break Bulk Cargo)

일반잡화에서 단위화되지 않고 재래방식에 의해 하역이 이루어지는 화물이다.

④ 단위화물(Unit Cargo, Container Cargo)

파렛트 등 포장용기 또는 container에 포장되어 있는 화물이다.

⑤ 액체화물(Liquid Cargo)

액체 또는 반액체의 내용물을 드럼통, 나무통, 병 항아리 등의 용기에 넣은 화물로서 유류, 주류, 약액류 등이다.

〈표 6-2〉 일반화물의 종류

| 구 분 | 개 념 | 화물의 종류 |
|---|---|---|
| 청정화물 (Clean Cargo) | 다른 화물과 혼적해도 적부 또는 보관에 특별한 주의가 필요없는 화물 | 도자기, 면포, 양모, 백미, 차, 종이, 칠기, 통조림류 등 |
| 조잡화물 (Dirty Cargo) | 먼저, 냄새, 악취 등으로 인하여 운송 중 다른 화물에 손해를 입힐 위험이 있는 화물 | 피혁, 비료, 시멘트, 어분 등 |
| 액체화물 (Liquid Cargo) | 액체나 반액체 화물을 병, 통, 캔 등에 넣은 화물 | 유류, 주류, 약액류 등 |
| 단위화물 (Unitized Cargo) | 컨테이너, 파렛트에 적재되어 단위화된 화물 | 컨테이너, 파렛트화된 화물로서 공산품, 가공식품 등 |
| 살화물 (Bulk Cargo) | 단위화되지 않고 재래방식으로 하역작업이 이루어지는 화물 | 곡물, 광석, 석탄, 당밀, 유류 등 |

### (2) 특수화물(Special Cargo)

화물의 성질, 형상, 중량, 가격면에서 특수한 화물로서 선박이나 용기 등에 적부시 특수한 조치나 취급상 주의 그리고 포장재 등 설비를 필요로 하는 화물이다. 특수화물은 위험화물, 부패성 화물, 냉장·냉동화물, 고가화물, 동물, 중량화물, 부피가 큰 화물(bulky cargo) 및 장척화물 등이 있다.

① 위험화물(dangerous cargo)

발화성, 폭발성, 부식성, 방사성으로 인하여 인명, 선체, 다른 화물 등에 위험을 미칠 우려가 있는 화물로서 다시 다음과 같이 분류된다.

- 발화성 화물(Inflammable Cargo) : 가연성가스를 발생시켜 인화 연소하는 휘발유, 알콜과 같은 것과 자연발화의 우려가 있는 성냥 등이다.
- 폭발성 화물(Explosive Cargo) : 강하고 약한 정도의 차이는 있어도 폭발성을 가지는 화물로서 화약류, 탄약 등이다.
- 압축 · 액화가스(Compressed or Liquified Gas) : 아세틸렌가스, 탄산가스, 일산화탄소 등을 압축 또는 액화하여 통에 담은 것으로서 누출가스의 발화, 폭발의 위험을 내포하고 있고 또는 독성을 가지는 것도 있다.
- 유독성 화물(Poisonous Cargo) : 접촉하면 사람의 피부가 상하고 호흡하면 내장이 상할 우려가 있는 것으로서 초산, 유산, 황산, 암모니아가스 등이다.
- 부식성 화물(Corrosive Cargo) : 그 화물 자체가 부식성을 가지는 것과 부식성 가스를 발하는 초산, 유산 등의 산류 등이다.
- 방사성 화물(Radio-active substances) : 우라늄광, 역청 등이다.

〈표 6-3〉 위험화물의 종류

| 구 분 | 개 념 | 화물의 종류 |
|---|---|---|
| 발화성 화물 | 가연성가스를 발생시키거나 자연발화가 쉬운 화물 | 휘발유, 알콜, 성냥, 황, 인 등 |
| 폭발성 화물 | 폭발성이 있는 화물 | 화약, 탄약, 비크린산 등 |
| 압축 · 액화가스 | 압축 또는 액화하여 용기에 넣은 것으로 누출시 발화, 폭발, 독성을 가진 화물 | 아세틸렌가스, 탄산가스, 일산화탄소 등 |
| 유독성 화물 | 접촉시 피부가 상하고 호흡시 인체를 상하게 하는 화물 | 초산, 아질산, 황산, 암모니아 등 |
| 부식성 화물 | 화물자체에 부식성이 있거나 다른 화물과 혼합시 부식성을 띠는 화물 | 초산, 유산, 황산, 생석회 등 |
| 방사성 화물 | 방사성이 있는 화물 | 우라늄광, 역청 등 |

② 부패성 화물(Perishable Cargo)

부패 또는 변질하기 쉬운 화물로 과일, 생야채, 생선, 계란, 우유, 육류 등의 식

료품이다. 그리고 화훼류도 부패성 화물에 속한다.

③ 냉장 · 냉동화물(Refrigerating or Chilled Cargo)

부패방지 및 신선도 유지를 위하여 냉장 또는 냉동된 상태로 운송하는 화물로서 과일, 육류, 버터, 치즈, 생선류 등이다.

④ 고가화물(Valuable Cargo)

값이 비싼 화물로 귀금속, 금은괴, 금과 은, 미술품, 화폐, 유가증권, 보석류 등이 이에 속한다.

⑤ 동식물(Live Stock, Plant)

양, 소, 염소, 개, 조류, 어류, 묘목 등 사망이나 고사의 우려가 있기 때문에 운송 중에 특별한 관리나 보관을 필요로 하는 화물이다.

⑥ 중량화물(Heavy cargo or Heavy lift)

기관차, 발전기, 보일러, 특수장비 등 화물 1단위의 중량이 특별히 큰 화물이다. 중량화물의 수송에는 특수장비나 특수선박이 요구되고 할증료가 부과된다.

⑦ 부피가 큰 화물(Bulky Cargo)과 장척화물(Lengthy Cargo)

화물 1단위의 용적이 특별히 크고 길이가 길어 취급하기 어려운 화물로, 공장시설, 대형기계, 교량과 같은 구조물, 건축자재, 플랜트 등이 속한다. 하역시 특별한 장비나 취급상 주의가 필요하므로 할증운임(bulky cargo surcharge)이 부과된다. 이들 화물은 곡물, 광석, 유류 등처럼 포장하지 않고 그대로 선창에 싣는 화물인 Bulk Cargo과는 달리 원칙으로 선내에서의 적부가 필요 없으므로 벨트컨베이어, 파이프 등으로 단시일에 적재되고 양하할 수 있다.

〈표 6-4〉 특수화물의 종류

| 구 분 | 개 념 | 화물의 종류 |
|---|---|---|
| 부패성화물<br>(Perishable Cargo) | 부패 또는 변질되기 쉬운 화물 | 육류, 과일, 야채, 화훼류, 생선, 계란, 우유 |
| 냉장냉동화물<br>(Refrigerating Cargo) | 신선도 유지가 필요하여 냉장냉동 상태로 운송해야 할 화물 | 육류, 과일, 야채, 버터, 치즈, 생선 등 |
| 고가화물<br>(Valuable Cargo) | 화물의 단위당 가액이 높은 화물 | 귀금속, 금은괴, 금과 은, 미술품, 골동품, 화폐, 유가증권 등 |

| | | |
|---|---|---|
| 위험화물<br>(Dangerous Cargo) | 사람과 가축 등에 치명적인 손상을 줄 우려가 있어 화물의 취급시 특별한 주의와 조치가 필요한 화물 | 휘발유, 화약, 가스 황산, 초산, 우라늄광 등 |
| 동식물화물<br>(Live Stock or Plant) | 운송 중 죽거나 병들기 쉬운 가축이나 식물 등 화물 | 소, 말, 조류, 어류, 묘목 등 |
| 중량화물<br>(Heavy Cargo) | 단위중량이 커서 특수장비나 취급이 필요한 화물 | 기관차, 발전기, 보일러, 특수장비 등 |
| 부피화물과 장척화물<br>(Bulky and Lengthy Cargo) | 단위용적이나 길이가 너무 커서 특수장비나 취급이 필요한 화물 | 공장시설, 플랜트, 대형기계, 건축자재, 교량과 구조물 |

## 5. 정기선항로

현재 전세계적으로 아시아와 북미 간 태평양항로, 아시아와 유럽 간 유럽항로, 유럽과 북미 간 대서양항로의 3대 기간항로와 이들 동서기간항로를 중심으로 남북 간 항로 그리고 주요 경제권역을 중심으로 역내항로 등 수많은 항로가 개설되어 있다. 우리나라를 중심으로 정기선항로를 보면 한일항로와 한중항로, 동남아항로, 중동항로, 호주항로, 태평양항로, 유럽항로, 지중해항로, 아프리카항로, 남미항로 그리고 아시아 역내항로 등을 들 수 있다.

### (1) 한 · 일항로

한일 간 정기선운송은 정기선사 15개사(국적선사 11개사, 외국적선사 4개사), 카페리선사 3개사가 취항하고 있다. 한국과 일본의 기항 항만은 부산항, 광양항, 울산항, 마산항, 인천항 등 10개 항만과 일본의 약 50개 항만에 기항하고 있다. 한일 간 컨테이너운송은 근해수송협의회가 선박량, 운임풀링 등을 조정하는 등 역할을 수행하고 있다. 2015년 현재 한일항로에는 99척의 선박이 매주 92항차의 서비스를 제공하고 있다.

### (2) 한 · 중항로

2015년 현재 한중 간 정기선운송은 정기선사 35개사(국적선사 14개사, 중국선사 19개사, 한중 합작 2개사)가 매주 71척의 선박을 35개 항로에 취항하고 있고, 카페리선사 10개사가 15개 항로에 취항하고 있다. 한국과 중국의 기항 항만은 부산항,

광양항, 평택항, 울산항, 마산항, 군산항, 여천항, 속초항과 중국의 약 45개 항만에 기항하고 있다. 한중 간 컨테이너운송은 황해정기선사협의회(컨테이너선)와 한중카페리협회(카페리선)가 한일항로의 근해수송협의회와 같은 역할을 수행하며, 한중해운회담을 통하여 항로개설과 선박량 등을 조정하고 있다. 2015년 5월까지 한중항로의 컨테이너 수송량은 110만TEU이며, 2014년 카페리항로의 여객수송은 159만명, 화물량은 54만TEU를 수송하였다.

### (3) 동남아항로

동남아항로는 북미, 유럽, 호주항로의 교차지점으로서 연계운송거점 역할을 하며, 우리나라와 동남아 국가 간 교역을 담당하고 있다. 또한 아시아 역내항로를 구성하는 항만의 네트워크가 구축되어 동서기간항로의 선사, 동남아 국가의 선사 등이 아시아역내에 네트워크를 구축하고 있다. 1992년 2월 아시아역내 선사들의 수익성을 제고하고 항로안정화를 도모한다는 취지에서 국적선사를 포함한 총 36개 선사가 아시아역내협의협정(Intra Asia Discussion Agreement : IADA)을 결성하여 터미널사용료(terminal handling charge : THC)의 인상 등을 실현하였고, 이 항로에 취항중인 국적선사간에도 동남아정기선사수송협의회를 결성하여 한국선주협회내에 사무국을 설치해 운영중이다.

주요 기항지로는 Hong Kong, Keelung, Bangkok, Singapore, Jakarta, Manila, Port Kelang, 하이퐁과 하노이 등 수십 개 지역이며 환적항으로는 Hong Kong과 Singapore 등이 있다. 중국항만 기항 동남아항로 및 원양항로 기항 컨테이너선은 약 100척이상이며, 2014년 동남아항로의 컨테이너 수송량은 232만TEU이다.

### (4) 유럽항로

상해항을 비롯한 심천항, 닝보-저우산항 등 중국 항만에 직기항하는 선박이 증가하고 있다. 아시아에서 유럽의 Hamburg항까지 30일 내외로 항해일수가 소요된다.

2014년 유럽항로의 컨테이너 물동량은 1,540만TEU로 강세를 지속하였다.

### (5) 태평양항로

태평양항로는 부산항, 광양항과 인천항에 컨테이너 전용부두와 항만시설의 현대화로 컨테이너선의 취항이 증가하고 있다. 유가인상에 따른 컨테이너선의 저속력 운항으로 미국 서해안까지 10일 이상 소요되며, 북미 서안에서 대륙횡단철도를 이용하여 미국 동해안, 남동해안까지 신속한 내륙수송도 가능하다. 태평양항로안정화협정(Trans Pacific Stabilization Agreement : TSA)은 태평양 항로의 9개 동맹선사, 동맹외 4개 선사가 참가하여 선복량의 감축을 통한 운임의 안정화 도모를 위해 동맹, 비동맹선사를 총괄하는 협정으로 아시아지역과 북미(미국, 캐나다)간의 수출입항로인 북미항로를 운항하고 있으며, 현재 우리나라 선사인 현대상선과 한진해운이 가입되어 있다. 2014년 태평양항로의 컨테이너 물동량은 2,227만TEU로 2012년 2085만TEU보다 증가하였다.

### (6) 호주항로

기항지는 Melbourne, Sydney 및 Brisbane 등이며 New Zealand까지는 Local Service로 운송된다.

### (7) 중동항로

중동항로는 우리나라 건설업체가 중동에 진출함으로써 건설기자재의 수송을 위하여 정기선의 배선이 필요하게 되었다. 기항지로는 Dubai, Kammam, Kuwait, Barah, Bander- Khomeini, Jeddah 등이 있다.

### (8) 지중해항로

우리나라의 이들 지역 정기선 취항은 처음에 유럽 운임동맹선에 의존하였으나 최근 우리나라 국적선이 이 지역에 정기선항로로 취항하기 시작하였다. 주요한 기항지로는 Port Sudan과 Bengahazi 등이 있다.

### (9) 아프리카항로

이 항로는 1979년 우리나라 국적선회사가 일본의 NYK사의 선복을 Space Charter하여 이 항로에 취항하였다. 기항지는 Abidjan, Freetown, Monrovia, Tema, Lome, Lagos / Apapa, Pointe Noire, Matadei 등이다.

### (10) 남미항로

중남미 지역 중 멕시코와 파나마운하 지역은 미국 동해안으로 향하는 선박이 운항하고 있으며, 칠레, 페루 등과 FTA가 체결됨에 따라 한진해운, 현대상선 등 국적선사도 남미와 아시아를 연결하는 정기항로를 개설하고 있다.

단, Space charter방식으로 라틴아메리카항로를 취항하고 있는데, 기항지는 Santo

Komingo, Portau Prince, Buenaventura, Matanzas, Puerto Cabello, La Guaire 및 Guanta 등이 있다.

## 6. 수출입시 운송절차

### (1) 수출시 운송절차

① 선사의 지점이나 대리점에 선복신청서(Shipping Request)를 제출하고 운송계약을 체결한다.

② 집계된 선복신청서를 바탕으로 선사는 적화예약목록(Booking List)을 작성하여 송화인과 본선에 통지한다.

③ 검량회사에 화물의 용적·중량 증명서(certificate of measurement and weight)의 발행을 의뢰한다.

④ 송화인은 세관에 수출신고서(export declaration)를 제출하고 수출허가서(export permit) 획득한다.

⑤ 해상보험계약을 체결하고 해상보험증권을 발급받는다.

⑥ 송화인에 대한 선사의 선적지시서(Shipping Order)를 교부한다.

⑦ 적화화물 창고 인수시 창고인수증을 교부한다.

⑧ 선적완료 후 화물을 수취한 증거로 본선의 1등 항해사가 송화인에게 본선수취증(M / R, Mate's Receipt)을 교부한다.

⑨ 선사는 본선수취증과 교환으로 선하증권(B / L, Bill of Landing)을 발행한다.

⑩ 본선은 선적완료 후 Hatch List, 적부계획(S / P, Stowage Plan), 선복보고서(S / R, Space Report), 적하감정보고서(stowage survey report) 등을 작성하여 선사에 인도한다.

⑪ 선사 및 대리점에서 작성한 적하목록(M / F, Manifest)을 본선과 대리점에 송부한다.

⑫ 선사 및 대리점에서 작성한 운임표를 양륙지에 송부한다.

⑬ 선사 및 대리점은 본선수취증을 근거로 선적사고화물목록(E / L, Exception List)을 작성하여 양륙지에 송부한다.

### (2) 수입 운송절차

① 수화인은 선사 또는 대리점에 선하증권이나 화물선취보증장(L / G, Letter of

Guarantee)을 제출하고 화물인도지시서(D / O, Delivery Order)를 입수한다.

② 수화인은 본선 또는 창고에 화물인도지시서를 제출하고 화물을 인수한다.

③ 화물인도지시서를 바탕으로 본선에서 화물양륙 후 화물인수증(cargo boat nate)을 작성하여 제출한다.

④ 보세구역에 양륙된 화물은 세관에 수입신고서를 제출하여 심사를 받고 관세를 납부한 후 수입허가서를 획득한다.

⑤ 양화 종료 후 본선측에서는 필요한 Hatch 검사보고서, 손해화물검사보고서 등의 서류를 인수한다.

⑥ 본선은 필요시 해난보고서, 양화보고서 등을 작성하여 선사나 대리점에 검사보고서와 함께 송부한다.

⑦ 선사 또는 대리점은 과부족화물 발견시 화물과부족조사서(Tracer)를 작성하여 양륙지에 송부하고 조사를 의뢰한다.

⑧ 조사의뢰를 받은 양륙지에서는 양륙재조사보고서를 선사 또는 대리점에 송부한다.

- 즉, S / R ⇨ Booking note ⇨ S / O ⇨ Tally sheet ⇨ M / R ⇨ B / L ⇨ Arrival notice ⇨ D / O 순으로 발급된다.

## 7. 정기선 운임

### (1) 정기선 운임의 의의와 구성

정기선 운임의 결정방식은 부정기선 운임의 결정방식과 다르다. 부정기선 경영시 선사 간 화물확보경쟁이나 화주 간 선복확보경쟁도 모두 자유이고, 운임은 당사자간 합의에 의해 결정된다. 부정기선 운임은 당사자간 직접 계약에 의하여 약정되는 자유운임(open freight)이 원칙이고 수요공급의 원칙에 따라 이루어진다.

정기선 운임은 화주와 선사간 개별 계약에 의하지 않고 사전에 공표된 운임을 적용하는 점에서 화주도 비교적 안정적으로 서비스를 이용할 수 있다는 장점이 있다. 정기선사는 특정 항로에 대한 운임율표를 불특정 다수의 화주들에게 공표하고, 정액운임율을 적용한다. 정액운임률(tariff rate)은 정기항로마다 공시되며, 요즘과 같이 유가가 급등할 경우 정기선사는 운임 외에 유가할증료(Bunke Adjustment Factor : BAF)나 터미널핸들링차지(THC) 등을 추가로 부과하기도 한다.

### (2) 정기선 운임의 구성과 산정기준

정기선 운임은 기본적으로 기본운임(basic rate)과 화물의 형상, 항만사정, 화물의 특수성, 항해 여건상의 사유 등에 따라 부과되는 할증료(surcharge) 및 기타 추가요금(additional charge) 등으로 구성된다. 화물의 기본운임은 원래 그 화물의 나름대로의 특성, 운송비, 운임부담력, 화물의 종류, 재질 등에 따라 품목별로 차등 부과된다.

정기선 운임은 기본운임과 할증료로만 구성되는 것이 아니라 여러 가지 형태의 특수운임을 적용하기도 하지만 화물의 품목에 관계없이 컨테이너당 운임이 책정되는 품목별 무차별운임(freight all kinds)이 보편화되고 있다. 할증료는 항로별로 기본운임의 몇 %로 정하거나 컨테이너당 또는 톤당 일정액을 정하여 공시하는 형식을 취하고 있다.

정기선 운임의 산정기준은 용적 또는 중량으로 하고 있으며, 귀금속 등 고가품인 경우에는 가격을 기준으로 산정한다. 중량에 비해 용적이 큰 화물은 용적화물로써 용적을 기준으로 하여 운임을 산출한다. 용적과 중량의 구별은 40입방피트(CBFT, CFT) 혹은 1입방미터(CBM), 용적톤의 화물이 중량 2,240파운드(약 1톤)를 초과하면 중량화물로 취급한다.

### (3) 정기선 운임의 종류

① 품목별 운임(Commodity Rate)

운임 요율표상 유형별로 명시된 품목별로 중량, 용적단위로 적용하는 운임은 다음과 같다.

〈표 6-5〉 품목별 운임 종류

| | |
|---|---|
| 등급별 운임 | 운임 요율표에서 화물을 종류, 성질, 형태별로 분류하여 적용하는 운임 |
| 특별운임 | 운임 요율표에서 일반운임과는 별도로 특정목적을 위하여 설정한 운임 |
| 최저운임 | 극소량화물에 대하여 운임이 일정액 이하로 산출될 때 톤수에 관계없이 징수되는 최소운임 |
| 종가운임(Valuation Charges, Ad Valorem Freight) | 특별한 관리와 주의를 요하는 고가품에 대하여 송장가격에 일정률의 운임을 부과 |
| 경쟁운임(Open Rate) | 화물운임을 해운동맹에서 결정한 운임 요율표에 의하지 않고 가맹선사가 임의로 결정할 수 있는 운임 |

| | |
|---|---|
| **박스운임** | 톤당 운임에 기초한 운임산정방법의 번거로움을 줄이기 위하여 화물의 종류나 용적에 관계없이 컨테이너당 정한 운임 |
| **무차별운임**<br>(Freight All Kinds Rate) | 화물의 종류나 내용과는 관계없이 중량과 용적에 따라 동일하게 부과되는 운임 |
| **통운임**<br>(Through Rate) | 1개 이상의 운송기관에 의해 운송되는 화물에 대해 일괄적으로 적용되는 운임 |
| **지역운임** | 선박회사가 단일운송업자로서 직접 서비스하는 지역 또는 동등 지역에 적용되는 운임 |
| **접속운임**(OCP, Overland Common Point Rate) | 북미 태평양연안에서 항공기, 철도, 트럭 등에 환적되는 내륙지행 화물에 적용되는 운임 |
| **기간 · 물동량운임**<br>(Time · Volume Rate) | 일정기간 제공한 물량에 따라 차등제로 적용되는 운임 |
| **독자운임**<br>(Independent Action Rate) | 운임동맹 내 선박회사가 동맹의 일반운임 대신 특별한 이유로 적용되는 운임 |

② 할증료 또는 추가운임

특정한 항로구간에서 정기적으로 반복 운항하는 항만에는 기본운임표가 적용되며, 기본운임 외에 할증운임(additional rate)을 설정하는 경우도 있다.

㉠ 중량할증운임(Heavy Cargo Surcharge) : 화물 한단위의 중량이 일정한도 이상(예 : 4톤 이상)이 되는 것은 본선 양하능력에도 관계가 있고, 또한 특별한 취급과 주의를 기울여야 하며, 시간과 비용도 추가로 소요되는 경우에 부과되는 운임이다. 할증의 가산방법에는 여러 가지가 있지만, 보통 초과 중량을 여러 단계로 나누어 누진적인 할증운임을 기본운임에 가산하는 것이 일반적이다.

㉡ 용적 및 장척할증료(Bulky / Lengthy Surcharge) : 화물의 부피가 너무 크거나 길이가 너무 긴 화물에 대해 부과되는 할증료를 말한다. 하역작업시 특별한 취급, 주의를 필요로 하고, 특수하역장비 등이 필요한 경우가 많아 일정율의 할증을 적용한다. 화물 한 개의 중량, 용적 및 길이 모두가 일정한도를 초과하는 경우 운임 산출액이 가장 큰 것을 적용하는 것이 보통이나, 두가지 이상 할증료를 부가하는 경우도 있다.

㉢ 체선할증료(Port Congestion Surcharge) : 도착항의 항만사정이 혼잡하여 선박이 대기할 경우 받는 할증료이다.

㉣ 통화할증료(Currency Adjustment Factor : CAF) : 통화의 변동에 따른 환차손

을 화주에게 부담시키는 할증료이다.

㉤ 유류할증료(Bunker Adjustment Factor : BAF) : 유류가격의 인상으로 발생하는 손실을 보전하기 위한 할증료이다.

㉥ 인플레 할증료(Inflation Adjustment Factor : IAF) : 통상 인플레가 있으면 운임인상이 이루어지고, 또 한편으로는 각국의 물가상승률 차이가 환율에 반영되지만, 특정지역의 인플레가 심한데도 일괄운임인상이 이례적으로 늦어져, 운항원가의 상승으로 선사의 적정이윤이 유지되지 못할 때 부과한다. 매우 드물게 적용된다.

㉦ 수에즈운하 할증료 : 수에즈운하 봉쇄시 희망봉 회항에 따른 추가비용보전을 위해 부과되는 할증료이다.

㉧ 전쟁위험 할증료 : 전쟁위험지역이나 전쟁지역에서 적·양하되는 화물에 부과되는 할증료이다.

㉨ 양륙항 선택화물(Optional Cargo) 할증료 : 화물 선적시에 양륙항이 지정되지 않고 출항 후 화주가 가장 편리한 양륙지를 선적하여 그 항만에서 양륙하여 화물을 인도하는 경우, B/L의 양륙항 난에는 'Pusan / Incheon option' 혹은 'Kunsan / Ulsan option'과 같이 두 개 이상의 항만이 명시된다. 화주가 선택 지정하여 양륙·하역하는 화물을 Optional Cargo라고 하며, 이러한 화물은 어느 선택 양륙항에 있어서도 양륙이 가능하도록 하므로 당연히 추가비용이 소요되고, 할증운임으로 optional charge가 가산되며, 선택 항만의 수에 비례하여 할증료를 추가한다.

㉩ 통화물(Through Cargo)에 의한 Arbitrary : 통운송계약이란 화물운송 도중 한 선박에서 다른 선박으로, 또는 해상과 육상이 접속하는 등 두 개 이상의 운송기관에 의해서 목적지까지 운송하는 계약을 말한다. 통운송계약에 의한 통화물(through cargo)의 선적시 한 통의 통선하증권(through B / L)이 발행된다.

통운임이란 주요 운송구간의 기본운임에 접속지에서 도착지에 이르는 구간의 arbitrary를 가산한 것이다. arbitrary를 구성하는 내용은 일부 운송구간의 운임(local freight) 및 접속비용과의 합계이다. 접속비용은 접속을 위한 선적, 양륙비, 접속선 대기를 위한 창고료 등이 있다.

③ 기타비용(부대비용)

㉠ 부두사용료(Wharfage) : 부두사용료를 말하는 것으로 지방해양항만청 고시에

의하여 부과한다.

㉡ 터미널화물처리비(Terminal Handling Charge : THC) : 화물이 컨테이너 터미널에 입고된 순간부터 본선의 선측까지, 반대로 본선 선측에서 CY의 게이트를 통과하기까지 화물의 이동에 따르는 비용을 말한다. 종전에는 선사가 해상운임에 포함하여 부과하였으나 1990년에 구주운임 동맹(FEFC)이 분리하여 징수하면서 다른 항로로 확산되었다.

㉢ CFS charge : 컨테이너 하나의 분량이 되지 않는 소량화물(LCL : Less than Container Load)을 운송하는 경우, 선적지 및 도착지의 CFS(Container Freight Station)에서 화물의 혼재(적입) 또는 분류작업을 하게 되는데 이때 발생하는 비용을 말한다.

㉣ 컨테이너세(Container Tax) : 1992년부터 2006년까지 부산시가 항만배후도로를 이용하는 컨테이너차량에 대해 징수한 지방세로서 일종의 교통유발금이라 할 수 있다.

㉤ 서류발급비(Documentaion Fee) : 선사가 선하증권(B / L)과 화물인도지시서(D / O) 발급시 소요되는 비용을 보전하기 위한 비용을 말한다.

㉥ 도착지화물인도비용(Destination Delivery Charge : DDC) : 북미수출의 경우 도착항에서의 하역 및 터미널 작업비용을 해상운임과는 별도로 징수하는 것을 말한다.

㉦ 지체료(Detention Charge) : 화주가 허용된 시간(free time) 이내에 반출해 간 컨테이너를 지정된 선사의 CY로 반환하지 않을 경우 지불하는 비용을 말한다.

㉧ 보관료(Storage Charge) : CFS 또는 CY로부터 화물 또는 컨테이너를 무료기간(free time) 내에 반출하지 않으면 보관료를 징수한다. 또한 무료기간 종료 후 일정기간이 지나도 인수하지 않으면 선사는 공매처리할 권리를 가지며, 창고료 및 부대비용 일체를 화주로부터 징수한다.

## 8. 정기선운송에 관한 주요 서류

### (1) Shipping Request(S / R : 선복요청서)

화주가 선사에 제출하는 운송의뢰서(application for shipment)로서 화물의 명세가 기재된다. 선사는 S / R을 기초로 선적지시서(S / O : shipping order)를 작성하고, 본선의 일등항해사는 S / O와 검수보고서(tally sheet)를 대조, 본선수취증(M / R :

mate's receipt)을 작성하며, 선사는 M/R에 근거하여 선하증권을 작성, 화주에게 교부한다. S/R은 모든 선적서류의 출발점이다.

### (2) Booking Note, Booking List(선적예약서, 예약일람표)

Booking Note는 화주가 제출한 S/R에 기초해 선사가 선적과 관련한 사항을 화주별로 작성한 것이다. 화물의 명세, 필요 컨테이너 수, 집화(pick-up) 요청일시, 위험물 여부 등이 기재된다. Booking List는 Booking Note를 집계한 것이다. CY/CFS 운영자는 이 일람표와 대조하면서 반입화물을 수령한다.

### (3) Equipment Receipt(E/R : 기기수도증)

컨테이너, 샤시 등 기기류의 CY 또는 ICD 반출입시 인계인수를 증명하는 서류로서 터미널 또는 ICD 운영자가 작성하여 트럭기사 등에게 발급한다.

### (4) Container Load Plan(CLP : 컨테이너 적부도)

컨테이너에 적입된 화물의 명세이다. 화주(포워더), 검수인, CFS 운영자 등 작업자가 작성한 서류로 각 컨테이너마다 적입된 화물의 명세를 나타내는 중요한 서류이다. 세관에 대한 반출입신고서, CFS/CY간 화물인수도의 증거, 본선내 법정보존서류, 양륙지에서 보세운송신고서 및 적출작업(devanning) 자료로 사용된다.

### (5) Shipping Order(S/O : 선적지시서)

선적요청을 받은 선사(또는 대리점)가 송화인에게 교부하는 선적승낙서이며, 동시에 선사가 선복요청서(S/R)와 화물을 확인, 본선(일등항해사)에 발급하는 선적지시서이다. 선적시 송화인은 화물과 함께 S/O를 선장(일등항해사)에게 제시하며, 본선은 S/O의 기재내용과 화물의 상태를 점검하여, 본선수취증(M/R)을 작성, 화주에게 교부한다. S/O는 양륙시의 인도지시서(D/O, delivery order)와 대비된다.

### (6) Dock Receipt(D/R : 부두수취증)

CY에 상주하는 선사직원 또는 위임받은 CY 운영자가 화물의 수취증으로 발행한다. 화주(대리인)가 선사의 서식에 기재하여 CY 또는 CFS에 화물과 함께 제출하면 선사는 기재내용과 반입화물(컨테이너) 간의 차이점이 있는지 여부를 점검하고, 과부족이나 손상 등의 이상이 있으면 그 사실을 적요란(exception)에 기재하고 교부한다. 컨테이너 운송시 선사의 책임은 터미널에서 인수받는 시점부터 개시되

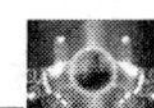

며, D/R의 발행은 선사의 책임개시시기를 나타낸다.

### (7) Tally Sheet(검수화물목록)

하역 중인 화물의 개수, 화인, 포장상태, 화물사고 등을 기재한다. 화주 및 선주의 요청에 따라 검수인(tally man)이 작성한다. Tally Sheet에는 요점이 기재되고 상세한 내용은 Daily Operation Report(작업일지), Cargo Damage Report(화물손상명세서) 등에 기록된다.

### (8) Mate's Receipt(M / R : 본선수취증)

본선이 M / R에 기재된 상태로 화물을 수취하였음을 인정하는 영수증이다. 선적완료 후 검수집계표(outturn report)에 근거하여 일등항해사가 선적화물과 선적지시서(S / O)를 대조, 송화인에게 교부한다. M/R은 본선과 송화인간에 화물의 수도가 이루어진 사실을 증명하는 것이며, 본선이 화물의 점유를 나타내는 추정적 증거(prima facie evidence)이다. 그러나, M/R은 권리증권(document of title)이 아니기 때문에 M/R로는 화물에 대해 권리 행사가 제약을 받는다.

M / R은 선적화물에 대하여 본선의 책임이 개시됨을 나타내는 서류이다. 따라서, 일등항해사는 선적시 화물의 상태와 S / O의 기재사항을 면밀히 대조하여 이상이 없으면 M / R에 '외관상 양호한 상태로 선적되었음'(Shipped in apparent good order and condition)으로 기재하고, 만일 이상이 있으면 M / R의 비고(remark)란에 그 사실을 기재한다.

M / R상에 기재된 비고내용은 원칙적으로 선하증권에 그대로 기입되므로, dirty M / R은 곧 사고부 선하증권(dirty 또는 foul B/L)이 되어, 은행이 매입하지 않는다. 따라서 수출업자가 B/L을 제시하고 대금을 수취하려면 운송인에게 보증장(L / I : Letter of Indemnity)을 제출하고 무사고 선하증권(clean B / L)을 교부받아야 한다. M/R의 기재사항은 기본적으로 화물의 명세, 중량 또는 용적, 송화인, 수화인 등 S/O와 동일하고, 거기에 화물의 적부장소(stowage place), 곧 화물창 번호(hatch number) 등이 기재된다. 또한 선적항의 선사는 비고란에 사고문언이 기재된 M/R을 집계하여 적하사고보고서(condition report, exception list)를 작성, 각 양륙항의 대리점에 발송하면, 클레임(claim) 처리에 이용된다.

### (9) Stowage Plan(본선적부도)

적재 컨테이너의 본선 내의 적재위치를 표시한 도표이다. 컨테이너선의 Bay(전후), Row(좌우), Tier(상하)별로 번호를 매겨 표시한다. 하역작업 및 본선안전을 위한 자료로 쓰인다.

### (10) Cargo Manifest(M / F : 적하목록)

선적완료 후 선사(대리점)가 작성하는 적재화물명세이다. 선적항의 선사(대리점)는 출항과 함께 적하목록(Manifest)을 작성하여 목적항의 선박대리점에게 도착화물의 내용을 알린다. 이 적하목록에는 운송기관의 명칭, 선하증권기호, 도착지, 출항지, 송화인, 수화인, 화물의 품명, 수량 등이 기재되고 이에 의해 수입항에서 D / O가 발행된다. B/L번호, 화인, 컨테이너 번호, 봉인번호 등 적재화물에 대한 모든 내용이 수록된다. 수입지의 하역회사, 세관 등은 M/F에 의해 적재화물의 전부를 파악, 각각 양륙, 과세 등을 한다.

### (11) Delivery Order(D / O : 화물인도지시서)

양륙지에서 선사 또는 대리점이 Arrival notice를 받은 수화인으로부터 선하증권(B / L) 또는 보증장(L / G)을 받아 M/F와 대조하고 심사한 후, 본선 또는 터미널에 화물인도를 지시하는 서류이다. D / O 발행시 B / L, Manifest 등과 대조한 다음 선사의 책임자가 서명한다. 수화인은 D / O를 본선에 제출하고 수입화물을 인수받게 된다. D / O는 선적지에서의 선적지시서(S / O)와 대비된다.

### (12) Boat Note(B / N : 수화인수취증)

화물양륙시 화물을 인도받는 수화인, 그 대리인 또는 하역업자가 양륙화물과 적하목록을 대조, 본선에 교부하는 화물인수증이다. B / N은 본선과 수화인 간에 양륙화물의 수도를 증명하는 것이며, 화물에 대하여 본선의 책임이 종료됨을 나타내는 서류이다.

만약 화물의 부족, 손상 등 이상(exception)이 있으면 B / N의 비고(remark)란에 그 사실을 기재하는 데, 이를 Boat Note Remark라 한다. B / N에 기재되는 비고가 M / R의 비고와 같으면, 일단 운송도중 화물에 손상이 없었던 것으로 보며, 본선은 책임을 면할 수 있다.

B / N은 선적항에서 본선이 송화인에게 교부하는 M / R에 대비된다. Cargo Boat

Note라고도 한다.

### (13) Arrival Notice(A / N : 화물도착통지)

선사로부터 화물이 도착했거나 곧 도착할 것이라는 뜻을 담은 화물도착통지서를 지칭한다. 이때 Arrival notice를 받는 당사자가 Notify party로 대개 수입업자나 수출업자의 대리점, 전속통관사가 된다.

## 9. 해운동맹(Shipping Conference)

### (1) 해운동맹의 의의

해운동맹은 특정 정기항로에 배선을 하고 있는 선박회사들이 상호 과당경쟁을 방지하고, 상호 간 이익을 증진할 목적으로 국제카르텔(cartel)을 형성하여 운송에 관한 여러 가지 협정, 즉 운임 및 영업조건(기항지, 취항항로, 적하량 등)의 협정을 맺는 것을 말한다. 이것을 운임동맹(freight conference) 또는 항로동맹(navigation conference)이라고 부른다. 과거 전세계 대부분의 정기항로에는 해운동맹이 결성되어 있었으나 미신해운법 발효와 경쟁법의 제한으로 현재 동맹의 기능이 많이 약화되었으며, 2008년 EU의 독점금지법 적용배제로 사실상 동맹은 유명무실화되었다.

해운동맹은 선주 상호간의 경쟁을 조절하고 항로질서를 유지하며, 장기간 운임의 안정 및 정기적 서비스를 제공할 수 있어 선주 뿐만 아니라 화주인 무역업자들이 정상적인 무역거래를 하는데 기여하였다. 반면, 선주는 이 해운동맹을 통한 독점적 지위를 이용하여 또는 부당한 높은 운임으로 화주의 이익을 해치거나 또는 배타적 수단으로 부당하게 비동맹 선주를 압박하는 등의 폐해를 가져와 무역의 발전과 해운의 진흥을 저해한다는 단점도 지적되어 왔다. 해운동맹에 가입한 선박 · 선주를 동맹선(주)(member liner 또는 conference member liner)라고 부르며, 동맹에 가입하지 않는 선박은 비동맹선(주)(outsider 또는 non-conferce liner)라고 부른다.

한편 유럽연합 경쟁이사회(Competitiveness Council)는 2006년 9월 그 동안 정기선사의 경쟁법 면제를 인정하던 이사회 규칙을 폐지하기로 합의함에 따라 유럽지역의 정기선 해운동맹(liner conference)의 공동 운임설정 및 선복량 조절행위가 2008년 10월부터 전면적으로 폐지되고 사실상 해운동맹의 기능은 사라지게 되었다. 이처럼 해운동맹이 폐지된 근본적인 이유는 컨테이너 선사 간 인수 · 합병(M&A)과 컨테이너 선사 간 전략적 제휴의 증가 등으로 당초 해운동맹을 결성했던 목적과

기능이 퇴색하고 있기 때문이다.

이러한 환경변화에 따라 국적선사 및 우리나라는 기본적으로 경영규모의 대형화 및 전략적 제휴체제 강화를 통한 시장 지배력을 확대할 필요성을 인식하게 되었다. 동맹체제의 와해로 집화경쟁 심화 및 운임하락에 대비한 시장 지배력 강화의 필요성이 더욱 증대할 것이라는 점을 고려하여, 차별화되고 수준 높은 서비스를 제공함으로써 비가격 경쟁력을 확보하는 것이 중요한 과제로 인식되고 있다.

### (2) 해운동맹의 연혁과 주요 항로

해운동맹 중 가장 역사가 오래된 것은 1675년의 영국 · 인도항로 CALCUTTA 해운동맹이고, 그 후 19세기말까지 주로 영국을 중심으로 한 주요 항로들이 형성되었다. 오늘날의 대표적인 주요 동맹항로에는 ① 구주/극동 항로 ② 구주/호주 항로 ③ 구주/미대서양 및 Gulf항로 ④ 극동/미태평양 항로 ⑤ 극동/미대서양 및 Gulf 항로 ⑥ 극동/태국 항로 ⑦ 극동/호주 항로 ⑧ 극동/중남미 항로 등이 있다.

### (3) 해운동맹의 형태

① 폐쇄식 동맹(Closed Conference)

신규가입을 극단으로 제한하는 형태로서 동맹이 승인할 만한 일정자격과 실적을 갖고 있지 않는 선박회사는 가입시키지 않는 방식이다. 매우 강력한 국제카르텔로서 가입시 기존질서의 유지를 위해 동맹계약준수의 신뢰성, 선주의 능력과 과거 실적, 항로의 선복과잉 여부 등을 엄격하게 심의함으로써 신규 가입이 까다로운 동맹이다.

② 개방식 동맹 (Open Conference)

해당 항로에 배선하려는 의지 및 능력이 있는 선주면 언제라도 자유로이 가입시키는 형태로 북미항로에서 주로 운영되고 있다고 하여 미국식 해운동맹이라고 한다.

동맹에 대한 가입과 탈퇴가 자유스러운 동맹으로 동맹원 간의 단결이 약하고, 맹외선(outsider)의 침입, 교란으로 인하여 항로의 안정에 기여하지 못하는 단점이 있다.

### (4) 해운동맹의 구속수단

해운동맹의 구속수단은 동맹 내부에 있어서 회원(member) 상호 간의 구속수단과 동맹외부, 즉 화주에 대한 구속수단으로 분류된다.

① 동맹의 내부규제

해운동맹의 내부규제에는 세 가지가 있는데, 이들 규제는 단독으로 적용되는 경우와 병용되는 경우가 있다.

㉠ 운임협정(Rate Agreement) : 해운업에 있어서의 경쟁은 결국 운임에 관한 경쟁이므로 이것을 규제하는 운임협정은 모든 해운동맹에 공통되는 기본적인 협정이다. 동맹회원은 운임률표에 정해진 품목별 운임률을 충실하게 준수할 의무를 지고 이를 변경하는 경우 다른 회원의 동의를 필요로 한다. 운임수준을 정하는 방법과 운임의 최저수준만을 정하는 방법이 있다.

㉡ 배선협정(Sailing Agreement) : 특정의 항로에 있어서 배선선복량을 조절 · 제한하고 선복과잉에 의한 과당경쟁을 방지하기 위한 협정으로 생산업자 간의 수량 카르텔에 해당된다. 배선협정은 일정한 항로에서 항차수, 기항지, 운항일정, 화물량 등을 규제하고 각 항로 사정에 따라 이 중 하나 또는 둘 이상을 조합하여 실시하였다.

㉢ 공동계산협정(Pooling Agreement) : 각 동맹선사들이 일정기간 벌어들인 운임수입을 사전에 정한 배분율에 따라 배분하는 방법으로 가장 강력한 협정이다. 보통 일정기간 내에 얻은 운임수입에서 일정한 비용을 공제한 금액의 전부 또는 일부를 공동계산으로 하여 이것을 각 동맹선사의 경력, 실적 등에 근거하여 일정한 비율(pooling point)에 의해 각사에 분담하는 방식이다.

② 동맹의 외부규제(대화주 구속수단)

㉠ 계약운임제(Contract Rate System) : 계약운임제는 2중운임제(dual rate system)라고도 부른다. 동맹의 표정운임률에 계약운임률(contract rate)과 비계약운임률(non-contract rate)을 설정하여 화주가 동맹선만 선적하는 것으로 계약하면 낮은 운임률을 적용하고, 그렇지 않으면 고율의 운임을 적용하는 방식이다.

㉡ 운임연환불제(Deferred Rebate System) : 일정기간(통상 6개월)동안 동맹선만 선적한 화주에 대해서 그 지급한 운임의 일부를 환불하는 데 있어서 그 기간에 이어 계속해서 일정기간 동맹선에만 선적할 것을 조건으로 하여 그 계속되는 일정기간이 경과된 후 환불되는 제도이다. 이 방식은 선적화물에 대한 환불금을 전액 받기 위해서는 영구히 동맹선에만 선적해야 되므로 화주 구속방법으로는 가장 교묘하고도 가혹한 것이다.

㉢ 성실환불제(Fidelity Rebate System) : 이것은 일정기간 동안 자기 화물을 모두

동맹선에만 성실하게 선적한 화주에 대해 운임이 선불이든 후불이든 관계없이 그 기간 내에 선박회사가 받은 운임의 일정 비율을 일정기간 경과 후 환불해 주는 방식이다. 이 방식은 운임연환불제와는 달리 유보기간은 없이 일정기간 경과 후 그 환불금을 전액 일시에 지급한다. 이것은 계약운임제처럼 화주와의 계약에 의거하여 실시되는 것이 아니고 동맹측의 일방적인 선언에 의하여 실시되는 것이므로 비록 화주가 맹외선을 사용한 경우에도 환불금의 청구권은 상실하지만 위약금은 지급하지 않는다.

③ 경쟁억압선(Fighting Ship)

특정 선박을 맹외선의 운항일정(schedule)에 맞춰 배선하고 맹외선의 운임보다도 훨씬 싼 운임을 고객에게 제시함으로써 적극적으로 맹외선의 집화를 방해하는 방법이다.

(5) 해운동맹의 장·단점

① 장점

- 발착일이 정확·규칙적이며 운송기간이 확정되어 있어 무역거래에 편리하다.
- 안정적 자본투자로 서비스의 개선을 촉진한다.
- 운임의 안정을 통해 생산 및 판매계획의 수립이 용이하다.
- 합리적 배선으로 경쟁에 의한 낭비를 방지하고 원가를 절감한다.
- 운임이 운임부담력에 근거하여 모든 화주에게 공평하게 적용된다.
- 동맹의 가입을 통해 영세선사도 생존 가능하다.

② 단점

- 독점성으로 인해 과대이윤, 서비스의 저하, 클레임의 회피, 보복적 차별우대 등이 있을 수 있다.
- 운임률이 원가보다 동맹의 정책에 좌우되어 불합리하게 책정된다.
- 기항수를 가급적 줄이려는 경향이 강해 화주들에게 불편을 준다.
- 운임환불제, 계약운임제 등이 모두 선사의 일방적 통제하에 이루어진다.

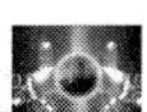

〈표 6-6〉 해운동맹의 장점 및 단점

| 장 점 | 단 점 |
|---|---|
| • 정기운항의 유지로 무역거래의 편리<br>• 투자자본 안정에 따른 운항서비스의 촉진<br>• 운임안정을 통한 생산 및 판매계획 수립 용이<br>• 배선의 합리화에 의한 비용절감 효과<br>• 모든 화주에 균등운임의 적용<br>• 동맹가입을 통한 영세선사의 구제 | • 동맹의 독점성에 따른 초과 이윤의 획득<br>• 동맹선사 이용시 저렴한 운임률 제공으로 타 선사 이용곤란<br>• 동맹의 일방적 정책에 의한 다량화주의 불합리한 운임책정<br>• 독점성의 남용<br>• 동맹의 집합독점성에 대한 비합리성<br>• 기항지의 축소로 인한 불편 야기 |

#### (6) 해운동맹에 대한 규제

영국 선사를 중심으로 발달된 해운동맹은 각 정기항로에 배선하는 선사들이 필요에 따라 결성된 것이고 그 운영에 대하여 정부는 직접 개입하지 않는다는 것이 영국을 비롯한 서구제국의 기본입장이었다. 그러나 미국은 1916년 해운법을 제정하여 해운동맹을 정부의 감독, 규제하에 두었다. 제2차 세계대전 후 1960년대에 들어와서 개발도상국은 자국 해운의 보호와 육성을 위하여 국내법으로 자국선 우선정책, 즉 자국화물 자국선 주의를 채택하였다.

개발도상국들은 선진국들의 이러한 해운관행에 대항하기 위해 기존 해운동맹의 질서변경을 목표로 한 "정기선 동맹의 행동규범에 관한 UN협약"(U.N. Convention on a Code of conduct for Liner Conferences)이 1974년 4월에 성립되었다. 우리나라는 1979년 4월 6일에 가입하였고, 독일과 네덜란드가 서명함으로써 발효요건인 24개국이 충족되어 1983년 10월 6일에 발효되었다.

## 제2절 컨테이너 운송

### 1. 컨테이너와 컨테이너화

#### (1) 컨테이너의 개념

컨테이너란 물류 부문의 포장, 수송, 하역, 보관 등 모든 과정에서 육상, 해상, 항공로상의 세 가지 원칙인 경제성, 신속성, 안전성을 최대한 충족시키고 화물운

송 도중 화물의 환적 없이 일관수송을 실현시킨 혁신적인 운송도구이다. 국제 해상운송 컨테이너는 전세계적으로 표준화되어 운송도중 화물의 이적 없이 일관복합운송이 가능하다. 컨테이너는 반복 사용이 가능하도록 규격화된 운송도구이며 화물의 단위운송(Unit Load)을 실현시켜 주는 운송용구이다.

**자료더보기**

**컨테이너의 정의(우리나라 관세청 고시)**

컨테이너란 리프트 밴(lift van), 하역탱크 및 이와 유사한 구조로서 다음과 같다.

1. 항구적인 성질을 가지며 반복사용에 적합할 정도로 견고한 것
2. 수송 중 이적하지 않고 1개 또는 그 이상의 운송방식에 의한 화물의 수송을 용이하게 하고자 특별히 설계한 것
3. 화물의 적입 및 적출이 용이하게 설계되어 있는 것
4. 1m³ 이상의 내부용적을 가지고 있는 것

### (2) 컨테이너화

〈그림 6-1〉 컨테이너화의 목적

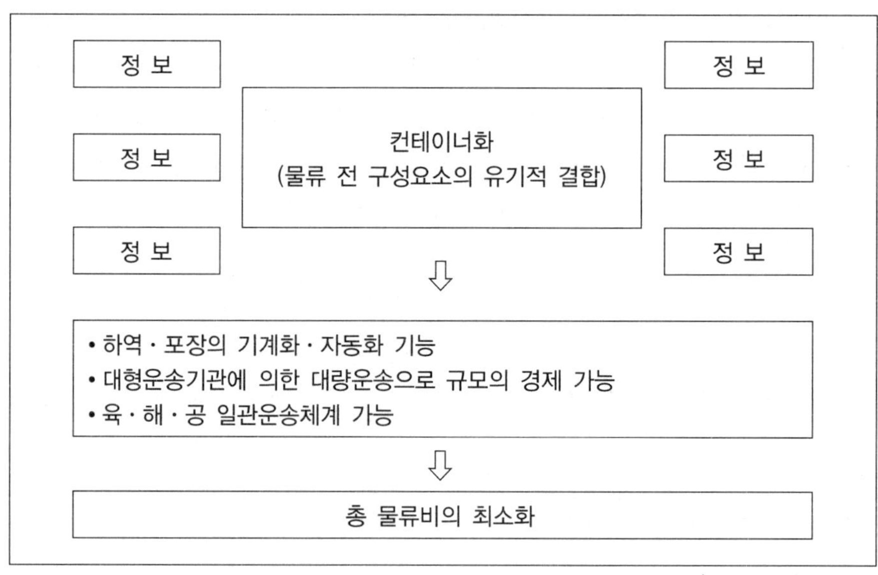


컨테이너가 개발되고, 선진국을 중심으로 컨테이너화가 확대되었다. 컨테이너화를 통하여 화주나 물류기업은 총물류비를 최소화하고, 고객서비스를 향상시키고

자 하였다. 즉, 컨테이너화는 물류시스템을 구성하는 구성요소의 유기적인 결합을 도모하기 위하여 표준화되고 단위화된 컨테이너를 적극 활용하여 하역 · 포장의 기계화 · 자동화, 대형운송기관에 의한 대량운송으로 규모의 경제를 도모하며, 육상 · 해상 · 항공의 일관운송체계를 구축함으로써 총 물류비를 최소화할 수 있다.

## 2. 컨테이너 화물운송의 장 · 단점

### (1) 컨테이너 화물운송의 장점

컨테이너 화물운송은 화주, 선사, 도로운송업자, 철도운송업자, 항공사 등 여러 부문의 이용자에게 상당한 이점을 제공하고 있다. 컨테이너선사의 입장에서 이점은 컨테이너전용부두와 갠트리 크레인 등 전용장비를 활용하여 신속한 하역이 가능해져 하역시간의 단축이 가능하므로 선박회전율을 향상시킬 수 있다. 또한 표준화된 컨테이너를 사용함으로써 안전하게 운송할 수 있어 보험료를 절감할 수 있다. 화주의 입장에서 본 이점은 다음과 같다.

① 컨테이너는 그 자체가 상품의 외포장 역할을 하므로 포장비가 절감된다.

② 컨테이너에 의한 화물운송은 운송인들에게 화물취급편리, 신속한 운송 등의 이득을 줌으로서 화주들은 할인된 운임을 적용받을 수 있다.

③ 컨테이너의 최대 이점 중 하나는 하역단계의 간소화에 따른 노동력의 절약과 화물의 기계적 처리로 인한 하역비의 대폭적인 절감이다.

④ CY 및 CFS 자체가 통관화물에 대한 보세창고의 역할을 하므로, 화물의 통관을 위한 별도의 보세창고료가 면제되고, 실제로 CY나 CFS는 화물의 보세창고 기능을 갖고 있어 그만큼 창고료가 절감된다.

⑤ 컨테이너의 통관화물은 생산공장 또는 송화인의 창고에서 컨테이너에 적입, 봉인되는 즉시 신용장 조건에 따른 B/L이 발급되어 곧 매입할 수 있으므로 자본의 원활한 회전을 기할 수 있다.

⑥ 컨테이너 화물은 해상운송과 부대 육상운송과의 연결이 원만하고 환적할 때의 지연시간 없이 해륙일관운송이 가능하므로 운송기간을 단축시킬 수 있고, 내륙운송비를 절감할 수 있다.

⑦ 컨테이너는 용기 자체가 견고하게 밀폐되어 있어 하역작업상의 안전은 물론 화물의 손상 및 도난 감소, 화물운송 중의 풍랑 · 풍우나 온도 · 습도 등 기후상의 변동에 대하여 안전을 기할 수 있다.

⑧ 운송기간 단축에 따른 재고유지비용 절감 등의 재고관리의 합리화로 금융비용을 절감할 수 있다.

### (2) 컨테이너 화물운송의 단점

컨테이너운송은 장점도 많지만 다음과 같은 단점도 있다.

① 거대자본을 필요로 한다. 척당 수천만 달러에 달하는 고가의 선대보유, 최소한 2세트의 컨테이너 보유, 터미널과 각종 장비의 확보, 컴퓨터망 등에 막대한 자본이 요구된다.

② 특수컨테이너의 개발로 컨테이너화가 점차 확대되고 있으나, 근본적으로 모든 화물을 컨테이너화할 수는 없다.

③ 컨테이너선의 용량이 커서 소량화물의 경우 혼재를 하여야 하는 불편이 있다.

④ 컨테이너화에는 거액의 자본도 필요하지만, 선사 직원 및 항만노무자의 교육 · 훈련, 관련제도 개선, 기존설비의 교체 등에 장기간의 노력과 투자를 요한다.

⑤ 공컨테이너의 회수문제, 왕복항 간 물동량의 불균형으로 컨테이너선의 경우 재래선과는 달리 반드시 공컨테이너 회수문제가 발생한다.

⑥ 항상 유휴 컨테이너가 없도록 설비의 효율적 활용에 관심을 기울여야 한다.

⑦ 손상이 발생할 때 수리비가 많이 소요된다.

⑧ 컨테이너선의 항만 내 체류시간이 20시간 또는 1일 이내로 단축되기 때문에 신속하게 컨테이너와 트레일러 배치, 선적과 하역, 야드작업을 처리해야 하는 등의 업무부담이 가중된다.

⑨ 만선시 갑판적 화물이 30% 정도를 차지하는데, 갑판적재화물은 할증 보험료를 내야 하므로 화주는 안전성이나 비용부담에서 손해를 보게 된다.

## 3. 컨테이너 화물의 종류

컨테이너운송이 신속성, 안전성 및 경제성이 있다 하더라도 모든 화물을 전부 컨테이너화(conatainerization)할 수 없어 컨테이너화의 적합도에 따라 컨테이너 화물의 종류를 다음과 같이 구분하고 있다.

〈표 6-7〉 컨테이너 화물 종류

| | |
|---|---|
| **최적상품** (Prime Containerizable Cargoes) | 컨테이너를 이용하여 가장 효율적으로 운송할 수 있는 상품은 값이 비싸고 또한 해상운임이 비싼 공산품으로 전자제품, 피복류, 시계, 의약품 등이 있다. |
| **적합상품** (Suitable Containerizable Cargoes) | 최적상품보다는 값과 운임이 싼 상품, 즉 철제류, 피혁제품, 철판 등이다. |
| **한계상품** (Marginal Containerizable Cargoes) | 물리적으로 적재할 수 있고 가격과 운임이 싸며 도난의 위험이 없는 선철, 잉곳 등이다. |
| **부적합상품** (Unsuitable Containerizable Cargoes) | 화물을 물리적으로 컨테이너화할 수 없는 것은 극히 제한적이나 화물의 성질, 용적, 중량 등에 따라 경제적 측면에서 컨테이너화에 부적합한 화물들이 있다. 화물의 크기가 컨테이너 내부의 용적이나 문의 치수보다 크거나 또는 중량이 컨테이너의 단위면적당 한계중량을 초과하는 화물은 컨테이너에 적입할 수 없다. |

## 4. 컨테이너의 종류

컨테이너는 다양한 화물들을 가장 효율적으로 수송하기 위하여 다양한 종류가 개발되어 이용되고 있으며 특수한 상품수송을 위해 새로운 컨테이너가 계속 개발되고 있다. 다양한 컨테이너가 있는데, 크기, 구조 및 사용목적, 재질 등에 따라 다음과 같이 구분한다.

### (1) 크기에 의한 분류

현재 우리나라에서 국제수송용으로 사용하는 컨테이너는 크기에 따라 ISO(International Stand-ardization Organization) 기준으로 20피트, 40피트, 45피트 등의 종류가 있다.

〈표 6-8〉 컨테이너 크기별 규격과 중량

| 구분(피트) | 길 이(m) | 폭(m) | 높 이(m) | 자체중량(톤) | 적재시 중량(톤) |
|---|---|---|---|---|---|
| 10″ | 3.048(10피트) | 2.438(8피트) | 2.62(8.6피트) | | |
| 20″ | 6.096(20피트) | 2.438(8피트) | 2.62(8.6피트) | 2.08-2.25 | 20.32 |
| 40″ | 12.192(40피트) | 2.438(8피트) | 2.62(8.6피트) | 2.9-4.05 | 30.48 |
| 45″ | 13.716(45피트) | 2.438(8피트) | 2.62(8.6피트) | 4.88 | 30.48 |

### (2) 구조 및 사용목적에 의한 분류

① Dry Container

온도조절이 필요없는 일반 잡화수송에 많이 이용되는 대표적인 컨테이너이다. 이를 Cargo Container 혹은 General Cargo Container라고도 한다. 가장 일반적인 컨테이너이다. 전후 방향의 한쪽 끝에 2개의 DOOR가 있고 각각의 DOOR는 약 270도 개폐가 가능하다.

〈그림 6-2〉 Dry Container

② Reefer Container

과일, 야채, 육류 등과 같이 보냉 및 보열이 필요한 화물을 수송하기 위한 냉동컨테이너이다. Dry Container와 규격은 동일하지만 특별한 온도조절장치가 설치되어 있는데 통상 + 26℃에서 – 28℃까지의 온도를 유지된다.

〈그림 6-3〉 Reefer Container

③ Solid Bulk Container

소맥분, 축사료 등의 수송에 적합하게 만든 컨테이너로서, 대개 천장에 다수의 맨홀이 있어 용이하게 적재작업이 가능하다.

〈그림 6-4〉 Solid Bulk Container

④ Open Top Container

기계류, 철강재품, 판유리 등 중량화물 수송에 적합한 컨테이너로서 천장을 개방할 수 있도록 캔버스 덮개로 되어 있으며 적입(積入), 적출시(積出時)에는 크레인을 사용, 컨테이너 상부에서 하역을 할 수 있는 것이 특징이다.

〈그림 6-5〉 Open Top Container

⑤ Flat Rack Container

Dry container의 지붕 및 벽을 제거한 네 개의 기둥만으로 구성된 컨테이너이다. 기계류・강재・목재 등 비교적 무겁고 흔들리더라도 지장이 없는 화물의 수송에 적합하며 지게차로도 하역할 수 있어 의외로 이

〈그림 6-6〉 Flat Rack Container

용도가 높다.

⑥ Tank Container

〈그림 6-7〉 Tank Container

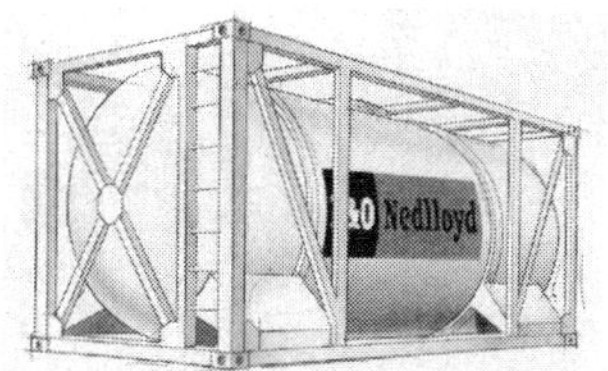

액체상의 화물, 즉 유류나 술 등을 수송하기 위한 container이다. 일반 건화물용 컨테이너와 같은 방식으로 하역작업을 하기 위해 일반 컨테이너와 같은 사양의 용기 내에 원주형의 용기를 설치한 컨테이너로 술, 유류, 화학품 등의 액체상태의 화물을 수송하기 위해 특별히 고안해 만든 컨테이너이다.

⑦ Ventilated(Pen) Container

과일, 야채 등과 산동물 등 호흡작용을 위해 벽면에 통풍이 되도록 설계되어 있는 컨테이너이다. 통풍을 요하는 화물을 컨테이너로 운송할 때 사용되는 컨테이너로 일반적인 컨테이너와 외견상 비슷하나 컨테이너 위쪽과 아래쪽에 구멍이 있어 환기가 될 수 있도록 고안되어 있다. 주로 커피 등 농산물을 수송할 때 사용된다.

⑧ Insulated Container

보온컨테이너로 과일 및 야채 등을 적재할 때 화물의 온도상승을 방지하기 위한 컨테이너로서 드라이아이스 등을 넣어 일정한 온도를 유지한다.

⑨ Garment Container or Hanger Container

양복 등의 의복류를 옷걸이에 걸린 상태로 적입하도록 함으로써 의복류를 보호하고 하역 즉시 전시 판매할 수 있도록 하는 컨테이너이다.

### (3) 재질에 의한 분류

컨테이너에 사용되는 재질은 주로 다음의 세 가지의 종류가 있으며, 한 가지 재료로 제작된 것은 거의 없고 대부분 몇 개의 재질로 제작된다.

〈표 6-8〉 컨테이너 재질의 종류

| 알루미늄 경합금제 컨테이너 | 가볍고 외관이 아름답고 유연성이 있고 내구성이 있으나 제조원가가 비싼 것이 단점이다. |
|---|---|
| 강철제 컨테이너 | 제조원가가 싼 것이 장점이고, 녹이 슬고 무거운 것이 단점이다. |
| FRP(Fiber Glass Reinforced Plastic) 컨테이너 | FRP를 합판의 표면에 접착제로 붙인 컨테이너이다. |

### (4) 컨테이너 규격 표시

〈그림 6-8〉 컨테이너 규격 표시

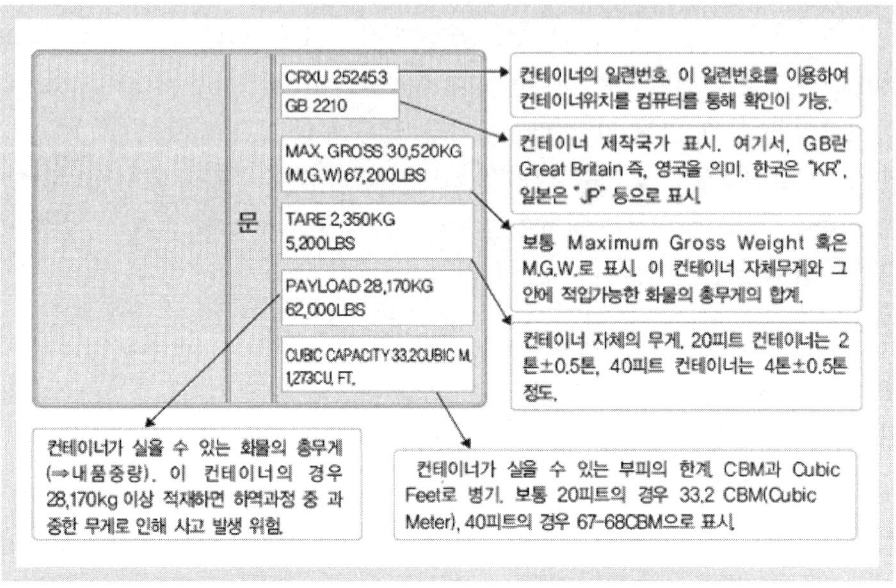


## 5. 컨테이너화물의 운송 형태

컨테이너화물의 운송 형태는 화물량에 따라 FCL 또는 LCL에 따라 다소 다르다. FCL의 경우 화주의 공장이나 창고에서 화물을 컨테이너에 적입하여 내륙 ICD나 데포로 운송하며, LCL 화물은 ICD나 영업용 창고에서 화물을 집화한 후 다른 화물과 혼재하여 FCL화한 후 컨테이너열차로 항만까지 운송한다.

### (1) CY / CY(FCL / FCL) : door to door

컨테이너의 장점을 최대한 이용한 운송방법이다. 수출업자의 공장 또는 창고에서부터 수입업자의 창고까지 컨테이너로 일관운송되며, 운송도중 컨테이너의 개폐없이 수송된다.

### (2) CFS / CFS(LCL / LCL)

선적항의 CFS에서 목적항의 CFS까지 컨테이너에 의해서 운송되는 가장 기본적인 운송방법이다. 여러 화주의 소량 컨테이너화물(LCL)을 CFS에서 혼재(consolidation)하여 선적하고 목적지의 CFS에서 컨테이너를 개봉하여 화물을 분류하여 여러 수입업

자에게 인도한다. 이 혼재업무는 프레이트 포워더들이 수행하므로 이를 Forwarder's Consolidation이라 하며, 주로 대형 백화점 또는 대형 유통업체들이 상품을 구매하는 방식이다.

〈그림 6-9〉 컨테이너화물의 운송 형태

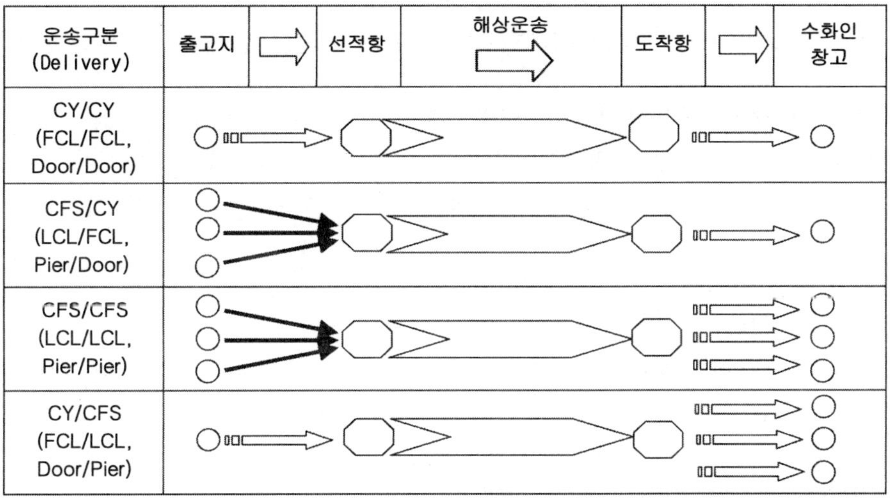

| 운송구분 (Delivery) | 출고지 | | 선적항 | 해상운송 | 도착항 | | 수화인 창고 |
|---|---|---|---|---|---|---|---|
| CY/CY (FCL/FCL, Door/Door) | | | | | | | |
| CFS/CY (LCL/FCL, Pier/Door) | | | | | | | |
| CFS/CFS (LCL/LCL, Pier/Pier) | | | | | | | |
| CY/CFS (FCL/LCL, Door/Pier) | | | | | | | |

### (3) CFS / CY(LCL / FCL)

운송인이 지정한 선적항의 CFS로부터 목적지의 CY까지 컨테이너에 의해 운송되는 형태로써 운송인이 여러 송화인(수출업자)들로부터 화물을 CFS에서 집화하여 목적지의 수입업자 창고 또는 공장까지 운송하는 것을 말한다. 이를 Buyer's Consolidation이라고도 한다.

이 운송 형태는 CFS / CFS에서 발전한 운송방법으로서, 대규모 수입업자가 여러 송화인들로부터 각 LCL 화물들을 인수하여 일시에 자기지정창고까지 운송하고자 하는 경우에 이용하며 현재 우리나라에서 많이 이용하고 있다.

### (4) CY / CFS(FCL / LCL)

선적항의 CY에서 목적항의 CFS까지 컨테이너에 의해서 운송되는 방법으로서, 선적지에서 수출업자가 FCL화물로 선적하여 목적지 항만까지 운송한 후 목적지 항만의 CFS에서 컨테이너를 개봉, 화물을 분류하여 여러 수입업자에게 인도한다. 이 방법은 한 수출업자가 수입국의 여러 수입업자에게 일시에 화물을 운송하고자 할 때 이용된다. Shipper's Consolidation이라 하며, 현실적으로 널리 이용하지는 않는다.

## 제3절 컨테이너선의 종류

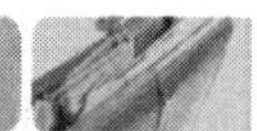

### 1. 선형에 의한 분류

① 컨테이너전용선(Full Container Ship)

갑판과 선창이 컨테이너만 적재할 수 있도록 설계된 컨테이너전용선박이다.

② 세미 컨테이너선(Semi-Container Ship)

재래형 정기선의 선창 중앙 또는 갑판에 컨테이너를 적재할 수 있도록 컨테이너 적재장치를 설치하거나 갑판을 개조하여 컨테이너를 적재할 수 있도록 개조한 선박이다. 컨테이너와 일반화물을 동시에 적재할 수 있다.

③ 재래형 컨테이너선(Conventional Ship)

재래형 정기선의 선창에 일반화물과 컨테이너를 혼재하여 운송하는 선박이며, 일반화물선이다.

④ 바지 운반선(Barge Carrier Ship)

컨테이너나 일반화물이 적재된 바지를 부선에서 그대로 본선에 적재 또는 하역할 수 있도록 바지하역용 크레인을 갖춘 선박이다. 안벽사용 불필요, 하역시간 단축, 하천 및 수로를 통한 오지까지 운송이 가능하며, 항만의 혼잡을 덜고 창고의 작업능률을 향상시킨다는 장점 때문에 유럽에서 운하 등 수로를 이용한 바지운반선의 이용이 활성화되어 있다.

〈표 6-9〉 컨테이너선 종류

| 구분 | 내용 |
|---|---|
| **컨테이너전용선**<br>(Full Container Ship) | 갑판과 선창이 컨테이너만 적재할 수 있도록 설계된 컨테이너전용선박 |
| **세미 컨테이너선**<br>(Semi-Container Ship) | 재래형 정기선의 선창 중앙 또는 갑판에 컨테이너를 적재할 수 있도록 컨테이너 적재장치를 설치하거나 갑판을 개조하여 컨테이너를 적재할 수 있도록 개조한 선박으로 컨테이너와 일반화물을 동시에 적재 가능 |
| **재래형 컨테이너선**<br>(Conventional Ship) | 재래형 정기선의 선창에 일반화물과 컨테이너를 혼재하여 운송하는 선박이며, 일반화물선임. |

## 2. 하역방식에 의한 분류

① Lo–Lo(Lift on/ Lift off) 방식

본선 또는 육상에 설치된 갠트리 크레인 등 하역장비를 이용하여 컨테이너를 상하로 들어 올리거나 내리는 하역방식이다.

② Ro–Ro(Roll on/Roll off) 방식

자동차나 철도를 운송하는 페리선의 하역방식으로 트랙터(트레일러 견인)가 램프를 통하여 본선에 적재되거나, 본선에서 램프를 이용하여 하역하는 방식을 말한다.

③ Fo–Fo(Float on/Float off) 방식

바지에 컨테이너나 일반화물을 적재하여 본선에 장착된 크레인으로 바지 자체를 적재 또는 양하하는 하역방식을 의미한다. 대표적으로 LASH 하역방식을 들 수 있다.

〈표 6–10〉 컨테이너 하역 방식

| | |
|---|---|
| Lo–Lo방식<br>(Lift on / Lift off) | 본선 또는 육상에 설치된 갠트리 크레인 등 하역장비를 이용하여 컨테이너를 상하로 들어 올리거나 내리는 하역방식 |
| Ro–Ro방식<br>(Roll on / Roll off) | 자동차나 철도를 운송하는 페리선의 하역방식으로 트랙터(트레일러 견인)가 램프(경사도)를 통하여 본선에 적재하거나, 본선에서 램프를 이용하여 하역하는 방식 |
| Fo–Fo방식<br>(Float on / Float off) | 바지선에 컨테이너나 일반화물을 적재하여 본선에 장착된 크레인으로 바지 자체를 적재 또는 양하하는 하역방식으로 대표적으로 LASH 하역방식 |

## 3. 하역장비 장착 여부에 의한 분류

① Geared Container Ship

선박 자체에 하역을 위한 갠트리 크레인이 설치되어 있어 자체적으로 하역이 가능한 컨테이너선을 말한다.

② Gearless Container Ship

본선에 하역을 위한 갠트리 크레인이 설치되지 않아 자체적인 하역이 불가능한 컨테이너선을 말한다.

## 제4절 컨테이너 터미널

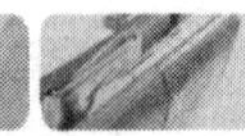

### 1. 컨테이너 터미널의 개요

컨테이너 터미널은 컨테이너운송에 있어서 해상 및 육상운송의 접점으로서 본선하역, 화물보관, 내륙육상운송수단에 컨테이너 및 컨테이너화물의 인수 · 인도가 이루어지는 장소를 의미하며, 에이프런, 마샬링야드, CY, CFS, 운영건물, 수리소, 철송장, 게이트 등이 컨테이너 터미널 시설이다.

컨테이너 터미널은 해상과 육상의 연결점이자 운송경로상의 종착점이라는 의미뿐만 아니라 전체 운송과정에 있어서 서로 다른 운송기관의 운송기능을 이어주는 연결점 내지 접점의 기능을 수행해야 하며 최근 부가가치 창출공간으로 의미가 발전하고 있다.

### 2. 컨테이너 터미널의 구비요건

① 컨테이너선의 안전한 접안 및 계류가 가능해야 하고, 컨테이너 하역용 갠트리 크레인이 다수 설치되어 신속하게 하역할 수 있어야 한다.

② 컨테이너를 육상운송수단에 신속, 정확하게 연계할 수 있는 야드장비와 시설을 갖추고 있어야 한다.

③ 대량의 컨테이너를 신속하고 정확하게 처리할 수 있는 정보시스템을 기반으로 하여 갠트리 크레인 기사와 운영실, 야드장비 기사와 운영실 등이 신속하게 정보를 교환하고 정확한 하역작업이 이루어지도록 해야 한다.

④ 발달된 도로망이나 운송능력을 갖춘 철도 등과 직접 연결되어 있어야 한다. 배후연계운송망을 구축하여 수입 컨테이너를 적기에 배후의 소비지나 고객에게 인도하고, 산업단지나 공단의 수출화물을 선박 입항시간에 맞춰 정확하게 선적될 수 있도록 연계운송망이 구축되어야 한다.

⑤ 대량의 컨테이너를 동시에 수용할 수 있는 넓은 CY와 CFS를 갖추어야 한다. 컨테이너 터미널은 단순히 컨테이너의 하역작업을 수행하는 공간이 아니라 부가가치 물류활동을 수행하는 공간으로 활용되어야 한다. 특히 초대형 컨테이너선이 취항하면서 일시에 많은 수량의 컨테이너를 처리해야 하기 때문에 더 넓은 CY와 CFS를 확보해야 한다.

## 3. 컨테이너 터미널의 시설

컨테이너 터미널은 주변의 교통과 산업단지 등 여건과 기상여건 등을 고려하여 위치, 면적, 도로와 철도의 연계 등을 고려하여 건설되며, 운송인이 선적, 화물의 양륙에서 화물의 인도까지 작업을 원활하게 하기 위하여 다음의 터미널 시설로 구성되어 있다.

### (1) Berth(선석, 안벽)

컨테이너선이 접안하여 컨테이너화물의 하역작업을 원활하고 신속하게 수행할 수 있도록 만든 구조물이다. 컨테이너선이 만재시에도 충분히 안전하게 부상할 수 있는 수심의 유지가 필요하며 적정한 안벽의 길이도 확보되어야 한다. 8,000TEU급 컨테이너선이 접안하려면 약 350m의 안벽길이가 필요하며, 18,000TEU급 컨테이너선이 접안하려면 최소한 450m 이상의 안벽길이가 필요하다. 안벽길이는 선박길이보다 선박 앞과 뒤로 20～30m 여유공간이 필요하다.

〈그림 6-10〉 컨테이너 터미널 시설 배치도

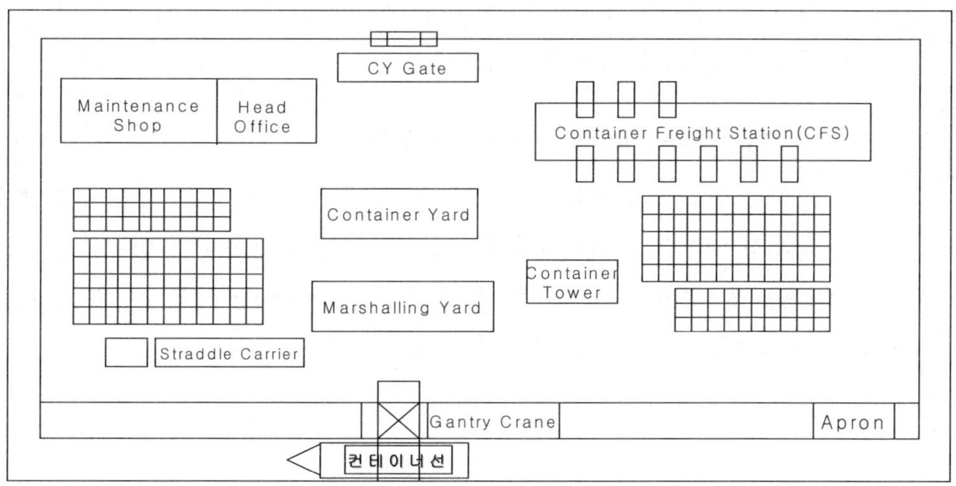

### (2) Apron(에이프런)

안벽에 접한 야드 부분에 일정한 폭으로 나란히 뻗어 있는 공간으로서 컨테이너의 적재와 양륙작업을 위하여 임시로 하치하거나, 크레인이 통과 주행할 수 있도록 레일을 설치한 곳이다. 갠트리 크레인 등 하역시설에 따라 다르지만 보통 에이프런 폭은 30m～50m 내외이며, 에이프런에는 안벽당 3～5대 이상의 갠트리 크레인이 작업할 수 있도록 되어 있다. 부두시설 중 선박, 즉 바다와 가장 가까이 접해 있고 안벽에 따라 포장된 부분이다. 에이프런에는 컨테이너전용 갠트리크레인이 안벽에 따라 전체에 걸쳐서 활용할 수 있도록 컨테이너용 rail이 설치되는 경우가 많다.

### (3) Marshalling Yard(화물집화장)

컨테이너선에 선적해야 할 선적예정인 컨테이너를 미리 입안된 선내 적부계획(Stowage Planning)에 의거하여 순서대로 쌓아 올려놓거나 컨테이너선에서 하역하는 컨테이너를 임시적으로 내려놓는 장소로서 보통 에이프런과 접해 있다. 컨테이너의 입항 전에 선적해야 하는 컨테이너를 하역순서에 따라 정렬시키고 동시에 컨테이너선으로부터 양륙되는 컨테이너에 필요한 장소를 준비하는 곳이다.

### (4) Container Yard(CY, 컨테이너장치장)

컨테이너 야드는 마샬링 야드의 배후에 위치하고 있으며 마샬링 야드까지 포함하여 컨테이너 야드라고 불리기도 한다. CY는 적재된 컨테이너를 인수, 인도, 보관하는 장소로 터미널 내의 CY는 On-Dock CY라 하며, 시내 등에 산재한 CY는 Off-Dock CY라 한다. 컨테이너 야드는 FCL과 공컨테이너의 인도와 인수, 보관이 이루어지며, 냉동컨테이너를 보관하는 전원장치가 설치된 구역도 운영된다.

### (5) Container Freight Station(CFS, 컨테이너화물조작장)

트럭 또는 철도로 반입된 LCL화물을 보관, 분류해서 통관수속을 마친 후 FCL화물로 만드는 작업장이다. 컨테이너 1개를 채울 수 없는 소량화물의 인수, 인도, 보관 또는 LCL화물을 컨테이너 안에 적입(stuffing, vanning)하거나 끄집어내는(unstuffing, devanning) 장치작업을 하는 장소를 CFS라고 한다.

## 4. 컨테이너 관련 장비

### (1) 갠트리 크레인(Gantry Crane, Container Crane)

컨테이너 터미널에서 컨테이너선에 컨테이너를 선적하거나 양륙하기 위한 전용 크레인으로 에이프런에 부설된 철도 위를 이동하여 컨테이너를 선적 및 양하하는 데 사용하는 대형 기중기이다. 유압에 의해 신축하는 Spreader에 의하여 Hook에 매달린 컨테이너를 감아 올려 적양하작업을 수행한다.

### (2) 스트래들 캐리어(Straddle Carrier)

컨테이너를 마샬링 야드로부터 에이프런으로 또는 CY에 운반 및 적재하는 데 사용한다. 컨테이너 야적장에서 컨테이너를 양 다리 사이에 끼우고 운반하는 차량으로서 기동성이 좋은 하역장비이다. 그러나 스트레들 캐리어는 트렌스테이니보다 이용하는 터미널이 많지 않다.

### (3) 야드 트랙터(Yard Tractor)

CY 내에서 트레일러를 이동하는 견인차량으로 이것을 보통 Head라고 하며 컨테이너 야적장에서 chassis를 끄는 트럭을 Tractor라 한다.

### (4) 트랜스테이너(Transtainer, Transfer Crane)

컨테이너를 차곡차곡 쌓거나 컨테이너를 내리는 일 또는 샤시나 트레일러에 싣고 내리는 작업을 수행한다.

### (5) Reach Stacker(리치스태커)

포크 리프트와 유사한 형태로 컨테이너를 chassis 또는 트럭에 적재 또는 양하할 때 사용하는 전용하역장비로 널리 사용 중이다. 하역작업은 물론 가까운 거리는 이송작업도 가능하다.

### (6) Fork Lift(포크 리프트)

Fork Lift는 컨테이너 터미널에서 컨테이너화물을 트럭에 적재하거나 또는 트럭에서 양하할 때 사용하는 기중기로서 대형과 소형 두 가지가 있다. 즉, fork lift는 차체의 뒤에 화물적재용 fork 또는 하역취급용 attachment를 갖추고 이것을 승강시키는 유압장치로 화물을 운반하는 대형하역기계이다.

### (7) Spreader(스프레더)

컨테이너를 전용으로 하역하기 위하여 갠트리 크레인 또는 지게차 등에 매달아 컨테이너를 들어 올리거나 내리는 장비이다. 보통 유압으로 작동하며, 컨테이너 모서리에 있는 콘에 잠금장치를 하여 들어 올릴 때는 잠금장치를 하고, 내려서는 잠금장치를 풀어 컨테이너를 해제한다.

## 5. 컨테이너 하역시스템

### (1) 샤시방식(Chassis System)

컨테이너를 육상의 갠트리 크레인이나 선상의 크레인으로 컨테이너선에서 직접 샤시 위에 적재하므로 보조 하역기기가 필요 없는 하역방식이다. 미국에서 여러 단적수로 컨테이너를 적재하지 않고, 1단적인 샤시방식으로 장치하였다가 필요시 트랙터로 즉시 견인하여 화주문전까지 운송한다.

샤시방식은 1단적만 가능하므로 넓은 CY나 터미널 면적이 필요하며, 많은 샤시와 트레일러가 필요하다. 그러나 컨테이너를 필요시 별도의 하역장비를 이용한 작업이 없이도 즉시 견인해갈 수 있다는 장점이 있다.

### (2) 스트래들 캐리어방식(Straddle Carrier System)

컨테이너를 갠트리 크레인으로 에이프런에 직접 내리고 스트래들 캐리어로 CY까지 운반하는 방식이다. 스트래들 캐리어방식은 컨테이너를 2~3단적할 수 있어 토지 이용효율이 샤시방식보다 훨씬 높으며, 스트래들 캐리어는 이송작업이나 하역작업 모두 가능하다. 반면 스트래들 캐리어는 비교적 고장이 많아 장비 보수비용과 시간이 많이 소요되며, 장비와 컨테이너의 파손율이 다소 높다는 단점이 있다.

### (3) 트랜스테이너방식(Transtainer System)

트랜스테이너는 갠트리 크레인과 거의 유사한 기능을 수행하며, 4~5단적 이상 적재가 가능하여 스트래들 캐리어방식보다 토지이용효율이 높다. 높게 장치할 수 있기 때문에 좁은 면적의 야드를 가진 터미널에 가장 적합한 방식으로 아시아, 유럽 국가의 터미널이 대부분 트랜스테이너방식을 이용하고 있다. 트랜스테이너방식은 안전도가 높고 운영비가 스트래들 캐리어방식보다 적게 소요되나 다단적된

CY에서 필요한 컨테이너를 집어내는 데 많은 작업이 필요하고 신속하게 대응하기 어려워 대기시간이 발생하는 등 단점도 있다.

### (4) 혼합방식(Mixed System)

스트래들 캐리어방식과 트랜스테이너방식을 결합한 것으로 수입 컨테이너를 이동시킬 때는 스트래들 캐리어방식을 이용하고, 수출 컨테이너를 야드에서 선측까지 운반할 때는 트랜스테이너방식을 이용하여 효율적인 작업을 수행하는 방식이다.

## 6. ICD(Inland Container Depot)의 개요

### (1) ICD 개념

ICD는 내륙컨테이너기지로 항만 또는 공항이 아닌 내륙지역에 CY, 철도시설을 갖추고 이송된 컨테이너 화물의 일시적 저장과 취급서비스를 제공하고 있으며 세관을 통한 수출입화물의 장치, 보관, 통관, 운송 등을 담당하는 컨테이너 터미널의 하나이다.

ICD는 기본적으로 항만과 거리가 먼 내륙지역에서 LCL 화물의 혼재와 분류작업과 통관을 수행하기 위한 공간이다. 내륙지역에서 항만지역까지 컨테이너 화물을 운송하여 통관하기보다 ICD에서 통관 후 보세운송을 하는 것이 화주입장에서 훨씬 편리하기 때문이다.

또한 수입 화물을 반출한 공컨테이너를 항만까지 운송했다가 다시 수출화주에게 운송하기보다는 ICD에 일시 보관했다가 다수 수출화주에게 보내주는 것이 운송비도 절감하고, 효율적으로 공컨테이너를 활용할 수 있기 때문이다.

### (2) ICD의 주요 기능

ICD는 항만에서 반드시 이루어져야 할 본선작업과 마샬링 기능을 제외한 장치 보관, 집화, 분류, 통관, 혼재기능 등과 같은 전통적인 항만기능을 수행한다. ICD는 철도와 도로가 연결되는 복합운송거점으로서 대량운송 실현, 공차율 감소, 운송회전율 향상 등을 도모하여 운송합리화를 추진하는 데 기여한다.

자료더보기

ICD의 기능

| | | |
|---|---|---|
| 1. 통관기능 | 2. 장치보관기능 | 3. 집화분류기능 |
| 4. 포장기능 | 5. 내륙운송기능 | |

## 제5절 컨테이너 화물운송과 국제협약

### 1. CCC협약(컨테이너 통관 협약)

CCC협약(Customs Convention on Container)은 1956년 유럽경제위원회의 채택으로 생겨난 것으로 컨테이너 자체가 관세선, 즉 국경을 통과할 때 관세 및 통관방법 등을 협약해야 할 필요성 때문에 생겨난 것이다.

이 협약의 주요내용은 ① 일시적으로 수입된 컨테이너를 적재수출조건으로 면세하고 ② 국제보세운송에 있어서 체약국 정부의 세관의 봉인을 존중하는 것 등을 규정하고 있다. 우리나라는 1973년에 조건부서명을 한 후 1981년 10월 정식으로 가입하였다.

### 2. TIR협약(Trailer Interchange Receipt Convention : 국제도로운송증권의 담보하에 행하는 화물의 국제운송에 관한 통관 협약)

CCC협약이 컨테이너 자체의 수출입에 관한 관세법상의 특례를 설정한 협약인데 반하여, 이 TIR통관협약(customs convention on the international transport of goods under cover to TIR carnets)은 컨테이너 속에 내장된 화물이 특정국가를 통하여 도로운송차량으로 목적지까지 수송됨에 따른 관세법상의 특례를 규정하고 있다.

TIR협약의 주요 내용은 도로운송차량에 의하여 컨테이너에 적입되고 봉인되어 운송되는 화물에 대해서는 일정한 조건하에 경유지 세관에서의 수입세나 수출세의 납부 또는 공탁의 면제나 경유지에서 원칙적으로 세관검사를 면제하자는 것이다.

## 3. 신CCC협약과 신TIR협약

CCC협약과 TIR협약은 1950년대에 만들어진 협약으로, 1960년대 후반부터 국제운송체제가 비약적으로 발전하여 개정이 불가피하게 되었다. 따라서 기존의 양 협약에다 유럽경제위원회가 새롭게 결의한 내용을 포함하여 각각 1975년과 1978년에 발효되었다. 우리나라는 1981년 10월에 국회의 비준동의를 받았다.

## 4. ITI협약(국제통과화물에 관한 통관 협약)

관세협력위원회가 1971년 육·해·공을 포함하는 국제운송에 관련된 통관조약인 "Custom Convention on the International Transit of Goods"를 채택하였다. TIR협약이 컨테이너 도로운송에만 적용되는 데 비하여 이 협약은 육·해·공의 모든 수송수단까지를 포함하고 있다.

## 5. 컨테이너안전협약(CSC)

이 협약은 UN이 IMO(국제해사기구)와 협동으로 1972년에 채택한 "안전한 컨테이너를 위한 국제협약(international convention for safe containers)"이다. 이 협약의 목적은 컨테이너의 취급, 적취 및 수송에 있어서 컨테이너의 구조상의 안전요건을 국제적으로 공통화하는 것을 목적으로 하고 있다. 본 협약은 1977년 9월 6일부터 발효하였고, 우리나라는 1978년 12월 18일자로 동 협약비준서를 IMO 사무총장에게 기탁하였으며, 1979년 12월 18일부터 발효하게 되었다.

제 07 장

# 해상운송: 부정기선 · 연안운송

## 제1절 부정기선

### 1. 부정기선운송의 의의

부정기선(tramper)은 일반적으로 살화물(bulk cargo)을 운송하는 의미로 사용된다. 기본적으로 부정기선운송은 단일 화주의 단일 화물을 항해용선계약(voyage charter)하에 선박의 전부 또는 일부를 용선하여 운송하는 것을 말한다. 부정기선 중에서 화물의 특수한 성질 또는 형태에 따라 특수한 시설을 갖추고 있는 선박이 특수 전용선이며 보통 용선계약(charter party) 하에 운송된다.

운송대상 화물은 주로 광석, 곡물, 목재, 석탄, 유류 등 비교적 운임부담력이 낮은 화물이다. 화물에 따라 원유 · 중유 · 석유제품 등을 수송하는 유조선(oil tanker)과 화학운반선(chemical tanker), 생선 · 과일 · 야채 등을 수송하는 냉동선(refrigerated ship), 목재 전용선(lumber carrier 또는 log carrier), 자동차수송 전용선(car carrier), 곡물 또는 광석을 운반하는 특수 전용선 등이 운항되고 있다.

부정기선시장은 전세계적으로 거의 자유시장에 가깝기 때문에 해운동맹과 같은 카르텔의 형성도 불가능하고, 운임도 자유경쟁시장 원리에 따라 결정된다. 부정기 해운시장에서 선박 공급은 물동량 변화에 비탄력적이기 때문에 선박의 수급균형을 인위적으로 맞추기는 어렵다. 왜냐하면, 각국의 해운과 조선정책, 철강이나 석유의 생산량, 기상조건에 따른 곡물 등의 생산량, 전쟁이나 기아 등 예측곤란한 수요 발생, 세계적 경제성장 수준, 투기적인 선박 발주 등에 따라 선박수요가 결정되나, 선박을 건조하는데 최소한 1년 이상 소요되는 등 해운시장에 대한 중장기적인 수요예측이 어렵기 때문이다.

부정기선운송은 정기선(Liner)과는 달리, 일정한 항로나 화주가 사전에 정해진 것이 아니라 시장에서 화물 또는 선박의 수요가 발생할 때마다 항로에 따라서 화물을 운송하는 것을 말하며, 이러한 운송에 참여하는 해운업자를 부정기선업자라 한다.

## 2. 부정기선 운송시장의 특징

부정기선운송시장은 다음과 같은 특징을 가지고 있다.

### 1) 항로선택 용이

화주는 특별히 정치적으로 입출항을 금지하는 국가의 항만을 제외하고는 부정기선 운송이 필요한 시기와 항로를 전세계 해운시장에서 자유로이 선택하여 화물을 운송할 수 있다.

### 2) 대량화물 운송

운송화물은 주로 장거리, 대량화물인 석탄, 광석, 원유, 목재, 곡물 등 벌크화물이다.

### 3) 계절적 화물의 동태, 경기변동 등의 수요와 공급에 의한 운임 결정

운임은 완전경쟁시장에서 선박이나 화물의 수급상황에 따라 결정되며, 정기선으로 운송되는 잡화 등 컨테이너화물에 비해 화물의 운임부담력이 비교적 낮고, 운임시황의 변동이 심하다.

### 4) 수요가 시간적, 지역적으로 불규칙하고 불안정하여 수시로 항로를 변경해야 하므로 전 세계가 활동범위가 됨

일정한 패턴의 수요가 아니라 곡물생산량, 철강이나 석유생산량, 전쟁 등 비상수요, 경제와 정치적 사유, 선박과 원료 등에 대한 투기적 수요, 계절적 수요변동 등에 따라 부정기선 운송시장은 항상 변동되고 전세계 해운시장을 대상으로 한다.

### 5) 정기선 운송과 같은 해운동맹의 형성이 어려우며 단일시장에서의 자유경쟁이 전개되어 가격이 시장 기능에 따라 다변적으로 변화

완전자유경쟁시장으로 카르텔 형성이 어렵고, 운임수준의 담합도 곤란하다.

### 6) 선박의 공급이 물동량 변화에 대해 매우 비탄력적이기 때문에 선박 수급이 균형을 이루기가 불가능

선박의 공급이 비탄력적이기 때문에 수요에 즉각적인 대응이 곤란하고, 선박수급의 균형을 이루기 어려우며, 선박수급에 대한 예측 또한 어려운 과제이다.

### 7) 중개인의 역할 큼

부정기선 시장은 완전경쟁시장으로 선박 또는 화물의 중개인이 운임의 중개자 역할을 한다.

### 8) 용선계약서(charter party) 사용

부정기선 운송계약시 용선계약서를 사용하며, 필요시 선하증권을 발행한다.

〈표 7-1〉 부정기선 운송시장의 특징

| | |
|---|---|
| 부정기선 운송시장의 특징 | • 항로선택 용이<br>• 대량벌크화물(석탄, 광석, 곡물 등)이 운송 대상<br>• 운임은 계절적 화물의 동태, 경기변동 등 제반요건에 따라 수요와 공급에 의하여 결정<br>• 수요가 시간적, 지역적으로 불규칙하고 불안정하여 수시로 항로를 변경해야 하므로 전 세계가 활동범위임<br>• 정기선운송과 같은 해운동맹의 형성이 어려우며 단일시장에서의 자유경쟁이 전개되어 가격이 시장 기능에 따라 다변적으로 변화<br>• 선박의 공급이 물동량 변화에 대해 매우 비탄력적이기 때문에 선박 수급이 균형을 이루기 어려움<br>• 중개인의 역할 큼<br>• 용선계약서(charter party) 사용 |

## 3. 부정기선시장과 중개인

### 1) 부정기선시장

부정기선의 시황은 세계의 철강생산량, 농산물의 수확량, 석유가격의 상승과 하락에 의한 대체 에너지로서의 석탄 물동량의 영향, 중국과 인도의 급격한 철광석, 석탄, 유류 수입 규모 등 세계의 정치・경제상의 요인, 기후나 계절적인 요인에 따라 끊임없이 변동하고 있다.

부정기선시장은 해운동맹과 같은 카르텔이 형성될 수 없으며, 시장참여가 자유스런 경쟁시장이다. 또한 부정기선 영업은 자기소유 선박으로 화물을 수배하는 경우와 화물운송계약이 있거나 화주로부터 화물을 offer 받아서 선박을 수배하는 경우가 있다.

따라서 세계 각지에서 운항 중인 수많은 선박과 선적지와 양륙지가 다른 수많은 화물 간에 조회(inquiry)가 교환되는 전세계적 규모의 용선시장이 형성되어 있다. 전세계 용선시장의 중심은 런던, 뉴욕, 동경, 홍콩이며, 이들 시장을 중심으로 부정기선 운송사업이 이루어지고 있다. 노르웨이는 바이킹 후예국가로 해사산업클러스터가 구축되어 있으며, 오슬로도 선박매매나 용선과 관련한 주요 시장이다.

런던 해운시장은 가장 전통이 있고, 해사산업 클러스터가 구축되어 전 세계 해운정보가 집중되는 부정기선 운송시장이다. 런던에는 발틱해운거래소(The Baltic Exchange)라는 해운거래소가 있으며, 이곳에는 해운중개를 담당하는 해운중개인이 약 2,500명 정도 활동하고 있고, 선박소유자의 대표로서 또는 선박이용자의 대표로서 중개업무를 수행하고 있다.

해운중개인은 세계 각지에서 운송할 화물을 찾고 있는 선박과 선박을 찾고 있는 화주를 연결해 주는 역할을 하고 있으며, 장기간 선박을 용선하는 정기용선이나 선박의 매매에 관한 업무도 수행하고 있다.

### 2) 중개인(broker)

중개인은 수출화주/수입화주와 해상운송인간의 중간 위치에서 선박과 화물의 취급, 운송, 일반업무의 대리, 하역 수배, 용선의 조회와 계약체결, 용선대리업 등 업무를 수행한다. 중개인은 부정기선 시장에서 국제 네트워크를 바탕으로 핵심적인 역할을 수행하며, 다음과 같이 구분할 수 있다.

〈표 7-2〉 중개인의 종류

| 중개인 종류 | 내 용 |
|---|---|
| **선주중개인**<br>(Owner's Broker) | 선주를 대신하여 화물을 가지고 있는 화주를 찾아 용선계약을 체결할 수 있도록 중개하는 업무 수행 |
| **용선중개인**<br>(Charterer's Broker) | 화주를 대신하여 선박을 운항하고 있는 선주(운항사)를 찾아 용선계약을 체결할 수 있도록 중개하는 업무 수행 |
| **탱커중개인**<br>(Tanker's Broker) | 용선자와 선주 사이에서 원유나 석유제품 등 액체화물과 탱커를 전문적으로 중개하는 업무 수행 |
| **케이블중개인**<br>(Cable Broker) | 중개인이 대리하는 용선자와 선주들에게 화물량과 선박의 일정에 관한 정보를 통지하는 중개업자 |
| **선박매매중개인**<br>(Sale & Purchase Broker) | 선박매매를 원하는 판매자와 구매자를 연결해주는 중개업자 |

## 4. 부정기선의 용선계약 유형

부정기선운송시 화주는 운송업자와 용선계약(charter party)을 체결한다. 용선계약은 선박 전체를 빌리는 전부용선계약(whole charter)과 선박의 일부만을 빌리는 일부용선계약(partial charter)이 있다. 전부용선계약에는 특정 항해만 용선하는 항해용선계약(voyage charter ; trip charter ; voyage charter party)과 특정기간에 용선되는 정기용선계약(time charter ; time charter party)이 있고 또한 특이한 형태의 나용선 운송계약이 있다.

### 1) 정기(기간)용선계약과 나용선계약

정기선용선계약과 나용선계약의 특징을 비교하면 다음과 같다.

〈표 7-3〉 정기용선계약과 나용선계약의 비교

| | |
|---|---|
| **정기용선계약** | 모든 장비를 갖추고 선원이 승선해 있는 선박을 일정기간 정하여 고용하는 계약 |
| **나용선계약** | 일정기간 선박만을 용선하여 인적 및 물적 요소 일체를 용선자가 통제, 부담하고 운항의 전부에 대하여 관리를 하는 계약 |

### 2) 항해용선계약

어떤 항만에서 다른 항만까지 화물의 운송을 화주인 용선자(charterer)와 선주(owner)간 체결하는 운송계약을 항해용선계약이라 한다. 동일한 선박을 이용하기 위한 목적으로 체결하는 계약이라도, 항해용선계약은 일정한 항해를 목적으로 하고 있다는 점에서, 정기용선계약이나 나용선계약과는 다르며, 정기용선이나 나용선은 기간을 정해서 계약하는 용선이다.

한편 항해용선은 1회 항해를 대상으로 하는 단독항해용선(single voyage charter)이 일반적이지만, 경우에 따라서는 2～3항차로부터 5항차 정도로 연속하여 행하여지는 항해도 일괄하여 연속항해용선계약(consecutive voyage charter)을 체결하는 경우가 많다. 연속항해의 경우 기본적 내용은 단독항해용선의 경우와 거의 같다. 또한 항해용선계약은 어느 1항만(여러 항만)으로부터 다른 1항만(복수 항만)으로 서로 협정된 운임률과 조건으로 화물을 운송하기 위하여 선주가 용선자에게 선복을 빌려주는 계약이므로 운임은 실제로 적재한 수량에 의하여 결정된다.

### 3) 항해용선계약의 변형

항해용선계약에서 운송에 대한 보수는 원칙적으로 화물 톤당 얼마로 정해지는 것이 보통이다. 항해용선계약의 변형으로서, 선복용선계약(lump sum charter)과 일대용선계약(daily charter)이 있다.

#### (1) 선복용선계약(Lump sum Charter)

항해용선계약시 운임은 실제 적재수량에 의해서 계산한다. 그러나 A항에서 B항까지 계약선복(즉, 계약톤수)에 따라 합계 얼마로 결정하고, 실제 화물의 적재수량의 과다와는 관계가 없는 형태의 계약을 lump sum charter라고 하고, 이 경우의 운임을 선복운임(lump sum freight)이라고 한다.

#### (2) 일대용선계약(Daily Charter)

본선이 계약상 지정 선적항에서 화물을 적재한 날부터 기산하여 계약상 지정 양륙항까지 운송하여 화물을 인도 완료할 때까지의 기간 내에 1일(24시간)당 얼마로 용선료를 정해서 선복을 임대하는 계약을 daily charter라고 한다.

〈표 7-3〉 용선계약별 특성비교

| 구 분 | 항해용선계약 | 정기용선계약 | 나용선계약 |
|---|---|---|---|
| 선장고용책임 | 선주가 선장임명 및 지휘감독 | 좌 동 | 임차인이 선장임명 및 지휘감독 |
| 책임한계 | 용선자는 선박이용, 선주 | 좌 동 | 임차인이 선박을 일정기간 |

| | 는 운송행위 | | 사용 및 운송행위 |
|---|---|---|---|
| 운임결정기준 | 화물의 수량 또는 선복으로 결정 | 기간에 의하여 결정 | 임차료는 기간을 기초로 결정 |
| 기항담보 | 용선자는 재용선자에 대하여 기항담보 책임 없음 | 좌 동 | 임차인은 화주 또는 용선자에 대하여 기항담보 책임이 있음 |
| 선주의 비용부담 | 선원급료, 식대, 음료수, 윤활유, 유지비 및 수선료, 보험료, 감가상각비, 연료, 항비, 하역비, 제수수료, 예선료, 도선료 | 선원급료, 식대, 음료수, 윤활유, 유지비 및 수선료, 보험료, 감가상각비 | 감가상각비 |
| 용선자의 비용부담 | 부담비용 없음 | 연료, 항비, 하역비, 제수수료, 예선료, 도선료 | 항해용선 중 감가상각비 이외의 비용 |

## 5. 용선계약 체결 절차

항해용선계약은 화물수송을 위한 선복(ship's space)을 구하는 화주(용선자)와 선복의 제공자인 운항업자(선박소유자, 운항자) 간 직접 체결되기도 하지만, 일반적으로 해운중개인(shipping broker, chartering broker)을 통해서 체결된다.

### 1) 선복을 위한 조회(Inquiry for Ship's Space)

수출업자 자신이 선박을 수배하는 경우 해운중개인이나 용선중개인(broker)에게 화물의 종류, 수량, 선적시기, 운임률 등 조건에 맞는 선박중개를 의뢰한다. 중개인은 수출업자의 운임 등 여러 가지 조건과 일치하는 선박을 선사에 조회하는데, 이를 조회(inquiry)라 한다.

### 2) 선복을 위한 확정청약(Firm Offer for Ship's Space)

수출업자로부터 조회를 받은 선사는 화주가 요구하는 여러 가지 조건과 유효기간 등을 검토하여 조건에 합당하면 화주에게 용선계약 체결을 신청하는데 이 신청서가 firm offer이다.

### 3) 확정청약에 대한 반대청약(Counter Offer)

선사가 제시한 확정청약 조건을 화주가 일부를 수정하거나 추가 제의를 하는 경우 화주가 희망하는 조건을 적은 counter offer를 선사에 보낸다. 이것은 선박회사가 제시한 조건을 일단 거절하고 새로운 용선계약조건을 제시하는 청약이 되며, 용선계약이 체결되기까지 수차례 청약과 반대청약의 과정을 거친다.

### 4) 선복확약서(Fixture Note)

선사가 제시한 신청서(Firm offer)의 유효기간 내에 화주가 확정청약을 승낙하면 용선계약이 성립된다. 이때 증빙서류로서 선복확약서를 작성한다. 이 선복확약서에 각 관계 당사자인 선사, 화주, 중개인이 각각 서명하고 각자가 한 통씩 보관한다. 정식 용선계약서(Charter Party : C / P)를 작성하여 각 관계 당사자가 서명한 후 각자가 보관한다.

### 5) 용선계약서(Charter Party) 작성

화주와 선사 간 조건이 맞으면 선복확정서에 따라 정식으로 용선계약서를 작성한다.

## 6. 용선계약의 성격

용선계약은 다음과 같은 성격을 가지고 있다.

〈표 7-4〉 용선계약의 성격

| 계약 성격 | 내 용 |
|---|---|
| 합의계약 | 화주와 선사 등 당사자 간 청약과 반대청약 과정을 통한 합의에 따라 계약 성립 |
| 쌍무계약 | 화주는 선사 등 당사자는 대가적 채무에 대한 의무 이행 |
| 유상계약 | 화주는 선사에게 선박을 이용할 수 있도록 요청하고 용선료를 지불하며, 선사는 용선료를 받는 대가로 선박을 빌려주는 등 당사자는 반대급부 수반 |
| 불요식 계약 | 문서작성이나 교부가 계약 성립의 요건이 아닌 구두에 의하여 계약이 성립되나 일반적으로 용선계약서를 작성함으로써 클레임 발생시 대비 등 정확하고 확실한 거래가 이루어지도록 함 |

## 7. 지불조건에 따른 용선 운임의 종류

용선운임의 종류는 다음과 같다.

〈표 7-5〉 용선운임의 종류

| 용선운임 종류 | 내 용 |
|---|---|
| 선불운임 (Prepaid Freight) | 화물이 목적항에 도착했을 경우 운임이 지급되나, 선불운임은 출항 전 운임의 일부나 전부를 미리 지불하는 경우의 운임 |
| 선복운임 (Lumpsum Freight) | 운송화물의 규모와 관계없이 항해 단위나 선복의 크기를 단위로 계산하여 지불하는 운임이며, 수량산정이 곤란할 때 선주에게 유리한 운임 |
| 비율운임 (Pro Rata Freight) | 계약 목적지까지 화물을 운송하지 못하고 중도에서 화물을 인도하는 경우 중간지점까지의 비율에 따라 선주가 받는 운임 |
| 공적운임 (Dead Freight) | 실제 선적량이 계약물량 보다 적은 경우 부족분에 대하여 지불하는 운임으로 용선자 입장에서 불리한 운임 |
| 반송운임 (Back Freight) | 목적항에 화물이 도착되었으나 화물인수를 거절할 경우 반송시 부과되는 운임 |

## 8. 항해용선계약과 하역비

일정한 항만에서 다른 항만까지 용선화물 또는 일부화물을 운송하기 위하여 용선자와 운항자 간에 본선의 선복을 사용하게 허용하는 운송계약이다. 항해용선계약의 운임은 실제로 적재한 수량에 의하여 톤당 얼마로 결정되는 것이 일반적이며, 주로 석탄, 광석, 곡물, 목재 등 원료 또는 연료화물 등 운임부담력이 낮은 화물을 운송할 경우 이용된다.

### 1) 하역비 및 항비 부담방식

용선계약에서 적재 및 하역비 부담 조건은 다음과 같다.

〈표 7-6〉 적재 및 하역비 부담 조건

| 구 분 | 내 용 |
|---|---|
| Liner(Berth) terms | 선적시와 하역시의 하역비를 선주가 부담하고, 부선료, 체선료, 휴일 및 야간할증료 등 특수비용은 용선자가 부담하는 조건 |
| F.I.O(Free In and Out) | 선적시와 하역시의 하역비를 화주 또는 용선자가 부담하고, 선주는 항비를 부담하는 조건 |

| | |
|---|---|
| F.I(Free In) | 선적시에는 화주 또는 용선자가 하역비를 부담하고, 하역시에는 선주가 하역비 부담 |
| F.O(Free Out) | 선적시에는 선주가 하역비를 부담하고, 하역시에는 화주 또는 용선자가 하역비 부담 |
| Gross terms(Gross charter) | 항비, 검수비, 하역비 등 일체의 비용을 선주가 부담 |
| Net terms(Net charter) | 항비, 검수비, 하역비 등 일체의 비용을 화주가 부담한다. 선주가 항만사정 등에 대해서 잘 모르는 항만에 배선하거나 중간 기항지가 많은 경우 이 조건으로 계약을 체결하면 유리한 조건 |
| Lump sum Charter | 용선자가 선박을 사용한 대가로 총운임을 지급하고, 선주는 선복을 제공하거나 선박이 운송할 수 있는 화물의 최대중량을 보증하는 조건 |

### 2) 항해용선계약서 서식과 주요 조항

항해용선계약서식은 표준서식과 사적 서식으로 구분할 수 있으며, 현재 영국해운회의소(The Chamber of Shipping of the United Kingdom)가 공인한 서식은 석탄운송용 16종, 목재운송용 7종, 곡물운송용 11종 등 총 49종이 있다.

#### (1) 일반용 표준서식

일반용 표준서식은 발틱국제해사위원회(Baltic and International Maritime Conference)가 제정한 Gencon(1976)과 미국의 전시해운관리국이 제정한 Warshipvoy이 많이 사용된다.

#### (2) 석탄수송용 표준서식

1921년에 발틱백해동맹(Baltic and White Sea Conference)이 제정하고 영국석탄수출연합 및 Scandinavia 석탄수입협회가 승인한 표준서식인 Balcon, 영국연안 석탄수송용의 영국해운거래소의 공인서식인 Coastcon Medcon, 그리고 북미에서 유럽, 일본 등에의 석탄 수송에 사용되는 Americanized Welsh Coal Charter가 있다.

#### (3) 목재수송용 표준서식

영국령 북미대서양연안으로부터 영국으로 향하는 목재수송에 사용되는 Benacon, 1926년에 제정된 영국해운거래소서식으로 발틱 및 노르웨이에서 선적되어 영국본토 또는 아일랜드로 향하는 목재의 운송에 사용되는 Baltwood, 그리고 미국태평양연안항로의 목재수송용서식인 Gen-lumform Intercoastal Lumber Party 등

이 사용되고 있다.

### (4) 곡물수송용 표준서식

북미 및 캐나다 대서양연안으로부터 세계 각지로 운송되는 곡물운송용 서식은 Baltimore Berth charter Party-Steamer(Form C) 1913, 그리고 호주 · 영국 및 유럽, 특히 Antwerp/Hamburg 사이의 소맥, 곡물의 용선에 사용되는 Australian Grain Charter (1956) 등이 있다.

### (5) 정박기간(Laydays)의 표시

정박기간이란 화주가 계약화물을 용선한 선박에 적재 또는 양륙하기 위하여 그 선박이 선적항 또는 양륙항에 체항할 수 있는 기간을 말하며, 용선계약서에 기재된다. 만약 화주가 약정한 기일 내에 하역을 끝내지 못하면 초과된 정박기간에 대하여 체선료를 지급해야 한다. 부정기선 운송에서 정박기간이 중요한 이유는 선박이 정박 중에도 고정비(용선료 등)와 변동비(정박 중 연료비 등)가 발생하고, 하역종료 후 다른 항로에 배선이 지연되면 선주로서는 기회비용을 그만큼 상실하기 때문이다.

정박기간은 적하 5일, 양하 7일 등으로 적양하 허용일수로 정하거나, 1만톤/1일 적하 등으로 1일당 하역능력으로 표시할 수도 있다. 정박기간을 약정하는 방법에는 정박기간을 한정하지 않는 CQD조건과 이를 한정하는 경우인 Running Laydays 및 Weather Working Days로 나눌 수 있다.

① 관습적 조속하역조건(Customary Quick Despatch : CQD) : 당해 항구의 관습적 하역방법 및 하역능력에 따라 가능한 신속하게 적양하 하역작업을 종료하는 조건이다. 불가항력에 의한 하역불능시간은 정박기간에서 공제되나 일요일, 공휴일 및 야간하역을 약정된 하역일에 포함시킬지의 여부는 특약이 없는 한 그 항구의 관습에 따른다.

② 연속작업일조건(Running Laydays) : 하역 시작일로부터 종료일까지 모든 날짜를 계산하는 방법이다. 우천, 파업 및 기타 불가항력 등 어떠한 원인에도 관계없이 하역개시 이후 종료시까지 일수는 모두 정박기간에 계산하는 방법이다. 약정에 따라 하역기간을 며칠이라고 직접 기재하는 방법은 "석탄 1일 몇 톤" 등과 같이 1일의 책임하역수량을 표시하는 것이 일반적이다. 용선자에게 가장 불리한 조건이다.

③ 작업일조건(Working Days) : 일요일과 공휴일은 정박기간에 포함시키지 않고, 그 항만의 관습에 따른 하역시간만 정박기간으로 계산하는 조건이다.

④ 호천작업일조건(Weather Working Days : WWD) : 기상조건이 하역 가능한 일수만 정박기일에 산입하는 것으로 현재 가장 많이 선택하고 있는 조건이다. 하루 중 일부 시간은 기상상태가 좋으나, 일부 시간은 악천후로 작업이 불가능했다면, 악천후 시간비율만큼 정박기간에서 제외하고 계산한다. 어떠한 기상조건이 하역가능한 상태인가의 여부는 화물의 종류에 따라 차이가 있다. 이 조건에서 일요일과 공휴일은 일반적으로 다음과 같이 처리한다.

- 공휴일은 원래 근로일이 아니므로 하역을 하더라도 보통 정박일수에 산입하지 않는다. 이것을 "Sunday and holidays excepted"의 첫 글자를 따라 SHEX라고 한다.
- 공휴일에 하역을 했을 때 이를 정박일수에 산입한다는 조건도 있다. 이때는 "Sunday and holiday excepted unless used"(SHEXUU)라고 표시하여 처리한다.
- "unless used"에 있어서도 만일 1시간이라도 하역을 하면 하루로 가산할 것인가 하는 문제가 발생하므로 실제 작업시간만 삽입코자 할 때에는 "unless used, but only time actually used to count"라고 명시해 두어야 한다.

**자료더보기**

**체선료와 조출료**

1. 체선료(demurrage) : 용선계약상 초과정박일에 대해 용선자 또는 화주가 선주에게 지급하는 보수(일종의 벌금)이다. 운송계약시 정박기간을 기초로 체선료 및 조출료를 약정하고, 동시에 일정기간의 허용체박일수(demurrage days or days on demurrage)를 정하여 이를 초과하면 지연손해금(damages for detention)을 물게 하고 있다. 선주가 초과정박일만큼 선박을 다른 항해에 투입할 수 없기 때문이다. 그러나, 실무적으로는 통상 초과체박기간에 대해 약정된 체선료를 물게 하고 있다.

   체선료는 확정손해(liquidated damage)이며, 지연손해금(damages for detention)은 불확정손해(unliquidated damage)로서 만약 당사자 사이에 분쟁이 생겨 중재에 회부되거나 소송이 제기되면 각각 중재인 및 법원이 그 손해액을 결정한다.

   체선료는 1일 24시간을 기준하여 계산하지만, WWD(Weather Working Day)의 경우엔 주간하역, 즉 1일 24시간으로 계산하기도 한다. 그리고 체선료는 선적 및

양륙을 분리하여 따로 계산(laydays not reversible)하는 것을 원칙으로 하나, 용선자의 선택 하에 선적 및 양륙기간을 합산하여 계산(laydays reversible)하는 경우도 적지 않다.

2. 조출료(dispatch money) : 용선계약상 허용된 정박기간 종료 전에 하역이 완료되었을 때 그 절약된 기간에 대하여 선주가 용선자에게 지급하는 일종의 상여금이다. 보통 체선료의 반액이지만 때에 따라서는 3분의 1로도 한다. 조출료의 계산방법에는 "All Laytime Saved"와 "All Time Saved"의 두 가지 방법이 있다.

항해용선계약서의 주요 조항은 다음과 같다.

- 계약당사자의 명칭 : 선주(order)와 용선자(charter)표시
- 선박의 표시 : 선박의 명칭, 국적, 톤수, 선급, 건조년월 등을 기재
- 화물명세 : 운송할 화물의 종류, 수량, 선주의 재량 범위
- 적하항과 양하항 : 화물을 선적할 항만과 화물을 양하할 항만
- 선박의 동정과 적입준비완료 예정일 : 계약체결 당시 본선의 위치와 선적항 입항예정일 등
- not before 조항 : 선박이 도착예정일보다 지연되거나 미리 도착시 부선료나 하역대기료 등 화주에게 손실이 발생하게 된다. 따라서 본선이 선적준비완료 예정일 이전에 도착하여도 하역을 하지 않는다는 내용이다.
- 운임과 운임지급조건 : 운임의 표시, 결제통화, 지급조건 등 명시
- 적재 및 하역비 부담조건 : FIO, Berth Term, Gross term 등
- 정박기간의 개시와 종료 : 정박기간의 시기, 종기, 표시방법
- 체선료(demurrage) : 화주가 계약한 정박기간내에 화물의 선적이나 양륙 등 하역작업을 종료하지 못하고 계약기간을 초과할 경우, 그 초과한 정박기간에 대하여 용선자나 화주가 선주에게 하루 또는 중량톤당 얼마로 지불하는 금액이다.
- 조출료(despatch money) : 화주가 계약한 정박기간보다 하역작업을 빨리 완료한 경우 단축기간에 대해 선주가 화주나 용선자에게 지급하는 보상금이다. 통상적으로 체선료의 1/2을 조출료로 지급한다고 용선계약서상에 포함된다.
- 선하증권의 발행
- 대리점

• 중개수수료
• 유치권(lien) 조항 : 화주가 운임, 기타의 부대비용을 지불하지 않을 때 운임 또는 용선료의 지불을 확보하기 위하여 선주가 화물을 유치할 수 있다는 화물압류권리에 대한 조항이다.
• 공동해손(General Average) 조항 : 선박과 화물에 공동의 위험이 발생하여 일부 선박 또는 화물의 희생으로 선박과 화물이 안전하게 항해시 공동해손이 성립한 경우, 공동해손은 York-Antwerp규칙 1974에 따라 처리하는 취지의 조항이다.
• 면책조항(exemption clause) : 결빙 등 순수한 자연불가항력이나 폭풍, 충돌, 좌초, 유빙 등의 해상고유의 위험을 위시한 각종 인위적 불가항력에 관한 면책 조항이다.
• 해약기간 : 적재 준비 예정일 보다 지연시 화주는 손해를 입으므로 이 경우에 적용할 해약기일을 약정하여 기일이 경과하면 해약권을 행사할 수 있다.
• 위약금(penalty Indemnity) 조항 : 용선계약 불이행의 경우에 지불하여야 할 손해배상예정액이다.

## 9. 정기용선계약

정기용선계약은 선박의 전부 또는 일부를 일정기간 용선하는 계약이다. 정기용선은 용선기간에 선박소유자가 정하는 항해구역이면 어디든지 배선하여 선박을 운항할 수 있고, 계약상 제한된 화물을 제외하고는 어떠한 화물이나 적재할 수 있다. 정기용선계약서식은 일반적으로 Baltime Form과 Produce Form이 이용된다. Baltime Form은 국제해운동맹이 제정하고 영국해운회의소가 공인한 서식이며, Produce Form은 뉴욕 물품거래소가 제정한 서식이다.

용선자는 용선기간동안 계약에 따라 선주에게 용선료를 납부하고, 선주는 선원비, 수선비, 선용품 등 직접선비와 감가상각비, 보험료, 금리 등 간접비를 부담한다. 용선료는 적재화물의 종류나 화물량에 관계없이 본선의 적재중량톤수(DWT)에 대해 매월 지급한다.

### 1) 정기용선계약의 특징

선박운항자 또는 정기용선자는 자신이 직접 선박을 소유하고 있지 않더라도 화

물을 확보할 능력만 있으면 정기용선을 이용할 수 있기 때문에 선박을 보유하지 않더라도 영업활동을 수행할 수 있다. 또한 발전소용 석탄, 철강회사의 광석과 석탄, LNG 등 장기적으로 대량의 벌크화물의 운송이 필요한 장기운송 계약화물에 대한 선복의 확보시 정기용선을 활용할 수 있다. 특정항로의 선복이 부족하거나 갑작스런 수요발생시 정기용선을 이용하여 부족한 선복을 공급할 수 있다.

### 2) 정기용선계약의 약관

정기용선계약의 주요 약관은 다음과 같다.

〈표 7-7〉 정기용선계약의 주요 약관 요약

| 구 분 | 내 용 |
|---|---|
| Let and hire clause | 일정기간 선박 임대 |
| Disposal clause | 선박을 용선자가 자유로이 사용 |
| Employment caluse | 선박소유자가 고용한 선장과 선원은 용선자의 지휘와 명령에 복종 |
| Misconduct clause | 용선자가 선원의 행위에 불만이 있을 때에는 선박소유자에 대하여 선원의 교체 요구 가능 |

### 3) 정기용선계약의 주요내용

#### (1) 용선기간(Let and Hire clause)

정기용선계약에서 용선기간은 용선료 계산의 기준이 되므로 중요한 계약조항이다. 용선기간은 통상 3개월, 6개월 또는 9개월 등 월수를 기초로 한다.

#### (2) 본선의 인도와 반선

선주가 용선자에게 선박을 인도함으로써 용선기간이 개시하고, 선주에게 선박을 반환함으로써 용선기간이 종료된다. 반환시 용선자는 반환예정일 및 반환항만에 대해 최소한 10일 이전에 통지하여야 하며, 인수당시와 동일하게 양호한 상태로 영업시간 중에 반환해야 한다.

#### (3) 항행구역

항행구역(trade limit)은 당사자 약정에 따라 용선기간 중 용선자가 본선을 운항할 수 있는 구역을 말한다. 용선자는 약정된 구역 외 지역을 항행하거나 항행구역

범위내라 하더라도 보험구역과 일치하지 않을 때에는 선주의 승인을 얻어야 하며, 이에 따른 위험과 할증보험료를 부담해야 한다.

### (4) 경비의 분담

일반적으로 본선관련 비용으로서 선장 · 선원의 급식비와 기타 제비용, 선박보험료, 본선의 수리비와 제세공과금, 갑판부와 기관부에 속하는 선용품비 등은 선주가 부담한다. 반면, 용선자는 운송에 관한 운항비로서 연료비, 적하에 관련된 제비용, 화물 적재 · 하역에 관한 제비용, 출입항의 항비 · 도선료 · 운하통행료 등을 부담한다.

### (5) 선주의 책임과 면책

정기용선에서 용선자는 화물의 집화와 인도에 직접 관여하나 선박의 운항관리에 관한 책임은 선주가 진다. 선주의 책임은 선장에게 법적 대리권이 부여되어 항해를 계속하면서 신속하게 수행해야 하지만 선주는 용선자의 조력을 얻기 위해 항해 중의 사항을 용선자에게 통보하여야 한다. 선주는 선박의 감항성 담보에 관한 상당한 주의의 결여 또는 선주 자신의 과실에 의한 경우 이외 사항에 대해서는 일반적으로 면책이 되고 있다.

### (6) 용선료

용선료는 1개월당 중량단위로 결정하는 것이 일반적이며 지급방법은 1개월분 또는 6개월분씩 선불하는 것이 보통이나 당사자 약정에 따라 후불인 경우도 있다. 용선료가 약정대로 지불되지 않으면 선주는 법원의 개입이나 소송 없이 용선자로부터 선박을 회수할 권리를 갖는다.

### (7) 용선료 지급중단

용선료 지급중단(off-hire) 조항은 용선기간 중 용선자의 책임에 귀속되지 않은 사유로 사고가 발생시 용선료의 지불의무자의 지급의무를 중단하는 것을 말한다. 본선을 24시간 이상 사용할 수 없는 경우, 사용하지 못하는 기간에 대해서 용선료를 지불할 의무가 없으며 선불한 용선료는 이에 따라 정산하여야 한다.

### (8) 적하종류의 제한

정기용선계약의 성질상 적법한 화물(lawful merchandise)이면 화물의 종류를 제

한하지 않는다. 그러나 위험화물을 적재할 경우에는 사전에 선주의 승인을 얻어야 하며, 갑판에 적재할 경우에는 선장의 지시에 따라야 한다.

### (9) 항행에 관한 제한

용선계약에 따라 본선의 항해구역이 제한되며, 항해구역이라 하더라도 위험해역에 대해서는 사전에 선주의 승낙을 얻어야 한다.

### (10) 재용선

용선자는 계약상 별도의 금지조항이 없는 한, 용선계약이 허용하는 범위내에서 다른 사람에게 재용선할 수 있다. 용선자는 재용선계약을 한 경우 선주에게 통지하여야 하며, 선주는 어떠한 경우에도 최초 용선계약상의 선주의 의무를 초과한 범위에 대하여는 책임이 없다.

〈표 7-8〉 정기용선계약의 주요 약관

| | |
|---|---|
| • 용선기간(Let and Hire Clause) | • 본선의 인도와 반선 |
| • 항행구역 | • 경비의 분담 |
| • 선주의 책임과 면책 | • 용선료 |
| • 용선료 지급중단 | • 적하종류의 제한 |
| • 항행에 관한 제한 | • 재용선 |

〈표 7-9〉 정기용선시 경비의 분담

| 선주부담 비용 | 용선자부담 비용 |
|---|---|
| • 선장, 선원의 급식비와 기타 제비용<br>• 선박보험료와 감가상각비<br>• 본선의 수리비와 제세공과금<br>• 갑판부와 기관부에 속하는 선용품비 | • 연료, 보일러물 비용<br>• 적하에 관련된 제비용<br>• 화물 적재, 하역에 관한 제비용<br>• 출입항시 항비, 도선료, 운하 통행료 등 |

## 10. 나용선계약(선박임대차계약)

나용선계약(Bareboat Charter ; Demise Charter)은 자본력이 미흡한 운항선사가 선복을 보충하면서 선대(fleet)를 늘리는 일종의 선박임대차 또는 할부제도(리스제도)이다. 통상 나용선계약은 10~20년의 장기에 걸쳐 체결되고, 계약이 만료되면 선

박의 소유권이 선주로부터 용선자에게 이전되는 경우가 많아 Demise Charter라고 도 한다. 선주는 선박만 대여하고, 용선자는 감가상각비 이외의 재산세와 보험료 (선체 및 P&I보험), 선박수리비, 선원비 등의 일체의 선비 및 운항비를 부담하고 선원의 선발 · 관리도 용선자의 권한에 속한다.

나용선계약의 주요 표준서식은 발틱국제해사위원회가 1972년 9월에 제정한 Barecon A와 Barecon B, 뉴욕상품거래소(The New York Produce Exchange)가 제정한 Bareboat Charter Party, 일본해운거래소가 제정한 나용선계약서가 주로 이용된다. 나용선계약서에는 용선기간, 본선의 수도와 반선, 경비의 부담, 용선자의 책임과 의무, 재용선 등의 조항이 있으며, 정기용선계약서의 내용과 큰 차이는 없다.

## 11. 탱커용선계약

원유, 석유제품, LNG / LPG 등은 탱커로 운송되며, 탱커용선계약에 따라 이루어진다. 탱커용선계약은 항해용선계약과 기간용선계약으로 구분되며, 항해용선계약은 일항해용선계약과 연속항해용선계약으로 나뉜다.

일항해용선계약은 SPOT이라고도 하며, 1항차에 한하여 운송계약을 체결하는 것을 말한다. 정유사 등은 일항해용선계약을 이용하여 원유 등을 운송하기도 하나 탱커용선은 연속항해용선계약으로 이루어지는 경우가 많다. 연속항해용선계약은 통상적으로 1년 이내이며, 기간용선계약은 부정기선과 마찬가지로 3년 이상 등 장기인 경우가 많다.

## 12. 부정기선 운임의 종류

### 1) 선복운임(Lump sum Freight)

운송계약에 있어서 운임은 운송품의 개수, 중량 또는 용적을 기준으로 계산하는 경우와 선복이나 항해를 단위로 하여 포괄적으로 지급되는 경우가 있다. 후자를 선복계약이라고 하고 이 경우에 지급되는 운임을 선복운임(Lump sum Freight)이라 한다.

### 2) 비례운임(Pro Rata Freight)

이는 선박이 항해 중 불가항력, 기타 원인에 의하여 항해의 계속이 불가능하게

되어 운송계약의 일부만을 이행하고 화물을 인도한 경우에 그때까지 행한 운송비율에 따라 선주가 취득하는 운임으로, 항로상당액운임(Distance Freight)이라고도 한다.

### 3) 부적운임(공적운임, Dead Freight)

부적운임은 용선시 일정량의 화물을 계약하였는데 화주가 그 계약수량을 선적하지 못하였을 때 선적하지 않은 화물량에 대해 지급하는 운임으로 일종의 위약배상금이다.

### 4) Spot운임

계약 후 짧은 기간 내에 즉시 선적이 개시될 수 있는 부정기선 시장에서 단기간에 현수준의 운임으로 선박을 용선하고, 지불하는 현물운임을 말한다. 선물운임과 대칭되는 개념이다.

### 5) 선물운임

선물거래란 미래의 확정된 시기에 특정상품을 계약체결 당시의 결정된 가격으로 매매하기로 한 약속이다. 미래 특정 시기에 특정상품을 운송할 경우의 운임으로 현물운임과 대비된다. 선물거래중개인을 통해 미래 시점에 일정한 해상운송서비스를 계약 당시 미리 결정된 운임으로 당사자가 제공하기로 한 것을 의미한다. 선주와 화주는 장래 시황을 예측하여 당시에 각각 유리하다고 판단되는 운임율을 합의하여 정한 운임이며, 다소 투기적인 요소가 가미된다.

### 6) 연속항해운임(Consecutive Voyage Freight)

장기간에 걸쳐 어느 특정의 항로를 반복 연속하여 항해하는 경우에 약정한 연속항해의 전부에 대하여 적용하는 운임률이다.

### 7) 장기운송계약운임(Long Term Contract Freight)

연속항해운임과 유사하나 연속항해운임은 특정선박으로 연속하여 항해를 반복하므로 항해수에 의하여 기간이 약정되나, 장기운송계약운임은 몇 년간에 몇 항해, 몇 년간에 걸쳐 연간 몇 만톤과 같이 약정되는 것이 일반적이다. 장기해상운송계약(Contract of Affreightment : COA)은 최저 1~2년에서부터 최고 4~5년까지 체결되는 계약 단위로 선주가 운송 선복에 대한 화주의 욕구를 충족시킬 것을 약속하여 선주가 합의된 타입의 선복으로 운항을 완료하면 계약은 충족된다. 즉, COA 계약 하에서는 특정 선박이 지정되어 연속적으로 투입되는 것이 아니라 약정된 화물을 운송해 줄 것을 보장해 주고, 선박의 지명권은 선사에게 유보되며, 화주는 화물운송을 보장 받게 됨으로써 양 당사자 간에 안정적인 운송과 수익성을 얻게 된다.

COA는 주로 철광석이나 석탄과 같은 주요 벌크 화물운송에서 주로 이용되고 있으며, 대량화물의 CIF거래에 있어서 송화주에게 요구되는 선복의 안전한 확보 방안으로서 실질적으로 가장 많이 체결되고 있다.

## 13. 해운비용과 운항채산

### 1) 해운비용

해운 비용은 서비스 생산량의 수준에 영향을 받지 않는 고정된 경상비 혹은 간접비인 고정비용과 생산량에 영향을 받는 변동비용으로 구분할 수 있다.

#### (1) 간접비용(고정비용)

선박을 소유하는 데 필요한 비용으로 간접선비(船費)라고도 한다. 선박투자 이자, 선박 감가상각비, 선박보험료 등 선박을 운항하지 않더라도 발생되는 고정비 성격의 비용이다.

#### (2) 직접비용(준고정비용)

선박을 의장해서 운항가능한 상태로 보유하기 위한 비용으로 직접선비이다. 선원비, 수리비, 윤활유비, 선용품비, 일반경비, 잡비 등 선박의 운항과 관계없이 발생하는 비용이다. 필요 선원은 반드시 승선시켜야 하고, 선용품을 적재해야 하며, 운항할 수 있는 상태로 유지하는 비용이므로 준고정비의 성격을 띠고 있다. 운항에 따라 크게 비용이 변화되는 것이 아니기 때문에 불변비 성격을 띠고 있다.

#### (3) 운항비

선박이 항해하여 화물을 운송하는데 직접 지출하는 비용이다. 화물비, 항비, 연

료비, 도선료, 예선료, 운하통과료, 중계료, 대리점료 등 운항경비, 운항상의 잡비 등이다. 운항비는 화물량이나 성격, 이용하는 항만에 따라 시설사용료 등이 다른 변동비 성격이 있다.

## 2) 운항채산분석

회계원칙에 따라 해운업의 수입과 비용을 동일한 기간에 걸쳐 인식하여 다음과 같이 분석한다.

### (1) 수입과 비용 구분

수입인식 기준은 다음과 같이 화물선적, 본선출항, 항해진행, 항해완료 등으로 구분할 수 있다. 우리나라 기업회계에서 수입에 대한 인식기준은 항해완료 기준 또는 항해진행기준 중 선택하여 적용하도록 하고 있다.

### (2) 해운비용의 구성

① 자본비 : 감가상각비

② 선비 : 선원비, 수리비, 보험료, 윤활유비, 선용품비, 기타 선비

③ 운항비 : 항비, 연료비, 화물비

④ 일반관리비

⑤ 영업외비용 : 시설자금이자(선박투자이자비용), 운영자금이자

## 3) 원가 분석

### (1) 차터베이스(Charter Base; C/B)와 하이어베이스(Hire Base; H/B) 분석

해운기업의 해운원가 내지 비용은 적재화물이나 항로에 관계없는 발생하는 고정비(선비)와 운항시 발생하는 운항비라는 두 가지 비용이 발생한다. 해운기업은 일반적으로 종합적인 운항채산을 계산하기 보다는, 운항수지에 관한 계산과 선박유지비용에 관한 계산으로 구분하여 비용을 계산하고 있다. 즉, 당해 운송에 관한 운임수입과 운항비의 차액으로 운항채산을 계산하고(C/B 분석), 고정비 형태의 선비(H/B 분석)를 비교함으로써 전체적인 수지채산에 관한 정산/견적으로 수지를 계산한다. 일반적으로 선사의 경상이익은 차터베이스(C/B)-하이어베이스(H/B)이다.

① Charter Base(C/B)

운항수입 금액에서 변동비 성격의 선박운항에 필요한 경비를 공제하고 남은 순수입액은 이익 측면에서 한계이익이며, 이것을 1개월(30일)당 1DWT당의 금액으로 표시한 것을 의미한다. CB는 매항차 또는 일정기간의 수지를 기준으로 하여 계산하기도 하고, 개별선박 또는 선대를 기준하여 계산하기도 한다.

$$\text{즉, C/B} = \frac{\text{운항수입 - 운항비용}}{\text{선박DWT} \times \text{소요(가동)일수}} \times 30 = \frac{\text{운항수입 - 운항비용}}{\text{가동연톤수(DWT)}}$$

② Hire Base(H/B)

선박이 당장 항해하지 않더라도 언제든지 운항할 수 있는 상태로 유지하는 데 필요한 선비총액(고정비)을 1개월(30일) 1DWT당의 금액으로 표시한 것을 의미한다.

$$\text{즉, H/B} = \frac{\text{연간 고정비(선비)}}{\text{선박DWT} \times \text{(연간)선박가동일수}} \times 30 = \frac{\text{연간 고정비(선비)}}{\text{가동연톤수(DWT)}}$$

여기서, 연간 고정비는 다음과 같이 여러 가지 형태로 구분할 수 있으며, 선사별로 또는 운항수지 계산목적에 따라 적정한 요소를 고려한다.

가. 자본비(감가상각비+선박투자금액이자)+선비

나. 자본비(감가상각비+선박투자금액이자)+선비+일반관리비

다. 자본비(선박투자 대출원금 중 상환원금+선박투자금액이자)+선비

라. 자본비(선박투자 대출원금 중 상환원금+선박투자금액이자)+선비+일반관리비

운항 채산의 판단은 ① 자사(自社) 선박으로 운항하는 때 차터베이스가 하이어베이스보다 크면 흑자(黑字)가 되고, ② 다른 회사의 선박을 용선하여 운항하는 때에 차터베이스가 용선료보다 크면 흑자가 되고, ③ 운항상의 채산은 아니나 선박 소유자의 경영면으로 보아 용선료가 하이어 베이스보다 크면 흑자가 된다.

③ Slot Hire (Container 선박)

Slot(TEU)당 일당 H/B(고정비)라고 할 수 있으며, 다음과 같이 계산할 수 있다.

Slot Hire = 연간고정비/선박 Capacity(TEU 단위)/운항일수

선사의 운임 경쟁력 또는 수익은 고정비인 H/B 또는 Slot Hire를 얼마나 낮추는가에 달려 있다. 선박건조와 관련된 직접선비가 적은 선박을 저렴한 선가로 건조하고, 선박투자시 저리 등 유리한 금융조건을 활용하여 H/B를 인하함으로써 선사의 경영의 합리화를 기할 수 있는 방안이다.

④ C/B 와 H/B의 관계

C/B는 한계이익을, H/B는 일당 또는 월DWT당 고정비를 나타낸다. 운항과 관련한 수입측면에서 C/B를 계산해야 하고, 비용측면에서 H/B를 계산해야 하며, C/B는 선박 용선시에, H/B는 선박 대선시에 기초자료로 활용할 수 있다. 즉, 차터베이스가 용선료(C/B>용선료)보다 높을 경우, 해당 선박의 용선이 가능하며, 하이어베이스가 대선료(H/B(自社船)<貸船料) 보다 낮을 경우, 선박을 다른 용선자에게 빌려줄 수 있으며, 선사의 수지가 +(Plus)가 되고, 또 차터베이스가 하이어베이스 보다 클(C/B>H/B) 경우 선사의 수지가 역시 +(Plus)가 된다.

C/B = 한계이익 = 공헌이익 = 운항이익
H/B = 고정비 = 선비
해운수지 = C/B - H/B

자료더보기

**운항채산의 사례**

가. 운항수입 : $120만 또는 $90만

운항수입(호황시) : 톤당 운임($30/톤)*화물량(40,000톤)=$1,200,000

운항수입(불황시) : 톤당 운임($20/톤)*화물량(40,000톤)=$800,000

나. 연료유가 : $60.1만

선박연료유(벙커C 380cst) : $550/톤*소모량(40톤/1일)*항해일수(25일)=$55만

선박연료유(디젤유 DO) : $850/톤*소모량(2톤/1일)*항해정박일수(30일)=$5.1만

다. 기타 운항비 : $10만

라. 운항이익(운항수입 - 연료유가 - 기타 운항비) : 차터베이스(C/B)

운항이익(호황시) : $1,200,000 - $601,000 - $100,000 = $499,000

운항이익(불황시) : $800,000 - $601,000 - $100,000 = $99,000

마. 선비 : 하이어베이스(H/B)

선비 : 1일 정기용선료($15,000/1일) * 항해정박일수(30일) = $450,000

바. 운항채산

운항채산(호황시) : C/B - H/B = $499,000 - $450,000 = $49,000

운항채산(불황시) : C/B - H/B = $99,000 - $450,000 = - $351,000

⑤ 계선점(lay up point)

운임이 하락하여 C/B가 직접선비(선원비, 선박수리비, 보험료 등)를 감당할 수 없을 때는 선박을 계선(繫船)하는 것이 유리하다. 운항과 계선의 분기점을 계선점이라 한다. 즉, 계선점은 시황이 악화되어 운임수입과 총운항경비가 동일하여 수익이 0이 되는 수지분기점으로 선박을 계선할 것인가 여부를 결정하는 기준이 된다. 그러나 엄밀한 의미에서 운임수입=총운항경비인 경우 아직 계선할 상태는 아니라고 볼 수 있다.

계속해서 운임이 하락하여 선박운항을 계속할 때 발생하는 손실과 계선할 경우 발생하는 최소한의 경비가 운임수준과 동일하게 될 경우, 이를 계선점에 도달한 것으로 보는 경우가 일반적이다. 즉, (간접선비+직접선비+운항비) - 총운임 = 계선시의 선비+계선 중의 간접선비가 되는 경우 계선점에 도달한 것으로 보고 있다.

그러나 이러한 계산만으로 계선하기 어렵다. 계선을 하더라도 직간접의 선비가

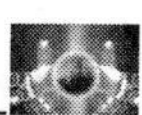

지속적으로 소요되며, 특히 선박검사(수리 포함) 직후의 계선은 검사 수리비까지 계선비용에 포함하게 되므로 계선비용이 높아지기 때문이다. 계선시에 소요되는 비용은 대체로 다음과 같다.

첫째, 직접선비 중 선원비(계선 중 당직 선원은 확보해야 한다)

둘째, 수리비(운임 상승으로 운항 개시시 운항할 수 있는 상태를 유지해야 한다)

셋째, 선용품비(운항할 때에 비하여 감소됨)

넷째, 직접선비 중 보험료(선박보험은 계선보험으로 대체하여 감소시키며 선원보험도 감소시킴)

다섯째, 기술검사비, 계선선박의 선원의 대한 여행경비

## 제2절 연안운송

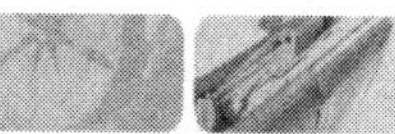

### 1. 연안운송의 의의

부존자원이 부족한 우리나라는 에너지원인 원유와 가스(LNG 등), 광석과 석탄, 곡물 등 필수 원자재를 수입하고, 완제품을 해외로 수출하며, 외항화물선들이 수출입 화물의 운송을 담당한다. 외항화물선과 연계하여 수출입화물의 국내항간 운송은 물론 내수용 화물을 국내항간에서 운송하는 것이 연안운송이며, 여기에 참여하는 선박들이 바로 연안화물선이다.

연안운송을 통해 운송되는 화물은 석유, 시멘트, 철강제품, 모래 등 국가기간 산업에 반드시 필요한 화물들이다. 더욱이 도서지역에 대한 생필품의 운송은 연안화물선들이 전담하고 있다. 이처럼 연안운송은 국가 경제발전에 필수적인 화물을 안정적으로 운송함으로써 우리 경제의 대동맥 역할을 하고 있다. 기본적으로 연안운송은 철도운송과 함께 장거리, 대량운송수단으로 적합하나 우리나라는 국토면적도 크지 않고, 도로운송이 시간적으로, 비용적으로 크게 불리하지 않기 때문에 연안운송이 상대적으로 활성화되지 못하고 있다.

연안운송의 경제성은 다른 수송수단에 비해 탁월하다. 운송비용이 가장 적게 들며 환경 친화적인 운송수단이기도 하다. 일본, EU, 미국, 호주 등 해운 선진국들은 연안운송의 장점인 에너지 고효율, 저비용, 친환경성에 주목하여 정책적으로 면세유, 선박건조자금, 선원복지, 선박운항 등을 국가적으로 지원하고 있으나 우리나라는 연간 일정액의 선박건조자금 융자와 유류세액의 일부를 보조해 주는 것 외에는 특별한 정책적 배려가 없는 실정이다.

## 2. 연안운송의 필요성

### (1) 운송비의 절감

화물의 특성상 기·종점이 일정지역에 편중되어 있고, 화물의 출발지와 목적지가 임해지역이거나 항만과 근거리에 위치한 화물을 운송할 경우 연안운송이 유리하다. 일반적으로 선박을 이용하는 연안운송이 장거리, 대량화물운송에 보다 더 적합하나 화물의 특성이나 1회 운송하는 화물량 그리고 공장이나 생산지 또는 목적지에 따라 철도운송 또는 연안운송을 선택적으로 활용할 수 있다. 예를 들면 동해안 항만에 시멘트 공장이 위치하고, 시멘트를 다른 항만까지 운송하는 경우에는 연안운송이 철도운송보다 유리하고, 강원도 내륙에 시멘트 공장이 위치한 경우에는 철도를 이용하여 시멘트를 운송하는 것이 바람직하다. 정유공장이 위치한 울산과 여천에서 생산된 석유제품의 경우 수요지가 항만과 가까운 곳에 많이 분포되어 있다면 연안운송을 이용하는 것이 바람직하고, 내륙의 공장시설에 석유제품을 공급할 경우에는 철도운송이 유리할 수도 있다.

### (2) 도로의 교통혼잡 완화(교통난 해소로 대량 화물의 연안운송 유도)

매년 국도와 지방도 등 도로시설이 확충되고 있으나 대도시를 중심으로 인구가 밀집되고, 자동차 보급이 지속적으로 확대되어 주요 간선도로는 출퇴근시, 주말, 명절 등에는 교통혼잡으로 몸살을 앓고 있다. 도로를 이용하는 여객과 화물이 넘쳐 우리나라 전체적으로 교통혼잡비용이 엄청나게 발생하고 있다.

연안운송은 철도와 함께 교통혼잡을 완화시킬 수 있는 중요한 운송수단으로 인식되고 있다. 연안운송은 철도운송과 함께 도로중심에서 운송수단전환을 추진함으로써 고속도로, 국도, 지방도의 교통혼잡의 완화 도모와 혼잡비용 축소 및 삶의 질을 높일 수 있도록 해야 한다. 특히 중량물, 대량화물의 장거리 운송시 연안운송으로 전환하도록 함으로써 도로파손과 교통혼잡을 완화하도록 해야 한다.

화물 5천톤을 11톤 트럭으로 편도운송한다고 가정할 때 트럭 454대가 필요하고, 운전기사도 최소한 454명이 소요되나, 연안운송시 6천톤급 선박을 투입하면 1회

운송으로 가능하여 교통혼잡을 완화할 수 있다.

### (3) 철도운송의 한계

화주들이 비용이 저렴한 연안운송 대신에 육상운송을 선호하는 이유는 도로운송은 시간과 장소에 구애받지 않고 문전까지 언제든지 탄력적으로 이용할 수 있기 때문이며, 철도운송은 비용이 저렴하고, 안전하며 비교적 정시성이 보장되기 때문이다. 운송비 면에서는 철도와 선박이 경쟁관계이나 철도운송의 완결성 미흡과 철도운영의 마케팅 미흡, 철도이용상 불편함 등이 애로요인으로 작용하고 있다.

특히 우리나라의 철도망은 경부축과 일부 호남축을 중심으로 구축되어 있고, 연계운송체계가 미흡하여 도로운송에 비해 경쟁력을 확보하고 있지 못하다. 고속철도 개통 후 선로용량에 다소 여유가 발생하여 과거보다 화물철도 운행이 개선되었으나 여전히 철도거점역의 물류기지 확보 미흡이나 고속화물열차 운행 확대로 인한 화물 유치 등은 개선의 여지가 많다. 따라서, 철도시설이 없어 철도운송을 이용하기 곤란한 경우나 시설능력의 부족시 대량화물과 중량화물은 연안운송을 이용할 수 있다.

### (4) 에너지 절약과 친환경성

현행 도로운송 위주의 에너지 다소비형 물류체계는 시급히 개선되어야 한다. 세계적으로 배럴당 100달러 수준으로 고유가 행진이 지속되고 있는 가운데, 연안해운은 다른 운송수단보다 에너지 효율성이 높은 것으로 인식되고 있다. 300TEU급 컨테이너선 1척은 1회에 300TEU를 운송할 수 있으며, 이 화물선 운항에 소요되는 선원은 10명이다. 그러나 같은 물량을 트럭으로 운송하려면 적어도 200대의 트럭이 소요된다. 200대의 트럭을 운행하려면 최소한 200명의 운전기사가 필요하고, 200대의 트럭에 수백 리터의 경유가 필요하다. 아울러 연안운송시 도로운송으로 야기되는 $CO_2$ 배출과 유해가스 감소 등 친환경적인 수단으로서 녹색물류체계 구축시 수송수단 중 하나로 추진되고 있다.

### (5) 남북물자교류 활성화 대비

현재 남북간 군사적 긴장관계로 남북간 경제교류가 교착상태에 빠져 있으나, 향후 남북간 경제교류가 확대되고, 개성공단의 활성화, 남북 간 도로와 철도의 연결 등 남북물자교류 활성화에 대한 기대도 크다. 남북교류가 확대되면 도로와 철도를 이용한 거래도 확대되겠지만 인프라 부족과 보안시설에 대한 접근금지 등 육상교

통의 한계 때문에 남북간 연안운송이 한층 확대될 것으로 전망된다. 남북간 교류시 연안운송이 확대될 것으로 전망하는 이유는 선박을 확보하고, 항만시설과 하역장비만 갖추면 대량의 화물을 운송할 수 있다. 육상의 인프라 부족으로 인한 접근성이나 보안시설 등에 대해 거부감 등에서 연안운송은 자유로울 수 있기 때문이다.

## 3. 연안운송의 장점

연안운송의 주요 장점은 다음과 같다.

〈표 7-9〉 연안운송의 장점

| | |
|---|---|
| 물류비 절감형 운송수단<br>(타운송수단에 비해<br>1톤km당 가장 저렴) | 연안운송은 장거리, 대량화물운송에 적합한 운송수단으로서 다른 운송수단에 비해 톤킬로미터당 운임 저렴 |
| 대량 화물의 국내 수송에<br>적합한 운송수단 | 선박을 이용하는 연안운송은 1회에 육상의 트럭이나 열차에 비해 수백 배 내지 수십 배 이상의 화물량을 운송할 수 있기 때문에 규모의 경제효과 기대 |
| 도서지역에 안정적인<br>생필품 공급과 여객운송 | 연안운송선박은 섬이 많은 도서지역에 안정적으로 생필품을 공급하고 있으며, 카페리선 등은 도서주민과 관광객을 운송하는 역할 담당 |
| 국가 안보와의 관계<br>(국가위기 상황에<br>군사용 선박) | 해운은 전쟁・분쟁 발생시 필요한 군수물자를 운송하고, 병력을 운송하는 역할을 수행함. 연안해운도 국가안보와 관련하여 필요한 보급물자와 인력을 공급하거나 해상로를 차단하기 위한 수단으로 활용함. 외국도 내항해운시장을 다른 국가 선박에 쉽게 개방하지 않는 이유도 이와 같은 국가안보와 밀접하게 관련되어 있기 때문임. |
| 중요 자원재의<br>안정적 운송수단 | 연안해운은 국가기간산업 발전에 필수적인 원자재, 즉 유류, 가스, 시멘트, 철제품, 모래, 컨테이너 등을 안정적으로 운송함으로써 적기에 수출 및 내수용 원자재를 투입하고 산출물을 적기에 수출할 수 있도록 지원함. 특히 유류의 경우 송유관을 이용하기도 하지만 연안운송선박을 이용하는 물동량도 5,000만톤을 상회함. |

## 4. 연안운송 현황과 문제점

### (1) 연안운송 현황

① 컨테이너 연안운송

부산-인천 간 연안운송시 운송단계는 다른 운송수단에 비해 복잡한 절차를 거치게 되고, 운송시간도 더 소요되게 된다. 연안운송 구간의 소요시간은 부산항 출

항시 1시간, 부산항에서 인천항 외항까지 항해 27시간, 인천항 갑문입항 1시간 30분, 인천항 하역 5시간을 거쳐 인천항에 약 2~3일간 체류하며 이어 내륙수송을 거쳐 화주 문전으로 이송된다. 실질적으로 연안운송에 소요되는 시간은 27~28시간이 소요되나 인천항과 부산항에서 하역을 위하여 대기하는 시간, 각 항만에서 체류하는 시간을 모두 고려할 경우 통상적으로 4일 이상 소요된다. 부산항의 경우 연안운송 화물은 1998년 13만 8,213TEU로 전체 부산항 처리 화물의 2.34%를 차지했으나 이후 계속 줄어들어 2005년에는 0.7%로 감소하였다.

(주)한진은 2006년 9월 연안운송항로에 투입하던 215TEU급 소형 컨테이너전용선 3척을 국내 선사에 대선시키고, 컨테이너화물의 연안운송사업에서 완전히 철수하였다. (주)한진이 연안운송 사업에서 철수한 것은 연안운송에 사용된 선박에 대해서는 접안료 등이 면제되지만 고유가로 인한 운항경비가 크게 늘어나는 등 화물수송에 따른 적자가 커졌기 때문이다.

2009년 3월부터 (주)한진은 군산항과 광양항간, 인천항과 광양항 및 부산항간 컨테이너 연안운송을 재개하였다. 2009년에 약 26,000TEU, 2010년에 약 5만TEU가 연안운송되었고, 제주도와 목포간 10피트 컨테이너 물동량 규모도 상당히 커서 10피트 컨테이너를 포함한 2010년 총연안컨테이너 물동량은 약 38만TEU이다. 한동안 도로에서 연안운송으로 수단전환시 보조금을 수령하였고, 화주기업도 녹색물류체계를 지향하였다. 그러나, 연안 컨테이너 물동량이 증가하지 않고, 적자가 누적되어 2012년에는 ㈜한진이, 2013년 2월에 한진해운신항만㈜이 부인선(부산신항-인천 경인항) 운항을 중단하면서 수출입 연안컨테이너 운송은 전면 중단되었다.

〈표 7-10〉 연안운송 컨테이너 물동량 추이

(단위 : TEU)

| 구분 | 합계 | | | 부산 | | | 인천 | | |
|---|---|---|---|---|---|---|---|---|---|
| | 적 | 공 | 계 | 적 | 공 | 계 | 적 | 공 | 계 |
| 2005 | 221,205 | 51,534 | 272,739 | 72,883 | 12,232 | 85,115 | 75,273 | 10,860 | 86,133 |
| 2006 | 130,890 | 37,540 | 168,430 | 23,098 | 4,774 | 27,872 | 28,265 | 4,455 | 32,720 |
| 2009 | 192,925 | 60,429 | 253,354 | 28,994 | 10,120 | 39,114 | 23,395 | 12,785 | 36,180 |
| 2010 | 277,269 | 100,958 | 378,227 | 55,274 | 26,268 | 81,542 | 29,768 | 14,701 | 44,469 |
| 2011 | 335,896 | 142,484 | 478,380 | 71,380 | 52,286 | 124,446 | 31,330 | 16,836 | 48,166 |
| 2012 | 290,909 | 99,421 | 390,330 | 50,104 | 40,393 | 90,496 | 33,112 | 13,453 | 46,564 |
| 2013 | 192,286 | 8,100 | 200,386 | 2,683 | 1,519 | 4,202 | 29,386 | 5,697 | 35,082 |

자료: 해양수산부, SP-IDC

주: 연안 컨테이너 물동량은 제주도와 목포, 완도 등 물동량을 포함한 것임

② 벌크화물 연안운송

선적시간이 급하지 않은 수출화물이나 원자재 수급에 시간적 여유가 있는 수입화물의 운송에 연안해송을 적극 활용할 경우 도로운송에 비해 다소 저렴한 운임으로 화물의 운송이 가능하다. 또한 시멘트, 유류, 철강제품 등은 연안운송선을 이용하는 것이 비용상 유리하며, 모래의 경우 연안운송선을 이용할 수밖에 없다.

〈표 7-11〉 연안운송 물동량 추이

(단위 : 천톤)

| | 2005 | 2007 | 2009 | 2010 | 2011 | 2012 | 2013 |
|---|---|---|---|---|---|---|---|
| 유류 | 43,334 | 42,272 | 39,953 | 38,272 | 38,786 | 33,976 | 33,753 |
| 모래 | 24,522 | 23,103 | 25,743 | 27,906 | 25,484 | 23,758 | 25,125 |
| 시멘트 | 14,135 | 15,882 | 16,611 | 14,972 | 14,398 | 14,834 | 14,373 |
| 광석 | 10,432 | 11,782 | 11,321 | 13,715 | 14,680 | 14,530 | 16,552 |
| 철재 | 11,244 | 11,922 | 12,803 | 14,859 | 17,367 | 17,406 | 16,695 |
| 기타 | 11,833 | 10,577 | 7,804 | 9,298 | 10,330 | 10,521 | 11,362 |
| 합계 | 115,489 | 115,538 | 114,236 | 119,022 | 121,045 | 115,025 | 117,860 |

자료: e-나라지표

### (2) 연안운송의 문제점

연안운송의 문제점은 다음과 같다.

〈표 7-12〉 연안운송 문제점

| | |
|---|---|
| 업체의 영세성과 경영실태의 부실 | 2005년 8월 현재 국내에는 916개 연안운송업체가 2,056척, 151만G/T의 연안화물선을 운항 중이며, 업체당 보유선박은 평균 2.2척, 척당 선형은 평균 734톤에 불과함. 연안운송업계 전체의 75%인 638개사가 자본금 3억원 미만이고, 개인이 운영하는 생계형 사업체가 절반에 달하는 등 영세한 것으로 나타남. |
| 외항화물선과의 차별적인 세제 | 외항선에 비해 경쟁력이 취약한 연안운송선에 대해 관세, 지방세, 유류세 등 세제혜택 등이 미흡함. |
| 선원의 부족 및 확보지원책의 부재 | 연안해운업체의 영세성 때문에 선원에 대한 대우가 좋지 않아 우수한 선원을 확보하기도 어렵고, 자질이 부족하거나 미숙한 선원·고령의 선원이 승선하면서 안전운항이나 오염사고 등에 노출될 가능성이 높아짐. |
| 항만운영의 경직성 및 민영화 지연 | 항만 입출항 신고, 비관리청 항만공사 시행허가 등에 장시간 소요되고, 절차가 복잡하며, 도선과 예선운영에 대해서도 불만이 많음. |
| 비효율적인 항만노무공급제도 | 항만노무공급은 항운노조가 독점적으로 공급한다. 하역기계화나 자동화 설비 투입시 보상을 요구하거나 기계화 작업을 하더라도 신호수 등은 반드시 항운노조원이 작업해야 하는 등 항만노무공급체계의 개선이 요구됨. |

| | |
|---|---|
| 중고선 도입의 제한 | 우리나라 조선업체는 최대 호황을 누리고 있으며, 조선산업 보호를 위해서 또한 해양오염이나 해난사고방지를 위해서 연안운송 중고선 도입을 제한해 왔음. 중고선은 선령과 톤급을 제한하여 중고선 도입비용의 증가를 가져왔고, 운항원가의 증가 요인으로 작용함. |
| 내항선박 확보자금의 지원부족 | 대부조건이 다른 지원자금보다 불리하여 계획조선 자금 이용을 기피함. 특히 국적취득조건부나 용선자금(BBC자금)은 절대적으로 부족함. |
| 송유관 건설로 물동량 감소 및 수요의 계절성 | 송유관을 이용한 유류운송이 확대됨에 따라 연안운송 물동량이 감소하고, 수요의 계절적 편차가 큼. |
| 내항해운항만시설의 절대부족 | 연안운송 컨테이너선은 규모가 작기 때문에 수심, 크레인 인양높이 등이 상이하며, 이들 연안운송 컨테이너선이 접안하여 하역작업을 용이하게 할 수 있는 부두와 시설이 부족함. |
| 연안운송으로 운송수단 전환시 인센티브 미흡 | 도로로 운송하던 장거리, 대량화물을 연안운송으로 전환할 경우 외국과 같이 인센티브를 부여하고, 시범사업을 선정하여 대대적으로 홍보하는 등 활동이 미흡함. |

## 5. 연안운송의 활성화 방안

연안해운 혁신을 위한 연안해운 지원체제 확립, 연안해운 관련 물류인프라 개선, 연안해운 중심의 복합물류체계 구축 등이 시급한 과제이다. 정부는 도로운송 화물을 연안해운이나 철도로 전환(Modal Shift)시 보조금 지급을 추진하고 있으며, 연안해운 활성화를 위해 연안선박 건조자금 지원 및 항만시설 사용료 감면, 유가 보조금 확대 등 연안화물선의 경쟁력 제고방안을 검토하고 있다.

### (1) 연안운송선의 등록기준 강화

현행 연안운송사업의 등록기준은 선박 1척 이상이며 누구나 사업참여가 가능하도록 되어 있어 업계의 영세화는 물론 경쟁력 약화를 초래하고 있다. 업계의 대형화를 통한 자본력 확대 및 규모의 경제성을 확보하여 경쟁력을 가질 수 있도록 보유톤수를 현행 500톤에서 1,000톤으로 상향하는 것이 필요하다.

### (2) 신규 진입선박에 대한 선령 제한

신규 진입선박에 대한 선령제한을 추진 중이다. 종전에는 외국에서 선박을 수입할 경우 선령을 제한해 왔으나 규제완화 차원에서 이 제도가 폐지된 후 선박을 신조하는 대신 저가의 중고 노후선을 수입하는 사례가 증가하고 있다. 따라서 정부는 신규사업자 선박의 선령을 15년 미만으로 제한(폐기물은 17년)할 계획이다.

### (3) 적정선박량 공표제 도입

정부는 적정선복량 유지를 위한 선박량 공표제를 도입할 계획이다. 선박량 과잉을 막기 위해 선종별 적정선박량을 산출하여 공표함으로써 시장진입의 판단기준을 제공할 계획이다. 현재 전문 연구기관에서 적정선복량 산출을 위한 방안을 추진하고 있다.

### (4) 선화주 간 장기운송계약 관계 형성

연안화물의 대부분을 차지하는 대량화물은 화주와 선사 간 장기간의 운송계약을 유지하고 있다는 점에서 COA(장기운송계약)에 가깝다. 그러나 화주의 전용선대에 포함된 선사의 경우 외형적으로는 장기운송계약의 형태를 취하고 있으나 실제 운송계약기간은 짧으면 3개월, 길어야 1년으로 계약기간을 연장하는 형태로 장기운송계약을 유지하고 있다. 선사와 화주간 지속적인 관계개선 및 서비스 향상을 통한 진정한 의미의 장기용선계약을 체결해야 한다. 장기용선계약은 최소 5년 이상으로 하는 것이 바람직하다.

### (5) 연안화물선 선박금융지원 대폭 강화

연안선사를 위한 실효적인 선박금융기법을 개발하는 것이 중요하다. 특히 가칭 '선박담보보증기금'의 설립을 검토하여 선박투자를 촉진하는 것이 필요하며, 선박금융 활용도를 높이기 위한 연안선사의 경영합리화를 추진해야 할 것이다.

정부의 직접적인 선박확보자금 지원대책으로 신조선가의 급증으로 선사들이 선박신조에 곤란을 겪고 있는 점을 고려하여 현행 선대구조개선자금을 대폭 확대(현행 75억원에서 200억원 이상)하여 제공하는 방안을 검토할 필요가 있다.

### (6) 연안해운 조세지원제도 정비

연안해운은 친환경적 운송수단으로서 육상운송에 비해 톤×마일당 단위원가가 저렴하여 국가 물류비를 절감할 수 있을 뿐만 아니라 간접적인 사회적 비용도 육상수송에 비해 적게 들기 때문에 연안화물운송에 세제상의 지원이 필요하다.

국가물류비 및 사회적 비용의 획기적인 절감이 가능한 연안선사 면세유 공급을 기본 추진과제로 설정하고, 연안화물선에 대한 전면적인 면세화가 곤란할 경우, 선종별로 단계적으로 시행하는 방안을 검토해야 한다.

#### (7) 선사 간 자율적 구조조정 지원

연안화물선의 경쟁력 저하는 근본적으로 자본력이 취약한 데에 기인한다. 선사들의 자본력 및 선대 확대는 경쟁력 강화는 물론 대화주 협상력을 강화하여 적정 운임을 받을 수 있는 최선의 방안이다. 연안화물선업계의 구조조정은 단기적으로 대형선사 및 중소형선사 간 업무제휴 또는 운송네트워크를 통합하여 통합효과를 높여 나가고, 중장기적으로 선사 간 인수합병을 통한 통합으로 경영의 단일화를 추진하는 것이 바람직하다.

#### (8) 연안선사 사업확대

내항선사들은 규모나 경영능력에 있어 외항선사에 비해 열악하므로 외항선사들이 서비스하지 않는 틈새시장을 포착하여 시장에 진출하고 점차 외항 운송사업을 증가시키는 점진적 시장진출이 필요하다. 현재 일부 내항선사들은 국내 조선소의 중국 공장 건설에 필요한 대형 구조물을 바지선으로 운송하고 있으며, 국적 외항선사들은 적합한 선박이 없어 내항선사들이 조선소와 장기운송계약을 체결하여 독점적으로 운송하고 있다.

## 제3절 카페리운송

### 1. 카페리운송의 의의

카페리(car ferry)는 자동차와 여객이 동시에 승선하여 운항할 수 있는 선박이다. 기존 카페리는 도서지방을 연결하는 주요 운송수단으로 활용되었지만, 최근 장거리 카페리는 한일항로, 한중항로 등에 취항함으로써 차량과 컨테이너를 동시에 운송하고, 운송화물의 신속한 통관이 가능하기 때문에 전자부품이나 의류 부속품 등의 수출입에도 널리 이용되고 있다.

카페리항로에는 대체로 컨테이너선과 카페리가 경쟁관계를 형성하고 있으며, 운임수준은 카페리선이 컨테이너선의 경우보다 다소 높고, 운송시간은 카페리선이 컨테이너선보다 빠르다. 컨테이너선은 컨테이너만을 적재하여 운송하는데 비해 카페리는 불특정 다수 또는 불특정 종류의 여객과 화물을 운송한다는 점

에서 차이가 있다. 카페리는 일반적으로 컨테이너선에 비해 운항이 용이하고, 인건비 절감이 가능하며, 운송시간 단축, 하역합리화, 자동차 유지비 절감 등이 가능하다.

카페리는 적은 인력으로도 운항이 가능하며, 산업단지와 섬 등 관광지를 연결하여 지역개발에 기여하고, 생동물과 생선, 과일 등의 직송이 가능하여 상품의 수급조절과 가격안정에 기여할 수 있다.

## 2. 장거리 카페리운송의 장·단점

### (1) 장거리 카페리의 장점

장거리 카페리운송의 장점은 다음과 같다.

〈표 7-13〉 카페리운송의 장점

| |
|---|
| • 운항 중에는 화물자동차의 운전기사는 1명만 필요하거나 아예 없어도 되며, 카페리에 적재되어 운항 중에는 연료비가 소요되지 않는다.<br>• 롤온 · 롤오프(Roll on Roll off)선에서는 자동차를 싣거나 내리는 데 운전기사 외에 사람의 손이 가지 않아도 된다.<br>• 육상의 도로혼잡완화와 사고방지를 도모한다.<br>• 해상을 운항함으로써 육로로 운송할 경우보다 운송시간을 단축할 수 있다.<br>• 관광지나 산업단지와 대도시를 연결하여 지역개발에 기여한다.<br>• 생동물, 과일, 생선 등을 산지로부터 신속하게 직송하고 통관할 수 있어 유통시장에 신속하게 화물을 유통시킬 수 있다. |

### (2) 장거리 카페리운송의 단점

장거리 카페리운송의 단점은 다음과 같다.

〈표 7-14〉 카페리운송의 단점

| |
|---|
| • 컨테이너선에 비해 운임 수준이 다소 높다.<br>• 항만, 기타 창고의 영향이 크다.<br>• 자동차 운송으로만은 채산이 맞지 않는다. |

## 3. 카페리운송의 화물운송방법

〈표 7-15〉 카페리의 화물운송방식

| 구분 | 내용 |
|---|---|
| 운송방식 1 (사람 + 트럭) | 보통트럭으로 발송지에서 도착지까지 운전자가 직접 트럭을 운행하여 직송하는 방식이다. 도중에 환적작업 없이 장거리 카페리로 트럭을 운송하는 방식이며, 가장 간편함. |
| 운송방식 2 (트럭만) | 운송방식 1과 거의 유사하다. 보통트럭으로 발송지에서 도착지까지 직송하는 도중에 장거리 카페리 구간은 운전자 동승없이 운항하는 방식임. 이 방식은 인건비를 절감할 수 있으나 트럭의 앞부분을 분리할 수 없기 때문에 고정비와 페리 운송비를 절감할 수 없음. |
| 운송방식 3 (트레일러만) | 트랙터는 제외하고 세미 트레일러만 카페리로 발송지에서 도착지까지 직송하며, 도중에 장거리 카페리에 의해 트레일러 부분만 무인으로 운송하는 방식임. 이 방식은 차량의 고정비나 페리의 운송비를 절감할 수 있는 방식임. |
| 운송빙식 4 | 방식 3을 발전시킨 방식으로 발착지 양측 기지에다 화물 터미널(철도역)을 설치하여 화물 터미널에서 세미 트레일러를 중계함. 발송지에서 화물을 화물 터미널까지 트레일러로 운송하고, 트레일러부문만 카페리로 무인 운송하며, 도착기지의 화물터미널에서 보통트럭을 이용, 중계하여 배송하는 방식임. |

**자료더보기**

RFS와 RSR

1. 트럭복합일관수송(Road Feeder Service : RFS)

육상운송과 해상운송, 항공운송을 복합적으로 연계한 한중 국제물류시스템이 검토되고 있다. 국토교통부는 인천공항에 중국 출발 환적화물을 유치하여 허브화를 촉진하고 국제물류체계의 효율성을 높이기 위하여 한중 간 트럭복합일관수송체계(RFS)의 구축을 추진했다. RFS란 타지역 공항과 항만의 화물을 전용트럭을 이용, 공항까지 운송한 후 항공기로 환적하여 목적지 공항까지 수송하는 서비스다.

국토교통부는 2006년 12월 말 RFS 시범사업 구간으로 '청도공항 – (트럭운송) – 청도항 – (카페리운송) – 인천항 – (트럭운송) – 인천공항 – (항공운송) – 목적지'까지 인천세관의 협조하에 시행하였으며, 인천국제공항공사아시아나항공·팍스글로벌 등이 시행주체가 되었다. 2007년 이후 RFS 사업은 왕복 물량 불균형, 차량의 내륙운송 불가 등으로 부진하였으나 2011년초부터 인천-위해, 인천-청도구간에서 위동페리를 이용한 해상육상 복합운송서비스가 재추진되고 있다. 우선 컨테이너화물을 적재한 피견인 트레일러를 한중 내륙지역까지 직접 운송하고, 환적작업 없이 카페리선에 곧바로 선적하는 방식으로 추진하고, 추후 화물자동차 운행도 이루어질 것으로 전망된다.

중국내 Road & Air서비스는 소규모 공항의 시설부족으로 소규모 공항에서 육로로 북경공항이나 상해공항으로 이동하여 항공기로 운송하는 방식이다. 국토교통부는 한·중 간 RFS를 도입하기 위해 필요한 중국 차량의 국내 통관과 운행 허용, 화물 환적절차의 간소화 등의 문제를 관세청 등 관계부처의 협조하에 제도를 정비한 후, RFS 시범서비스를 실시하였으나 여건미비로 아직 활성화가 부진하다.

정부는 향후 중국 정부와 양국 간 화물자동차의 상호 운행방안에 대해 협의를 진행하여 RFS 체계를 발전시켜 나감으로써, 최종적으로는 한·중 간 전면적인 트럭복합일관수송체계의 구축을 추진, 한·중 물류시장의 통합을 위한 기반을 다져 나갈 계획이다. 정부는 물류업체 및 화주기업을 대상으로 한·중 간 RFS 복합운송 등 한·중·일 간 복합운송사업 확대를 위한 방안을 적극 추진해갈 예정이다.

RFS 서비스는 Sea & Air와 비교할 때 상차·하역 작업이 감소되어 화물손상률이 낮을 뿐 아니라 화물운송시간도 6.2시간 단축되고, 화물 1kg당 0.3$의 물류비를 절감할 수 있을 것으로 예상하였다.

2. 철도해상 국제복합수송(Rail & Sea & Rail : RSR)

2006년 9월 한국철도공사는 일본철도화물(JR Freight)과 실무협의를 통해 12피트(적재량 5톤) 컨테이너 화물을 철도와 해운을 연계해 운송하는 국제복합일관수송사업을 추진하기로 하였다. RSR 서비스는 일본행 수출입 물량을 의왕ICD에 집화하고, 집화한 물량은 화물열차를 이용해 부산항으로 운송한 후, 다시 고속페리선나 컨테이너선에 선적해 일본 하카다항으로 운송한다. 일본 도착 후 일본 JR 철도를 이용하여 현지 거점(후쿠오카역 – 도쿄역)으로 운송하며, 계약을 맺은 육상 포워더가 최종적으로 문전배송을 한다. RSR 서비스는 서울에서 도쿄까지 60시간 이내에 문전배송 서비스(Door to Door)가 가능하게 하는 새로운 서비스 모델이다.

RSR 서비스는 수도권의 전자·전기부품 등 소량, 다빈도, 고부가가치 상품을 정기운송할 수 있을 것으로 전망된다. 한국철도공사는 이 운송서비스를 도입하기 위해 JR화물과 실무협의를 가지고, 일본에서 주로 유통되는 12피트(하중 5톤) 컨테이너 화물을 국내 철도와 해상으로 운송할 수 있는 Multi-Con(12피트 컨테이너를 3개 적재가능한 40피트형 용기)에 적재수송 가능한지 검토해 왔다.

RSR 서비스 이용시 일반 항공운송보다 30% 이상 저렴할 것으로 예상하고 있다.

# 제08장

# 항공운송

## 제1절 항공화물운송의 개요

### 1. 항공화물운송의 의의

항공운송(Air Transport)이란 항공기를 사용하여 여객, 화물, 우편물 등을 운송하는 경제행위를 말하며, 항공화물운송은 항공기에 적재되는 승객의 수화물과 우편물을 제외한 항공화물운송장(Air Waybill, AWB)에 의해 운송되는 화물의 운송을 일컫는다.

항공화물운송은 1910년 필립 팔메리가 세계 최초로 비행기 날개에 실크 60파운드를 싣고 미국 오하이오주 Dayton과 Coloumbus간 65마일을 운항한 것이 효시였다. 그 후 항공화물운송은 우편물, 긴급품, 귀중품 등 특수한 물품의 운송에 한정되어 있었으나, 1959~60년에 개발되어 항공운송업계에 도입되기 시작한 제트기의 등장으로 자동차나 컴퓨터, 기계 등 대형화물의 운송이 가능해지면서 비약적인 발전을 이루게 되었다. 특히 1963년 화물전용제트기(DC-8F, B-707F)의 취항은 항공화물운송을 본격적인 대량운송체제로 접어들게 하였다. 이어 1970년대에 들어가서는 보잉747 점보제트기를 비롯하여 DC-10, L-1011 등 광동형 대형 항공기가 세계 각 항로에 취항하게 되면서 국제간 항공화물운송의 발전이 본격화되었다. 이후 광동형 항공기의 보급 확대와 더불어 항공운송절차의 표준화, 항공화물의 컨테이너화 및 지상 작업의 자동화로 운송효율이 급격히 상승하면서 오늘날 항공화물운송량은 약 270만톤 규모로 매년 성장하고 있다.

## 2. 항공화물운송 현황 및 성장요인

### 1) 항공화물운송 현황

우리나라 수출입화물에서 항공화물이 차지하는 비중은 물동량 기준으로 약 0.3%에 불과하지만, 운송되는 화물가액을 기준으로 할 때 항공화물은 30%를 상회한다. 이는 항공화물의 경우에 물동량 규모는 작지만 운임부담력이 큰 고부가가치 화물을 주로 운송하고 있기 때문이다. 특히, 도난, 파손 가능성이 높은 화물, 혹은 상품의 수명주기가 짧은 화물 등의 운송에는 항공운송이 주로 이용되고 있다. 향후에도 IT 제품의 지속적인 수출입 수요증가, 일본의 생산복구 및 유럽 경제 회복, 나아가 인천국제공항의 이용도 향상 등에 힘입어 항공화물시장은 계속 성장해 갈 것으로 전망되고 있다.

### 2) 항공화물운송의 성장요인

① 항공기술의 발전으로 항공기의 스피드화와 대형화에 따른 운송수요의 증가
② 수출입 화물의 경박단소화, 고부가가치화 등의 진전으로 운임부담력이 있는 화물의 증가
③ 국제적 분업화의 진전에 따른 상품 및 반제품의 국제운송 증가
④ 샘플, 이삿짐, 패션상품, 식품, 화훼류 등 긴급성 및 시한성 제품의 수요증가
⑤ 항공운송의 장점에 대한 물류관리나 마케팅 전략의 고도화
⑥ 항공운송서비스의 향상과 운임 저렴화
⑦ 운송의 합리화에 의한 시간가치의 상승

## 3. 항공화물운송의 특성과 장점

### 1) 항공화물운송의 특성

일반적으로 항공화물의 운송대상은 부가가치가 높은 공업제품, 운송도중에 도난 및 파손의 위험이 있는 화물, 긴급성 및 상품의 진부화 속도가 빠른 화물, 취급과 보관비용이 높은 화물 등이 주류를 이루고 있다. 또한, 항공여객운송의 약 90%가 왕복운송인데 반해 항공화물운송은 거의 대부분이 편도운송이고, 고정화주가 대부분이며, 공항에서의 지상조업을 별도로 필요로 한다는 점에서 항공여객운송

과 차이가 있다. 그리고 항공화물운송은 해상운송에 비해 운송시간이 짧고 하역처리 빈도가 적어 도난, 파손위험의 발생률도 줄여주기 때문에 해상운송에 비해 운송보험료가 저렴한 편이며, 최소의 포장만을 함으로써 포장비도 저렴하다. 아울러 운송과정에서 발생하는 화물의 재고유지비용을 절감할 수 있을 뿐만 아니라 발착지 및 중계지 등에서 신속한 작업이 가능하여 보관비 절감도 가능하다.

### 2) 항공운송의 장단점

#### (1) 장점

① 신속성(SPEED) ② 정시성(SAFTY) ③ 안전성(SCHEDULE)
④ 경제성(ECONOMIC)(총 물류비 관점에서는 해상운송보다 저렴)

#### (2) 단점

① 중량과 규격이 제한되어 중량물, 장척물의 운송이 곤란함
② 운임이 비교적 높음
③ 공항이 없거나 항공화물편이 없는 곳에서는 운송이 곤란함
④ 에너지 소비량이 높음
⑤ 소음공해 발생으로 규제 가능성이 있음

## 4. 항공기의 단위 탑재용기

항공기의 단위 탑재용기(Unit Load Device; ULD)는 항공화물의 단위화를 위한 용기로서 항공기의 대형화 및 상하역작업의 기계화에 따라서 이용되는 항공화물용 파렛트(Pallet), 컨테이너(Container), 이글루(igloo) 등을 말한다. ULD는 국제항공운송협회(IATA)가 인정하는 것과 항공사가 소유하고 있는 2종류가 있다. 국제항공운송협회(IATA)가 인정한 ULD는 각 항공기의 화물칸에 적합하도록 제작된 것으로 Aircraft ULD라고 하며, 컨테이너, 파렛트, 이글루는 여기에 속한다. 항공용(Aircraft) ULD는 항공기 바닥면의 고정 장치로 직접 고정할 수 있는 ULD이고, 비항공용(Non-Aircraft) ULD는 Aircraft ULD를 매개로 해서 항공기에 탑재할 수 있다.

### 1) 파렛트(Pallet)

1인치 이하의 알루미늄 합금으로 만들어진 평판으로, 파렛트 위의 화물을 특정

항공기의 내부모양과 일치하도록 적재작업을 한 후 망이나 띠로 묶을 수 있도록 고안된 장비이다. 작업이 완료된 파렛트는 항공기에 탑재하고, 화물실 바닥에 장치된 Attachment System을 사용하여 항공기에 고정시킨다. 표준사이즈는 88×108(인치), 88×125(인치)이다.

### 2) 컨테이너(Certified Aircraft Container)

별도의 보조 장비 없이 항공기 내의 화물실에 적재 및 고정이 가능하도록 제작된 용기이다. 항공기 화물실 윤곽(contour)에 맞게 제작되어 화물실 공간을 최대한 활용할 수 있게 제작되었다.

### 3) 이글루(Igloo)

유리섬유 또는 알루미늄 등의 재질로 비행기의 동체 모양에 따라 만들어진 덮개로 파렛트와 함께 사용되어 공간을 최대한 활용하도록 고안되었다. 항공기 내부구조에 맞게 모서리가 둥글게 제작되어 있다. 이글루의 종류는 파렛트와 마찬가지로 88×108(인치), 88×125(인치)가 표준형이다.

### 4) 특수 ULD

자동차운송용 장비로서 Car Transporter, 말운송용 ULD인 Horse Stall, 가축 운송용 ULD인 Cattle Pen, 의류를 행어(Hanger)에 걸어 적재하는 컨테이너인 GOH(Garment on Hanger) 등이 있다.

### 5) ULD의 사용상 장점 및 단점

#### (1) 장점

① 지상조업시간 및 하역시간이 단축되므로 항공기의 가동율 향상시킬 수 있다. 특히, 컨테이너를 사용할 경우 운송화물의 안전성이 제고된다.

② 운송화물의 단위화로 하역시간의 단축과 하역비용절감 등 하역합리화를 실현할 수 있다.

③ 냉동 컨테이너 등의 특수 컨테이너를 사용하여 냉동화물, 냉장화물, 생동물, 고급의류 등 특수화물을 운송할 수 있다.

### (2) 단점

① ULD의 구입 및 수리에 대한 자본이 소요된다.
② ULD의 자체 중량만큼 화물탑재량이 감소된다.
③ 사용된 ULD의 회수 등 관리상의 어려움이 크다.
④ 기종별 규격의 비표준화로 인해 ULD의 기종간 호환성이 낮으며, 더불어 항공운송의 특수성으로 인해 선박 등 다른 운송수단과의 호환성도 낮다.

## 제2절 항공화물운송과 포워더

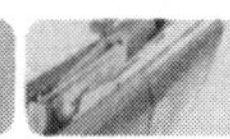

## 1. 항공운송사업의 유형

### 1) 항공운송사업

항공운송사업(Air Carrier)은 타인의 수요에 응하여 항공기를 사용하여 유상으로 여객 또는 화물을 운송하는 사업을 말하며, 정기항공운송사업과 부정기 항공운송사업으로 나뉜다. 정기항공운송사업은 한 지점과 다른 지점사이에 노선을 정하고 정기적으로 항공기를 운행하여 여객 또는 화물을 운송하는 사업을 말하며, 부정기 항공운송사업은 정기항공운송사업 외의 항공운송사업을 말한다.

### 2) 항공기 사용사업

항공기사용사업은 타인의 수요에 응하여 항공기를 사용하여 유상으로 여객과 화물의 운송 외의 업무를 행하는 사업을 말한다. 항공화물의 운송에서는 항공운송사업자(Air Carrier)의 항공기를 이용하여 타인의 화물을 유상으로 자기의 명의로 운송하는 사업으로 '항공화물포워더업'이라고도 한다. 항공화물포워더는 단순한 계약대리점으로서 항공운송만 대행하기도 하나, 운송뿐만 아니라 항공사와 화주의 대리업무, 통관, 육상에서의 집화, 보관 등 부대업무까지 포괄하여 업무를 수행하는 항공운송주선인으로서의 역할도 수행한다.

### 3) 상업서류 송달업(Courier)

타인의 수요에 응하여 유상으로 수출입과 관련한 서류와 그에 부수하는 견본품 등을 항공기를 이용하여 송달하는 사업을 말하며, 국제택배업(courier)으로도 불리운다. 상업서류 송달업은 상업서류, 신문, 잡지 등 정기간행물을 자체 운임율(tariff)과 운송약관에 따라 신속하게 문전 운송서비스를 제공한다.

### 4) 항공기 취급업

공항 또는 비행장에서 항공기의 정비 · 급유 · 하역 등 기타 지상조업을 하는 사업을 말한다.

## 2. 항공화물운송주선업

항공화물운송주선업은 1990년대 초반까지는 항공법에 의해 항공화물운송대리점업과 항공화물운송주선업으로 나뉘어져 있었으나 1993년 12월에 항공법이 개정되면서 복합운송주선업자로 통합되었다. 따라서 현재 항공화물포워딩업은 물류정책기본법(전 화물유통촉진법)에 의한 복합운송주선업이며, 복합운송주선업자가 종전의 항공화물대리점 및 항공운송주선업자의 기능과 역할을 동시에 수행하고 있다.[1)]

항공운송주선업자는 화물운송취급인이나 송화인으로부터 화물을 인수하여 수화인에게 인도될 때까지의 집화, 입출고, 선적, 운송, 보험, 보관, 배달 등의 일체의 업무를 주선하고 있다. 항공운송주선업자는 항공화물운임이 단위당 중량체감제로 되어 있는 점을 이용하여 여러 화주들로부터 항공회사의 운임보다 낮은 운임을 받고 집화한 화물을 혼재하여 항공사와 운송계약을 체결함으로써 운임차익을 얻고 있다. 또한, 항공사 또는 총대리점(general sales agent)을 대리하여 항공사의 운송약관, 규칙, 운임률표와 일정에 따라 항공화물의 판매를 대리하고 그 대가로 전체 운임의 5%의 수수료를 취득하고 있다. 항공화물운송주선업자는 화주와 운송계약 체결시 혼재업자용 화물운송장(House Air Waybill, HAWB)을 발행하고 항공사에 대해서는 스스로 송화인이 되어 항공사에 운송을 위탁, 인도하고 항공사로부터 운송계약 및 화물수령의 증거로서 Master Air Waybil(MAWB)을 교부받는다. 항공화물운송주선업자가 발행한 House Air Waybill(HAWB)은 화물과 함께 목적지로 발송

1) 박명섭 · 김은주, 「국제운송의 이해」, 이앤비플러스, 2010, p.227.

되어 송화인이나 수화인에게 교부한다.

### (1) 포워더의 기능과 역할

① 혼재업 기능
② 항공화물대리점업 기능
③ 중간 운송주선 기능
④ 복합운송업 기능
⑤ 도착화물 분류 기능
⑥ 통합운송업 기능

### (2) 포워더의 기타 업무

① 통관업무
② 전세기 영업업무
③ 통과화물의 재발송 업무
④ 보세화물 관리업무
⑤ 보험업무
⑥ 클레임 처리

〈그림 8-1〉 항공화물운송주선업자의 업무절차

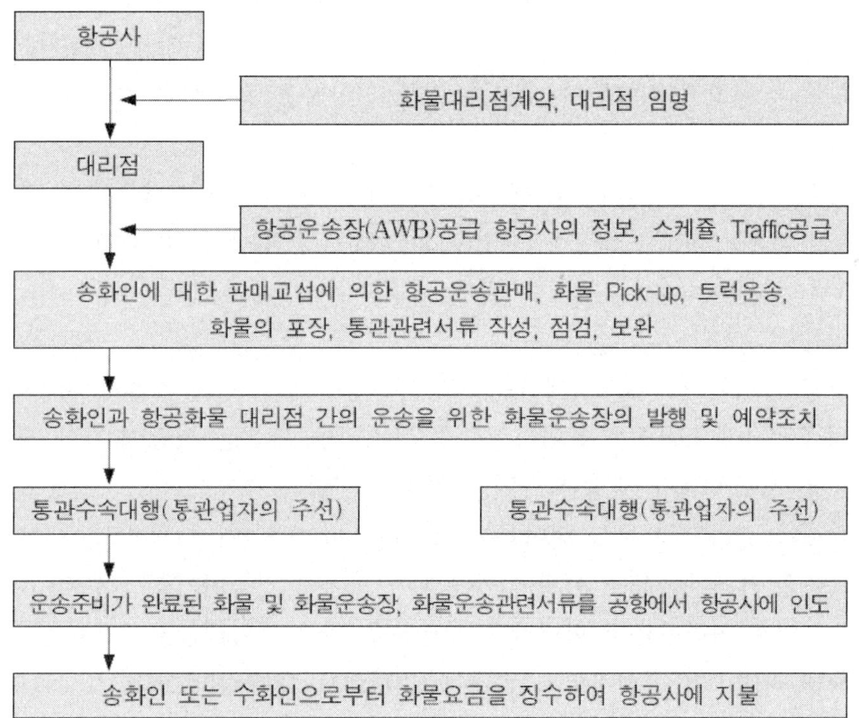


자료: 백종실, 「화물운송론」, 박문각, 2010.

# 제3절 항공운송절차와 항공화물운임

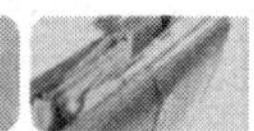

## 1. 항공화물의 수출입 운송절차

### 1) 수출 항공화물 운송절차

수출 항공화물의 운송절차는 다음과 같다.

① 수입자와 매매계약이 체결되어 수출을 위한 준비단계가 완료되면 화물의 출고시간에 맞추어 항공사를 선정하고 해당 항공사에 예약(Booking)을 한다. 항공화물의 예약은 항공기출발일로부터 6개월 전부터 가능하며, 화주 대신 항공운송주선업자가 중간매체로서 업무를 대행하게 된다.

② 화물운송 예약 시에는 항공운송장(Air Waybill) 번호, 출발지 · 도착지, 포장개수, 각 포장상자의 중량, 부피, 상품명 등과 함께 지정 항공편에 예약을 의뢰한다.

③ 화주는 수출에 필요한 서류를 준비하고 상품을 포장하여 수출 통관절차를 밟는다.

④ 운송주선업체나 대리점업체는 포장이 완료된 화물을 보세지역에 반입하고 상업송장(invoice), 포장명세서(packing list) 등의 서류와 함께 수출신고서(export declaration)를 관할 세관에 제출한 후 수출면장(export permit)을 교부받는다.

⑤ 항공사 또는 그 대리점에서는 항공운송장을 발급받고 화물의 내용에 따라 적절한 라벨(Label)을 붙인다. 이 경우 위험물, 생동물 취급에 관한 제반규정은 ICAO/IATA가 제정한 규정에 따라야 한다.

⑥ 탑재가 결정된 화물은 적하목록(air cargo manifest)에 기재하고 작성된 적하목록의 세관제출용을 세관에 제출하여 화물의 반출허가를 받는다.

⑦ 운송인은 적하목록의 화물반출 체크용을 가지고 화물장치장에서 탑재할 화물을 픽업하여 행선지별로 컨테이너, 파렛트 등에 적재한다.

〈그림 8-2〉 수출화물의 항공운송 절차

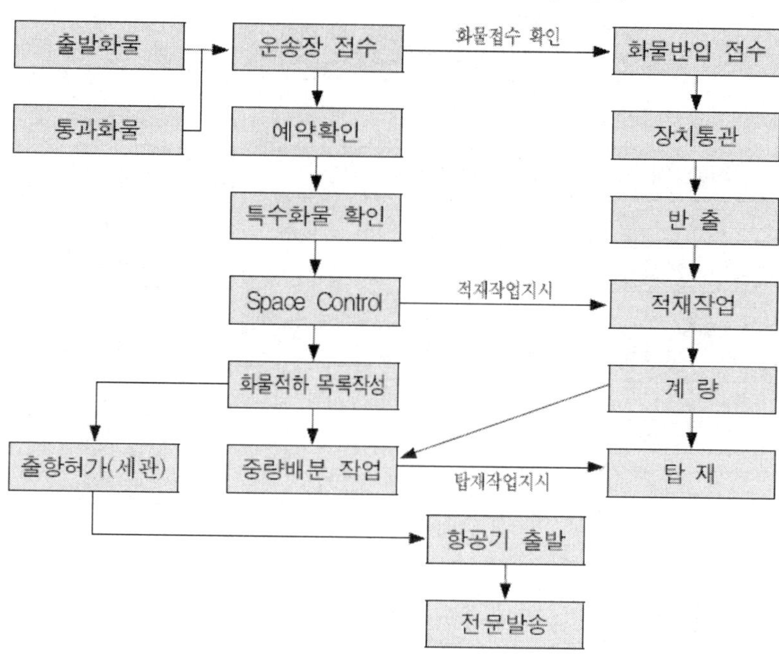


자료: 백종실, 「화물운송론」, 박문각, 2010.

## 2) 수입 항공화물 운송절차

① 항공기가 도착하면 기내검역이 실시되고 출발지에서 보내 온 하기지시서(Unloading Instruction)에 따라 하기작업이 진행된다.

② 하기된 화물은 분류장에 운반되어 서류와 함께 점검하고 분류하며, 서울도착화물은 김포세관, 서울세관, 남서울세관 화물로 분류된다.

③ 도착화물은 항공사가 보관하지 않고 단지 탑재명세서에 의거, 화물의 대조확인 및 파손유무를 점검한 후 보세창고에 보관되며 관련서류는 항공사가 보관한다.

④ 자가보세장치장을 가진 수화인은 김포공항 도착 즉시 현장에서 인수할 수 있도록 되어 있으며, 항공운송장의 분류, 정리가 끝나면 수화인에게 전화나 우편으로 도착통지를 한다.

⑤ 수입통관 업무는 수화인 또는 수화인으로부터 지정 받은 통관업자가 행하며, 항공사로 부터 항공운송장을 인수받은 수화인 또는 통관업자는 수입신고서를 세관에 제출하고 수입허가를 받아 통관, 인수하면 모든 절차가 끝난다.

〈그림 8-3〉 수입화물의 항공운송 절차

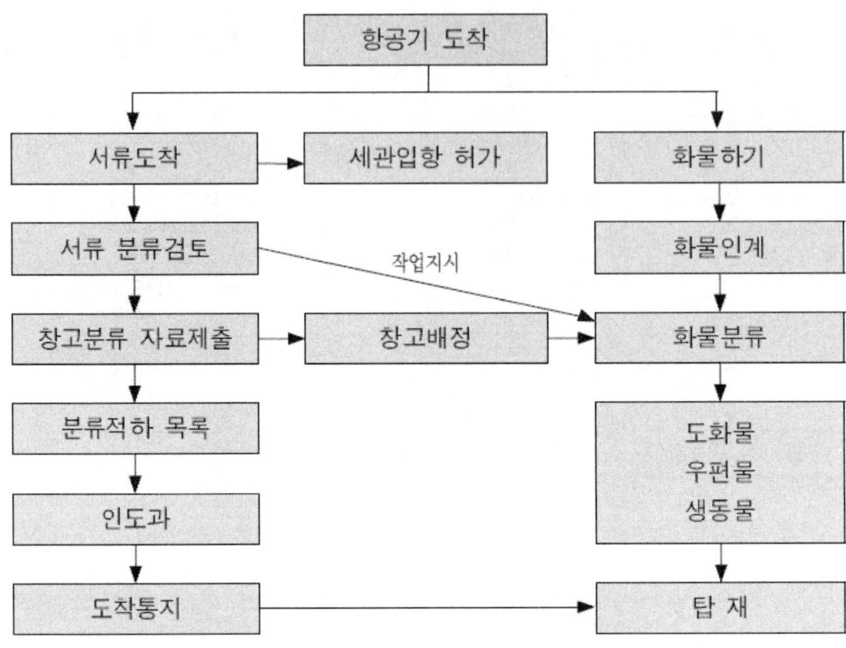


자료: 백종실, 「화물운송론」, 박문각, 2010.

## 2. 항공화물운임

국제항공운송협회(International Air Transport Association, IATA)에 가입한 항공회사는 IATA의 운임조정회의에서 결정된 공통 운임을 채용하고 있다. 항공화물의 요율(정기편)은 공항에서 공항까지의 운송만을 위하여 설정된 것으로서 집화, 배송, 통관, 보관 등의 부대서비스 비용은 별도로 계산한다. 그러나 혼재업의 경우에는 발착지 공항에 선행 및 후속 자동차 운송(집배)요금을 합산하여 계산한다. 국제택배업의 경우에는 발착지 관련 요금을 포함한 door to door 요금체계를 가지고 있다.

항공화물의 운임지불은 원칙적으로 운임이 지불되는 국가의 통화로 설정되며, 출발지로부터 목적지까지 한 방향으로만 적용한다. 예외적으로 다수의 국가에서 현지통화 대신 미달러로 요율을 설정하기도 한다. 그리고 항공운임은 1b(파운드) 및 kg 단위로 적용한다. 단, 용적화물의 경우 1CBM(Cubic Meter)를 167kg으로 환산하여 적용한다. 운임 및 종가 요금은 선불이거나 도착지 지불이어야 하며, 화물의 실제 경로는 운임산출시 근거로 한 경로와 반드시 일치할 필요는 없다.

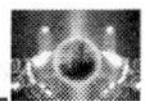

### 1) 항공화물운임요율의 종류

#### (1) 일반화물요율(General Cargo Rate; GCR)

일반화물요율은 항공화물 운송요금 산정시 기본이 되며, 특정품목요율(Specific Commodity Rate; SCR)과 품목분류요율(Commodity Classification Rate, CCR)의 적용을 받지 않은 일반 개별화물에 적용되는 운임요율이다. 중량 단계별로 운임률이 설정되어 있으며, 중량체감제를 적용하고 있고, 최저 운임을 적용하고 있다.

① **최저 운임(Minimum Charge) 적용** : IATA의 요금규정에 의거하여 해당 운송구간에 대해 산출한 요금이 최저 운임 보다 낮은 경우에도 최저 운임을 적용하며, 요율표에 'M'이라고 표시한다.

② **기본 요율(Normal Rate) 적용** : 모든 일반화물요율의 기준으로 45kg 미만의 화물에 적용되는 요율이며, 요율표에 'N'으로 표시한다.

③ **중량단계별 할인요율** : 일반품목화물이 45kg 이상일 경우 kg당 요율이 낮아지도록 설정되어 있다.

#### (2) 특정품목요율(Specific Commodity Rate; SCR)

특정 구간의 특정 품목에 대해 항공운송의 이용 유도 또는 확대를 목적으로 설정한 요율로서 GCR 보다 낮은 요율을 적용한다. SCR은 노선에 따라 필요시 폐기 또는 추가설정이 가능하다.

#### (3) 품목분류요율(Commodity Classification Rate; CCR)

특수 취급을 요하는 화물을 사전에 분류하여 품목에 따라 할인(Reduction, R) 또는 할증(Surcharge, S)하는 요금체계이다. CCR은 특정지역 간 또는 특정지역 내에서만 적용하며, GCR 요율의 백분율을 중심으로 할인 또는 할증해서 요율을 결정한다. CCR의 최저요금은 별도의 규정이 없는 한 GCR의 M 요금적용과 동일하다. CCR을 적용받을 수 있는 할인품목(R)으로는 신문, 잡지 등의 인쇄물, 비동반 수하물 등이 있으며, 할증품목에는 동물, 귀중품, 시체, 유골, 자동차 등이 있다.

### 2) 운임적용 원칙

#### (1) 용적중량

IATA 가맹 항공회사의 국제화물운임은 총중량에 의해 산정되지만, 이 때 중량은 실제의 화물중량과 용적중량 중에 큰 쪽을 기준으로 산정된다. 중량운임이 0.5kg 보다 적은 경우에는 0.5kg으로 간주하며, 0.5kg을 넘는 경우에는 1kg당 운임을 적용한다. 용적중량은 6,000cm³를 1kg으로 환산하여 적용한다.

용적중량(kg)=가로×세로×높이÷6,000cm³

예1) 용적중량이 20cm × 30cm × 30cm = 18,000cm³, 실중량이 2.0kg인 화물일지라도 18,000 ÷ 6,000 = 3.0, 즉, 3kg으로 환산하여 계산한다.

예2) 1건의 거래로 2개 이상의 화물을 운송할 경우, 한 쪽이 용적중량을 적용받는 경우라도 다른 한쪽과 합한 전체 용적중량이 실중량의 범위 내에 포함되어 있으면 용적중량은 적용되지 않고 실중량이 적용된다.

| | [실중량] | [용적중량] |
|---|---|---|
| 화물 A 20cm × 30cm × 30cm = 18,000cm³ | 2.0kg | 3.0kg |
| 화물 B 10cm × 20cm × 20cm = 4,000cm³ | 2.0kg | 0.66kg |
| | 계 2.0kg | 계 3.66kg |

#### (2) 높은 중량단계 요금적용

높은 중량단계에서 낮은 요율을 적용하여 운임이 낮아지면 이를 운임으로 적용하는 방법이다. 예를 들면, 적용중량이 56kg이고 요율 $10/kg이면 $560인데, 60kg 이상의 요율이 $9/kg이라면 고객은 60kg으로 간주하여 $540으로 계산한다.

### 2) 항공요금의 종류

#### (1) 종가요금(Valuation Charges)

화주는 항공화물 발송 시 운송물의 신고금액이 1kg당 USD 20.00이상을 초과하면 초과하는 신고금액의 0.5%를 부과하는데 이때 부과하는 금액을 종가요금이라고 한다. 종가요금은 용적톤수, 중량톤수를 기준으로 요금을 적용하지만 유가증권, 귀금속 등 고가품은 가격을 기준으로 요금을 적용한다. 종가운임은 손해배상과 직접적인 관련을 가진 요금이다.

종가요금의 예: 실중량 10Kg, 화물신고가격 USD 50,000
종가요금 = {$50,000-(10kg × $20)} × 0.5%

### (2) 단위탑재용기 운임(Bulk Unitization Charge; BUC)

항공기의 대형화로 벌크탑재에서 단위탑재로 전환되면서 컨테이너 또는 파렛트 등 단위탑재용기(ULD)별로 중량을 기준으로 요금을 미리 정해 놓고 부과하는 방식이다. 화물의 종류에 관계없이 일정구간에 한해 파렛트나 컨테이너당 크기와 개수로 운임이 부과된다.

### (3) 기타 수수료

① 입제지불수수료(Disbursement Fee)

항공운송 개시 이전에 송화인의 요청에 따라 항공사, 송화인 또는 그 대리인이 선불한 비용을 수화인으로부터 징수하는 금액이다. 항공사는 이러한 서비스에 대한 대가로 입체지불금의 10%, 최저요금은 25,800원의 수수료를 송화인 또는 수화인으로부터 징수한다.

② 위험품취급수수료(Dangerous Goods Handling Fee)

위험품으로 명시된 품목에 대하여 부과되는 취급수수료(handling charge)로 대한민국 출발의 경우에는 위험물 포장 한 개당 11,400원을 위험물 취급 수수료로 하고 있으며, 최저 위험물 취급 수수료는 258,000원을 초과할 수 없도록 되어 있다.

③ 착지지불수수료(Charges Collect Fee)

운송장에 운임과 종가요금을 수화인이 납부하도록 되어 있는 화물에 대하여 동 금액의 일정비율에 해당하는 금액을 말한다. 항공사가 착지불 수수료를 징수하는 이유는 운송료를 송화인으로부터 화물인수시 징수하지 않고 목적지에서 수화인으로부터 징수시, 위험을 방지하고, 운송료를 타국통화로 징수하여 자국으로 송금하기 위한 환차손 보전과 송금업무에 대한 대가, 착지불 운송 등을 억제하는데 있다. 대한민국 도착 화물에 대한 착지불 수수료는 운임과 종가요금을 합한 금액의 5%에 상당하는 금액이며, 최저요금은 12,900원이다.

④ 화물취급수수료(Handling Charge)

복합운송주선업자가 수출입 화물을 취급할 때 발생하는 서류발급비용, 도착통

지, 해외파트너와 통신 등에 소요되는 통신비용 등 제반서비스 제공에 대한 대가로 징수하는 수수료이다.

⑤ 항공화물운송장 발행수수료(AWB Preparation Fee)

항공사 또는 대리점이 화주를 대신하여 운송장을 작성할 경우에 징수하는 수수료를 말하는데 대한민국을 출발지로 하는 화물에 대해서는 운송장당 3,100원의 수수료를 징수한다.

## 제4절 항공운송장과 운송책임

### 1. 항공운송장의 의의

#### 1) 항공운송장의 개념

항공운송장(Air Waybill; AWB)은 항공화물운송을 위한 가장 기본적인 서류로 해상운송에서의 선하증권(Bill of Lading; B/L)과 같은 기본적인 증권이다. 항공운송장은 영어로 일반적으로 Air Waybill(AWB)이라고 알려져 있지만, 일부 지역에서는 Consignment Note 또는 Air Consignment Note라고도 부르며, 이들은 모두 동일한 증권을 의미한다. 항공사가 발행하는 Air Waybill과 항공운송주선업체(또는 대리점)가 발행하는 Air Waybill을 구별하기 위해 항공사가 발행하는 항공운송장을 Master Air Waybill(MAWB)이라고 하고, 항공운송주선업체가 자사의 운송약관에 따라 화주와 운송계약을 체결할 때 개별 화주의 화물에 대해 발행하는 운송장을 House Air Waybill 또는 House Waybill이라고 한다. 이러한 운송장은 송화인과 운송인(항공운송주선업체 포함) 사이에 화물의 운송계약이 체결되었음을 나타내는 증거서류이며, 동시에 송화인으로부터 화물을 운송하기 위하여 수령하였다는 증거서류이기도 하다.

#### 2) 항공운송장의 기능과 법적 성질

##### (1) 항공운송장의 기능

가. 운송계약서

Air Waybill은 송화인과 항공운송인 또는 항공운송주선업체 사이의 항공운송계

약의 성립을 입증하는 운송계약서이다. 그러나 Air Waybill은 총 12통으로 구성되어 있는데 그 모두가 운송계약서는 아니다. AWB 원본 1(발행 항공사용)과 원본 3(송화인용)만이 운송계약서에 해당된다. Air Waybill은 항공화물의 운송을 보장하는 가장 중요한 서류로서 이 Air Waybill에 의하여 항공화물은 운송거리, 운송에 참여하는 항공사의 수에 관계없이 출발지에서 도착지까지의 운송이 보장된다.

### 나. 화물수취증(접수영수증)

Air Waybill은 항공운송인이 송화인으로부터 화물을 수취(접수)한 것을 증명하는 화물수령증의 성격을 가지고 있다. AWB 원본 3(송화인용)이 화물수취증에 해당한다.

### 다. 운임계약서(요금계산서)

선불 운임요금의 송화인에 대한 청구서자료(AWB 원본 3) 및 후불 운임요금의 수화인에 대한 청구서자료(AWB 원본 2)로 사용되는 AWB은 운임계약서의 역할을 한다. 즉, AWB은 화물과 함께 목적지로 보내져 수화인이 운임 및 요금을 계산하는 근거자료로 사용된다.

### 라. 세관신고서

Air Waybill은 세관에 대한 수출입 신고자료로 사용되고 또한 통관자료로 사용된다. 과세가격이 되는 CIF가격 중 항공운임, 보험료의 증명자료로서 Air Waybill은 수입신고서로 첨부된다.

### 마. 보험계약증서

송화인이 Air Waybill에 보험금액 및 보험가액을 기재한 화주보험을 부보한 경우에는 AWB이 보험가입 증명서가 된다. AWB 원본 3이 이에 해당된다.

### 바. 화물운송의 지침서

운송인은 Air Waybill에 기재된 대로 화물의 운송, 취급, 인도에 관한 지침서로 활용한다. Air Waybill은 화물과 함께 보내져 화물의 출발지, 경유지, 목적지 등의 각 지점에서 화물이 원활하게 취급, 인도, 정산되도록 필요한 모든 사항이 기재되어 있다.

### 사. 기타 사무정리용 서류

Air Waybill의 발행회사(First Carrier), 제2운송회사(Second Carrier), 이후의 각 후속 운송인, 항공화물대리점에서의 운임정산, 회계용 자료 등 사무정리용 서류로서 사용된다. AWB 부본 No.5, No.6, No.7, No.8 등이 이에 해당되며 No.9는 대리점용 정리 자료이다.

## (2) 항공운송장의 법적 성질

항공화물운송장은 해상운송에 있어서 선하증권과 같은 기능을 가지고 있지만, 선하증권(B/L)과 달리 유가증권이 아니기 때문에 양도성이나 유통성을 갖고 있지 않다. 항공화물운송장에는 'Non Negotiable'이라고 표시되어 있어 비유통증권으로서만 발행된다. 또한 선하증권의 발행은 선적식인데 반해 항공화물운송장의 발행은 수취식이라 할 수 있다. 즉, 선하증권은 선적을 증명하는 증권이므로 선적이 완료된 후에 발행되는 것이 일반적이다. 그러나 항공운송의 경우는 발착편이 많고 화물을 운송·위탁해서 비행기에 적재될 때까지 많은 시일을 필요치 않으므로 항공사 창고에 화물이 도착하면 바로 운송장을 발행해 주고 있다. 선하증권은 지시식으로 되어 있어 정당한 배서(endorsement)에 의해 누구에게나 양도되는 권리증권(document of title)인데 반하여 항공화물운송장은 기명식으로 되어 있기 때문에 항공화물운송장에 기재되어 있는 수화인이 아니면 당해 화물을 인수할 수 없다.

〈표 8-1〉 항공화물운송장과 선하증권의 비교

| 항공화물운송장(AWB) | 선하증권(B/L) |
|---|---|
| 단순한 화물수취증 | 유가증권 |
| 비유통성(Non-Negotiable) | 유통성(Negotiable) |
| 기명식(記名式) | 지시식(무기명식) |
| 수취식(received)<br>- 창고에서 수취하고 AWB 발행 | 선적식(on board, shipped)<br>- 본선 선적 후 B/L 발행 |
| 송화인이 작성함을 원칙 | 운송인이 작성 |

## (3) 항공운송장의 구성

바르샤바협약에 따르면 항공화물운송장은 송화인이 원본 3통을 작성하여 화물과 함께 교부해야 한다고 규정하고 있다. 제1의 원본에는 '운송인용'이라고 기재

하고 송화인이 서명하도록 되어 있으며 제2의 원본에는 '수화인용'이라고 기재하고 송화인 및 운송인이 서명하고 이를 화물과 함께 송부해야 한다. 그리고 제3의 원본에는 운송인이 서명하고 이 원본은 운송인이 화물을 인수한 후에 송화인에게 교부하도록 규정되어 있다. 한 벌의 항공화물운송장은 원본(original) 3통 및 부본(copy) 6통 이상으로 구성되어 있고 각 원본 및 부본에는 그 용도가 정해져 있으며 식별이 쉽도록 색용지를 사용하고 있다. IATA가 정한 표준양식의 국제항공화물운송장의 구성은 다음과 같다.

〈표 8-2〉 항공화물운송장의 구성

| 구분 | 색 구분 | 용도 | 기능 |
|---|---|---|---|
| 원본 1 | 녹색 | 발행 항공사용 | • 운송계약체결의 증거서류(운송계약서)<br>• 운임, 요금 등의 회계처리를 위해 사용 |
| 원본 2 | 적색 | 수화인용 | • 화물과 함께 목적지에 보내져 수화인에게 인도됨 |
| 원본 3 | 청색 | 송화인용 | • 출발지에서 운송인(항공회사)가 송화인으로 부터 화물 수취 수령증(접수영수증)<br>• 운송계약체결 증거서류(운송계약서) |
| 사본 4 | 황색 | 인도 항공회사 화물인도용 | • 도착지에서 수화인이 서명하고 인도 항공사에게 돌려주는 화물인도증명서<br>• 운송계약 이행의 증거서류 |
| 사본 5 | 백색 | 도착지 공항용 | • 화물과 함께 도착지 공항에 보내져 세관 통과용 기타 업무에 사용됨 |
| 사본 6<br>사본 7<br>사본 8 | 백색 | 운송참가 항공사용 | • 운송에 참가한 두 번째, 세 번째 항공사가 운임 청산을 위하여 사용함 |
| 사본 9 | 백색 | 발행 대리점용 | • 발행 대리점의 보관용 |
| 사본 10<br>사본 11<br>사본 12 | 백색 | 예비용 | • 필요시 사용 |

## 2. 운송책임

항공화물운송에서 화물사고[2)] 발생시 운송책임에 대해서는 우리나라를 비롯한

2) 운송인의 책임기간 중 화물의 파손과 손상으로 상품의 가치가 일부 또는 전부 상실되거나 지

많은 국가에서 1929년에 발효되어 1955년에 개정된 헤이그의정서(개정 바르샤바조약)에 근거하여 손해배상책임을 적용하고 있다. 우리나라는 1963년에 헤이그의정서에 가입・비준하고, 1967년 10월 11일 대통령령에 의거해 조약 제259호로 개정협약을 공포함으로써 국내법과 동일한 효력을 갖게 되었다. 헤이그의정서(개정 바르샤바조약)에서는 항공운송인의 책임에 대하여 과실책임주의를 원칙으로 하고 있다. 즉, 운송인의 책임기간 중 발생한 화물의 손해에 대해서 운송인은 항공운송 중 손해를 막기 위해 모든 필요한 조취를 취했음을 증명하거나 그와 같은 조치가 불가능했음을 증명하지 않는 한 발생한 손해에 대하여 배상해야 한다. 화물의 손해에 대하여 운송인이 배상하여야 하는 책임 한도액은 화물 1kg당 250 푸앵카레프랑(Poincare franc, 금프랑)으로 규정하고 있다.

항공화물운송에 대한 항공운송인의 책임에 대해서 그동안 바르샤바조약 및 헤이그의정서(개정 바르샤바조약), 몬트리올협정 등에서는 고의나 과실이 없었음을 입증하면 면책 받을 수 있는 여지를 남겨두고 있었다. 그러나 1999년 채택된 신몬트리올 조약에 따르면 이러한 화물운송인의 면책가능성을 완전히 배제하기에 이르렀다. 즉, 신몬트리올 조약에서는 국제항공운송인은 이 조약에 의거하여 물적 손해에 대해 위탁수하물이든 휴대수하물이든 구분 없이 수하물에 대해서는 통일적으로 1인당 최대 1,000SDR까지 손해배상책임을 부과하도록 하고 수하물이 아닌 운송물의 손해에 대해서는 킬로그램당 17SDR까지는 무과실책임을 부담하도록 규정하고 있다. 이러한 규정이 신설되면서 신몬트리올 조약을 비준한 국가의 국제항공운송인은 물적 손해에 대하여 스스로 고의나 과실이 없었음을 입증하더라도 면책될 수 없게 되었다.[3)]

## 제5절 항공화물 관련 국제기구

### 1. 국제민간항공기구(International Civil Aviation Organization, ICAO)

ICAO는 국제민간항공의 안전성 확보와 항공질서를 감시를 위해 발족된 정부간

---

연운송으로 인도지연 또는 분실로 인한 인도불능상태가 되는 등 손해를 야기하는 것을 화물사고라 한다.

3) 박명섭・김은주, 전게서, pp.238-239.

기관으로 유엔전문기관이다. ICAO는 항공기의 설계나 운항 기술을 장려하고, 항공로, 공항이나 항공 보안 시설의 발달 장려하며, 국제항공에서의 비행 안전 증진을 설립 목적으로 하고 있으며, 본부는 캐나다 몬트리올에 있다.

ICAO의 주요 활동으로는 첫째, 항공기, 항공종사자, 노선과 공항, 항공교통관제 등에 관한 안전측면에서의 국제적 기준을 설정하고 있다. 둘째, 국제민간항공법규의 단일화와 법제화를 진행시키고 있는데; 항공운송인의 책임에 대한 바르샤바조약, 헤이그의정서, 제3자 손해책임에 대한 로마조약, 공중납치 방지에 관한 조약 등을 주로 다루고 있다. 셋째, 국제민간항공의 운임체계 및 운임수준의 설정, 부정기항공의 문제, 운송활동에 대한 규제문제 등을 폭넓게 취급하고 있다.

## 2. 국제항공운송협회(International Air Transport Association, IATA)

IATA는 항공운송기업의 국제적 동업자 단체로서 국제민간항공의 안전과 경제적인 발전을 도모하고 동업자간의 협력의 장을 제공하며, 국제민간항공기구(ICAO) 등의 국제기관과 연대 제휴할 것을 목적으로 1945년에 설립되었으며 캐나다 몬트리올과 스위스 제네바에 본부를 두고 있다. IATA는 국제항공운임 결정, 항공기 양식 통일, 연대운임 정산 업무 등에 관한 연구 등을 수행하고 있으며, 항공회사의 경영적인 측면에서 영향력을 크게 발휘하고 있다.

## 3. 국제운송주선인협회연맹(International Federation of Freight Forwarder Association, FIATA)

FIATA는 국가별 포워더 협회와 개별 포워더로 구성된 국제민간기구로서 1926년에 설립되었으며 스위스 쮜리히에 본부를 두고 있다. FIATA는 국제복합운송의 결속과 복합운송업의 발전, 포워더의 권익 보호, FIATA B/L의 통일, 선주 및 화주와의 협력 증진, 운송종사자 간의 유대강화 등을 목적으로 활동 중이다. 화물대리점업 뿐만 아니라 통관업, 선박, 항공기 소개업, 창고업, 육상운송업, 혼재업 등도 FIATA 회원에 포함되어 있다.

# 소화물일관운송

## 제1절 소화물일관운송의 기초

### 1. 소화물일관운송의 개념

소화물일관운송은 그 수요가 매년 증가하고 있는데 이는 특송 또는 택배서비스 시장이 매년 급성장하는데 기인한다. 보통 소화물일관운송은 중량 30kg 이하의 소화물에 대한 운송으로 불특정 화주로부터 의뢰받아 송화주의 문전에서 수화주의 문전으로, 화물의 집화, 포장, 보관, 운송 및 배달에 이르기까지 자기 책임 하에 화물운송 및 이에 관련된 일련의 서비스를 신속, 정확하게 제공하는 운송체제이다.

소화물일관운송이 발전하게 된 이유는 다음과 같으며, 이로 인하여 소화물일관운송서비스에 대한 수요가 증가하였다.

① 화물운송수요의 소량화
② 다빈도화, 다품종화 등 수요의 고도화 및 다양화
③ 물류비 상승으로 도시 내 교통사정의 악화에 대처하기 위한 교통체계의 시스템화에 대한 문제 대두

### 2. 소화물일관운송의 특징

소화물일관운송은 24시간 내 배달과 포장의 간소화를 바탕으로 고객의 이용편의를 도모하기 위하여 화물자동차운송업과 취급대리점이 긴밀한 협조체제를 구축하여 신속한 집화와 정확한 배송서비스를 제공하고 있다. 소화물일관운송을 통하

여 신속성, 편리성, 안전성 및 경제성을 확보할 수 있다.

① **신속성** : 신속한 화물의 집화와 인도, 문의나 문제발생시 신속 대응, 익일 서비스
② **편리성** : 문전에서 직접 물품 접수와 인도, 원하는 일시에 물품 인도
③ **신뢰성** : 안전한 물품 인도, 포장상태 유지, 배송상황 정보의 신속한 제공, 공식약관 사용
④ **경제성** : 무게나 서비스 대비 저렴한 요율, 배달거리 대비 저렴한 요율

소화물일관운송은 다품종 소량화물인 30㎏ 이하, 총둘레 1.6m 이내의 소량화물을 주로 취급하고 있다. 일반 물류기업은 화주기업(제조기업 및 유통기업)을 대상으로 서비스를 제공하며, 소화물일관운송기업은 개인을 대상으로 서비스를 제공한다. 점차 소화물일관운송사업도 물류사업으로 영역을 확대하면서 중량이나 크기도 점차 커지는 경향이 있다.

소화물일관운송은 일관책임운송서비스를 제공한다. 즉, 발송 화주의 문전에서 수화주의 문전까지 모든 운송상 책임을 지고 일관하여 운송서비스를 제공한다. 그리고 전국적인 영업망과 보관설비, 분류설비 등이 필요한 네트워크사업이다. 집배차량, 간선운송차량, 화물의 분류와 중계를 위한 물류센터, 분류설비, 집배송센터 등에 대한 투자가 필요하다.

또한 소화물일관운송업은 개별화물의 전산관리, 화물추적, 집배차량의 통신 등이 접목된 정보통신사업이라고 할 수 있다. 수많은 화물을 다수의 조직을 통하여 여러 단계의 작업과 운송과정을 거쳐야 하기 때문에 화물을 정확하고 빈틈없이 처리하기 위해서는 정보시스템이 필수적이다. 특히 화물추적이나 화물의 이동상황을 고객에게 실시간으로 알려주기 위해서는 모바일 등을 결합한 시스템이 필요하다.

소화물일관운송은 집화와 배송서비스를 제공한다. 집화와 배송을 다른 업체가 하거나 별도의 시스템으로 하는 것이 아니라 하나의 차량이 집화 또는 배송지역을 순회하면서 서비스를 동시에 제공한다. 그리고 소화물일관운송업은 규격화된 포장서비스를 제공한다.

## 3. 소화물일관운송의 종류

소화물일관운송 또는 택배는 1997년 이전에는 '소화물일관수송업'으로 규정하였으나, 1997년 규제완화를 추진하면서 이 규정을 삭제하여 현재는 화물자동차운

수사업법상 독립된 업종이나 업태로 분류되어 있지 않으며, 일반화물자동차운송사업에 포함되어 있다. 실무적으로 구분하고 있는 소화물일관운송사업은 이용하는 운송수단, 집화 및 배송지역, 취급화물, 거래형태 등에 따라 분류할 수 있다.

〈표 9-1〉 소화물일관운송의 종류

| 구 분 | | 특 징 |
|---|---|---|
| 이용하는 운송수단 | 도보택배 | 사람이 지하철을 이용하거나 근거리에 직접 소량화물을 운송함 |
| | 이륜차택배 | 퀵서비스라고도 하며, 오토바이를 이용하여 신속하게 택배화물을 운송함 |
| | 화물자동차택배 | 일반화물자동차를 이용한 택배화물운송 |
| | 항공택배 | 국제소화물일관운송처럼 항공기를 이용한 택배운송 |
| 집화 및 배송지역 | 국내택배 | 소량화물을 운송하는 지역이 국내 지역에 국한된 택배운송 |
| | 국제택배 | 2개 국가 이상의 국제운송을 이용한 택배운송 |
| 취급화물 | 일반택배 | 통상적인 일반화물의 택배운송 |
| | 상업서류송달 | 수출입과 관련된 송장, 선하증권 등 상업서류의 일관운송 |
| | 직배택배 | 정기간행물 등 직접 배송하는 서비스 |
| | 기타 특송화물배송 | 현금, 귀금속, 가구 등 특수화물을 전문적으로 배송 |
| 거래형태 | C2C택배 | 개인 화주의 화물을 집화하여 개인에게 배송하는 형태로 전체 택배화물의 약 20~25% 수준이며, 대체로 운송요율이 높은 편임 |
| | B2C택배 | 기업 화주의 화물을 개인에게 배송하는 택배로 홈쇼핑, 인터넷 쇼핑몰의 형태로 이루어지며, 대량거래로 인하여 운송요율이 다소 낮은 편이며, 반품처리, 화물추적 등 정보제공 등이 중요한 서비스 요소 중의 하나임 |
| | C2B택배 | 개인 화주가 기업고객에게 화물을 배송하는 택배로 A/S를 위한 상품배송이나 구매 취소에 따른 반품 등이 해당됨 |
| | B2B택배 | 기업 화주가 다른 기업고객에게 배송하는 택배로 화물의 규모가 비교적 크고, 오전 배송 등 화물의 특성에 따른 배송서비스가 필요함 |

## 4. 소화물일관운송장

소화물일관운송장(택배운송장)은 물류업체가 화물을 집화하고, 화주에게 화물을 인수하였음을 확인시켜 주는 증서이며, 화물이 안전하게 수화인에게 인도될 수 있도록 안내해 주는 역할도 담당한다.

### 1) 운송장의 구분

운송장은 크게 기본형, 라벨형 및 보조형으로 구분할 수 있다.

기본형은 포켓용이라고도 하며, 개인 또는 기업 등이 자신의 정보를 택배업체에게 알리기를 꺼리는 경우 사용하는 가장 기본적인 운송장이다. 통상 4~6매가 1세트이며, 수기로 직접 작성하거나 프린터로 출력하여 사용한다.

라벨형은 운송장에 기록될 내용과 운송장 번호, 바코드를 라벨용지에 직접 인쇄한 후 화물에 부착하는 운송장을 말한다. 라벨형은 신속하게 운송장을 발행할 수 있고 화물에 부착할 수 있으며, 운송장 비용도 절감할 수 있는 장점도 있으나 라벨 발행기가 필요하다.

보조형은 다수 화물이 동일 화주에게 배송되는 경우 운송장 비용을 절감하기 위해 이용되는 운송장을 말한다. 보조형은 원송장번호, 도착지역, 수화주의 전화번호 등만 기록한다.

### 2) 운송장의 역할

택배운송장은 계약서, 요금 영수증, 화물인수증, 정보처리자료, 화물취급지시 등의 역할을 한다. 개인의 경우 별도의 계약없이 택배업체가 정한 약관을 기준으로 거래하는 경우가 많으며, 운송장에 기록된 내용은 계약내용으로서 업체가 준수하도록 하고 있다. 운송장에 기록된 요금 중 선불과 그에 해당하는 요금은 해당 금액을 영수하였음을 나타내는 영수증으로서 사용될 수 있다. 또한 택배업체가 개인 또는 기업으로부터 이상없이 화물을 인수하였음을 증명하는 서류로서 화물추적정보를 생성할 수 있다. 그리고 운송장에는 화물이 도착되어야 할 지역정보, 취급주의 사항, 배달약속일자 등 화물의 취급방법, 배달일시 등을 알려주는 정보자료이다.

아울러 배달을 완료하고 수화인으로부터 화물수령을 확인받을 경우 추후 발생할 배달여부, 파손 등에 대한 책임 소재를 명확하게 확인할 수 있다. 또한 착불 또는 착

지 신용택배화물의 경우 수화인으로부터 요금을 청구하는 요금청구서로 활용할 수 있다.

## 5. 소화물일관운송과 기존 운송체계의 비교

소화물일관운송체계는 기존 운송체계에 비해서 한 단계 발전된 물류체계이다. 소화물일관운송체계에서는 운송업체가 송화주가 위치한 지역과 가까운 지역에 물품취급장 또는 택배사무소를 설치하고 화물을 직접 집화, 포장 등을 수행함으로써 운송의 편리성이 향상되었다.

소화물일관운송은 책임운송제도가 확립되어 있고, 운송화물에 대해서는 일관책임을 진다. 또한 소득의 증가와 생활수준의 향상을 다품종 소량 중심의 운송서비스 수요가 증가하였다. 기업도 견본, 사업용 서류, 도면 등 사업에 필요한 서류나 자료를 신속하게 운송해야 할 수요가 증가하였다. 아울러 유통환경의 변화로 전자상거래의 확대에 따라 소량화물의 수요가 증가하고 있다.

〈표 9-2〉 일관운송체계와 기존 운송체계의 비교

| 기존 체계 | 일관운송체계 |
|---|---|
| • 집화체계의 미비 : 원거리 집화지까지 송화인이 직접 운송<br>• 포장체제의 미비 : 송화인이 직접 포장<br>• 운송수단간 연계성 없이 독자운송 : 비효율적 운행<br>• 일관책임운송체제의 미확립 : 분실, 파손 등의 손해배상 제도의 미흡<br>• 운송장 및 운임체제의 미확립 : 공식 운송장이 없으며, 공인된 운임체제가 적용되지 않음<br>• 보관서비스의 미비 : 보관의 미비에 따른 책임 보상이 없음<br>• 문전배달서비스 체제의 미비 : 수화인이 개별적으로 인수, 배달서비스 부가시 별도 운임 추가 | • 집화체제의 확립 : 취급소의 설치<br>- 송화인의 직접 인수<br>- 전화 의뢰에 의한 영업소의 출장 접수<br>• 취급소에서 규격화된 포장 서비스, 계약서비스 수행<br>• 영업소와 터미널 간 집화는 운송인의 집화차량에 의함 : 소형차에 의한 운송<br>• 운송인의 대형 트럭, 항공기 등으로 대량 간선운송<br>- 적기운송체계의 확립<br>- 원가 저렴<br>• 공식 운송장 및 균일요금체제의 확립<br>• 영업소별 분류<br>• 배송차량 적재 : 소형 차량에 의한 운송<br>• 문전배달서비스 제공 |

# 제2절 소화물일관운송 네트워크 시스템

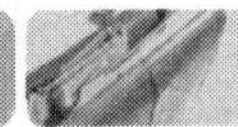

## 1. 소화물일관운송 네트워크 구성요소

소화물일관운송서비스를 제공하기 위해서는 화물을 집화, 간선운송, 배송하기 위한 거점, 차량 등이 네트워크를 구축하고 있어야 한다. 이러한 네트워크는 취급점, 영업소, 집배센터, 터미널 등을 중심으로 구축하며, 각 요소 간 집화와 배송 또는 간선운송이 이루어진다.

### 1) 취급점

개인이 의뢰하는 화물을 접수하는 창구로서 편의점, 수퍼마켓, 부동산중개소 등이 이용되며, 해당 취급점들은 택배회사로부터 일정한 수수료를 받는다.

### 2) 영업소

택배업체의 최일선 조직이며, 화물을 직접 집화하고 배송하는 기능을 수행한다. 영업소는 집화와 배송을 위한 차량과 시설을 운영해야 하며, 고객과 직접 만나는 경우가 많아 택배서비스의 수준을 결정하는 중요한 역할을 담당한다.

### 3) 집배센터

시설이 다소 미흡한 영업소를 집단으로 수용하거나 영업소별로 취급화물이 적어 별도로 운영하는 것이 비경제적인 경우 화물의 대규모화를 위해 설치한 조직이다. 집배센터는 화물을 대규모화하기 위한 조직으로 영업활동은 수행하지 않는다.

### 4) 터미널

영업소와 취급센터가 집화한 화물을 목적지별로 분류하고, 중계하기 위하여 대단위로 설치한 거점시설을 말한다. 즉, 각 영업소나 집배센터에서 집화된 화물은 터미널에 입고하고, 터미널에서 분류기를 이용하여 목적지별로 분류하고, 대형 트럭을 이용하여 간선운송한 후 각 배달영업소나 집배센터로 분류하는 역할을 한다.

## 2. 간선운송 네트워크 시스템

대기업 택배사들은 메인 허브 터미널과 서브터미널을 모두 합쳐 50개 이상에 거미줄과 같은 거점을 확보하고 있으며, 중견 택배사들도 수도권에는 서브터미널을 충청 지역의 옥천과 대전 등에는 허브터미널을 완공해 운영하고 있다. 대체적으로 각 사들의 터미널 운영은 화물의 종류와 크기 및 노선 운행시스템의 종류에 따라 달라지며, 각 시스템 상황에 따라 크게 다른 특징을 가지고 있다. 각 업체의 간선운송 네트워크 운영전략은 평준화되고 있으며, 고정된 한 가지 방식이 아니라 각 시스템의 장점을 최대한 활동하고 최적화하는 형태의 운영전략으로 서비스를 제공하고 있다. 그러나 각 업체별로 터미널 운영전략은 화물의 종류와 서비스 형태에 따라 달라지고, 각 지역별 인력 공급 여건에 따라 다양한 운영형태를 보이고 있다. 향후 터미널 운영은 하드웨어를 기반으로 이를 운영하는 소프트웨어를 어떻게 구축하여 활용하는가에 따라 성공여부가 좌우될 것으로 예상된다.

간선운송방식은 크게 허브 앤 스포크(H&S; Hub & Spoke) 방식, 포인트 투 포인트(PTP; Point to Point) 방식, 그리고 두 가지 방식을 절충한 방식으로 구분할 수 있다.

### 1) 허브 앤 스포크(Hub & Spoke) 방식

Hub & Spoke 방식은 각 지점 및 영업소에서 집화한 화물을 하나의 대형터미널에 집결시킨 후 배송할 지역별로 분류해 각 지역별로 운송하는 시스템이다. Hub & Spoke 방식의 장점은 터미널 설치비가 적게 소요되고, 운송비(셔틀운송비 등)가 적게 소요되며, 집화 영업시간의 증가, 파손율 감소, 상하차와 분류작업에 필요한 인건비 절감 등이 가능하다는 점이다. 물동량 증가나 원거리 지역 배송시 화물배달과 인도시간이 지연될 가능성이 높고, 많은 집배송 센터 확보, 허브 터미널의 용량 초과시 대처 곤란, 대부분의 화물은 허브터미널에서 중계, 분류하는 시간이 소요되기 때문에 불필요한 운송으로 효율을 저하시키는 단점이 나타나게 된다. 그러나 1일 5만개 이하의 화물을 처리하는 택배사들의 경우 PTP운영방식 보다는 훨씬 효율적인 운영이 가능한 장점이 있다.

### 2) 포인트 투 포인트(Point to Point: PTP) 방식

일반적으로 PTP 시스템은 어느 한 터미널에서 다른 터미널로 운송할 화물을 각각의 터미널 직접 발송하는 형태로 일정 물량을 확보한 업체들만이 가능한 운행시스템이며, 비교적 정확한 물동량 예측이 가능해야 효과를 볼 수 있다. 즉, 터미널에서 집화되는 화물량이 각각의 터미널로 적절한 운송수단을 통해 직배송이 가능해야 효과적이며, 그렇지 못한 경우에는 운송 효율이 급격히 떨어지고 비용이 증가하는 단점을 갖고 있다.

PTP 시스템의 특징은 지역별로 큰 규모의 터미널을 설치하고 셔틀운송을 해야 하며, 운송노선의 수가 상당히 많고 분류작업을 발송작업과 도착작업으로 구분하여 실시해야 하며, 가장 먼 지역으로 배송될 화물의 출발시간에 맞춰 집화화물이 입고되어야 한다는 점이다. PTP 시스템은 성수기 물량 증가시 원활하게 대처할 수 있고, 1일 2~3회 셔틀운송이 가능해야 하며, 많은 집배차량이 안전하게 운행할 수 있고, 집화지와 배달지의 거리에 비례한 간선운송을 실시할 수 있다는 장점이 있다. 한편 TPT 시스템의 단점은 화물 취급단계의 증가, 분류작업시 인건비 증가, 셔틀운송시 운송비 증가, 운송 물동량 불균형시 효율 저하, 집화 영업시간 단축 등이다.

### 3) Hub & Spoke와 Point to Point의 절충형

최근 대다수 택배사들은 Hub & Spoke 방식의 운영에서 탈피하여 PTP 시스템과 Hub & Spoke 시스템의 장점만을 살려 운영하는 혼합형 시스템을 선호하고 있다. 최근 이 시스템은 운송 물량이 많은 터미널 간에는 최적화된 운송수단을 통해 직송을 하고, 각 지역별로 큰 이동이 필요없는 화물의 경우 주 터미널까지 운송하는 불편을 없애면서 효율을 높이고 있다.

절충형 방식은 다음과 같이 구분해 볼 수 있다.

① PTP 방식에 허브 터미널을 설치하고 운영함으로써 집배화물이 적은 지역의 화물, 물동량 불균형 화물, 늦은 시간에 집화되는 화물을 처리하도록 하고 있다.

② PTP 방식에 집결운송시스템을 도입함으로써 각 터미널에서 배달지역으로 배송해야 할 화물이 소량 남아 있는 경우 소량 화물을 지정된 터미널로 집화, 대형차량으로 운송한다.

③ Hub & Spoke 방식에 PTP 간선운송체계를 도입하여 각 집배센터에서 목적지 집배센터로 대형차량을 이용하여 직접 운송할 수 있는 규모가 될 경우 직접 간선운송을 한다.

④ Hub & Spoke 방식에 복수의 허브 터미널을 설치하는 방식이다. 수도권과 같

이 물동량 규모가 큰 화물도 우선 터미널로 운송할 경우 효율성이 떨어질 수 있으므로 허브 터미널을 복수로 설치하여 활용한다.

〈그림 9-1〉 간선네트워크 시스템의 비교

Point to Point 운영체계 | Hub&Spoke 운영체계 | 절충형 운영체계

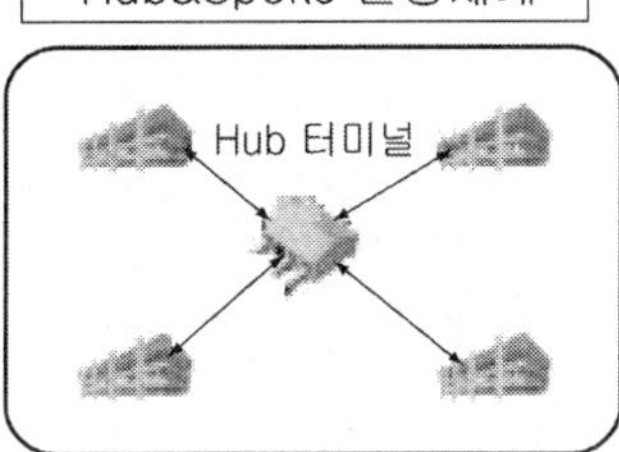


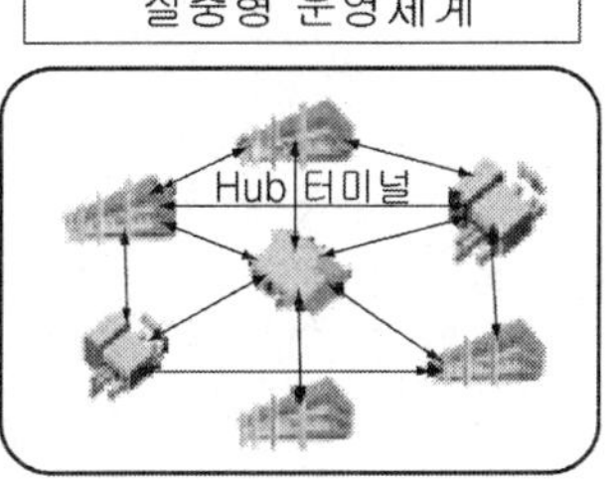


## 제3절 소화물일관운송의 현황과 문제점

### 1. 우리나라 소화물일관운송의 현황과 문제점

#### 1) 현황

일본에서는 야마토운수가 1976년에 택배서비스를 시작하였으나 우리나라는 1992년에 한진택배가 최초로 "파발마"라는 이름으로 택배서비스를 시작하였다. 우리나라 택배시장이 매년 15~20%씩 급성장하는 요인은 TV홈쇼핑, 인터넷쇼핑, 카다로그 및 통신판매 그리고 최근에는 해외 직접구매가 급증하였기 때문이다. 택배서비스는 인터넷 거래규모의 확대, 상품과 물류부문의 아웃소싱화 진전, 소비자의 소득 증대에 의한 개인생활의 편리성 추구 등으로 확대되고 있다. 우리나라 택배물동량 규모는 2001년에 2억개에 불과했으나 2009년에는 10억개를 돌파하였고, 매년 1억개씩 증가하여 2014년에는 16억개를 취급하였다. 매년 지속적으로 택배물동량이 증가하고 있으나 택배업체간 경쟁도 치열하게 전개되어 소화물일관운송시 평균운임은 2000년대 초반에 3,000원대를 유지하다가 최근에는 2,300원대를 유지하는 등 택배업체의 수익성이 상당히 악화되었다.

〈그림 9-2〉 우리나라 택배물동량 및 단가 추이

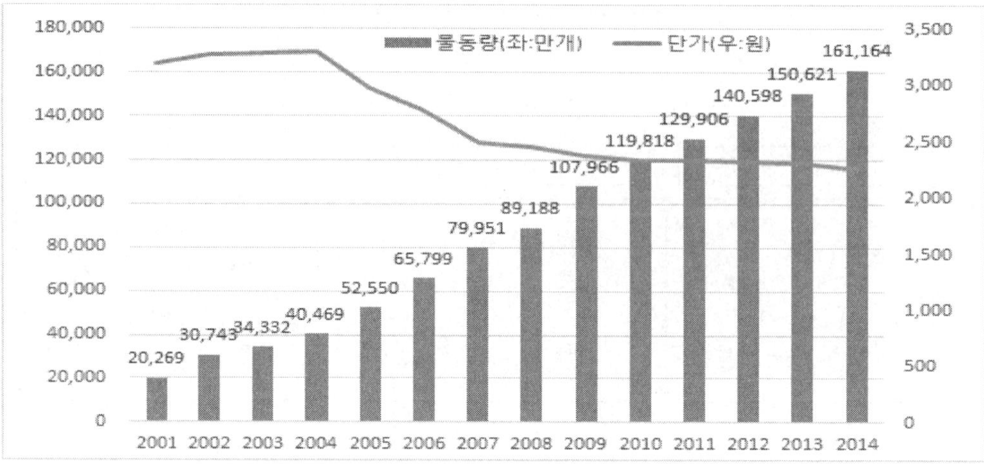

물동량(좌:만개)
단가(우:원)
180,000
160,000
140,000
120,000
100,000
80,000
60,000
40,000
20,000
0
3,500
3,000
2,500
2,000
1,500
1,000
500
0
20,269
30,743
34,332
40,469
52,550
65,799
79,951
89,188
107,966
119,818
129,906
140,598
150,621
161,164
2001 2002 2003 2004 2005 2006 2007 2008 2009 2010 2011 2012 2013 2014

자료: 물류신문, 2014/2015 물류시장 회고와 전망 세미나, 2014.12

우리나라 택배시장 규모는 2001년 1조원 시장에서 2007년 2조원 시장으로 성장하였고, 2010년 3조원, 2014년 4조원 시장으로 급속히 성장하고 있다. 그러나 과거에 비해 택배시장의 성장률은 둔화되었다.

〈그림 9-3〉 우리나라 택배시장 매출액 추이

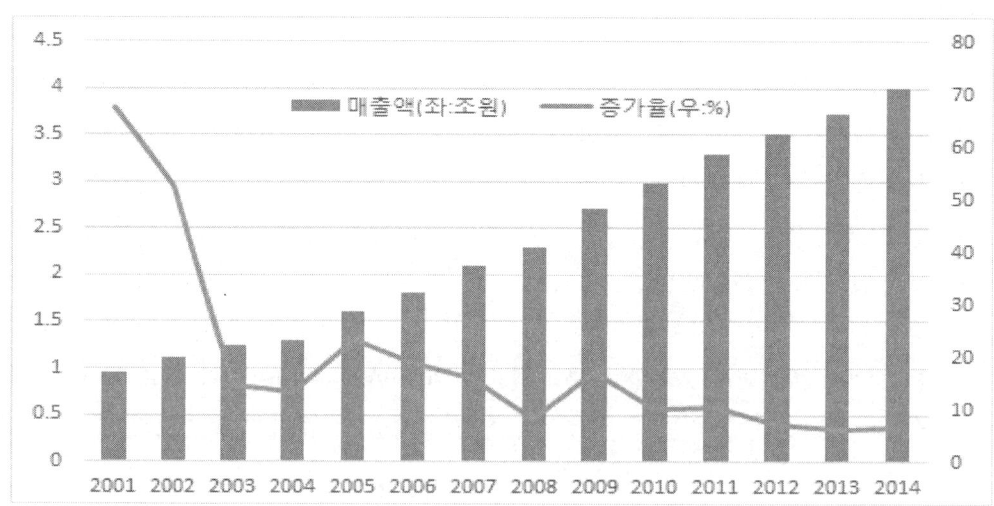

매출액(좌:조원)
증가율(우:%)
4.5
4
3.5
3
2.5
2
1.5
1
0.5
0
80
70
60
50
40
30
20
10
0
2001 2002 2003 2004 2005 2006 2007 2008 2009 2010 2011 2012 2013 2014

자료: 물류신문, 2014/2015 물류시장 회고와 전망 세미나, 2014.12

택배물동량이 지속적으로 증가하고 있으나 단가가 낮아 수익성은 악화되는 등의 결과 때문에 업체들은 원가절감 노력과 아울러 해외시장 개척을 적극 추진하고 있

다. 특히 해외시장 진출을 추진하는 이유는 국내 시장의 경쟁 심화, 전자상거래 활성화, 유학과 이민의 증가, 글로벌 비즈니스의 확대 등으로 국제택배화물이 증가하고 있기 때문이다.

또한, 최근 국내 택배업체간 M&A와 대기업의 택배사업 진출도 확대되고 있다. 2006년 CJ GLS는 HTH를 인수하고, 유진그룹은 로젠택배, 동부그룹은 훼밀리택배, 동원그룹은 KT 로지스를 인수하였다. 2006년 택배업체 수는 31개까지 증가하였으나 업체간 M&A와 중소업체의 퇴출로 2008년에는 24개로 감소하였다. 2008년 금호아시아나그룹이 대한통운을 인수하였고, 2012년 옐로우캡을 인수하면서 택배시장에 진출한 KG그룹은 2014년말에는 동부택배를 인수하여 2014년말 현재 약 7%의 시장점유율을 나타내고 있다. 2014년 10월 롯데는 오릭스와 함께 현대로지스틱스의 지분을 인수하여 택배시장에 참여하였고, 농협도 중견 택배업체를 인수하는 방법을 통하여 택배시장 참여를 고려하고 있다. 2014년 현재 국내 택배업체는 총 18개 업체이며, 택배업체의 시장점유율은 CJ대한통운 37%, 현대로지스틱스 13%, 한진택배 11% 순으로 나타났다.

〈그림 9-4〉 우리나라 택배업체 점유율(2014년)

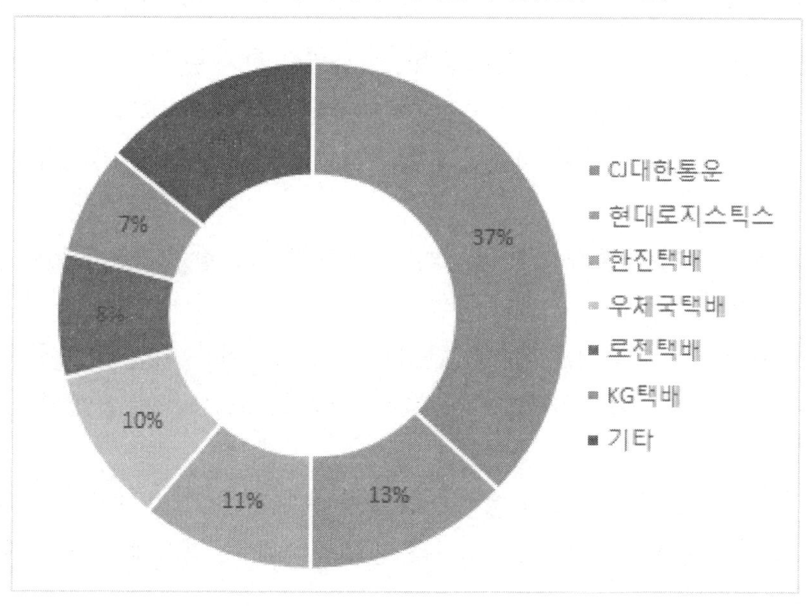

## 2) 문제점

우리나라 소화물일관운송의 문제점을 다음과 같이 정리할 수 있다.

① 소화물일관운송 기반시설 확충 미흡
② 수도권 근교나 대도시 터미널 확보의 어려움과 투자비 과다
③ 각 소화물일관운송업체별 물동량 유치 경쟁 과열로 수익성 악화
④ 소화물일관운송의 관련 법규와 제도, 환경 미비
⑤ 소화물일관운송차량의 신규 증차 규제로 서비스의 질 향상 어려움
⑥ 전문물류인력 부족으로 최상의 서비스 제공 어려움
⑦ 소화물일관운송업에 대한 투자 지원이나 세제 혜택 미흡

# 2. 일본 소화물일관운송의 특징

## 1) 일본의 소화물일관운송제도

일본의 소화물일관운송은 법적으로 화물자동차운송사업법에서 규정하고 있으며 허가제이다. 일본 소화물일관운송은 일반화물자동차운송사업, 특정화물자동차운송사업, 화물경자동차운송사업으로 구분하고 있다. 소화물일관운송은 일반화물자동차운송사업 중 특별적재 화물자동차운송사업으로 구분되고 있으며, 트럭터미널 시설을 갖춘 정기운송이 특징이다. 이는 불특정 다수의 고객으로부터 집화한 화물을 터미널에서 수집하여 지역별로 분류하고 간선용 트럭으로 적재운송을 하게 된다.

소화물일관운송에 화물자동차운송사업자가 대량으로 참여하고 있는데 그 이유는 다음과 같다.[1)]

첫째, 경제환경의 변화에 수반하는 운송수요의 변화이다. 1975년 이후 운송률의 증가가 저하되고 기존의 장거리화, 대량화를 도모한 노선트럭운송에 질적 전환이 요구되었다.

둘째, 고속도로 운송시대에 있어서 고속화가 요구되고, 일반 소비자를 대상으로 신속・저렴・확실하게 배달하는 소화물일관운송이 속도 경쟁에 새로운 변화를 초래하였다.

셋째, 종래의 소화물일관운송 화물의 중심적 운송수단인 철도운송이 쇠퇴하고

---

1) 차중곤, 「화물운송론」, 도서출판 두남, 2006, pp.52-54.

철도소화물 운송서비스가 저하되었다.

### 2) 일본 소화물일관운송의 특징

일본은 1976년 야마토운수가 최초로 택배사업을 시작하면서 소화물일관운송이 발전하게 되었고, 1977년 일본통운이 “페리칸”으로 운송시장에 참여하면서 확대되었다. 일본 소화물일관운송업체의 운송서비스의 특징은 다음과 같이 정리할 수 있다.

첫째, 운송의 신속성이다. 택배편이라고 할 수 있는 소화물일관운송은 전국의 전체 지역에 익일 배달을 할 수 있고, 원격지에는 항공택배편도 제공되고 있으며, 익일 오전 10시까지 배달하는 시간지정 서비스도 제공되고 있다.

둘째, 운송의 편리성이다. 소화물일관운송은 손쉽게 이용될 수 있으며, 특히 각 가정에서도 전화로 서비스를 신청하면 화물을 직접 집화해 가며, 가까운 편이점과 상점이 처리점으로 이용되고 있기 때문에 간단히 발송되고 있다. 또한 배달시 외출하는 경우에도 영업소에서 수취할 필요가 없이 지정한 시간에 다시 배달된다.

셋째, 운송의 안전 및 신뢰성이다. 고객의 화물에 대한 문의에 대해 화물추적 정보시스템으로 화물이 있는 위치를 즉시 답변할 수 있어 이용자를 안심시킬 수 있다.

넷째, 합리적이고 저렴한 운임이다. 종래의 거리와 중량으로 상세히 구분된 복잡한 운임이 아니고 전국을 몇 개의 구역으로 나누어 서비스별로 합리적인 운임을 설정하여 운임표가 단순화되면서 일반 소비자에게도 합리적이고 저렴하면서도 이용하기 쉽게 되었다.

### 3) 일본 소화물일관운송 현황

일본의 2014년 트럭운송에 의한 택배 물동량(우편물 제외)은 약 36억개이며, 일본내 21개 택배업체 중 야마토운수, 사가와규빈, 일본우편 등 3개 업체가 전체의 92%를 차지하고 있다.

〈표 9-3〉 일본 택배물동량 추이(단위 : 백만개)

| | 2009 | 2010 | 2011 | 2012 | 2013 | 2014 |
|---|---|---|---|---|---|---|
| 택배우편 합계 | 3,137 | 3,220 | 3,401 | 3,526 | 3,637 | 3,614 |
| 트럭운송 | 3,108 | 3,193 | 3,363 | 3,486 | 3,595 | 3,570 |
| 항공 등 이용운송 | 29 | 27 | 38 | 40 | 42 | 44 |

자료: 일본 국토교통성

〈표 9-4〉 주요 일본 택배업체의 물동량(단위 : 백만개)

| 택배명 | 취급사업자 | 2013년 | 2014년 | 점유율(%) |
|---|---|---|---|---|
| 택배우편 | 야마토운수 | 1,666 | 1,622 | 45.4 |
| 파발꾼 | 사가와규빈 | 1,219 | 1,196 | 33.5 |
| 우편팩 | 일본우편 | 428 | 485 | 13.6 |
| 캥거루택배 SEINO | 세이노운수 | 140 | 135 | 3.8 |
| 후르츠택배 福山通運 | 후쿠야마통운 | 126 | 123 | 3.4 |
| 기 타 | 16개사 | 16 | 9 | 0.3 |
| 합 계(21개사) | | 3,595 | 3,570 | 100 |

자료: 일본 국토교통성

## 3. 소화물일관운송시스템의 합리화 방안

### 1) 하드웨어 측면

물류관련시설은 도로의 정비, 철도거점역과 물류시설의 확충, 차량의 대형화 및 새로운 화물운송시스템의 도입 등을 추진하여 소화물일관운송이 효율화되도록 해야 한다. 기존 대도시는 도로정비나 화물거점시설이 확충되려면 막대한 투자와 공해문제, 교통혼잡 등으로 대형 차량의 진입이 어렵게 되는 등 많은 어려움이 있다.

### 2) 소프트웨어 측면

집배송 요금과 상품가격의 분리, 즉 소화물일관운송의 유료화 등 개별기업의 합리화를 추구해야 한다. 소화물일관운송 비용을 명확히 파악하여야 하며, 기존 소화물일관운송제도를 개선하고, 소화물일관운송 비용을 절감할 수 있는 공동소화물일관운송시스템의 도입을 검토하여야 한다.

# 제4절 국제소화물일관운송

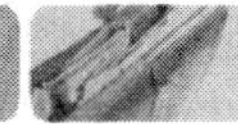

## 1. 국제소화물일관운송의 개요

국제소화물일관운송은 미국에서 1980년대 항공산업 분야의 규제완화를 계기로 운송업계가 최초로 개발한 사업영역이다. 최근에는 경영활동의 글로벌화로 수많은 다국적기업들이 해외투자를 확대하는 과정에서 견본품, 계약서류와 참고자료 등 신속하고 안전한 정보전달의 수단을 널리 이용하고 있다. 불특정 화주를 대상으로 서류나 선물, 견본품 등 소량, 소형 화물을 운송하며, 국제화물의 경우 70kg까지 운송하는 등 전문물류업체 또는 종합물류기업으로서 익일 서비스, 산업별 전문서비스 등 특화된 서비스를 제공하고 있다.

## 2. 국제일관운송서비스 시스템

항공기를 이용하여 소화물을 불특정 발송화주의 문전에서 수화주 문전까지 배달하는 운송으로 항공기에 의한 간선운송과 화물자동차에 의한 집배의 연계에 의해 행해지는 국제복합운송의 한 형태이다.

국제소화물일관운송은 크게 쿠리어서비스(Courier service)와 별송품서비스(Small package service)로 구분할 수 있다. 쿠리어서비스는 선적서류, 업무서류, 카다로그 등 항공기를 이용하여 문전운송, 특히 Desk to Desk 서비스를 제공하는 것이다. 별송품서비스는 상품의 견본품, 선물, 데이터 프로세스용 자기 테이프, 서적, 잡지, 각종 기계류 예비품 등 소형, 경량제품의 운송서비스를 제공하는 것이다.

## 3. 국제일관운송서비스 형태

### 1) 자사혼재에 의한 운송 형태

항공 이용 운송사업자가 독자적으로 탁송물을 일정 단위로 모은 다음 자사 혼재화물의 네트워크를 이용하여 직접 운송하는 형태이며, 특히 서류 등 쿠리어 화물은 쿠리어 전문업자에게 중계하여 서비스를 제공한다.

### 2) 타사의 혼재 시스템을 이용하여 운송하는 형태

고유의 국제소화물일관운송업자가 이용하는 방법으로 항공 이용 운송사업자의 혼재화물 네트워크를 이용하여 화물을 운송하는 방법으로 별송품의 경우 이 방법을 이용하고 있다.

### 3) On-board 운송 형태

국제소화물일관화물을 탁송 수화물로 분류하여 항공사에 탁송하는 방법으로 쿠리어 대상의 서류운송에 많이 이용되고 있다. 운송전문요원이 직접 비행기에 탑승하여 고객의 발송물을 자신의 수화물로 취급하여 정식 수출입 통관절차 없이 간단하게 통관하여 수신자에게 전달하는 가장 신속·정확한 운송 형태이다.

## 4. 국제소화물일관운송의 특징

국제소화물일관운송업은 취급화물이 국내 택배업과 마찬가지로 소화물에 한정되어 있다. 대부분의 화물은 고가 귀중품이 아닌 보통 수준의 가격대 상품이며, 일정기간 내에 신속한 인도를 목적으로 하는 운송서비스이다. 운송업자는 화물의 집화에서 인도에 이르기까지 전 운송과정을 책임지며, 운임구조는 전 과정에서 발생하는 운송운임이 제시된다.

초기 국내 상업서류송달업법에 30kg까지 제한이 있었고, 현재 한 상자가 70kg 초과할 경우 사전예약을 권고하고 있었으나 점차 택배업체들이 복합운송주선업도 취득하여 30kg 이상의 화물을 취급할 수 있게 되어 중량규제는 사실상 없어지게 되었다.

〈표 9-5〉 일반 항공화물운송과 국제소화물일관운송의 기본조건 비교

| 구 분 | 일반 항공화물운송 | 국제소화물일관운송 |
|---|---|---|
| 운임구간 | 공항도시와 공항도시 | 국가와 국가 간 |
| 중량구분 | 최저/45kg/100kg/200kg/250kg | 1~40kg과 그 이상의 kg당 |
| 요금결정 | IATA와 각국 정부 | 개별회사 |
| 적용구간 | 공항과 공항운송 | 송화인과 수화인 |
| 운임내용 | 항공운송요금 | 지상/항공/통관/부대비용 |
| 중량제한 | 없음 | 없음 |
| 배송약속시간 | 없음 | 있음(2~3일) |
| 운임수준 | 선박보다 고가 | 항공화물보다 고가 |
| 운임할인 | 일회성 | 연간계약과 일회적 유연성 |
| 통상품목 | 전자제품, 유행성 섬유 | 전자제품, 시간민감 제품, 각종 샘플 |

제 10 장

# 국제복합운송: 복합운송 일반 · 포워더

## 제1절 복합운송 일반

### 1. 국제복합운송(Multimodal Transport)의 정의

저렴한 운송비용으로 문전에서 문전까지 복합운송인의 단일책임체계하에서 화물을 운송하는 방법으로서 국제교역의 효율성을 증진시키기 위한 새로운 개념이다. 복합운송이란 적시운송, 안정성, 저렴성을 확보하기 위해 두 가지 이상의 운송수단을 결합하는 통합운송의 개념이다. 그리고 복합운송인(MTO : Multimodal transportation operator)은 자기 책임하에 화물을 한 국가의 일정지점으로부터 다른 국가의 인도예정지점까지 복합운송계약에 의거하여 운송한다.

복합운송이라는 용어는 1929년 바르샤바 조약(국제항공운송 통일규칙에 관한 조약)에서 출발하여, 1956년 4월 해륙(sea/land) 복합운송용 컨테이너가 개발되면서 본격적으로 사용되었다. 복합운송은 하나의 계약에 의해 운송이 시작되고 종료에 이르기까지 전과정에 걸쳐 화물이 적어도 두 가지 이상의 서로 다른 운송수단에 의해 운송되는 것을 말한다. 따라서 특정화물의 운송을 위해 여러 운송수단이 이용되더라도 수 개의 운송계약이 체결되고 또 그에 따라 운송증권이 발행된 경우에는 이를 부분운송 또는 구간별 운송이라 하여 복합운송과는 구별된다.

국제복합운송은 한 국가의 범위를 벗어나 다른 국가 간 이종의 운송수단을 이용하고, 단일 복합운송업체가 일관하여 책임운송하는 것을 말한다. 한 국가의 출발지에서 다른 국가의 목적지까지 해상, 항공, 철도, 도로, 내륙수운 등 운송수단을

결합하여 화물을 운송하는 것을 말한다.

## 2. 컨테이너운송의 발달과 복합운송

복합운송은 1960년대부터 컨테이너화의 진전과 한 운송수단에서 다른 운송수단으로 신속하게 환적할 수 있는 새로운 운송기술, 특히 컨테이너운송의 발전에 따라 비약적으로 발달하였다. 컨테이너화는 유닛로드 시스템의 출발점으로 컨테이너 용기를 이용하여 단위화물 형태로 운송하면서 도입되었다. 이후 선진해운국을 중심으로 해상운송에서 컨테이너화가 먼저 추진되었고, 북미대륙 및 시베리아 횡단철도와 해상운송을 연결하는 새로운 복합운송 경로의 개척에 힘입어 해 · 륙 복합운송은 비약적으로 발전하였다.

컨테이너 자체는 운송이나 보관을 위한 하나의 용기에 불과하나 견고하게 제작되어 컨테이너에 적재된 화물을 충분히 보호하고, 표준화가 추진되어 여러 운송수단과 정합성을 가지고 있다. 특히 컨테이너의 장점은 화물의 신속 · 안전한 환적을 가능하게 하고 하역의 기계화를 통하여 시간과 경비를 대폭 절감하는데 있다.

컨테이너는 문전에서 문전까지(door to door)의 일관된 운송서비스를 제공하는 복합운송에 가장 적합하다. 엄밀한 의미에서는 컨테이너운송과 복합운송은 전혀 다른 개념이며, 동일시하는 것은 잘못이다. 왜냐하면 컨테이너운송은 컨테이너 용기에 화물을 적입하여 운송하는 하드웨어 측면을 말하고, 복합운송은 이종의 운송수단을 묶어 일관운송체제를 구축하는 소프트웨어 측면이라는 점에서 차이가 있다. 또한 컨테이너 이외에도 복합운송에 적합하도록 용이한 환적이 가능한 새로운 운송기술이 발달하고 있다. 그러나 일반적으로 컨테이너화가 진전되어 효과적으로 적용되는 시스템이 복합운송분야이고, 복합운송의 장점을 극대화할 수 있는 수단이 컨테이너이기 때문에 컨테이너운송과 복합운송은 동일한 의미로 해석되고 이해되는 경우가 많다. 1970년대 이후 복합운송과 관련한 국제 규칙 및 조약들이 대부분 컨테이너운송에 초점을 두고 있는 것도 이러한 맥락과 일치한다.

## 3. 국제복합운송의 요건

복합운송은 복합운송에 관여하는 여러 운송인 중 1인의 운송인이 전구간의 운송을 인수하고, 전부 또는 일부 구간을 다른 운송인이 운송하게 하는 운송방식이

다. 송화인과 계약을 체결한 복합운송인만이 전구간에 대하여 책임을 부담하고, 실제로 운송을 담당한 운송인은 하청운송인의 지위에 있기 때문에 송화인과는 직접적인 법률관계가 없다.

국제복합운송은 국경을 넘어서까지 한 복합운송인이 이종의 운송수단을 결합하여 단일운임하에 일관운송서비스를 제공하는 것으로 국제복합운송의 요건은 다음과 같다.

### (1) 국제 간 운송(International Transport)과 단일 계약

복합운송은 출발지와 목적지가 다른 국가 간 운송이 이루어져야 하고 복합운송인은 전 운송구간에 대해 모든 책임을 진다.

#### (2) 하나의 책임주체(Single Liability)

복합운송인이 누가 어떤 구간에서 어떤 운송수단을 이용하여 운송서비스를 제공하는가에 관계없이 전체 운송에 대한 책임을 지는 것이 복합운송의 중요한 특징이다.

#### (3) 단일의 운임(Through Rate)

복합운송은 운송의 대가로 각 구간별로 분할된 운임이 아닌 전 운송구간에 대한 단일운임(통운임)을 적용한다.

#### (4) 운송수단의 다양성(Multi Mode)

복합운송은 서로 다른 운송수단이 결합되어 서비스를 제공해야 한다. 2가지 이상의 운송수단을 이용해야 하며, 운송수단은 각각 다른 법적인 규제를 받는 것이어야 한다. 다양한 운송수단의 이용은 반드시 계약상 명시적으로 나타나야 하는 것은 아니고, 운송의 제반여건상 여러 운송수단이 이용되면 복합운송에 해당된다.

#### (5) 복합운송증권의 발행(Multimodal Transport Document)

복합운송 자체의 필요조건은 아니지만 복합운송계약의 성립요건으로 복합운송증권이 발행되는지의 여부가 하나의 요건이다.

## 4. 복합운송의 특성

### (1) 운송책임의 단일성(Through Liability)

복합운송은 복합운송인이 전 운송구간에 걸쳐 단일책임을 진다. 복합운송인은 하나의 계약으로 전 운송구간에 대해 자신의 명의와 계산으로 고객에게 복합운송 서비스를 제공해야 한다. 복합운송인은 전 운송구간에 대해 책임을 질 때 어떤 방식으로 책임을 질 것인가에 대해 다음과 같은 3가지 책임체계가 있다.

① 단일책임체계(Uniform Liability System)

화주와 운송계약을 체결한 복합운송인은 전 운송구간에 대해 동일한 내용의 책임을 부담하는 방식이다.

② 이종책임체계(Network Liability System)

화주와 운송계약을 체결한 복합운송인이 전 운송구간에 대해 책임을 지나, 그 책임은 운송구간 고유의 원칙에 따르는 방식이다.

③ 변형 단일책임체계(Modified Liability System)

단일책임과 이종책임의 절충안으로서 전 운송구간에 걸쳐 전적으로 동일한 내용의 책임을 지나, 책임한도액은 이종책임체계에 따라 각 구간에 적용되는 법률 등에 따라 결정되는 방식이다.

### (2) 복합운송서류(Combined Transport B / L) 발행

복합운송은 복합운송인이 화주에 대해 전 운송구간을 포함하는 유가증권으로서 복합운송서류를 발행한다. 화주는 복합운송서류의 인수를 통하여 금융기관에서 금융의 편의를 제공받을 수 있어 경제적으로 편익을 얻을 수 있다.

### (3) 단일운임의 설정(Through Rate)

복합운송인은 전 운송구간에 대해 책임을 지므로 복합운송운임도 전 운송구간에 대해 단일운임이 설정된다. 단일운임의 산출은 각 구간의 운임을 단순하게 합산하는 것이 아니라, 규모의 경제효과가 얻을 수 있으므로 합리적인 요율을 제시할 수 있고, 그 요율이 적용된다.

### (4) 운송방식의 다양성

복합운송은 2가지 이상의 운송수단이 결합되어 서비스를 제공하며, 각각 다른

법적 규제를 받는 운송수단을 의미한다. 다양한 운송수단을 이용해야 한다는 내용이 계약상 명시적으로 표시되지는 않지만, 2가지 이상의 운송수단을 이용한다.

### (5) 위험부담의 분기점

복합운송시 위험부담의 분기점은 해상운송의 경우와 같이 선박의 난간이 아니라 송화인이 내륙운송인에게 화물을 인도하는 시점이다. 해상운송의 경우보다 위험부담의 분기점이 앞당겨진 것이다.

### (6) 컨테이너운송의 보편화

다양한 운송수단을 결합한 복합운송의 발달은 컨테이너화와 운송수단간 환적이나 하역작업을 신속하게 수행할 수 있는 장비와 기술의 발전에 따라 이루어졌다. 선진국에서 시작된 컨테이너화는 개도국을 거쳐 후진국의 수출입 활동에 이르기까지 지속적으로 확대되고 있다. 아울러 컨테이너선의 대형화에 따라 컨테이너부두의 대형화는 물론 하역장비의 대형화, 자동화, 고속화 등이 지속적으로 추진되어 신속한 컨테이너운송이 가능하게 되었다.

## 5. 국제복합운송의 이점

국제복합운송의 최대 이점은 문전에서 문전까지 운송서비스를 제공함에 있다. 국제복합운송은 국가 간 적합한 운송경로를 선택하고, 효율적인 이종의 운송수단을 결합하여 신속하고 정확한 화물운송으로 총비용을 절감할 수 있는 운송방식이다. 점차 경제활동이 세계화되고, 국제분업체계가 고도화되면서 국제복합운송체계도 한층 고도화되고 있다. 국제복합운송의 이점은 다음과 같다.

### (1) 신속성 제고

하역시간과 운송시간을 대폭 단축할 수 있고, 인도지연을 방지할 수 있으며, 통관절차의 간소화와 화물혼재와 분류작업이 가능하기 때문에 신속한 화물유통이 가능하다.

### (2) 안정성 제고

컨테이너나 파렛트 등을 이용함으로써 운송 중 화물손상와 파손의 감소, 밀수품의 감소, 인도불능으로 인한 클레임 축소와 회피, 절도나 오손 피해 감소 등 화물

유통의 안전성을 한층 높일 수 있다.

#### (3) 저렴성 확보

일시에 대량으로 상품을 매입함으로써 매입가격의 인하, 컨테이너와 파렛트를 이용함으로써 포장비의 절감, 해상보험료의 저렴화, 서류작성과 화인(shipping mark) 등에 필요한 비용을 절감할 수 있다. 아울러 이러한 비용을 절감함으로써 투자자금을 다른 용도로 활용할 수 있고 화물혼재 등을 통하여 부가가치를 확대할 수 있다.

#### (4) 운송서류의 간소화

단일 운송계약과 단일 복합운송증권으로 운송함으로 서류작성과 화인을 감소시킬 수 있다.

#### (5) 하역설비의 자동화로 인력난 해소

파렛트화와 컨테이너화 등 단위화를 통하여 하역설비의 자동화와 표준화를 추진함으로써 신속한 하역작업이 가능하고, 하역인력의 부족문제를 해결할 수 있으며, 운송비와 하역비를 절감하고 효율적인 하역작업이 가능하다.

#### (6) 무역확대의 촉진

물품 인도시 물품가격의 견적이 용이하고, 재고감소가 가능하며, 자금을 조달해야 할 필요성이 감소되고, 상품의 적부작업지역과 환적지점의 분산을 통하여 무역을 확대시키는 기능을 한다.

## 제2절 복합운송의 종류

### 1. 복합운송수단의 결합에 의한 형태

복합운송시 2가지 이상의 운송수단을 결합하는 방식에 따라 다음과 같이 구분한다.

#### (1) 피기백( Piggy-back) 방식(철도 + 트럭)

컨테이너를 적재한 트레일러를 컨테이너화물열차에 적재하여 운송하는 철도운

송과 트레일러에 컨테이너를 적재하여 도로로 운송하는 복합운송방식을 말한다. 즉, 컨테이너 운송시 철도와 트럭운송의 육상운송수단을 결합한 복합운송방식이다.

〈그림 10-1〉 피기백 방식

### (2) 피쉬백(Fishy-back) 방식(트럭 + 선박)

도로운송과 해상운송 수단을 결합한 복합운송방식이다. 피쉬백 복합운송은 컨테이너 운송시 선박과 트럭운송을 결합하여 운송비 절감, 운송시간 단축, 운송효율의 증대 등 효과를 얻을 수 있다.

〈그림 10-2〉 피쉬백 방식

### (3) 버디백(Birdy-back) 방식(항공기 + 트럭)

트럭 - 항공(Truck-air)방식으로 불리며, 도로운송와 항공운송수단을 결합한 복합운송방식이다.

〈그림 10-3〉 버디백 방식

### (4) 스카이레일(Sky-rail) 방식(철도 + 항공)

철도운송과 항공운송 수단을 결합한 복합운송방식이다.

〈그림 10-4〉 스카이레일 방식

### (5) 철도 - 수운(Train-ship) 방식(철도 + 해상)

철로를 설치한 특수선박에 화차와 기관차를 적재하고 항만과 항만 간 선박으로 운송하며, 육상운송은 철도가 담당하는 복합운송방식이다. 열차페리방식이라고도 하며, 현재 검토되고 있는 한중 간 열차페리를 이용한 복합운송을 말한다.

〈그림 10-5〉 철도-수운 방식

### (6) 선박 - 부선(Ship-barge)방식

원양항해에 취항하는 선박과 강과 하천 등 내륙수로를 운항하는 바지를 연계하여 운송하는 방식이다. 유럽이나 북미와 같이 내륙수로운송이 발달한 지역에서 바지로 컨테이너를 운송한 후 원양 컨테이너선에 적재하여 수출하는 운송방식이다.

〈그림 10-6〉 선박-부선 방식

### (7) 선박 – 항공(sea & air) 방식

해상운송의 저렴성과 항공운송의 신속성을 결합한 운송방식이다.

〈그림 10-7〉 Sea & Air 방식

## 2. 계약관계에 따른 형태

복합운송구간마다 개별 운송인이 각 구간별로 운송할 경우 발생하는 손해에 대하여 어떤 운송인이 책임을 질 것인가, 그리고 각 운송인이 연대하여 책임을 질 것인가 등과 관련하여 복합운송의 계약관계에 따라 다음과 같이 구분할 수 있다.

### (1) 하청운송

1인의 운송인이 육상 · 해상 · 항공의 다수의 운송구간에 걸친 전구간운송을 인수하고 그 운송의 일부 또는 전부를 다른 운송인에게 하청 또는 도급을 준 경우를 말한다. 하청운송인은 원운송인의 이행보조자에 불과하므로 각 하청운송인은 자신이 인수한 운송구간에 대해서만 최초 운송인에 대하여 중간 운송서류를 발행한다. 원운송인은 자신이 화주에게 발행한 복합운송서류에 따라 책임을 진다. 실무적으로 선하증권에 자신이 현실적으로 담당하는 운송구간에만 자신의 책임을 한정시키는 취지의 약관을 삽입하여 사용한다.

### (2) 공동(동일)운송

다수의 운송인이 처음부터 공동으로 육상 · 해상 · 항공의 전구간운송을 인수한다. 각 구간운송을 담당하는 각각의 운송인은 송화인에 대해 운송인 상호 간 연대책임을 진다. 선하증권도 운송인이 동시에 서면한 공동일관 선하증권이 발행된다.

### (3) 순차(연계)운송

다수의 운송인이 통운송장과 함께 운송을 인수하는 형태로 두 번째 이후의 운송인이 순차적으로 최초의 운송인과 송화인 사이의 운송계약에 개입하고, 어느 운송인이나 전체 운송을 인수한 것으로 인정하는 운송방식이다. 연계운송은 송화인에게는 최초의 운송인에게 운송을 위탁함으로써 다른 운송인도 함께 이용할 수 있는 계약방식으로 중계지나 환적지점에서 운송인간 직접 운송품을 인도할 수 있다. 또한 연계운송의 경우 각 운송인의 책임관계는 계약법상 일반원칙을 적용할 수 없기 때문에 운송 중 발생한 손실의 구간을 명확하게 규명하지 못할 경우 송화인이나 수화인은 손해청구대상을 올바로 확정하기 어려워 손실을 입을 수 있다.

## 제3절 복합운송인

### 1. 복합운송인의 정의

복합운송인은 이종 및 동종 운송수단을 조합하여 운송하는 운송인으로서 TCM 조약안에서는 CTO(combined transport operator), 유엔조약에서는 MTO(multimodal transport operator), 미국에서는 ITO(intermodal transport operator)라고 부른다.

TCM조약안에서 복합운송인을 ① 복합운송증권을 발행하며, ② 화물의 수령으로부터 인도까지 전구간에 걸쳐 자기의 이름으로 운송을 이행하고, ③ 그 운송에 대하여 조약에 규정된 책임을 부담하며, ④ 복합운송증권에 기명된 자 또는 정당하게 배서된 증권의 소지인에게 화물의 인도를 확실히 하기 위하여 필요한 모든 조치를 다하는 자로 규정하고 있다.

그리고 유엔복합운송조약에서는 복합운송인이란 스스로 또는 대리인을 통해서 운송계약을 체결하고 송화인이나 운송인의 대리인이 아닌 주체(하청운송인이 아님)로서 계약의 이행에 대해 책임을 지는 자로 정의하고 있다. 복합운송인은 복합운송의 주체자로서 국가간 또는 대륙간 화물 운송에 관한 전문지식을 갖추고, 자기의 명의와 계산으로 화주와 복합운송계약을 체결한 계약당사자이다. 또한, 운송전반을 계획하며 운송기간 중 여러 운송구간을 적절히 연결하고 총괄하여 운송이 원활하게 이루어지도록 조정하고 감독하는 등 계약이행에 관한 책임을 지는 자이다.

## 2. 복합운송인의 범위 및 복합운송인 유형

### (1) 복합운송인의 범위

복합운송인은 전구간에 대해서 운송인으로서 행동하며, 동시에 복합운송증권의 발행자가 된다. 그런데 유엔복합운송조약은 복합운송인에게 전구간의 책임을 집중시키고, 전체 운송의 실행에 대해서는 실제운송인 등 기타의 자를 복합운송인의 이행보조자로 보고 있다.

유엔복합운송조약에서 복합운송인은, 복합운송인이 복합운송계약을 이행하기 위하여 동원하는 복합운송인의 대리인이나 사용인(employee) 및 기타의 사람이 포함되며, 송화인 또는 수화인에는 송화인이나 수화인의 사용인이나 대리인이 포함되는 것으로 규정하고 있다. 또한, 복합운송인은 그 직무의 범위 안에서, 복합운송인의 사용인이나 대리인 또는 그 밖의 운송계약을 이행하는 사람의 작위(act done with intent) 및 부작위(omission done with intent)에 대하여 복합운송인이 모두 책임을 진다고 규정하고 있다.

유엔복합운송조약은 단일 계약주체인 복합운송인이 전운송에 대한 원청운송인으로서 운송의무를 지고, 화물의 수령에서 인도까지 도중에 생긴 멸실이나 손상은 물론, 지연으로 인한 손해에 대해서도 손해발생장소가 어디인지를 불문하고 책임을 지도록 되어 있다(제16조). 단일의 계약주체(CTO, MTO)에 책임을 집중시키는 것은 유엔복합운송조약에서 확정된 것으로 복합운송의 특징이며 장점을 반영한 것이다.

한편 복합운송인이 화주와 운송계약을 체결한 당사자로서 전운송에 대한 책임주체가 되는 데에는 바로 복합운송인의 자격이 문제가 된다. 이 점에 대해 미국의 신해운법은 복합운송인의 면허요건을 ① 연방해사위원회(FMC)가 충분한 경험(experience)과 자질(character)을 갖추었다고 인정하는 자, ② 화물의 멸실 및 훼손에 대한 손해배상책임을 보증하기 위해 재무장관이 인정하는 보증회사가 발행하는 보증서를 제출하는 자로 규정하고 있다. 이 두 가지 기준은 운송수단도 갖지 않은 자가 복합운송인으로서 활동을 개시할 때 그 신용의 결여로 인해 문제가 발생하는 것을 방지하기 위한 점검 기준이 된다.

우리나라도 1976년 9월 '외항해상운송 부대사업 면허요령'에 의해 해상화물운송주선업이 처음 제도화된 이후, 1996년 6월부터 해운법에 의한 해상화물운송주선업이 물류정책기본법(전 화물유통촉진법)에 의한 복합운송주선업으로 일원화되었다.

복합운송의 주체에 대해 다소간의 혼동이 있을 수 있으나 포워더(운송주선인)뿐 아니라 선사나 항공사도 엄연한 복합운송인이 될 수 있다. 2007년 제정된 물류정책기본법에서는 포워더를 국제물류주선업체로 규정하고 있다. 물류정책기본법에서 국제물류주선업은 타인의 수요에 따라 자기의 명의와 계산으로 타인의 물류시설·장비 등을 이용하여 수출입화물의 물류를 주선하는 사업이라 규정하고 있고, 국제물류주선업의 등록요건은 다음과 같이 규정하고 있다.

첫째, 국제물류주선업을 경영하려는 자는 국토교통부령으로 정하는 바에 따라 국토교통부장관에게 등록하여야 한다.

둘째, 제1항에 따라 국제물류주선업을 등록한 자(이하 "국제물류주선업자"라 한다)가 등록한 사항 중 국토교통부령으로 정하는 중요한 사항을 변경하려는 경우에는 국토교통부령으로 정하는 바에 따라 변경등록을 하여야 한다.

셋째, 제1항에 따라 등록을 하려는 자는 3억원 이상의 자본금(법인이 아닌 경우에는 6억원 이상의 자산평가액을 말한다)을 보유하여야 하고, 다음 각 호의 어느 하나에 해당하는 경우를 제외하고는 1억원 이상의 보증보험에 가입하여야 한다.

1. 자본금 또는 자산평가액이 10억원 이상인 경우
2. 컨테이너장치장을 소유하고 있는 경우
3. 「은행법」 제2조 제1항에 따른 은행으로부터 1억원 이상의 지급보증을 받은 경우
4. 1억원 이상의 화물배상책임보험에 가입한 경우

### (2) 복합운송인 당사자의 유형

복합운송의 주체가 될 수 있는 당사자는 다음과 같다.

#### ① 실제운송인(Actual Carrier)형 복합운송인

UNCTAD/ICC복합운송증권 규칙에서, 운송인은 복합운송인과 동일인 여부에 관계없이 실제로 운송의 전부 또는 일부를 이행하거나 또는 이행을 약속하는 자로 정의하였다. 실제운송인형 복합운송인이란 자신이 직접 운송수단(선박, 트럭, 항공기 등)을 보유하면서, 복합운송인의 역할을 수행하는 자를 말한다.

실제운송인은 선사, 철도회사, 트럭회사 및 항공사 등이다. 컨테이너운송 확대로 선사의 운송책임은 과거 선측에서 선측까지(tackle to tackle)로부터 터미널에서 터미널까지(terminal to terminal)로 확대하고, 해상운송은 물론 내륙운송부문까지 확장하여 문전까지 문전까지 운송을 일괄하여 인수하는 복합운송의 주체가 되고 있다.

② 계약운송인(Contracting Carrier)형 복합운송인

계약운송인은 선박, 트럭, 항공기 등 운송수단을 직접 보유하지 않으면서도, 운송주체자로서의 역할과 책임을 다하는 운송인을 말한다. 계약운송인은 실제운송인에게는 화주의 입장에서, 화주에게는 운송인의 입장에서 책임과 의무를 수행한다. 이런 유형의 복합운송인은 해상운송주선인(ocean freight forwarder) 및 항공운송주선인(air freight forwarder) 등이 있다. 따라서 계약운송인형 복합운송인을 프레이트 포워더형 복합운송인이라 한다.

③ 무선박운송인(NVOCC; Non-Vessel Operating Common Carrier)

기존 운송주선인형 복합운송인을 법적으로 실체화한 명칭(1984년, 미국해운법)이다. 화주에 대해서는 운송인으로서 계약을 체결하고, 선사에게는 화주로서 계약하여 운송한다. 우리나라는 물류정책기본법(전 화물유통촉진법)상 해상화물운송주선업과 항공화물운송주선업을 복합운송주선업으로 통일시켰다.

### (3) 프레이트 포워더와 무선박운송인(NVOCC)의 비교

프레이트 포워더는 고전적인 개념이며 NVOCC는 1984년 미신해운법 이후 법률적 지위를 인정받은 개념이다. 1984년 미신해운법 제3조 제17항에서 NVOCC란 해상운송에 있어서 자기 스스로 선박을 직접 운항하지 않으면서 해상운송인(Ocean Common Carrier)에 대해서는 화주의 입장이 되는 것이라고 정의하고 있다. NVOCC는 미국의 트럭업체와 철도회사가 시행한 무차별(Freight All Kinds : FAK) 운임에서 출발한 개념이며, 컨테이너운송`에 있어서 더욱 경쟁력을 강화하고 집화 강화를 위한 차원에서 품목에 관계없이 컨테이너당 일정한 운임을 받으면서 발전되어 왔다. 가장 이상적인 NVOCC가 프레이트 포워더이며 NVOCC도 복합운송주체자가 될 수 있다.

**자료더보기**

**FAK Rate(품목별 무차별 운임)**

화물의 중량 또는 용적에 따라 설정되는 운임이며, 화물의 종류나 내용은 운임산정 시 고려하지 않는다. 컨테이너 한 개당 또는 트레일러 또는 화차당 운임이 얼마라는 식으로 정해지는 운임이다.

## 3. 복합운송인의 책임

### (1) 과실책임(Liability for Negligence)

운송인이 상당한 주의의무를 소홀히 하였다는 운송인 과실의 거증책임을 피해자가 부담하는 것을 원칙으로 하는 책임방식이다. 운송인은 선량한 관리자로서 화물의 안전에 상당한 주의를 다해야 하며, 만약 손실이 발생하였을 경우에는 피해자가 운송인이 의무를 태만하였다는 것을 증명해야 한다. 운송인의 과실을 화주가 입증하는 것을 원칙으로 하고 있다.

운송인의 과실을 화주가 입증하는 것을 원칙으로 하고 있으며, 화물의 멸실이나 손상이 운송인의 과실에 의한 것임을 화주가 입증하면 운송인은 책임을 면할 수 없다. 한편 증거책임이 운송인에게 전가되어 운송인이 자기 또는 사용인이 적절한 주의의무를 모두 기울였음을 입증하도록 하는 입법례도 많다.

### (2) 무과실책임(Liability without Negligence)

운송인은 운송인이나 사용인의 과실에 대해 주의의무를 성실하게 이행하였다 하더라도 발생한 손실에 대해 무조건 책임을 지는 방식이다. 운송인의 과실유무를 불문하고 손실 발생시 전적으로 배상책임을 져야 한다.

이 원칙은 영미 두 나라의 관습법(common law), 미국의 주간통상법, 철도화물운송조약(CIM)과 도로화물운송조약(CMR), 프랑스 상법, 독일 상법상 철도의 책임 등에 적용되고 있다.

### (3) 엄격책임 또는 절대책임(Strict Liability, Absolute Liability)

손해 결과에 대해서 절대적으로 책임을 지는 책임방식이다. 운송인과 그 사용인의 주의의무를 모두 이행하였더라도 운송기간 중 발생한 모든 손해에 대해 책임을 진다. 도로화물 운송조약(CMR)은 차량의 결함에 의한 화물손해에 대해 이 원칙을 적용하고 있다. 그리고 항공운송에 관한 국제조약인 몬트리올 협정(발효) 및 과테말라의정서(미발효)는 여객의 사상에 대해 항공사는 절대책임을 지게 되어 있다(승객 자신에게 기여과실이 있는 경우는 제외된다).

## 4. 복합운송인의 책임 체계

복합운송인은 실제운송인과 주선인, 송화인과 책임관계를 명확하게 해야 한다.

복합운송의 책임관계는 다음과 같이 구분할 수 있다.

### (1) 단일책임체계(Uniform System of Liability)

운송인이 전 운송구간에 걸쳐 책임을 부담하는 체제로서 운송물의 멸실, 훼손, 지연 손해가 복합운송의 어느 구간에서 발생하였느냐를 묻지 않고, 동일한 기준에 따라 책임을 지는 체계이다. 복합운송은 복수의 구간운송으로 구성되나 화주의 입장에서는 하나의 운송이고, 만일 복합운송인이 운송구간마다 서로 다른 책임을 부담할 경우, 사고가 어디에서 발생하였는가에 따라 그 배상액이 달라지는 등 불합리한 점 때문에 하나의 기준에 의하여 책임지도록 하고 있다.

단일책임체계는 엄격책임(strict liability)주의에 근거하고 있으며, 유일한 면책사유는 불가항력에 상당하는 사유만 인정하고 있다(무과실책임원칙). 복합운송인은 멸실, 손상, 지연에 대해 책임을 져야 하며, 그 결과를 방지할 수 없었던 사정으로 일어난 것이라는 것을 증명한 경우에는 책임을 지지 않는다. 단일책임체계는 책임수준을 어디에 맞추는가에 따라 이해가 달라진다. 예를들면, 복합운송인의 책임수준을 헤이그 규칙의 수준으로 정하면 철도(CIM)나 도로(CMR)운송 중에 발생한 화물손해에 대해서 화주나 그 보험자가 유리한 배상청구의 기회를 잃게 되고, 반대로 CIM, CMR의 책임수준에 맞출 경우에는 복합운송인의 부담이 커지고 결국 화주의 부담을 증가시킬 우려가 있다.

① 단일책임체계의 장점

㉠ 새로운 복합운송 법제가 기존 운송구간별 법제보다 우선적으로 모든 상황에 적용될 수 있다는 점에서 간편하고 명확하게 처리될 수 있다.

㉡ 손해에 대한 배상청구자는 복수의 법제가 적용되는 것처럼 자기에게 유리한 조건을 찾기 위해 고심하지 않아도 된다.

② 단일책임체계의 단점

서로 상반되는 상황이 발생할 경우 화주와 복합운송인 간 타협점을 찾기 어렵다.

### (2) 이종책임체제(Network System of Liability)

복합운송인이 전 운송구간의 책임을 부담하지만 책임내용은 손해발생 구간에 따라 적용되는 책임체계에 의해서 결정된다. 손해발생구간이 확인된 경우와 그렇지 않은 경우를 나누어서 각각 다른 책임체계를 적용하는 방법이다. 손해발생구간이 밝혀지지 않은 경우에는 그 손해가 해상구간에서 발생한 것으로 추정하여 헤이그규칙(Hague Rules)을 적용하든가 또는 별도로 정하여진 기본책임(basic liability)을 적용한다.

손해발생구간이 확인된 경우 손해발생구간에 적용될 국내법이나 국제법을 적용한다. 즉, 해상구간에서는 헤이그규칙(브뤼셀조약), 항공운송구간에서는 바르샤바조약(Warsaw Convention), 도로운송구간에는 도로화물 운송조약(CMR)및 각국의 일반화물자동차운송약관, 철도운송구간에는 철도운송조약(CIM)에 의하여 결정되는 책임체제를 말한다. 이종책임체계는 기존 운송법상 책임제도와 최대한 조화를 이룰 수 있다는 점에서 가장 합리적인 제도로서 평가되고 있다. 전통적인 국제무역관행에 따라 급격한 변동을 가져오지 않고 국제복합운송을 촉진시킬 수 있기 때문이다.

**자료더보기**

**타이업책임체제(Tie-up system of liability)**

화주가 각 운송구간의 운송인과 개별적으로 운송계약 체결시 운송인은 각 운송구간에 적용되는 책임을 부담하는 체계이다. 복합운송인은 일괄하여 책임을 지지만, 그 책임 원칙은 하청운송인이 복합운송인에게 적용하는 책임과 똑같이 정하는 방식이다. 각 운송구간에 적용되는 법규가 없으면 그 구간의 운송인이 사용하는 계약약관에 따라 책임을 진다는 점에서 이종책임체계와 다소 다르다.

### (3) 절충책임체계(Modified Uniform System of Liability)

Network System과 Uniform System의 절충방식으로 1980년 유엔조약이 채택하고 있는 책임체계이다. 손해발생구간의 확인여부에 관계없이 전 운송구간에 걸쳐 전적으로 책임을 진다는 점에서 보면 Uniform System을 채택한 것으로 보이나, 손해발생구간이 확인되고, 그 구간에 적용될 법에 규정된 책임한도액이 유엔조약의 책임한도액보다 높은 경우에는 그것의 적용을 인정하여 Network System을 가미한 책임체계이다. 따라서 Modified Uniform System은 Modified Network System이라고도 하고 Flexible liability System이라 하기도 한다. 절충책임체계는 복합운송인의 책임은 일률적인 책임원칙에 충실하고, 책임의 정도와 한계는 손상이 발생한 구간의 규칙에 따르는 책임체계로 유엔국제복합운송조약에서 채택하고 있다.

# 제4절 프레이트 포워더

## 1. 프레이트 포워더(국제물류주선인)의 개념

화물운송주선인으로서 송화인의 화물을 인수하여 수화인에게 인도할 때까지 집화, 입출고, 선적, 운송, 보험, 배달 등 일체의 업무를 주선한다. 또한 소량 화물의 화주에 대하여 운송계약의 주체인 복합운송인으로서 복합운송증권을 발행하고, 전구간의 운송을 책임지며 국제복합운송에서 중요한 역할을 담당한다. 우리나라 물류정책기본법에 국제물류주선업에 대해 규정하고 있으며, 포워더는 복수의 운송수단을 이용하거나 여러 국가를 경유한다는 등의 조건을 가지고 있지 않다.

## 2. 프레이트 포워더의 업무

포워더는 선사, 항공사, 철도회사 등 운송인에 대해 화주의 입장에서 집화된 화물의 운송을 의뢰한다. 선사 등 운송인은 개별 화주를 대상으로 직접 집화하기도 하지만 다수의 화주를 대상으로 집화하는 포워더를 대형 화주로서 인식하고 마케팅함으로써 안정적이고 효과적으로 화물을 집화할 수 있다. 또한 포워더는 개별화주의 화물량이 적더라도 다수 화주의 소량화물을 혼재하여 FCL화하거나, 대량의 컨테이너화물을 집화하여 유리한 운송요율을 적용받을 수 있다

포워더는 화주가 수출입 활동 수행시 해야 할 업무를 대신해 줌으로써 시간, 비용, 인력을 절감할 수 있다. 화주는 포워더를 적절히 활용함으로써 자신의 핵심역량인 생산, 판매, 유통에 전념할 수 있다. 또한 포워더는 화주에게 수출입 관련 절차나 서류에 대해 조언해 줌으로써 신속하고 간편하게 수출입 절차를 수행할 수 있도록 지원하며, 신속한 수출입을 통하여 현금흐름 개선 등을 도모할 수 있다. 아울러 화주는 파악하기 어려운 국제복합운송시 최적의 운송경로나 운송수단 등에 대해 포워더를 이용함으로써 물류비 절감과 아울러 효율적인 복합운송서비스를 이용할 수 있다. 포워더의 주요 업무는 다음과 같다.

① 운송에 대한 전문적인 조언

화주의 요청에 따라 철도, 도로, 해상운송의 소요시간, 비용, 신뢰성, 경제성 등 제반 요건을 고려하여 가장 적합한 운송경로와 운송수단을 선택하고, 화물의 포장

이나 각국의 운송관련 법규와 관행 등을 알려주고, 운송서류 작성을 지원하는 등 전문가로서 도와준다.

② 운송계약의 체결 및 선복의 예약

포워더는 화주를 대신하여 자기 명의로 운송계약을 체결하고, 운송계약 체결시 특정 선박이나 항공기를 예약하며, 선사나 항공사는 포워더로부터 예약을 접수하여 화물의 명세, 필요한 컨테이너나 화물포장, 운송조건 등을 파악한다. 송화인은 포워더가 예약한 운송수단에 절차에 따라 화물을 수출할 수 있다.

③ 본선과 화물의 인수 또는 인도

포워더는 FCL 등 대량의 수출화물은 직접 선사가 지정하는 터미널이나 CY까지 운송하여 인도하거나, 수입화물은 터미널이나 CY에서 화물을 인수하도록 하고 있다. LCL 등 소량의 수출화물은 선사가 지정한 CFS나 영업용 창고에서 다른 LCL 화물과 혼재하여 적입한 후 터미널/CY까지 운송하고, 수입LCL 화물은 터미널이나 CY의 CFS에서 화물을 분류하여 인도하게 된다.

④ 운송관계서류의 작성

포워더는 선하증권, 항공화물운송장 또는 관련 운송서류, 통관서류, 원산지 증명서, 보험증권, 선적지시서 등의 서류작성을 도와 줌으로써 시간, 비용, 인력을 절감할 수 있다. 운송관련서류는 포워더가 직접 작성하거나 화주가 작성시 전문가로서 조언해 준다.

⑤ 통관수속의 수행

포워더는 주요 항만과 공항에 사무소를 설치하고, 세관원 또는 관세사와 밀접한 관계를 유지하면서 화주의 통관수속을 지원하고, 신속한 수출입을 통하여 현금흐름 개선 등을 도모할 수 있다.

⑥ 포장 및 창고보관업무

포워더는 화주가 의뢰한 소량화물을 운송수단이나 각종 규칙 등에 적합한 포장업무를 수행하거나 화주가 직접 포장시 포장방법 등에 대해 조언한다. 또한 포워더는 자가 창고 또는 영업용 창고에서 LCL 화물의 혼재, 분류 그리고 보관하는 업무를 수행한다.

⑦ 보험업무 대행

포워더는 화물보험과 관련하여 가장 유리한 보험, 보험금액, 보험조건 등에 대

하여 조언하고, 화주를 대신하여 보험수배를 하며, 운송화물의 사고발생시 클레임 처리나 보험처리방법 등에 대하여 조언한다.

⑧ 소량화물의 혼재 및 분류

운송주체자로서 화물의 집화, 혼재, 분류 업무를 수행한다.

⑨ 복합운송

국내운송과 국제복합운송 등 포워더의 영업범위 내에서 자신이 직접 수행하거나 다른 포워더와 협조체제를 구축하여 복합운송 서비스를 제공한다. 국제복합운송시 최적의 운송경로나 운송수단 등에 대해 포워더를 이용함으로써 물류비 절감과 아울러 효율적인 복합운송서비스를 이용할 수 있다.

⑩ 운임 및 기타 비용 지불

포워더와 화주간 거래관계가 구축되어 있는 경우 포워더는 고객을 대신하여 모든 비용을 우선 지급하고 추후 화주로부터 정산받는다. 수출입업체는 선사, 항공사, 다른 운송인, 하역업체 등의 시설이나 장비를 이용하는데 포워더가 이들과 관계를 이용하여 신속하게 업무를 수행하고, 그에 따른 비용도 지불함으로써 화주의 업무처리를 지원한다.

⑪ 시장조사

해외의 거래망을 통하여 외국의 바이어를 소개하기도 하고, 또 국내시장에 관한 정보를 수집화는 등 여러 가지로 수출입업자를 지원한다.

## 3. 프레이트 포워더의 종류

### (1) 운송인형 프레이트 포워더

포워더 본인이 직접 선박, 트럭, 항공기 등 운송수단을 보유하면서 복합운송인의 역할을 수행하며 선사, 철도회사, 트럭회사, 항공사 등이 있다.

### (2) 운송주선인형 프레이트 포워더

운송수단을 직접 보유하지 않고 다만, 계약운송인으로서 운송을 책임지는 형태로서 해상운송주선업자, 항공운송주선업자, 통관업자, 컨테이너 임대업자 등이 있다.

## 4. 포워더의 주요 업무 유형

### (1) 혼재운송

혼재운송은 소량의 컨테이너 화물을 집화하여 컨테이너 단위화물로 만들어 운송하는 것을 말하며, 혼재운송은 프레이트 포워더의 가장 대표적인 서비스 형태이다. 포워더의 핵심업무 중 하나인 혼재운송은 누구를 위해 혼재업무를 수행하는가에 따라 수화인 혼재, 운송주선인 혼재, 송화인 혼재 등으로 구분할 수 있다. 포워더의 혼재업자로서 업무는 다음과 같다.

① 화물의 생산일자의 파악
② 화물의 혼재계획의 수립
③ 선박의 수배 및 선복의 확보
④ 선적서류의 작성 및 제출
⑤ House 선하증권 또는 FCR(Forwarder's Cargo Receipt)의 발행
⑥ 선적통지전문 발송
⑦ 선적서류의 발송

〈표 10-1〉 포워더의 혼재운송 종류

| 수화인 혼재운송 (Buyer's Consolidation) | 프레이트 포워더가 한 사람의 수화주를 위하여 다수의 송화인으로부터 화물을 혼재하고, 혼재된 화물을 수화주에게 운송해 주는 형태 |
|---|---|
| 운송주선인 혼재운송 (Forwarder's Consolidation) | 다수의 송화인으로부터 운송의뢰를 받은 LCL화물을 상대국의 자기 파트너 또는 대리점을 통하여 다수의 수입자에게 운송해 주는 형태 |
| 송화인 혼재운송 (Shipper's Consolidation) | 단일 송화인의 화물을 도착 항만에서 다수의 수화인에게 운송해 주는 형태 |

〈표 10-2〉 혼재의 장점

| 구 분 | 장 점 |
|---|---|
| 수출자 | • 운송업자에게 지불하는 운임보다 저렴한 운임 적용<br>• 하나의 포워더만 상대하면 다수의 선박회사와 상대하는 효과가 있으므로 효율적인 업무진행 가능<br>• 포워더는 선박회사가 제공하지 않는 문전서비스 제공 |
| 운송업자 | • 개개의 소량화물을 취급할 필요가 없어지므로 복잡한 서류수속과 시간 절약<br>• 포워더와는 FCL로 거래하므로 선복을 최대한 운용 가능<br>• LCL화물 취급에 따른 설비, 장비가 필요 없으므로 비용상 절약<br>• 소량화물 화주에 대한 운임징수 위험부담의 회피 가능 |
| 프레이트 포워더 | 수출자로부터 징수하는 운임총액과 운송업자에게 지불하는 차액을 이익으로 획득 |

### (2) Co-Loading 업무

포워더가 송화인으로부터 의뢰받은 LCL 화물이 FCL 화물로 단위화하기에 부족한 경우 또는 1개 FCL 소요량을 초과하는 경우 동일목적지의 LCL 화물을 확보하고 있는 다른 포워더에게 공동혼재(Joint Consolidation)를 의뢰하여 FCL로 만들어 운송하는 업무를 말한다.

### (3) 프로젝트 화물 운송서비스

프로젝트 화물 운송서비스는 특정한 프로젝트 등 공사계획에 따라 발생하는 운송서비스로서 공사 시점에서부터 완공할 때까지 일괄하여 프로젝트와 관련한 설비나 장비 등을 일괄하여 운송하는 서비스를 말한다. 포워더가 프로젝트 화물의 운송 서비스 제공시 처리절차는 다음과 같다.

① 취급설비, 기자재의 사양서에 의한 취급범위, 방법, 운송기일에 관한 협의
② 취급 단계별 업체 선정, 소요경비 및 기일조사
③ 견적서 제출
④ 계약체결
⑤ 작업착수
⑥ 단계별 작업진행 과정의 추적 및 기일조사
⑦ 작업진행 상황의 수시보고 및 변동사항 대처
⑧ 운송관계서류의 입수, 작성 및 처리
⑨ 작업완료
⑩ 작업청구서 제출

### (4) 행잉 가먼트(Hanging Garment Service)

행잉 가먼트는 시장에서 즉시 판매할 수 있는 신사복, 숙녀복 등 의류의 원형 그대로의 보존상태를 유지하기 위해 필요한 설비를 장착하여 의류를 운송하기 위한 서비스의 형태이다. 행잉 가먼트 서비스는 비용절감, 시간절약, 의류의 원형유지를 위해서 이용되고 있다. 유행에 민감한 의류 등 급격히 변화되는 유통시장의 수요에 맞춰 신속하게 의류를 공급하여 곧바로 판매할 수 있도록 원형이 유지되도록 옷걸이에 걸린 상태로 운송하는 것이다. 행잉가먼트 서비스는 크게 로프시스템과 바시스템으로 구분할 수 있다.

① 로프 시스템(Rope System)

컨테이너 상단에 철재나 빔을 고정시킨 후 로프로 고리를 매고 옷걸이를 정착하는 방법으로 내부 공간을 최대한 활용하여 많은 수량의 의류를 적재할 수 있으나 의류의 원형이 변형될 수 있다는 단점이 있다.

② 바 시스템(Bar System)

컨테이너 상하로 2~3개의 바를 고정하여 옷걸이를 장착하는 방식으로 의류의 원형을 보존할 수 있지만 dead space의 발생으로 많은 수량의 의류가 운송할 수 없다는 단점이 있다.

### (5) 전시화물 취급서비스(Exhibition Cargo Handling Service)

전시화물 취급서비스는 해외전시를 목적으로 반출입되는 화물을 출발지의 포장에서부터 전시 후 반환할 때까지의 모든 절차를 일괄적으로 처리하는 업무를 말한다. 전시화물 취급서비스의 특징은 전시품의 손상이나 파손을 방지하기 위하여 특수한 포장이나 주의를 기울여야 하며, 전시가 종료된 후 다시 전시품을 출발지로 가져와야 하는 왕복운송이 발생한다는 점이다.

### (6) 하우스 포워딩서비스

상품의 수출입 운송과정의 제반업무를 신용있는 하나의 프레이트 포워더가 전담하여 일괄적으로 처리하는 운송서비스이다.

### (7) 해공복합 운송서비스(Sea & Air Service)

해상운송의 저렴함과 항공운송의 신속성이라는 장점을 결합한 방식이다. 출발지에서 시애틀, 밴쿠버, 홍콩, 싱가폴 등까지 선박으로 해상운송하고, 그 곳의 공항에서 세계 각국 공항으로 운송된다. 최근 중국 산동지역 등 국제항공네트워크가 부족하고 상해나 북경공항까지 내륙운송 후 항공운송하기보다 위해항, 청도항에서 인천항이나 평택항까지 카페리로 운송 후 인천국제공항을 통하여 세계 각지로 운송하는 해공복합운송 화물량이 많지는 않지만 증가하고 있다.

### (8) 특수화물 취급서비스

외국에 거주하기 위해 반출입하는 해외이주화물은 화물의 포장에서부터 최종 목적지까지 문전운송한다. 특수 군사물자 외에 군보급품, 개인용품 등은 국내 복합운송업체가 운송하고 있다.

### (9) 환적화물 취급서비스

제3국에서 생산, 선적되어 우리나라를 경유하여 다시 다른 제3국으로 선적하는 환적화물 취급을 의미한다. 국내 반입에서부터 보수작업, 재포장, 재수출에 이르기까지 수출과 동일한 절차가 이행된다. 최근 우리나라가 공항과 항만을 중심으로 부가가치 물류서비스 모델을 개발하고 외국기업을 유치하기 위한 것도 이러한 환적화물을 적극 유치하기 위함이다. 주요 환적항은 싱가폴, 로테르담, 마이애미, 홍콩 등이며, 우리나라 부산항과 광양항도 환적거점항으로 육성하기 위해 노력하고 있다.

## 제5절 복합운송증권

### 1. 복합운송증권의 개념

복합운송증권(Combined or Multimodal Transport Document)이란 자동차, 철도, 선박, 항공기 등 종류가 서로 다른 2가지 이상의 운송수단에 의하여 이루어지는 복합운송계약을 증명하기 위해 복합운송인이 발행하는 운송서류를 말한다. 해상운송에서는 본선의 난간이 책임의 분기점이 되지만 복합운송은 복합운송인이 화물을 내륙운송단계에서 수탁 또는 인수한 상태에서 발생한다는 점에서 차이가 있다.

ICC는 복합운송증권은 물품수령지로부터 다른 국가의 인도지점까지 최소한 두 개 이상의 이종 운송수단에 의해 물품운송의 이행 및 이행의 확보에 대한 계약을 증명하는 증권이라고 정의하고 있다. 또한 UN국제화물복합운송조약에서 복합운송증권은 물품의 수령지로부터 지정한 인도지점까지 두 개 이상의 서로 다른 운송수단에 의해 복합운송을 이행할 것을 계약하는 유가증권으로서 복합운송인이 전 운송구간에 걸쳐 단일운송 책임하에 물품의 멸실 및 손상에 대한 손해배상을 부담한다는 내용으로 발행하는 운송서류를 의미한다.

복합운송증권은 발행자인 운송인이 운송품의 수령을 증명하고, 운송계약의 증거가 되는 것 외에 권리증권(document of title), 즉 유가증권으로서의 성격을 갖는다. 복합운송증권은 선하증권과 마찬가지로 유통증권으로서의 기능, 즉 화환의 담보기능과 그 편익을 화주에게 주기 위해 발행된다.

복합운송증권이 유통증권으로 발행된 경우에는 증권이 ① 지시식(order) 또는 무기명식으로 되어야 하며, ② 지시식으로 발행된 경우 배서에 의해 양도할 수 있고, ③ 무기명식으로 발행된 경우 배서없이 양도할 수 있다. 또한 복합운송증권이 비유통증권으로 발행된 경우에는 ① 지명된 수화인을 기재하여야 하며, ② 복합운송인은 증권에 지정된 수화인 또는 수화인으로부터 정당하게 지시받은 당사자가 아닌 그 밖의 사람에게는 화물을 인도할 의무가 없다는 등의 조항을 두어 발행 방법 및 그 효력에 대해서도 구체적으로 규정하고 있다.

## 2. 복합운송증권의 특징

① 발행자

복합운송증권은 특정화물의 선적을 증명하는 것이 아니고 운송을 위해서 화물을 수령한 것을 증명하는 서류이다. 따라서 각 운송단계에 있어서 운송주체로서 발행하는 단일의 운송서류이며, 선하증권은 선사가 발행인이 된다. 복합운송증권의 발행자는 운송인과 운송주선인이다.

② 운송구간

운송구간은 운송인이 화물을 송화주로부터 인수한 시점에서 수화주에게 인도한 시점까지이다. 해상선하증권은 항만에서 항만까지가 운송구간이 된다. 운송인이 화물을 인수한 내륙지점으로부터 그 화물을 인도한 도착지의 계약지점까지이다.

③ 발행시기

복합운송증권은 운송인이 송화인으로부터 화물을 인수한 시점에 발행된다. 해상선하증권은 화물을 선적한 후에, 수리선하증권은 화물을 야적장 및 창고에 입고한 후에 발행된다.

④ 책임구간

운송인이 송화인으로부터 화물을 인수한 지점부터 최종 도착지까지 전 구간에 걸쳐 단일 책임을 진다. 해상선하증권은 출항지, 출항지 야적장 및 장치장으로부터 입항지와 입항지의 야적장이나 창고까지가 책임구간이다.

⑤ 송화인 및 수화인

송화인은 화주이며 수화인은 상대국의 화물수령자이다. 선하증권은 송화인은 복합운송인이며 수화인은 상대국의 복합운송인이다.

⑥ 운송서류의 효력

유통증권은 배서와 추심이 가능하다.

〈표 10-3〉 복합운송증권과 선하증권 비교

| 구 분 | 복합운송증권 | 선하증권 |
|---|---|---|
| 구 간 | 운송구간에 상관없음 | 해상구간에 국한 |
| 종 류 | 송화인이 화물을 컨테이너에 직접 적재하기 때문에 운송인은 컨테이너의 내용물의 상태를 확인할 수 없는 'Shipper load and count'와 같은 조항이 첨부된 증권이 발행 | 운송물품의 외관 상태가 양호하다는 것을 나타내는 무사고 선하증권이 반드시 사용 |
| 특 징 | 운송인이 화물을 수취한 상태에서 발행하는 수취식 증권 | 화물이 본선에 선적된 후 발행되는 선적선하증권 |
| 발행자 | 운송인과 운송주선인에 의해서도 발행가능 | 운송인에 의해서만 발행 |

〈표 10-4〉 복합운송증권과 통선하증권 비교

| 구 분 | 통선하증권(TBL) | 복합운송증권(MTO) |
|---|---|---|
| 운송계약의 형태 | 최종목적지까지 전반운송증명으로만 가능 | 복합운송계약 |
| 운송수단의 조합 | • 동종운송수단과의 조합<br>• 이종운송수단과의 조합 | 이종운송수단과의 조합 |
| 운송인의 책임 형태 | 각 운송인의 분할책임 | 전구간 단일책임 |
| 1차운송인과 2차운송인의 관계 | 2차 운송인에 대한 1차 운송인의 지위는 화주의 단순한 운송대리인에 불과 | • 1차운송인 : 원청운송인<br>• 2차운송인 : 하청운송인 |
| 증권의 발행인 | 운송인, 선장 및 이들의 대리인 | 운송인, 복합운송인, 선장 및 이들의 대리인 |
| 증권의 형식 | B/L형식 | B/L 이외의 형식도 존재 |
| 적재표시 | Shipped B/L로서 적재증명 | Taking in charge로서 물품수탁증명 |
| UCP600 | 제23조 | 제26조 |
| 준거법 | Hague/Hague-Visby/Hamburg Rules | UNCTAD/ICC Rules for Multinational Transport Documents |

## 3. 복합운송증권의 종류

복합운송증권은 여러 가지 기준에 따라 구분할 수 있다. 복합운송인이 부담하는 책임내용에 따라 분할책임형증권(network system), 통합책임형증권(uniform system)으로 분류할 수 있다.

또한 증권 발행주체가 누군가에 따라서 해상운송인이 발행하는 증권, 육상운송인이 발행하는 증권, 항공운송인이 발행하는 증권, 또 운송주선인이 발행하는 증권으로 나눌 수 있다. 그러나 중요한 분류는 복합운송증권이 선하증권의 형식을 취하는가 아닌가, 유통성인가 비유통성인가, 유통성인 경우 기명식인가 지시식인가 하는 것이다.

### (1) UNCTAD / ICC 복합운송증권통일규칙에 준거하는 증권

복합운송증권 통일규칙에 준거하는 증권을 신용장에 명시하여 요구한다면 "Negotiable (or Non-negotiable) Multimodal Transport Document subject to ICC Publication No. 481"과 같은 문언이 쓰여지게 된다. 이 경우 제시된 증권이 복합운송증권이 아닌 다른 표제(title)의 증권이더라도 신용장에서 요구하고 있는 서류로서 국제상업회의소의 복합운송증권 통일규칙에 준거한다는 취지가 명시되어 있으면 수리가 가능하다.

신용장통일규칙은 선하증권에 관한 담보성의 판단기준으로서 ① 발행자, ② 선적의 증명, ③ 선창 내 적재 등의 3가지 조건을 설정하고 있다. 즉, 선하증권은 선사나 그 대리인이 발행한 것이고, 동시에 증권상에 기재된 화물이 특정 선박에 적재되었을 뿐 아니라, 선창 내에 적재되어 있다는 것을 증명할 때 비로소 특정 화물의 선적을 담보하게 된다.

본선에 선적과 관계없이 화물이 인수되고 발행되는 복합운송증권은 선하증권의 담보성 판단기준인 3조건을 충족시키지 못하므로, 신용장통일규칙에 합당한 것이라고 볼 수 없다. 따라서, 1974년에 개정된 화환신용장 통일규칙에는 다음과 같은 조항이 제정되었다.

① 신용장이 복합운송증권을 요구하고, 또는 복합운송을 지정하면서도 증권의 형식이나 발행인에 관해 신용장에 명시되어 있지 않을 때에는 은행에 제시된 그대로 증권을 수리한다.

② 복합운송이 해상운송을 포함한 경우, 그것이 선박에의 선적을 표시하고 있지

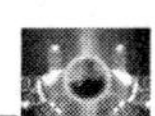

않아도 수리되고, 또 화물이 컨테이너에 적입된 경우에는 증권면에 갑판적 운송의 가능성을 나타내는 조항을 포함하고 있어도 현실적으로 갑판에 적재되어 있음이 명시되지 않은 것을 조건으로 수리된다.

신용장에 복합운송증권을 요구하고 있거나, 복합운송을 할 수 있다는 취지를 밝히고 있다면 그 증권이 어떠한 형식이든, 또 어떤 주체에 의해 발행되든 그 증권은 담보성을 획득하여 은행에 의해 취결(negotiate)된다.

또 복합운송이 해상을 일구간으로 하는 경우, 결국 그 증권이 선하증권으로서의 성격을 지니게 되는 경우에도 특정 선박에의 적재, 즉 선적(on board)의 사실증명을 필요로 하지 않는다. 또한, 컨테이너 화물의 경우 갑판적에 대한 유보조항이 있어도 실제 갑판적한 사실이 증권상에 명시되지 않는 한 수리된다는 규정을 설정, 복합운송증권을 명실상부한 운송서류화하였다.

### (2) 선하증권형식의 복합운송증권

현재 사용되고 있는 운송서류 중 복합운송증권으로 인정할 수 있는 것은 대부분 선하증권의 형식으로 되어 있다. 즉, 선하증권 형식의 복합운송증권은 Combined Transport Bill of Lading, Multimodal Transport Bill of Lading, Intermodal Transport Bill of Lading, Through Bill of Lading 등이다.

통선하증권으로 불리는 운송서류 중에는 특수한 성질을 가진 증권이 있고, 통선하증권이 해상선하증권의 일종으로도 간주되기 때문에 통선하증권의 발행시에는 신용장에 복합운송증권을 의미한다는 것을 밝히는 것이 좋다. 한편 국제운송주선인협회연맹(FIATA)은 피아타 복합운송 선하증권(FIATA multimodal transport bill of lading : FIATA FBL)이라 불리는 복합운송용 선하증권 양식을 이용하고 있다.

### (3) 기타의 복합운송증권

신용장통일규칙 제25조는 상품의 발송, 수탁 또는 선적이 명시되어 있고 운송인 또는 그 대리인이 발행한 운송서류에 대해 은행은 신용장에 별도의 명시가 없는 한 수리해야 한다고 규정하고 있다.

상품의 발송, 수송, 선적을 명시하는 서류는 선하증권, 복합운송증권 외에도 다양한 운송서류가 있을 수 있고, 제목에 복합운송을 나타내는 용어가 없는 모든 운송증권을 의미한다. 따라서 신용장이 선하증권 및 복합운송증권 이외의 증권을 요구하는 경우, 그 증권을 구체적으로 명시하고 있지 않을 때는 운송인이나 그 대리인이 발행한 운송서류만을 지칭한다.

운송인이란 스스로 운송을 이행하는 자를 의미하며, 운송주선인이나 혼재업자는 포함되지 않는다. 운송주선인이나 혼재업자가 발행한 증권이 수리되려면 그 증권이 특정운송인의 대리인으로서, 아니면 신용장이 운송주선인이나 혼재업자가 발행한 증권을 허용하고 있어야 한다.

### (4) 유통성에 의한 분류

복합운송증권은 유통성 여부에 따라 유통성과 비유통성으로 구분할 수 있다. 유통성 복합운송증권은 배서를 해야만 양도할 수 있는 지시식 운송증권과 배서가 없이도 양도할 수 있는 무기명식 운송증권으로 나눌 수 있다.

또한 비유통성 복합운송증권은 ICC 통일규칙이나 UN 조약에서 '복합운송증권이 비유통성 형식으로 발행된 경우, 지명된 수화인을 표시해야 한다'고 규정하고 있다. 이는 복합운송증권이 비유통성으로 발행되는 경우 기명식 복합운송증권만 발행될 수 있음을 의미한다.

## 4. 복합운송증권의 법적 성질

복합운송이 육·해·공을 연결하는 운송 형태지만, 복합운송구간 중 해상운송이 차지하는 비중이 크기 때문에, 그가 발행하는 증권은 해상운송증권의 형태를 취하고 있고, 해상운송인이 복합운송인으로서 전운송구간에 대한 책임을 진다. 실무적으로는 선하증권(Bill of Lading ; B/L)이라는 용어를 사용하지 않는 복합운송증권은 거의 없다. 복합운송증권의 법적 성질은 다음과 같다.

### (1) 유가증권

선하증권이 유가증권인 것처럼 복합운송증권도 유가증권의 특성을 갖는다. 권리이전이나 행사시 복합운송증권을 소지해야 하고, 증권상 권리자에게 화물을 인도하면 운송인은 면책이 되며(면책성), 증권의 이전(transfer)으로 증권상 권리를 양도할 수 있고(양도성), 증권의 제시 또는 상환으로 화물의 인도를 청구할 수 있으며(제시성, 상환성), 증권상의 권리내용이 증권의 문언만으로 정해지고(문언성), 증권의 취득자가 알 수 없는 사유로는 그 권리를 침해받지 않는다(항변절단)는 것 등이다.

### (2) 권리증권

복합운송증권은 유가증권 중 인도증권으로서, 증권의 인도가 곧 화물의 인도와 동일한 효력을 가진다. 영미법에서는 이것을 권리증권이라 한다.

### (3) 지시증권

증권에 권리자로 기명되어 있는 특정인 또는 그가 지정하는 자에게 권리의 행사를 인정하는 증권을 의미한다. 복합운송증권은 배서에 의해 계속적으로 양도가 가능하며, 지시문언 없이 특정인을 지정한 경우에도, 배서금지만 없으면 배서에 의해 양도할 수 있다.

지시증권을 소지하고 권리를 행사하려면 증권의 소지만으로는 불충분하고, 연속된 배서에 의해 증권상 권리자로서 정당한 자격을 갖추고 있어야 한다. 지시증권은 증권상 최초의 권리자가 백지배서를 하면, 이후 소지증권과 같이 유통될 수 있다.

대부분의 복합운송증권은 지시식으로 발행된다. 지시증권에도 "Order of xxx Bank"와 같이 수화인을 지정하여, 수화인 또는 그가 지정하는 사람에게 화물을 인도하도록 발행한 경우와, 수화인을 지정하지 않고 수화인란에 단순히 "Order"로 표시하는 두 가지 방식이 있다.

복합운송증권이 단순히 "Order"로 발행되었을 때에는 증권의 발행인(복합운송인)에게 화물을 위탁한 송화인이 증권상의 권리자로서 화물의 인도를 청구하거나 배서를 하여 인도청구권을 이전할 수 있다. 반면 복합운송증권이 "Order of xxx Bank"의 형태로 발행된 경우 그 특정인(은행)에게만 화물인도청구권이 배서 · 양도된다. 이 경우에 송화인은 매수인이 매매계약상의 중요한 급부(예: 매매대금의 청산)를 이행하지 않으면, 화물을 유치(lien)함으로써 이행을 강제할 수 있지만, 더 이상의 권리행사는 제한된다.

수화인이 명기된 기명증권은 증권이 수화인의 수중에 들어가기 전까지는 누구도 배서에 의해 증권을 양도할 수 없으므로 유통성이 제한된다. 그러므로 증권이 송화인의 수중에 있을 때나 송부 도중에 분실된 경우, 수화인의 배서 없이는 누구도 증권을 취득할 수 없기 때문에 수화인은 보호받게 된다. 따라서 수화인으로서는 단순한 지시식보다는 수화인이 명기된 지시증권이 더 바람직하다.

### (4) 무기명증권

무기명식 복합운송증권은 배서 없이 양도할 수 있으며, 모든 무기명증권 소지인은 정당한 소지자가 된다. 따라서 무기명식 복합운송증권을 분실하였을 경우 누구든지 정당한 소지인이 되기 쉽기 때문에 실무상 무기명증권은 거의 사용되지 않는다.

### (5) 기명증권

증권상에 특정인이 권리자로 명기되어 있고, 원칙적으로 배서금지된 비유통증권(non-negotiable instrument)이다. 따라서 운송인은 증권에 기재된 특정인에게만 화물을 인도해야 한다. 기명증권의 권리를 행사하려면 증권을 제시해야 하며, 다른 방법으로 권리를 증명하여 권리를 행사할 수 없다.

기명식 복합운송증권은 유가증권의 일종으로 증권상에 기명된 자만 정당한 소지인이 되기 때문에 배서에 의한 양도는 불가능하지만 지명채권양도 방법에 의해 양도할 수 있다. 기명증권이 비유통복합운송증권과 다른 점은 기명증권은 유가증권이기 때문에 증권과 상환으로만 화물의 인도를 청구할 수 있다는 점이다.

### (6) 유통증권

복합운송증권 역시 증권의 배서·양도를 통해 화물에 대한 권리가 이전되는 유통증권이다. 우리 상법상 선하증권이나 화물상환증은 유가증권이다. 다만 실무적으로 선하증권은 원본 3통이 발행되고 비유통성의 사본이 여러 가지 목적에 따라 발행된다.

그러나 UNCTAD/ICC 통일규칙과 UN조약은 복합운송증권이 유가증권이 아닌 비유통증권만으로 발행될 수 있음을 인정하고 있다. 비유통성 복합운송증권은 유가증권이 아니며 단순한 면책증권이다. 통일규칙이나 UN조약이 비유통증권을 인정하는 이유는 항공운송시화물이 운송증권보다 빨리 목적지에 도달하는 경우가 많기 때문이다.

전통적으로 항공운송업계는 유통증권을 기피하고 있으며, 항공업계의 요청에 따라 비유통증권을 규정하였다. 해상운송을 포함한 다른 운송분야에서도 기술혁신에 따라 운송에 소요되는 시간이 단축되고 있기 때문에 비유통증권의 중요성은 커지고 있다.

제 11 장

# 국제복합운송: 랜드브리지 · Sea & Air

## 제1절 국제복합운송형태와 주요 국제복합운송 경로

### 1. 해륙복합운송(Land Bridge)

#### 1) 해륙복합운송의 개념

육상 · 해상 · 항공을 연계한 일관운송체계가 본격화됨에 따라 해상 · 육로 · 해상으로 이어지는 운송구간 중 중간구간인 육상운송구간을 매개운송구간으로 하여, 화물의 환적 없이 선적된 화물 그대로 최종 목적지까지 일관운송업자의 책임하에 선박, 트럭 혹은 철도편, 때로는 항공편 등 2개 이상의 상이한 운송수단에 의해서 운송되는 서비스를 말한다.

랜드브리지는 해상운송과 대륙횡단경로를 포함하여 육로를 마치 해상과 해상을 연결하는 육교처럼 이용하여 서비스를 제공한다는 의미이다. 랜드브리지 시스템은 1960년대부터 컨테이너화가 진전되고 컨테이너선 운항이 확대되면서 시작되었고, 북미 대륙과 아시아 대륙, 북미대륙과 유럽을 교량으로 연결하는 국제복합운송경로를 말한다.

#### 2) 랜드브리지시스템의 이점

(1) 랜드브리지시스템을 이용하면, 장거리 해상운송 경로를 이용할 때보다 운송거리를 단축할 수 있어 운송시간을 단축할 수 있으며, 화물의 재고량을 감소시킬 수 있다.

(2) 전 해상운송경로와 경쟁에서 우위를 차지할 수 있고, 운송비를 절감할 수 있다.
(3) 철도나 화물 터미널 등 기존시설을 최대한 이용할 수 있고, 거리, 시간, 비용을 절감할 수 있다.
(4) 수에즈 운하 등 중동지역에서 전쟁이 발발하여 운하를 이용할 수 없거나, 호르무즈 해협, 소말리아 해역 등 지역에서 해적 위험을 피하기 위해 랜드브리지를 이용하여 원활하게 화물을 운송할 수 있다.

## 2. 해공(Sea & Air) 복합운송

### 1) 해공복합운송의 개념과 발전과정

해공복합운송은 해상운송이 가지는 저렴성과 대량운송의 장점을 활용하고, 동시에 항공운송의 신속성을 결합한 복합운송방식이다. 항공운송의 높은 운임과 해상운송의 긴 운송시간을 적절하게 극복할 수 있는 경제적인 운송방식으로 항공운송보다는 급하지 않고, 해상운송보다는 시급한 화물의 운송에 이용되는 복합운송 형태이다.

Sea & Air 복합운송은 일반적으로 출발지로부터 중계지까지 해상운송하고, 거기에서 최종목적지까지 항공기로 운송하는 복합운송 형태이다. 해공복합운송은 1960년대 초 개발되어 1980년대 후반까지 발전하였으나 최근 일부 구간을 제외하고 그다지 활성화되지 못하고 있다.

1970년대의 오일쇼크로 인한 선진국의 경제성장 둔화, 1980년대의 일본 및 아시아 신흥공업국의 높은 경제성장은 세계적인 보호무역주의를 대두시켰고 이에 따라 국제시장에서 수출경쟁이 차별화되어 수출업자의 경쟁력 강화를 위하여 Sea & Air 복합운송이 발전되었다.

북미 내륙운송공통지점(overland common point : OCP) 지역행 화물에 대해 선사들이 제공한 OCP Sea & Air 복합운송서비스가 최초의 Sea & Air 복합운송 형태였다. 최초에는 한국, 일본을 비롯한 극동지역으로부터 OCP화물이 북미 서안항만에 도착 후 북미내륙 OCP 지역으로 항공운송되는 형태를 취하였으나, 최종목적지가 OCP지역 이외에 북미 내륙지역 그리고 유럽지역까지 확대되었다.

## 2) Sea & Air 복합운송의 적격화물과 유용성

### (1) Sea & Air 복합운송의 적격화물

해상운송과 항공운송을 조합한 Sea & Air 복합운송시 해상운송 중에는 무거운 해상운송컨테이너를 사용하고 항공운송 중에는 가벼운 항공운송용 컨테이너와 파렛트를 사용한다. Sea & Air 복합운송은 중계지에서 해상운송 컨테이너에서 화물을 끄집어 내 항공운송용 컨테이너에 환적해 운송한다.

따라서 Sea & Air 복합운송의 적격화물은 컴퓨터, 전기 · 전자제품, 기계부품, 섬유제품, OA기기, 과학기기, 의료기기 등이 Sea & Air 복합운송서비스를 이용하고 있다.

### (2) Sea & Air 복합운송의 유용성

① 적정재고의 조절

해공복합 운송량은 항공운임, 리드타임, 항공기 스페이스 확보가능성 등에 따라 좌우된다. 시장수요에 따라 신속하면서도 저렴하게 수송하려면 시장상황에 따라 적절하게 해공복합운송을 이용하여 재고량을 조절한다.

상품판매가 잘되어 재고량이 빨리 감소할 때는 Sea & Air 복합운송이나 항공운송으로 재고량을 조절하고, 판매가 부진하여 재고량이 증가할 때에는 운송기간이 긴 해상운송서비스를 이용하는 것이 유리하다. 이처럼, 화주가 판매상태 등에 따라 운송형태를 적절하게 조절함으로써 재고비용과 자본비용을 절감시키고 있다.

② 적기선적의 운송수단

계약서에 명시된 선적기한 내에 선적할 수 없는 화물이나 외국수입업자가 요구하는 납기를 지키기 어려운 화물 등 리드타임을 고려하여 항공운송보다 운임이 싸고, 해상운송보다 빠른 Sea & Air 복합운송을 이용한다.

③ 운송기회 및 시설부족지역의 운송수단

해상운송서비스의 빈도가 적고, 해상운송네트워크가 잘 구축되지 않았으며, 항만시설이 빈약하거나 항만의 체증(Port Congestion)이 심한 중남미나 아프리카 등 지역으로 운송하는 경우 Sea & Air 형태가 유리하다.

④ 내륙국가로의 운송수단

4면이 육지로 둘러싸인 내륙국가로서 이웃 나라의 항구를 이용하여 화물을 수

입하는 Zambia, Nigeria, Bolivia, 중앙아시아, Austria 등으로 화물을 이용하는 경우 Sea & Air 서비스가 유리하다.

⑤ 기타의 유용성

해상운송과정에서 운송화물의 파손이나 도난의 위험성이 많은 중남미 및 아프리카지역으로 운송시 해상운송의 대체운송으로서 Sea & Air 복합운송서비스가 이용된다. 수출금융의 융자를 받은 고가의 수출품은 운송기간을 단축시킴으로써 화주인 수출업자는 은행이자의 부담을 감소시킬 수 있다. 해외시장에서 소비자의 기호 또는 디자인 등이 자주 바뀌는 유행성 화물은 신속하게 운송하는 Sea & Air 복합운송서비스가 이용된다.

### 3) Sea & Air 복합운송업자

Sea & Air 복합운송서비스를 개발 · 제공하는 형태에 따라 Carrier형, Forwarder형 및 Space Broker형으로 구분된다.

#### (1) Carrier형

항공사가 자사 항공기가 취항하는 노선을 기초로 하여 경로(route)를 설정하고, 해상운송구간은 선박회사들과 일정한 해상운송계약을 체결하고 중계지(환적지점 : transfer point)로부터 최종목적지인 주요 내륙도시까지는 자사 소속 항공기를 이용하는 Sea & Air복합서비스를 Carrier형 서비스라 한다.

Carrier형 서비스를 제공하는 항공사는 자사의 항공운임에 해상운임을 가산한 전구간 일관운송운임을 정한다.

Sea & Air 복합운송용 화물은 대부분 항공사가 대리점을 통하여 집화한다. Carrier형 항공사는 항공화물운송장(Air Waybill)을 발행하며, 해상운송에 대해서는 Air Waybill(A or B)면에 "Conjunction Clause"(해상 · 항공연계조항)을 삽입함으로써 해상운송과 항공운송을 일관하여 인수하였음을 증명하고 계약과 책임을 명확하게 한다. 운임은 항공부분과 해상부분으로 나누어서 기재하는 것이 일반적이다.

Carrier형 복합운송은 중계지점으로부터 최종목적지까지를 자사 소속 항공기만 이용하는 서비스이기 때문에 복합운송 서비스지역이 자사 노선이 있는 지역으로 한정되는 단점이 있다.

### (2) Forwarder형

복합운송인으로서 운송수단(선박, 항공기)을 보유하고 있지 않은 포워더(forwarder)가 해상운송인(선사) 및 항공운송인(항공사)과의 일정한 운송계약에 따라 일관운송의 책임을 인수하는 서비스를 Forwarder형 서비스라 한다.

포워더는 Sea & Air 복합운송경로(route)를 설정하고, 화주를 모집한다. 일반적으로 송화인(화주)은 운송화물 집화시 운송비용, 리드타임의 시급성, 화물의 용도, 운송목적, 화물의 성질, 가격, 수량 등에 따라 운송방법을 결정한다.

포워더는 선사 및 항공사의 일정 스페이스를 연간 계약으로 확보하고, 선사와 항공사 운임에 자기의 서비스료를 가산하여 전구간 일관운송운임을 산출한다. 포워더는 직접 소량 화물을 집화하고, 화주에 대하여 자사의 복합운송증권(Combined Transport Document), 또는 통선하증권(Through B/L)을 발행한다.

Forwarder형은 여러 선사 및 항공회사의 일정한 스페이스를 확보하고 있기 때문에 화주의 수요에 가장 적합한 중계지점과 운송수단을 설정할 수 있는 장점이 있다. Forwarder형은 확실한 화물의 취급, 정확한 운송소요일수, 운송정보 등을 화주에게 제공하고 있다는 점에서 Sea & Air 복합운송의 발전에 크게 기여하고 있다.

### (3) Space Broker형

Space Broker는 선사와 항공사의 일정한 스페이스를 연간 계약으로 확보하고, 양쪽의 운임에 자기의 서비스비용을 가산하여 통운임(through freight)을 정한다. Forwarder형과 서비스 내용은 동일하나 고객(화물)의 유치방법은 크게 다르다. Space Broker형은 Forwarder형처럼 직접 화주에 판매하지 않고 주로 포워더에게 도매를 하는 점이 다르다.

따라서 Broker가 운송증권(Combined Transport Document, Through B/L)을 발행하지 않고, Broker로부터 Sea & Air 복합운송서비스를 매입한 포워더가 발행한다. Sea & Air 복합운송서비스의 판매는 주로 항공화물대리점(freight forwarder)이 자기회사상품, Carrier상품, Broker상품을 화주의 요구에 가장 적합한 Carrier형 복합운송 서비스를 판매하고 있다.

## 4) 주요 해 · 공 복합운송 경로

① 극동-북미서해안간 태평양 항로에서는 해상운송을 이용하여, 시애틀항과 LA

항까지 운송하고, 미국 내 및 대서양에서는 시애틀공항 또는 LA 공항에서 항공운송을 이용하여 미국 중동부 및 유럽각지로 수송

② 태평양 항로에서는 캐나다 서안의 밴쿠버항까지 해상운송하고, 시애틀공항이나 밴쿠버 공항에서 항공운송을 이용하여 유럽 등으로 운송하는 방식

③ 북미 서안항에서 양륙하고, LA 공항 등에서 남미로 항공운송하는 방식

④ 한국 및 일본에서 러시아의 나호드카항까지 해상운송하고, 나호드카-블라디보스톡에서 모스크바까지는 항공운송하여 각 공항까지 운송하는 방식

⑤ 한국 및 일본-홍콩간은 해상운송, 홍콩-유럽까지는 항공운송하는 방식

⑥ 한국-두바이간은 해상운송, 두바이-유럽까지는 항공운송하는 방식

## 3. 국제 복합운송 주요경로

### 1) 미대륙횡단철도(American Land-bridge : ALB)

극동의 주요 항만에서 북미 서안의 주요 항만까지 해상운송하며 북미 서안에서 철도를 이용하여 미 대륙을 횡단하고, 북미 동부 또는 남부항에서 다시 대서양을 해상운송으로 횡단하여 유럽지역 항만 또는 유럽 내륙까지 일관수송하는 국제복합운송경로이다.

1972년 Seatrain사가 극동지역에서 유럽지역을 연결하는 복합운송경로로 개발하였다. 미대륙횡단철도인 이단적열차(DST)가 출발하는 미서안 항만은 주로 LA/LB, 오클랜드, 시애틀, 샌프란시스코 등이며, 대서양안 항만은 뉴욕, 휴스턴 등이다. ALB를 이용한 해륙복합운송경로의 특징은 다음과 같다.

① 수에즈 운하가 봉쇄될 경우 기존 운송방식을 대체할 수 있는 복합운송경로이다.

② 운송거리는 기존 운송방식에 비해 약간 단축되나 운송시간면에서는 비슷하다. 부산항에서 로테르담항까지 ALB를 이용할 경우 총운송거리는 약 19,800km이고 운송시간은 25～32일 정도 소요되나, 수에즈 운하를 경유하는 전구간 해상운송시 운송거리는 20,170km, 운송시간은 28～32일 소요된다.

③ 2차례 이상의 환적작업을 하므로 운송화물의 안전성이 다소 낮다.

④ 현재 컨테이너선의 고속화, 주간 서비스 빈도 증가 등으로 해상운송이 유리한 경우가 많아 이용율이 거의 없고, 미국 내 화물을 주로 처리하는 선사 등

을 중심으로 제한적으로 이용된다.

⑤ 운송회사가 미국 내 컨테이너화물을 운송하면서 복항화물 유치 등 화물적취율을 증대시키기 위한 목적에서 개발한 경로이다.

### 2) 캐나다랜드브리지(Canadian Land-bridge : CLB)

ALB와 거의 유사한 형태로 극동지역 컨테이너가 미국의 시애틀항이나 캐나다의 밴쿠버항까지 해상으로 운송하고 그곳에서 캐나다의 철도(Canadian National Railway : CNR)를 이용하여 캐나다 동안의 몬트리올까지 철도운송 후 몬트리올에서 대서양을 횡단하여 유럽 각 항만으로 운송하는 국제복합운송경로이다. 1979년 일본의 포워더가 ALB와 유사하다는 점에 착안하여 시도했던 복합운송경로이다.

### 3) 미니랜드브리지(Mini-Land-bridge System : MLB)

극동에서 미국 서안항까지 해상운송한 후 미서안 항만에서 철도 또는 철도-도로운송을 통하여 대서양연안이나 걸프지역까지 내륙운송하는 경로로서 파나마 운하를 경유하는 전구간 해상운송(all water service)보다 운송시간을 단축시킬 수 있다. 일반적으로 랜드브리지는 육상에서 여러 국가를 경유하나 MLB는 1개국(미국)만 거치므로 미니라는 명칭이 붙었다.

MLB 경로는 전구간해상운송 서비스의 대체경로로서 파나마운하 통행료 인상과 초대형 컨테이너선의 운하통과가 곤란한 경우 대안으로 이용되는 경로 중 하나이다. 이 복합운송경로에서 선사는 일관운송증권(intermodal B/L)을 발행하고, 선사는 통운임 중 철도운송비를 철도회사에 지불한다. MLB는 태평양 항로의 컨테이너물동량이 지속적으로 증가하면서 발전하였다. MLB서비스의 특징은 다음과 같다.

① 복합운송의 출발지와 도착지가 미국의 서안 또는 동남부 걸프지역 등의 항만으로 Micro Bridge와 다르다.

② 미서안항 · 대서양안항, 걸프만항 간 파나마 운하를 경유하는 전구간 해상운송에 비해 운송기간이 단축된다. 파나마운하를 경유하는 전구간 해상운송의 경우 약 9일이 소요되나 이단적열차를 이용한 MLB의 경우 5~7일 정도 소요된다.

③ 극동 · 미국 · 유럽을 연결하는 ALB경로에서 대서양횡단 구간을 제외시킨 것이다.

④ 파마나 운하를 경유하지 않으므로 초대형화된 컨테이너선으로 극동지역에서 북미 서안까지 컨테이너를 운송할 수 있고, 미국 내 화물을 적재한 대형 국내 컨테이너도 충분히 철도를 이용할 수 있다.

### 4) 인티리어포인트 인터모달(Interior Point Intermodal : IPI) 또는 Micro Land Bridge

극동에서 미국 서안 항만까지 해상운송한 후 미 서안에서 로키산맥 동부의 내륙 도시까지 철도운송하고, 철도거점에서 화주문전까지 도로를 이용하여 복합운송하는 방식이다. 미국내 1개 항만만 경유한다는 점에서 그리고 미국 내 목적지가 내륙지점이라는 점에서 미니랜드브리지(미서안에서 미동안 또는 미 남동부 항만까지 철도운송 등)와 차이가 있다. 마이크로랜드브리지라고도 불린다. 선사는 자기 책임하에 통운임과 통선하증권을 발행하고, 주요 운송거점에서 2~3일 내에 문전 운송서비스를 제공한다.

① IPI의 특징

첫째, 미국 내륙지역 특히 로키산맥 동부지역이 복합운송의 출발지이자 도착지이다(미 서안 또는 동안의 항만이 아님).

둘째, 내륙운송은 철도와 화물자동차에 의해 이루어진다.

셋째, 파마나운하를 경유하지 않는다.

② Reverse IPI

IPI서비스에 대응하여 북미동안까지 전구간 해상운송서비스를 하던 선사(US Lines과 Maersk사)가 개시한 복합운송경로이다. IPI와 달리 극동에서 파나마운하를 경유하여 미 대서양안 또는 걸프지역 항만까지 해상운송을 하고, 그 곳에서 내륙지역까지 철도와 트럭으로 복합운송하는 방식이다. 동아시아-파나마운하-미국동안/걸프만-내륙 화주로 이어진다. Reverse IPI의 특징은 미국 내륙지역이 화물운송의 출발지이고 도착지이며, 파나마운하를 경유한다는 것과, 운송기간면에서 IPI보다 불리하나 경제성면에서는 IPI보다 유리하다는 것이다.

③ Overland Common Point(OCP)

미대륙에서 공동운임을 부과하는 지역을 말한다. 로키산맥 동쪽의 멀리 떨어진 여러 지역(North Dakota, South Dakota, Nebraska, Colorado, New Mexico 등)에서 해상·철도복합운송화물의 해상운임을 대서양 및 걸프지역 경유 화물의 운임과 경쟁할 수 있도록 인하해 주는 특별할인운임을 적용하는 지역이다. 이 지역은 OCP

Area(Territory)라고 부른다.

아시아 수출업자들이 OCP지역에 대하여 관심을 가지는 것은 이 지역으로 가는 OCP화물(Cargo)이 OCP Rate이라는 할인운임의 혜택을 받고 있기 때문이다. OCP Area는 지리적으로 미국 태평양해안을 경유할 수 있고, 미국 대서양 걸프만을 경유하는 운송경로를 이용할 수 있는 위치에 있다. 따라서 태평양안 서비스를 제공하는 선사들이 화물을 유치하기 위하여 할인운임과 OCP Rate를 적용하고 있다. OCP서비스를 이용하려는 경우 B/L이면에 OCP목적지, 운송수단(철도, 트럭, 항공), OCP운송인을 명시하여야 한다.

### 5) 시베리아대륙횡단철도(Siberian Land-bridge : SLB)

극동지역의 항만에서 유럽과 중앙아시아행의 화물을 러시아 극동 항만인 보스토니치항으로 해상운송 후 시베리아 철도로 시베리아를 횡단하여 러시아의 서부 국경에서 유럽지역으로 또는 그 반대루트로 운송하는 복합운송경로이다. TSR(Trans Siberian Railway)이라고도 불리고, 1891년부터 건설하여 1916년 완공되었으며, 총 길이는 9,400㎞이다. 우리나라 수출컨테이너화물은 1973년부터 SLB Service를 이용하여 유럽으로 운송하였다. TSR의 특징은 다음과 같다.

① 철도운송(TSR)구간이 전체 운송구간의 중심이 된다.

② 1990년대 이후 이용이 감소하였다가 2000년 이후 우리나라 포워더들이 이용하기 시작하면서 다시 TSR 물동량이 증가하였고, 2012년 현재 약 50만TEU가 TSR을 이용하였으며 이중 10만TEU가 한국 수출입 화물이다. TSR 컨테이너 운송은 유럽항로 해상 운송과 경쟁관계로 TSR 운임인상시 해상 물동량이 증가한다.

③ 아시아-유럽간 전구간 해상운송거리보다 운송거리가 약 7,000km 정도 단축된다.

④ TSR 이용시 운송화물의 도난방지 등 안전보장 부족, 공컨테이너 회수 곤란, TSR 관리국가가 많아 복잡하다.

⑤ 동절기 기온이 낮아 온도에 민감한 상품의 TSR 이용에 제한이 있다.

### 6) 중국대륙횡단철도(Trans China railway : TCR)

중국 연운항에서 시작하여 정저우, 란조우, 우루무치를 거쳐, 구소련 접경지역인 아라산쿠를 경유, 카자흐스탄의 드루즈바, 프레스고노르코프카를 거쳐 러시아 자우랄리에를 통과해 TSR 철도와 만난다. TSR과 연결되기까지 총연장은 8,613㎞이며, 로테르담항까지 연결하는 복합운송경로로서 1992년 12월 1일부터 개통되었다.

TCR은 TSR보다 2,000km 이상, 해상운송로보다는 9,000km 가량 거리가 단축되며, 운송기간도 10일 이상 줄일 수 있다. 부산항에서 로테르담항까지 해상운송거리는 10,370km인데 이 TCR을 이용하면 해상운송거리보다 9,420km 정도로 짧아지게 된다. TCR의 특징은 다음과 같다.

① 러시아의 시베리아보다 위도가 낮은 운송경로를 이용하므로 동절기에 액체화물이나 저온에 약한 화물운송에서 TSR보다 화물손상의 우려가 적다.
② TSR보다 운송거리가 짧아 화물의 운송시간이 단축된다.
③ TSR보다 운송비를 절감할 수 있다.
④ 중국 철도망이 포화상태이고, 컨테이너 보다는 석탄 등 기간화물을 주로 운송하며, 사회주의적 철도 운영으로 운송 경쟁력이 떨어진다.

〈표 11-1〉 주요 횡단철도 현황

| 구 분 | 구 간 | 거 리 | 복 선 | 전철화 | 궤 간 | 비 고 |
|---|---|---|---|---|---|---|
| 시베리아 횡단철도 (TSR) | 블라디보스토크-하바로스크-치다-울란우데-이르크츠크-옴스코-노보시비리스크-예키데린브르크-모스크바 | 9,880 | 9,880 | 9,880 | 광궤 (1,520mm) | 운임체계 : MTT |
| 중국횡단철도 (TCR) | 연운항-정주-란조우-우르무치-아라산쿠-루즈바-프레스기노르코프스키-자루릴니에백에서 TSR 연결 | 8,613 | 7,127 | 5,001 | 중국 표준궤 (1,435mm) 카자흐스탄 (1,520mm) | 운임체계 : ETT |
| 만주횡단철도 (TMR) | 도문-만주리-자바이칼스크-카림스카야에서 TSR 연결 | 7,721 | 7,367 | 6,067 | 중국 표준궤(1,435mm) | |
| 몽골횡단철도 (TMGR) | 천진-북경-에렌호트-자민우트-울란바토르-나우스키-울란우데에서 TSR 연결 | 7,759 | 6,296 | 5,777 | 몽골 광궤 (1,520mm) | 몽골 전구간 단선 |
| 궤간 극복방법 | 환 적 | 화물을 상하차하여 옮겨 싣는 방법 | | | | |
| | 대차교환 | 차체를 올려서 차축만 교환(3 – 4량/시간) | | | | |
| | 가변대차 | 대차바퀴 간 거리를 궤간에 맞춰 자동조절 | | | | |

자료: 국토교통부, 인터넷 자료

### 7) TAR(Trans Asian Railway : 아시아 횡단철도)

아시아 횡단철도는 1960년대부터 논의되어 왔으나 그동안 국가 간의 이해부족으로 지지부진한 상태에서 2006년 11월 유엔 아태경제사회 이사회 교통장관 회의를 계기로 TAR 추진을 위한 제도적 틀이 갖춰졌다. 아시아 횡단철도는 각국이 조인하게 되면 국가 간 법적 효력을 갖게 되어 아시아 횡단철도 추진이 본격화될 것으로 예상된다. 아시아횡단철도 사업은 노선 및 협정효력 등을 담고 있으며 향후 1단계로 노선과 기술표준을 확정하고, 2단계로 통관간소화를 추진하며, 3단계로 운행협정, 4단계로 운행 순서로 단계별로 추진된다.

확정된 아시아 횡단철도 노선안은 28개국을 통과하는 총연장 81,000km에 북부, 남부, 아세안, 남북노선 등 4개 노선으로 구분된다. 북부노선은 한반도 – 러시아 – 중국 – 몽골 – 카자흐스탄, 남부노선은 중국 남부 – 미얀마 – 인도 – 이란 – 터키, 아세안노선은 아세안 국가 및 인도차이나 지역 국가를 연결하며, 남북노선은 북유럽 – 러시아 – 중앙아시아 – 페르시안만 지역을 연결한다. 우리나라 통과 구간은 도라산~부산(497.4km)의 주 노선과 대전~목포(252.6km), 익산~광양항(179.0km)의 분기노선 등으로 이뤄져 있고, 이는 북한을 경유하는 남북횡단철도(TKR)를 통해 TAR에 연결된다.

〈그림 11-1〉 대륙횡단철도망

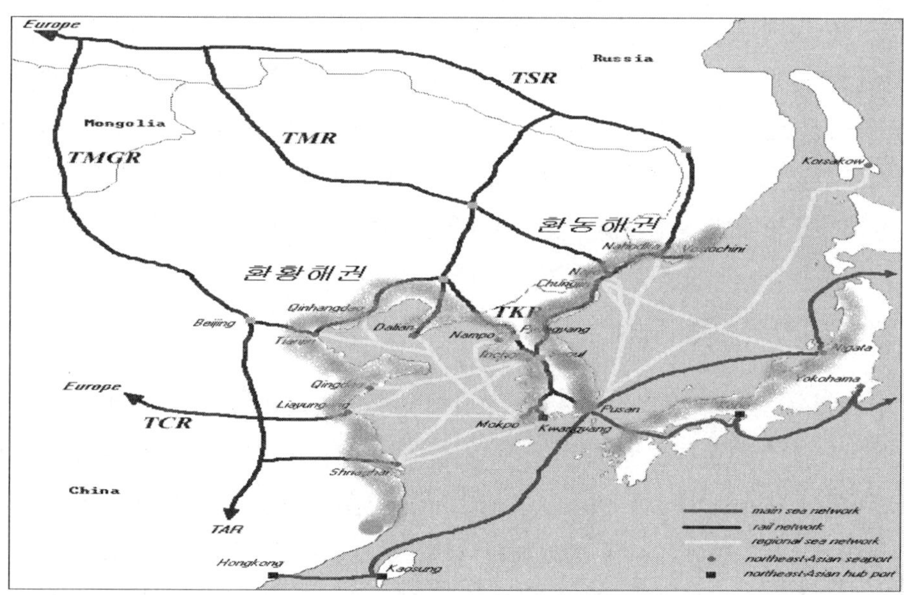

아시아 횡단철도는 한반도, 중국, 러시아를 경유하여 로테르담항까지 연결되는 ESCAP이 추진하는 21세기 철도망 연결사업이다. TAR 이용할 경우 부산항에서 로테르담항까지 컨테이너운송시 해상운송보다 4~5일 빠르며 운임도 20% 이상 저렴하다.

〈표 11-2〉 대륙철도 경로 및 연장

| 노 선 | 통과지점 | 국경통과 | 총연장(km) |
|---|---|---|---|
| TSR | 부산－원산－두만강－하산－이르쿠츠크－모스크바 | 2회 | 11,061 |
| TMR | 부산－원산－남양－도문－만주리－치타－모스크바 | 3회 | 9,346 |
| TMGR | 부산－신의주－북경－에렌호트－울란바토르－모스크바 | 4회 | 8,990 |
| TCR | 부산－연운항－정주－아라산쿠－악토가이－모스크바 | 4회 | 10,514 |

## 제2절 열차페리

### 1. 열차페리

열차페리는 말 그대로 열차를 나르는 선박을 말한다. 선박 내 갑판에 설치된 선로와 육지의 선로를 연결하고, 화물열차가 기관차의 동력으로 바로 선내로 들어갈 수 있도록 설계된 선박이다. 육지의 선로와 선내의 선로는 램프(진입로 · 경사로)로 연결된다. 페리에 철로를 설치하여 컨테이너나 일반화물을 적재한 화차를 선박에 적재하고 항만과 항만 간 페리로 운송하며, 항만에 도착 후 철로를 이용하여 내륙지역까지 철도운송이 가능하다. 현재 북중국 항만과 인천과 평택 간 열차페리를 이용하는 방안이 검토되고 있으나, 중장기적인 과제로 인식되고 있다.

### 2. 열차페리 운항 사례

열차페리 시스템은 1850년 영국 스코틀랜드 Edinburgh의 8.8km Forth만을 횡단하기 위하여 세계 최초로 도입되었으며, 국가 간 열차페리 시스템은 1892년에 처음으로 스웨덴의 Helsingborg와 덴마크의 Helsingor 사이의 6km 노선에 도입되었다.

유럽의 발틱해 연안에서는 열차페리 선박의 기술개발 이후 열차페리 노선의 신규증설이 계속되고 있으며, 특히 독일과 스웨덴에서는 화물수송에 따른 환경문제

가 중요한 요소로 고려되면서 철도와 선박의 복합수송을 위한 열차페리시스템이 중요한 수송수단으로 인식되고 있다.

동유럽의 체제변화 이후 스칸디나비아 국가, 독일 등 유럽연합 국가와 폴란드, 체코, 러시아 등과 같은 동유럽 국가간 교역량이 증가함으로써 이에 따른 무역 협정 및 관련규정 정비에 의한 열차페리의 신규 서비스가 확대될 것으로 전망하고 있다. 열차페리 수송시스템은 해저터널, 연육교 등 터널, 교량기술의 발달과 해당 노선의 수송수요 증대 등 여건변화에 따라 터널, 교량 등의 경합시설로 대체되는 경향도 있으나, 열차페리는 교량 건설로 경쟁력을 상실하여 노선이 완전히 폐지되는 것이 아니라 교량을 이용한 철도서비스 수단과 경쟁 및 보완관계를 유지하며 복합운송수단으로서의 역할 및 기능을 수행할 수 있다.

〈그림 11-2〉 한 · 중간 열차페리 운항 개념도

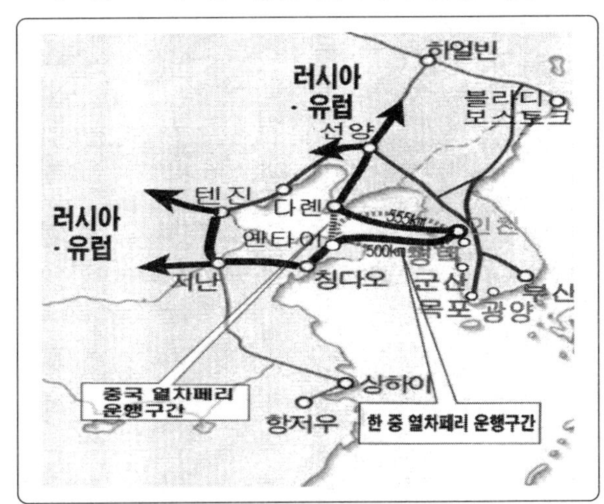


## 3. 열차페리 운항시 장 · 단점

열차페리 운송방식은 해상운송이 가지는 저렴성과 철도운송이 가지는 육상에서의 대량성 및 저렴성을 효과적으로 접목시킨 복합일관운송방식이다. 이 방식은 양 운송방식이 가지는 운임상의 저렴성을 최대한 활용할 수 있어 기존의 운송방식보다 훨씬 비용상 이점을 최대한 확보할 수 있다는 점에서 가장 경제적인 운송방식이다.

열차페리의 물류상 장점과 단점은 다음과 같다.

〈표 11-3〉 열차페리의 장점 및 단점

| | | |
|---|---|---|
| 장점 | 물류상의 이점 | • 대량화물 운송에 적합<br>• 수요기간이 짧은 물품 운송에 적합<br>• 항만하역시간의 단축으로 비용절감 및 화물의 손해발생 저하<br>• 포장비의 절감 가능<br>• 통관의 간이화 |
| | 비용상의 이점 | • 포장의 간이화에 따른 운임절감<br>• 일반해상운송에 비해 보험료 저렴<br>• 하역처리빈도가 적어 도난, 파손 위험의 발생율 저하<br>• 비상시 손해의 최소화<br>• 보관장소와 보관기간이 짧아 재고품 창고시설의 투자자본, 임차료, 관리비 등의 절감 가능 |
| | 서비스상의 이점 | • 일관운송서비스에 따른 고객서비스 및 매출증대<br>• 계획운행 가능<br>• 높은 안정성<br>• 내륙지역까지의 운송망 보유<br>• 유리한 운임할인제도<br>• 내륙에서 중장거리로 들어갈수록 효율적인 운송 |
| 단점 | | • 항만인입철도, 항만 내 철도시설 투자<br>• 양국 간 물동량 균형과 운송화물의 유사성 필요<br>• 신속한 하역체계와 손해발생시 책임체계 등 미흡 |

제 12 장

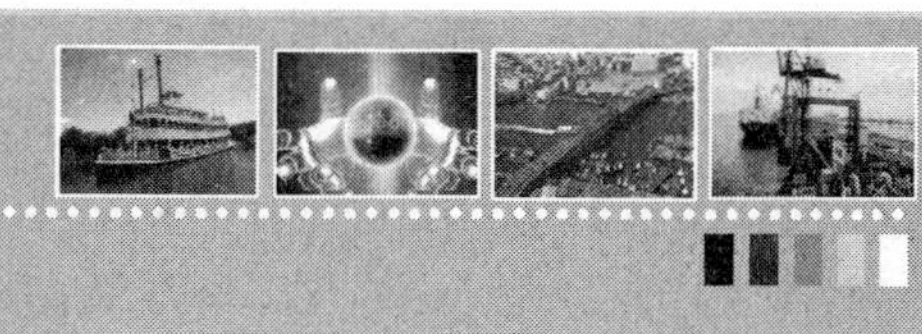

# 수배송시스템

## 제1절 수배송시스템

### 1. 수배송시스템의 개요

수송은 공장에서 물류센터, 공장에서 대형고객, 광역물류센터에서 지역물류센터 등으로 완제품 수송, 부품공장에서 조립 공장으로 반제품 수송, 원료 또는 원자재 공급자로부터 공장으로 원료와 원자재 수송 등 일련의 물품이동 활동을 말한다.

배송은 배달이라고도 하는데 상거래가 성립된 상품을 고객 또는 고객이 지정하는 수화인에게 전달하는 것을 말한다. 수배송은 판매와 생산의 조정역할을 수행한다. 즉, 수송은 도시 간 또는 물류거점 간 생산지(공장)에서 소비지까지 원료, 원자재 등을 운반하는 간선운송을 말하고, 배송은 도시 또는 지역 내 고객을 대상으로 완제품 등을 배달하는 말단운송이라고 할 수 있다.

수송과 배송은 물류활동 중 가장 큰 비중을 차지하는 영역으로서 수배송의 효율화를 도모하는 것이 물류비 절감과 고객서비스 향상 뿐 아니라 다른 기업보다 경쟁우위를 차지할 수 있다. 고객이 원하는 상품을 신속하고 정확하게 수배송하도록 계획을 수립함으로써 생산뿐만 아니라 유통가공과 판매활동을 조정하고 지원하도록 해야 한다.

〈그림 12-1〉 수송과 배송의 영역

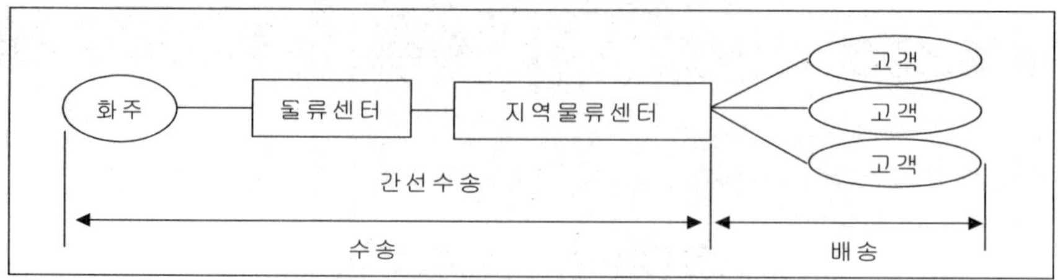


## 1) 수배송시스템의 설계시 고려해야 할 요소

### (1) 리드 타임

수주에서 납품까지 기간 또는 현재 수주로부터 다음 수주까지 소요시간을 고려하여 적기에 화물을 수배송하도록 계획을 수립한다.

### (2) 차량단위의 적재율

차량의 적재율을 가능한 높여서 운행하도록 경로를 선택하고, 순회운송 또는 공동수배송 등을 통하여 차량의 적재율을 높일 수 있도록 계획을 수립한다.

### (3) 차량의 회전율

화물량이나 운송거리, 빈도 등을 고려하여 차량의 회전율을 높일 수 있도록 계획한다.

### (4) 차량의 운행대수

리드타임을 고려하고 차량의 적재율, 회전율, 운행빈도 등을 고려하여 차량 운행대수를 결정한다.

### (5) 수배송의 범위와 경로

수배송의 지역적 범위와 경로를 고려하여 차량 배차, 차량 대수 등을 결정한다.

### (6) 수배송 비율

수송과 배송의 물동량 비율을 고려한다.

### (7) 배송할 화물의 로트(lot) 사이즈

동시에 배송할 화물의 로트(크기 또는 물동량 규모)에 따라 적절한 수송수단을 선택한다.

#### (8) 화물의 특성과 운임부담력

화물의 중량, 용적, 크기 그리고 화물가치에 따른 운임부담력을 고려하여 수송수단을 선택한다.

### 2) 수배송 시스템 설계의 기본요건

① 지정된 시간 내까지 배송 목적지에 정확하게 요청한 물품의 배송
② 물류계획을 정확하게 실행하기 위한 운송, 배송 및 배차계획 등을 조직적이고 체계적으로 준비하고 실시
③ 적절한 유통재고량 유지를 위한 다이어그램 배송 등 운송의 계획화
④ 생산계획을 효율적으로 실시하기 위한 판매 · 생산의 조정
⑤ 수주에서 출하까지 작업의 표준화 및 효율화
⑥ 최저 주문단위제 등 주문의 평준화

### 3) 수배송 시스템 설계 시 고려사항

① 경제적 측면: 수배송시 발생하는 비용 절감을 위한 통제
② 안전성, 보안적 측면: 출발지에서 목적지까지 수배송시 사고발생 방지를 통한 안전한 수배송, 보안을 고려한 수배송
③ 서비스 측면: 고객이 요구하는 제품을 지정한 일시와 장소에 정확하게 수배송
④ 사회적 측면: 수배송시 발생하는 소음과 배기가스의 감소, 하역작업시 안전성 확보 등 친환경적이고 공공성을 강조한 수배송

### 5) 수배송시스템의 설계 포인트

#### (1) 수배송 네트워크 정비

물류거점의 최적배치, 직송 비율의 확대한다.

#### (2) 최적 운송수단의 선택

운송화물의 특성과 운송수단별 특성을 고려하여 운송수단의 종류, 차량 크기 등을 선택한다.

### (3) 운송효율의 향상

차량회전율과 실차율, 적재효율의 향상, 하역시간과 차량 대기시간을 단축하는 방안을 강구한다.

### (4) 공동수배송 및 순회배송의 실시

계열기업 간, 동업종 다른 기업 간 공동수배송을 실시하거나 또는 공급업체와 도소매업체 간 공동수배송을 확대하여 실시하거나 순회배송을 실시한다.

### (5) 수배송의 합리화 수단고려

수배송의 계획화, 공동화, 정기화, 상하차 작업의 표준화 등을 추진한다.

### (6) 수배송의 합리화 아이디어 도입

운송단위의 대형화, 다이아그램(diagram) 배송방법 등 계획배송을 실시하고, 수평적 · 수직적 공동수배송을 추진, 물류센터 건설이나 통폐합 등 물류거점의 정비와 일관운송시스템 구축한다.

### (7) 제1차운송(간선운송)과 제2차운송(단말운송)의 연계

간선운송과 단말운송 간 연계운송체계를 구축하여 물류체계 효율화를 도모한다. 특히 화물 터미널이나 물류센터를 중심으로 Cross docking시스템을 도입하여 재고관리의 효율화를 도모하고 시스템화를 통하여 고객지향의 물류시스템이 구축되도록 한다.

〈그림 12-2〉 제1차운송과 제2차운송의 연계

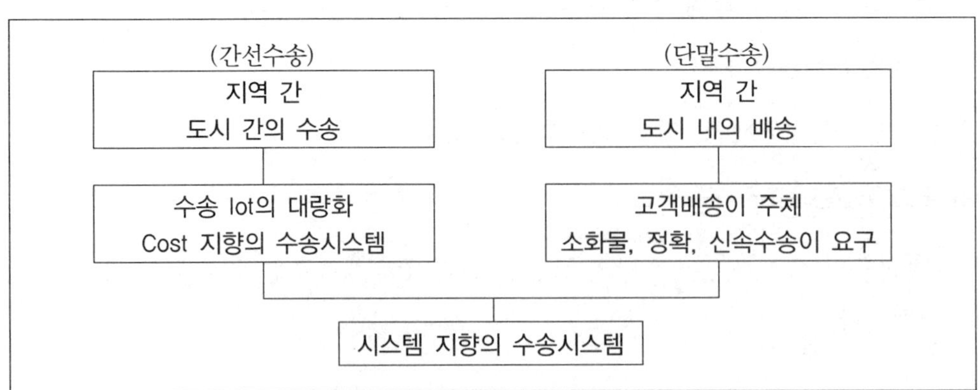

## 2. 수배송 경로

수배송 경로는 공장에서 고객에게 직송하는 방식, 각 공장에서 물류센터에 화물을 집약한 후 고객에게 배송하는 집중거점방식, 다수의 공장에서 다수의 물류센터에 화물을 집약한 후 각 고객에게 배송하는 방식, 복수의 공장에서 다수의 물류센터에 집약한 후 다시 다수의 창고에 화물을 배송하였다가 최종적으로 고객에게 배송하는 방식, 그리고 복수의 공장에서 창고로 배송한 후 고객에게 배송하는 방식 등으로 구분할 수 있다.

다양한 형태의 수배송 경로가 있지만 각 기업마다 화물의 특성과 수배송량, 수배송 빈도, 리드타임이나 물류센터의 위치와 수 등을 고려하여 고객서비스를 향상시키고, 총물류비를 낮출 수 있는 적절한 경로를 선택해야 한다.

다음은 여러 가지 유형의 수배송 경로를 보여주고 있다.

〈그림 12-3〉 수・배송 경로 예

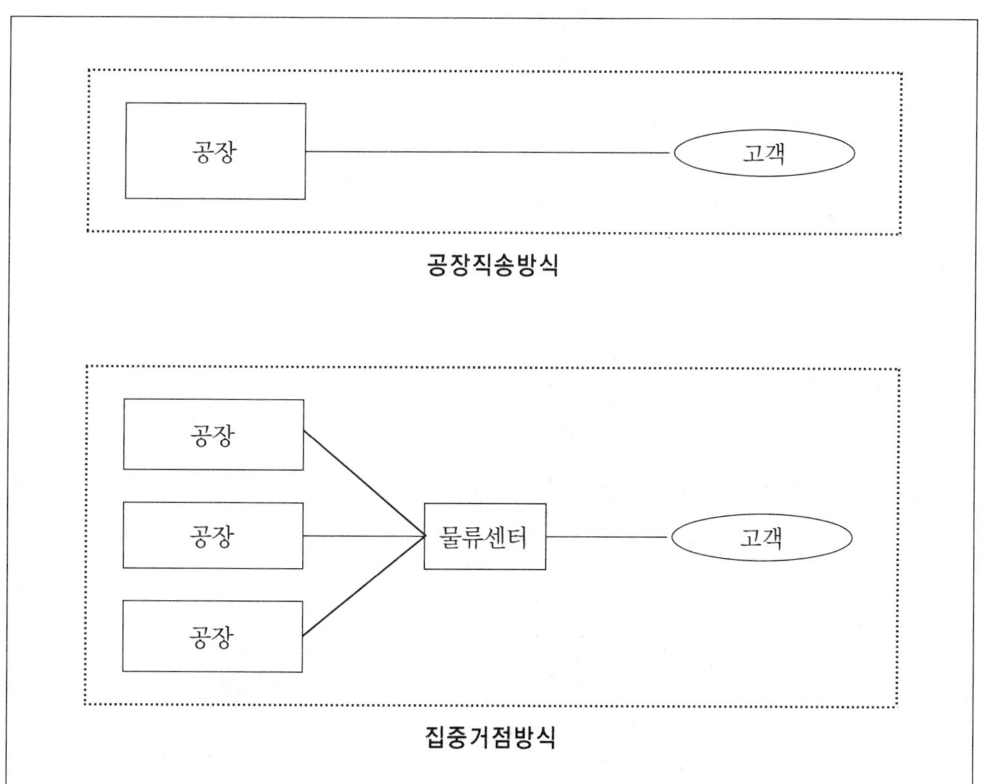

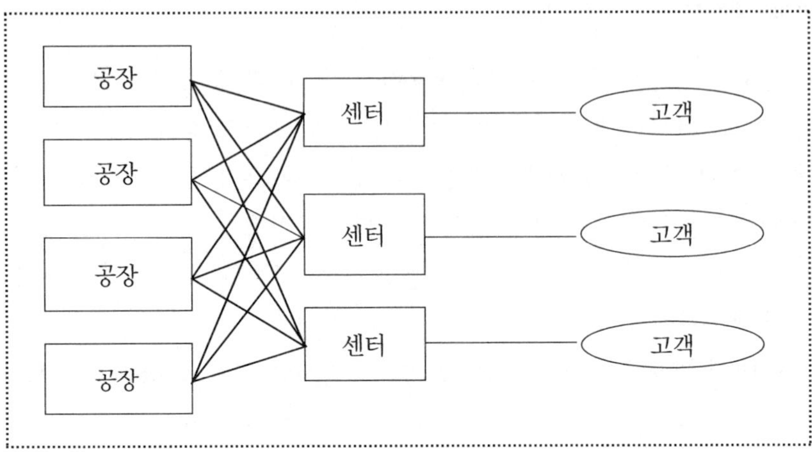


복수거점방식

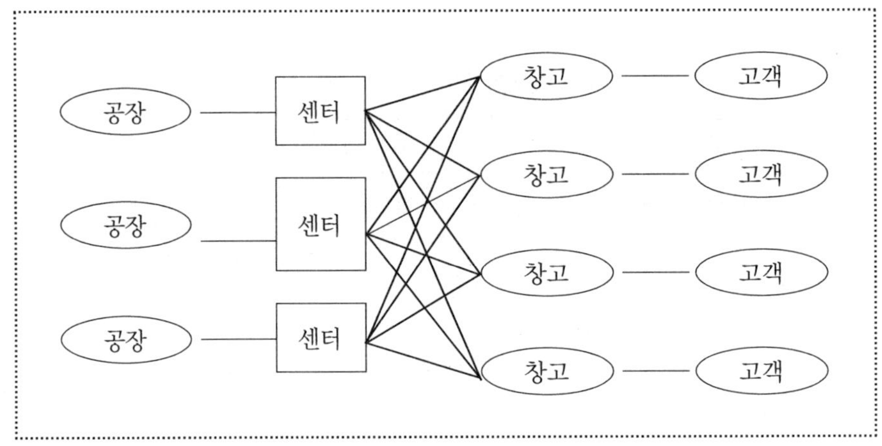


다단계거점방식

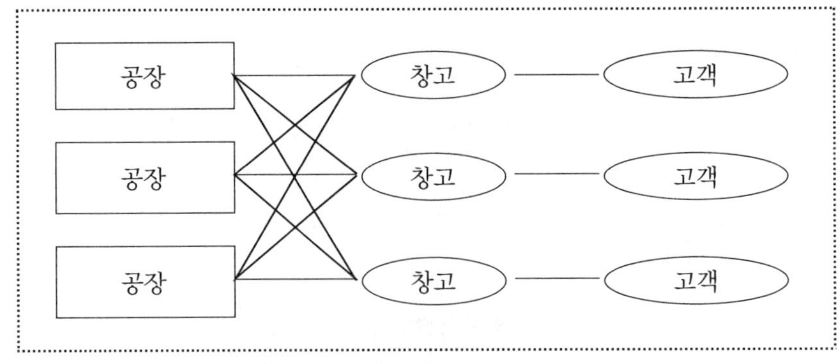


배송거점방식

# 제2절 수배송시스템 설계

## 1. 수배송 설계 순서

### 1) 운행하고자 하는 화물의 특성 파악

#### (1) 화물의 형태

화물이 포장화물인지, 살화물인지 또는 규격화물인지, 비규격화물인지 그리고 중량화물, 위험화물, 장척화물 등 수배송할 화물의 형태를 파악한다.

#### (2) ULS(Unit Load System)(파렛트, 컨테이너) 여부

화물이 파렛트나 컨테이너를 이용하여 단위화가 이루어졌는지 여부를 파악한다.

#### (3) 취급상 주의사항 등

화물의 특성상 특별한 장비, 설비 또는 특별한 주의가 필요한 화물인지 여부를 파악한다. 특히 충격, 습기, 유독성, 폭발성 등 화물취급과 운송시 고려해야 할 사항을 파악해야 한다.

### 2) 수배송시스템의 질적 목표 설정

#### (1) Low Cost

가능한 수배송 비용을 절감할 수 있는 시스템을 구축한다.

#### (2) 신속한 운송

리드타임을 고려하여 고객이 요구하는 시간까지 정확하게 수배송한다.

#### (3) 안전한 운송

수배송 도중 파손, 도난, 손상 등이 발생하지 않도록 주의의무를 기울인다.

#### (4) JIT운송 등

적기에 필요한 화물을 수배송하여 생산 또는 판매활동을 지원한다.

### 3) 출하부문의 특성 파악

#### (1) 주기별 출하량

계절별, 월별, 요일별 출하량 등 특성을 파악한다.

#### (2) 출하요일 및 시간대

주로 출하가 이루어지는 요일과 오전/오후 또는 특정 시간대에 출하가 이루어지는지 파악한다.

#### (3) 출하 Time Table

주문접수 후 출하량을 결정하고, 출하지시를 통하여 출하하는 흐름을 파악한다.

#### (4) 상차장 여건

진입로 여건, 트럭도크(dock)의 높이, 주차능력, 트럭도크 수 등을 파악한다.

#### (5) 상차능력

상차시설과 장비의 처리능력, 상차 작업원 수를 파악한다.

#### (6) 상차절차 등

차량도착 후 현장 배치 그리고 상차, 상차확인, 출발의 순서 등을 파악한다.

### 4) 수요처별 특성 파악

#### (1) 주요 수요처별 위치

수요자의 지역별 분포를 파악한다.

#### (2) 주기별 수요량 및 수용능력

계절별, 월별, 요일별 수요량 등과 하역, 보관 능력을 파악한다.

#### (3) 화물인수 가능 요일 및 시간대

수요처의 화물인수 요청 요일과 시간대를 파악한다.

#### (4) 하차장 여건 등

진입로, 하차시설과 장비의 처리능력, 트럭도크의 높이와 도크 수, 하역능력 등을 파악한다.

### 5) 수요처별 운행여건 파악

#### (1) 이용가능 도로 파악

고속도로, 국도, 지방도, 철도, 연안운송, 항공운송 등 이용가능한 운송로를 파악한다.

#### (2) 이용가능 루트별 거리 파악

이용가능 도로의 실제 운행거리, 우회운행 거리 등을 파악한다.

#### (3) 수요처 지역별 교통상황 파악

교통혼잡도, 교통통제 여부, 도로상황, 우회도로 등을 파악한다.

#### (4) 운행 소요시간 판단 등

이용가능 도로의 운행시간 등을 파악한다.

### 6) 투입될 차종 판단

① 문전운송시스템 채택 및 집화방식 판단
② 복합운송시스템 선택에 투입 가능한 차종 판단

### 7) 배차운영 계획

#### (1) 차량 소요량 판단

운행주기에 따른 총중량 소요판단과 조달계획을 수립한다.

#### (2) 시간대별 배차계획

오전과 오후, 특정 시간대 배차 계획을 수립한다.

#### (3) 수요처별 표준운행 Time Table 작성

수요처의 운행거리나 도로상황 등을 고려하여 운행시간표를 작성한다.

#### (4) 기타 지원사항 계획

운전자 교육, 통신 시스템, 상하차 효율화 방안, 교통제약 사항과 해결 방안 등을 수립한다.

### 8) 귀로운행 계획

수요처별 하역작업 완료 후 복화 운행 계획을 수립한다.

## 2. 수배송시스템의 예

### 1) 왕복운송시스템(Back Hauling System)

〈그림 12-4〉 왕복운송시스템

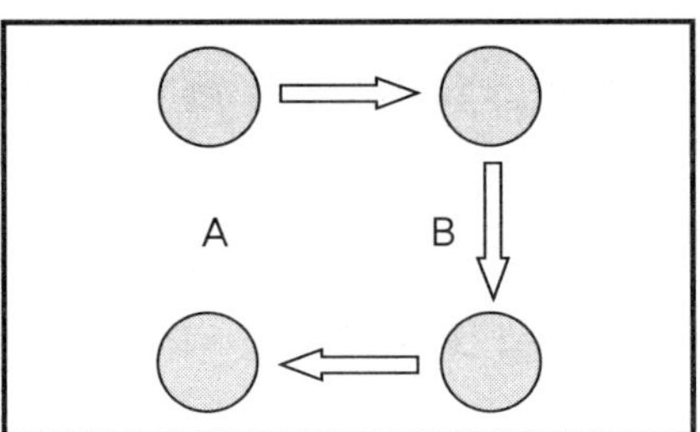


트럭의 적재효율을 향상시키기 위해서는 왕복 모두 화물을 적재하고 운행해야 한다. 일반적으로 자가용 차량의 경우 왕항의 경우 화물을 적재하고 운항하나 복항시에는 공차로 운행하는 경우가 많아 비효율적이다. 따라서 복항시 화물을 적재하고 운행하려면 도착지역에서도 집화하여 운행할 수 있도록 자사 점포망을 활용하거나 도착지역의 화물터미널 또는 알선업체 등을 통하여 화물을 알선받거나, 아니면 다른 업체와 공동운송방법을 강구하여 화물을 적재하도록 해야 한다. 복항시 공차로 돌아오기 보다는 제조업체의 물류창고나 공장을 경유하여 화물을 적재하고 돌아오는 시스템을 왕복운송시스템이라 한다.

〈그림 12-5〉 환결운송시스템

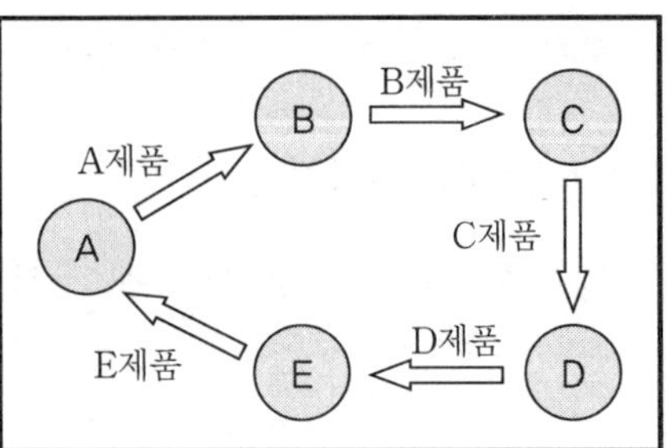


### 2) 환결운송시스템

도착지역에서 집화가 가능하면 화물을 적재하고 돌아와도 되나 집화가 여의치 않을 경우 출발지까지 직접 복항하지 않고 다른

지역으로 다소 우회해서 운행하더라도 연속적으로 화물을 적재하고 운행하여 출발지로 돌아오는 방식을 환결운송시스템이라 한다. 이 시스템은 우회운행이 불가피하기 때문에 출발지로 돌아오기까지 장시간이 소요된다.

### 3) 1차량 2운전원 승무시스템

〈그림 12-6〉 1차량 2운전원 시스템

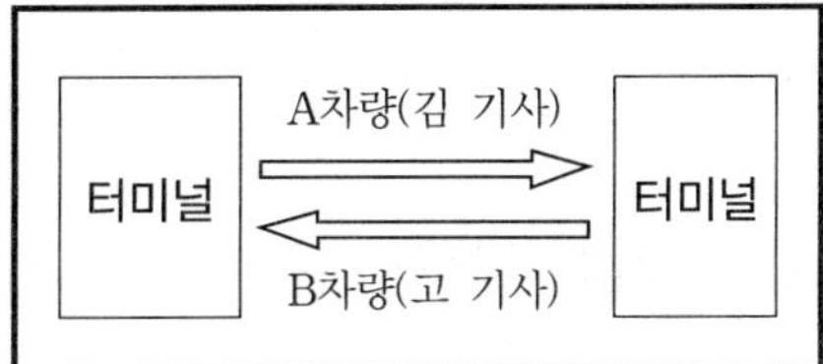


2명의 운전기사가 동승하여 트럭을 운행하는 것이 아니라 출발지와 도착지 양쪽에 운전기사를 1명씩 배치하고, 복항시에는 도착지에서 대기하고 있던 다른 운전기사가 차량을 운전하여 출발지로 되돌아오는 운송방식이다.

### 4) 중간환승시스템

장거리를 운행하는 운전기사는 일반적으로 3일 중 2일은 외지에서 생활하는 경우가 많아 가정적으로, 심리적으로 불안정하다. 중간 환승시스템은 주요 출발지와 도착지의 중간지점에 터미널을 설치하고, 양쪽에서 도착한 트럭을 서로 교대로 승차하여 되돌아오는 시스템이다. 중간환승 시스템은 양쪽에서 출발하는 차량의 수가 동일해야 하고, 환승 터미널이 중간지점에 위치해야 하며, 화물의 인수인계가 비교적 용이해야 가능하다.

〈그림 12-7〉 중간환승시스템

### 5) 릴레이식 운송시스템

1회 편도운송거리가 1일 이상 소요되는 운송이나 일정한 도시를 순회운행하며 집화나 배달하는 경우 법정 근로시간 등 일정시간 후 운전기사가 교대로 차량을 운행하도록 함으로써 차량의 회전율을 극대화하고 신속하게 화물을 인도하는 시스템이다. 릴레이식 운송시스템은 각 센터에 운전기사가 휴식과 숙박할 수 있는 숙박시설이 필요하며, 화물의 인계인수가 원활하게 이루어져야 가능하다.

## 3. 수배송 경로와 일정계획 수립의 원칙

거래처가 고정적이거나 중장기적인 배송경로계획을 수립할 경우 컴퓨터를 이용하여 최적 수배송경로를 도출하여 시행할 수 있다. 한편 중소업체가 컴퓨터를 이용하지 않고 배송업무를 수행하거나 수배송경로계획을 수시로 변경할 경우 수배송경로와 일정계획 수립시 다음과 같은 원칙을 충분히 고려하여 운행경로와 일정계획을 수립해야 한다.

### 1) 근접한 지역의 화물은 모아서 배송한다

수배송경로는 두 지점 간 경유거리를 가능한 최소화할 필요가 있으므로 가까운 지역의 화물을 모아서 배송하여 배송시간을 단축하도록 한다.

〈그림 12-8〉 근접지역 화물은 모아서 배송

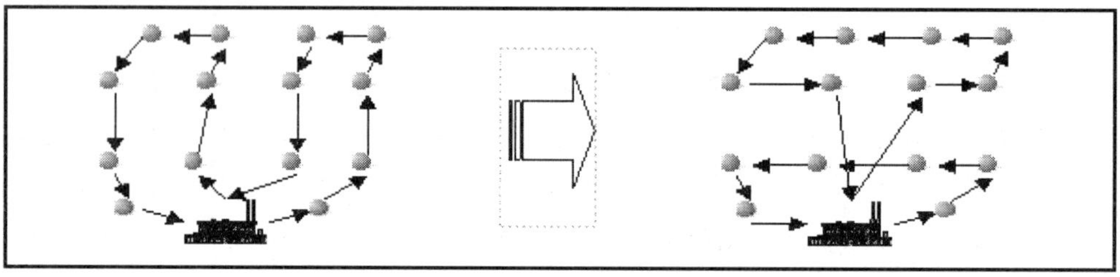

### 2) 배송일시가 동일한 화물끼리 모아 함께 배송한다

수요지마다 배송일시가 다른 경우 요일별로 구분하여 노선을 배정하고 일정계획을 수립한다. 요일별로 배송지점이 중복되지 않도록 함으로써 배송차량의 이동시간과 거리를 단축시키고, 소요 차량의 대수를 최소화할 수 있다.

〈그림 12-9〉 배송일자별 화물 배송

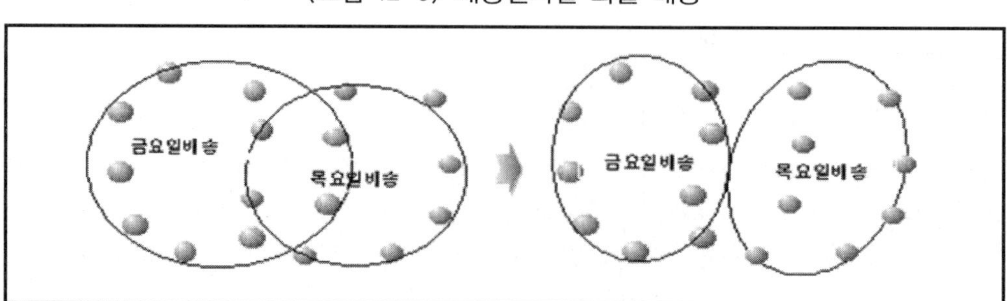

### 3) 배송지역이 넓은 범위일 경우 운행경로는 물류센터에서 먼 지역부터 만들어 간다

넓은 지역의 배송지점에 효율적으로 배송하기 위해서는 물류센터나 차고지에서 가장 멀리 떨어진 지점을 대상으로 우선 배송하도록 하고, 점차 물류센터에 되돌아오면서 주변 지점들에 서비스를 제공하도록 한다. 각 배송차량별로 배송지점을 집중시켜 배송지역 내에서 운행거리를 최소화할 수 있다.

〈그림 12-10〉 배송지역이 넓으면 물류센터에서 먼 곳부터 배송

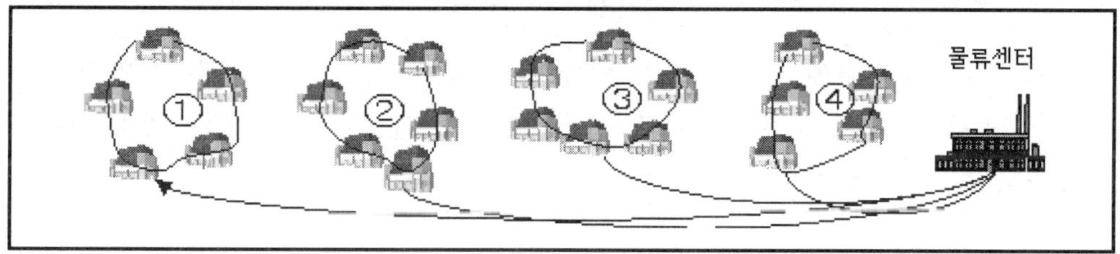


### 4) 배송지역이 좁은 범위일 경우 운행경로는 출발지 인근에서 출발하여 출발지 인근에서 배송을 완료한다

〈그림 12-11〉 배송지역이 좁으면 출발지 인근부터 출발

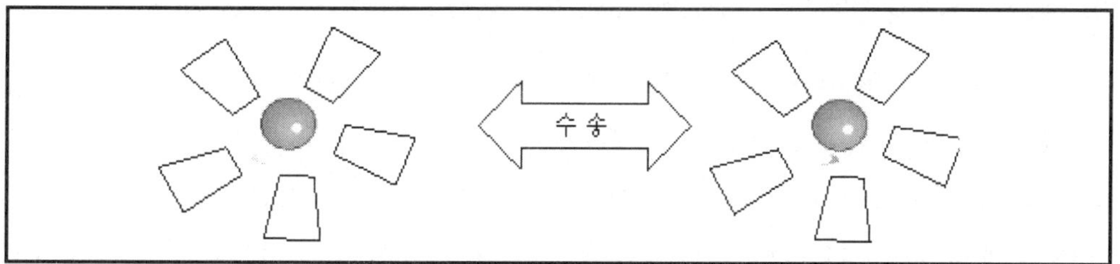


### 5) 차량운행경로의 운행순서는 눈물방울 형태로 운행하여 교차 또는 중복되지 않도록 한다

방문시간대의 제약이나 배송 후 다시 화물을 픽업할 경우 운행경로가 교차·중복될 수 있으나 배송경로는 가능한 교차하지 않도록 눈물방울 형태가 이루어지도록 한다.

〈그림 12-12〉 배송경로는 교차 · 중복 방지

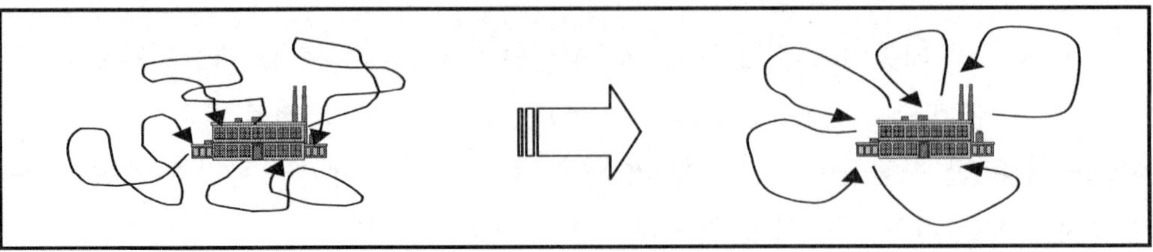

### 6) 가장 효율적인 배송을 위하여 이용할 수 있는 대형 차량을 배차하여 배송한다

경로상의 배송지점에 모든 화물을 배송할 수 있는 대형 차량을 배차하여 배송할 경우 전체 배송거리를 단축할 수 있고, 배송비용도 절감할 수 있으며, 전체 차량의 이용률도 높일 수 있다.

### 7) 픽업은 배송과 함께 이루어지도록 한다

배송작업이 완료된 후 픽업을 수행할 경우 경로가 교차되는 경우가 많아지므로 가능한 배송과 동시에 픽업을 하는 것이 효율적이다.

### 8) 배송경로에서 벗어난 수요지는 별도의 차량을 배차하여 배송한다

배송경로에서 벗어난 위치이거나 배송차량의 통과시간이 아닌 시간에 픽업을 요청하는 고객에 대해서 통상적인 배송경로에 포함시켜 배송하려면 운행시간도 길게 되고, 비용도 많이 소요된다. 따라서 경로에서 벗어난 지점 등은 별도로 소형 트럭을 배차하여 배송서비스를 배송하는 것이 운송시간과 비용면에서 경제적이며, 다른 3PL 업체의 서비스를 이용할 수도 있다.

### 9) 너무 짧은 배송주기나 방문시간대는 피해야 한다

다음 배송주기와 간격이 너무 짧으면 배송처의 요구시간을 제대로 맞추기 어려운 경우가 발생할 가능성이 상당히 높고, 도중에 교통혼잡이나 사고 등으로 한번 배송시간을 맞추지 못할 경우 연속적으로 다음 배송에도 영향을 미치는 등 전체 운행경로에 악영향을 줄 수 있다.

## 제3절 공동수배송

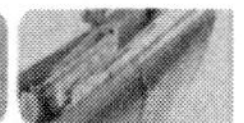

### 1. 공동수배송의 개요

공동수배송은 각 기업이 개별적으로 수배송하기 보다는 목적지가 동일하거나 유사한 화물을 공동으로 수배송함으로써 저렴한 비용으로 고객서비스를 향상시킬 수 있는 시스템이다. 다시 말하면 공동수배송은 복수 화주의 수배송 수요를 한데 묶어 하나의 운송주체가 단독으로 또는 둘 이상의 운송사업자가 공동으로 실시하는 것을 말한다.

### 2. 공동수배송의 장점

공동수배송은 사람, 화물, 자금, 시간 등 경영자원을 효율적으로 활용함으로써 비용절감을 도모하고, 고객에 대한 서비스를 향상시킬 수 있으며, 대기오염, 소음, 교통혼잡 등을 완화함으로써 환경공해를 최소화할 수 있다.

이 외에도 공동수배송은 적재효율을 향상시키고, 소량화물도 집배송이 가능하며, 물류공간을 효율적으로 활용하는 데 기여한다. 공동수배송의 장점은 다음과 같다.

〈표 12-1〉 공동수배송의 장점

| 화주의 입장 | 운송업자의 입장 |
|---|---|
| • 운임부담이 경감됨<br>• 물류인원을 감축시킬 수 있음<br>• 소량화물의 집화와 배송이 가능<br>• 수화주측의 일괄검수가 가능<br>• 물류공간의 활용이 가능<br>• 교통혼잡을 완화시킬 수 있음<br>• 환경오염을 방지할 수 있음 | • 수송효율의 향상이 가능<br>• 물류비용을 절감할 수 있음<br>• 물류인원을 감축시킬 수 있음<br>• 과다한 서비스를 감축시킬 수 있음<br>• 교통혼잡을 완화시킬 수 있음<br>• 환경오염을 방지할 수 있음 |

### 3. 공동수배송의 동기

#### 1) 적재효율의 제고와 수배송 비용 절감

유통환경의 고도화로 다빈도, 소량배송 서비스 요구가 많아지자 제조업체나 유통업체의 배송차량의 적재효율은 낮아지고, 배송비용은 증가하게 되었다. 또한 중소형 트럭이 배송서비스를 제공하는 과정에서 다수의 배송차량이 대기하여 하역작업을 하기 때문에 물류센터나 백화점 등의 입구가 혼잡해지고 검품에도 지장을 초래하였다. 따라서 공동수배송은 화주들이 트럭의 적재효율을 향상시키고 수배송 비용을 절감하기 위하여 추진하고 있다.

### 2) 운송업체의 수송효율 향상

운송업체는 도심 지역에 위치한 백화점, 할인점, 유통센터 등 상가밀집지역으로 수배송 차량 배차시 주정차 규제로 노상하역을 하는 등 어려움을 겪고 있다. 또한 고층건물의 배송시 작업효율이 저하되고, 운송업체의 집화와 배송효율이 떨어지는 경우가 많다. 따라서 공동수배송은 운송업체의 수송효율 향상을 위해 추진하고 있다.

### 3) 사회적 요청

도심지역에서 트럭으로 인한 교통혼잡 가중, 대기오염, 진동 등 환경문제를 야기하고 있기 때문에 친환경적인 여건을 조성하고 녹색물류체계를 구축하기 위한 차원에서 공동수배송을 추진하고 있다.

## 4. 공동수배송의 전제조건

공동수배송은 물류공동화를 통하여 고객서비스를 향상시키고, 물류비를 절감하여 기업의 물류효율화는 물론 국가물류비 절감을 위해서도 필요하다. 물류효율화를 위한 공동수배송을 업계 전반에 확대시키기 위해서는 다음과 같은 조건이 갖춰져야 한다.

〈표 12-2〉 공동수배송의 전제조건

| |
|---|
| • 일정지역 내에 공동수배송에 참여하는 다수의 업체가 존재해야 한다.<br>• 배송지역이 일정구역 내에 분포되어 있어야 한다.<br>• 대상기업의 배송조건이 비슷해야 한다.<br>• 대상화물의 공동 배송조건이 유사하여야 한다.<br>• 공동수배송을 주도하는 중심업체나 주도업자가 있어야 한다.<br>• 공동수배송에 대한 이해가 일치해야 한다.<br>• 물류표준화가 선행되어야 한다. |

## 5. 공동수배송의 종류

〈표 12-3〉 공동수배송의 종류

| | |
|---|---|
| 거래처와의 결합수송 | 거래처와 협력체계를 구축하여 공동수배송 |
| 타업종의 대형 화주와 결합 | 다른 업종의 대형 화주와 연계하여 공동수배송 |
| 그룹 내 각 계열사의 공동수배송 | 그룹 내 계열사의 화물을 모아 공동수배송 |
| 동종업계와의 공동수배송 | 동종업계 업체 간 협력체계를 구축하여 공동수배송 |
| 지역 내 인근회사와의 공동수배송 | 동일 지역 또는 인접 지역 내 기업과 협력하여 공동수배송 |
| 업계의 협회 및 조합을 통한 공동수배송 | 동종업계의 협회나 조합회원 간 협력하여 공동수배송 |

## 6. 공동수배송의 유형

공동수배송 유형은 크게 배송공동형, 집화·배송공동형, 공동수주·공동배송형, 노선집화공동형, 공동납품대행형 등으로 구분할 수 있다.

### 1) 배송공동형

각 화주나 각 운송업체는 화물 터미널 등 화물거점시설까지 화물을 운송하고, 배송만 공동화하는 방식이다. 화주가 주도적으로 공동수배송을 추진하거나 운송업체가 주도하는 경우가 많으며, 경우에 따라서는 거점시설 운영자가 공동수배송을 주도하기도 한다.

### 2) 집화·배송공동형

집화와 배송을 공동화하는 방식으로 특정 화주들을 중심으로 하는 공동형과 운송업체를 중심으로 하는 공동형이 있다. 특정 화주 중심의 공동형은 화주가 협동조합이나 연합회를 결성하여 특정 화주 주도로 집화와 배송을 공동화하는 방식이며, 운송업체 중심의 공동형은 복수의 운송업체가 지역을 구분하여 불특정 다수의 화주를 대상으로 집화와 배송을 공동화하는 방식이다.

### 3) 공동수주·공동배송형

운송업체가 협동조합을 결성하여 공동수주와 공동배송하는 방식이다. 운송업체의 협동조합은 각 화주로부터 운송서비스를 주문받아 각 조합원에게 배차하는 방식이다.

### 4) 노선집화공동형

화주가 지정한 특정 노선업자가 화물을 집화하며, 복수의 화주가 공동화하여 집화업체 1개사를 지정하여 집화와 분류 후 각 노선사업자에게 화물을 인계하는 방식이다.

### 5) 공동납품대행형

백화점이나 할인점 등이 지정한 운송업체가 배송거점을 중심으로 납품 상품을 집화, 분류, 포장, 상표부착 등 작업 후 납품하는 방식이다.

〈표 12-4〉 공동수배송 유형

| 유형 | | 내용 | 기본패턴 |
|---|---|---|---|
| 배송공동형 | | • 화물거점시설까지 각 화주가 운반하고 배송만 공동화하는 것(화주 주도와 운송사업자 주도가 대부분) | |
| 집배송 공동형 | 특정화주 공동형 | • 동일업종 화주가 특정화주의 주도로 집화 및 배송을 공동화하는 것 | |
| | 운송업자 공동형 | • 불특정다수의 화주에 대하여 다수의 운송업자가 지역을 분담하여 집화 및 배송을 공동화(거점시설의 유효한 이용, 집배효율의 향상, 신규 화주의 개척 등) | |
| 공동수주 · 공동배송형 | | • 운송업자가 협동조합을 설립하여 공동수주 및 배송 | |
| 노선집화공동형 | | • 노선의 집화부분만 공동화하여 화주가 지정한 노선업자에게 화물을 넘길 것 | |
| 공동납품 대행형 | | • 운송업자가 납입선을 대신하여 납품<br>• 착화주의 주도로 공동화, 유통 가공, 상품내용의 검사 등 작업대행<br>• 백화점, 할인점 등에서의 공동화 유형 | |

# 7. 공동수배송의 효과

## 1) 공동조합, 공동배송센터 설치 및 공동배송 실시 효과

### (1) 수배송 효율의 향상

수배송 차량의 대수를 줄일 수 있고, 트럭의 대형화를 추진하여 적재율을 향상시킬 수 있다.

### (2) 배송센터의 작업 생산성 향상

효율적인 레이아웃의 공동배송센터를 건설하여 생산성을 향상시킬 수 있고, 입고에서 출고까지 일관물류시스템을 구축할 수 있다. 또한 소팅, 주문처리, 유통가공 등을 통해 작업능력을 향상시킬 수 있으며, 센터내 작업을 기계화, 현대화를 통해 규모의 경제, 투자에 대한 채산성을 높일 수 있다.

### (3) 물류 정보망 구축을 통한 효율성 향상

수 · 발주 서류의 자동화로 업무를 경감시킬 수 있고, 종이 없는 사무실을 실현할 수 있어 업무처리의 효율화를 도모할 수 있으며, 검품작업을 생략할 수 있는 가능성을 높일 수 있다.

### (4) 물류 서비스의 유지 및 향상

물류 전문가를 양성하기 용이하고, 전문물류업체를 적절히 활용함에 따라 특화되고 안정적인 서비스를 제공받을 수 있으며, 작업수준의 안정화를 도모할 수 있다. 아울러 정보시스템화 도입을 촉진하기 때문에 오류 등을 방지할 수 있고, 클레임의 대폭적인 감소를 기대할 수 있다. 또한 정보 전문가를 육성할 수 있으며, VAN을 적극적으로 활용하여 정보시스템 인원의 안정적인 확보와 시스템을 유지할 수 있다.

## 2) 차량, 화물의 회차 융통에 의한 공동수배송 실시효과

### (1) 가동률의 향상

공동화를 통하여 계절적 변동, 월간 변동, 오전 오후 등 차량수요의 변동을 보완할 수 있고, 실제 차량의 가동율을 높일 수 있다.

#### (2) 공차률의 감소

납품처 주변을 출발지로 하는 기업간 복항 화물을 상호 연결하여 공차율을 줄일 수 있다.

#### (3) 적재율의 향상

출발지와 회차화물을 복수기업이 공동으로 혼재하여 적재율 향상을 꾀할 수 있다.

## 8. 공동수배송 추진상의 문제점

공동수배송은 여러 가지 장점이 있음에도 불구하고 공동화시 기업 간 이해조정, 기밀유지, 의사결정 지연 등 때문에 기대만큼 공동수배송이 활성화되고 있지 못하다. 또한 포장이나 전표, 정보입력 방법 등 표준화가 충분히 이루어지지 않아 공동수배송이 효과적으로 추진되지 못하는 경우가 많다.

### 1) 당사자간의 이해 불일치

공동수배송을 통하여 화주는 운송비의 절감, 서비스 향상을 바라고, 운송업체는 채산성 확보와 안정적인 화물유치 등에 관심을 가지고 있기 때문에 공동수배송 서비스의 공급자와 수요자간 이해가 일치하지 않는 경우가 많다.

### 2) 기밀유지 문제

정보시스템이 구축되고 공동수배송이 확대되면 공동수배송에 참여하는 기업간 기밀유지가 곤란하게 된다. 특히 북미나 유럽 기업이 개방된 기업문화를 가지고 있는데 비해 폐쇄적인 기업문화를 가진 우리나라 기업들은 영업기밀 등의 노출 등을 꺼려하기 때문에 공동수배송의 확대에 어려움이 있다.

### 3) 물류서비스의 차별화 곤란

공동수배송에 참여시 고객서비스 수준이 거의 유사해져 다른 경쟁기업보다 차별화된 고객서비스나 특화된 물류서비스를 제공하고자 하는 기업은 공동수배송을 기피하게 된다.

### 4) 운임요금 문제

공동수배송에 참여하는 기업마다 화물의 운임 수준에 대한 이해관계가 차이가 발생할 수 있다. 또한 차별화된 고객서비스나 물류서비스를 제공하고 더 높은 운임을 받고자 하는 기업도 있기 때문에 공동수배송을 활성화하는데 어려움이 있다. 또한 공동배송센터, 하역장비, 정보시스템 등 투자에 대한 기업간 이해관계도 차이가 있을 수 있고, 공동수배송에 참여하는 기업간 위험과 이익에 대한 공동부담에 대한 명확한 이해나 조정이 이루어지기 어려운 점도 공동수배송 확대를 가로막고 있다.

### 5) 수송수요의 세분화

다빈도 소량운송에 대한 수요가 확대되는 등 특화된 서비스를 요구하는 고객이 증가하고 있으나 공동수배송으로는 특화된 서비스를 제공하는데 한계가 있다고 인식하는 기업은 공동수배송에 참여하기 어렵다.

### 6) 리더, 조정자 확보의 문제

공동수배송에 참여하는 기업들은 전체 구성원의 이익을 최우선으로 생각하고, 구성원의 이해관계를 조정할 수 있는 리더가 필요하다. 물류에 대한 해박한 지식과 공평한 업무처리 등을 수행할 수 있는 자질을 갖춘 리더를 선정하기 어렵고, 리더가 1개 기업에 소속되어 있는 경우 인사인동으로 자주 교체되는 등 어려움이 있다.

### 7) 기존 물류업체의 문제

공동수배송 실시 전 기존 물류업체와 관계 등을 정리하는 것이 용이하지 않다.

# 제4절 배송합리화

## 1. 배송의 효율화 대책

〈표 12-5〉 배송효율화를 위한 대책

| 하드웨어 | 소프트웨어 |
|---|---|
| ① 배송차량 및 화물 적재대의 개선과 개량<br>② 하역장소의 정비와 확장<br>③ 하역작업의 기계화와 자동화<br>③ 상하차를 위한 기기 채용 | ① 배송화물의 단위(lot)화<br>② 배송과 출화성능 집약화<br>③ 배송의 공동화<br>④ 직접배송을 통한 배송의 단축화 |

## 2. 배송 효율화의 기본요건

〈표 12-6〉 배송효율화의 기본요건

| | | | |
|---|---|---|---|
| 기본요건 | • 대형 차량화<br>• 근거리화<br>• 배송센터의 판매 터미널화 | • 대량 적재화<br>• 다수 고객의 순회화 | • 단시간화<br>• 정확한 배달화 |

## 3. 배송계획시 설정해야 할 기준

〈표 12-7〉 배송계획시 설정 기준

| | |
|---|---|
| 시간 기준 | 출발시간, 주행시간, 리드타임, 수주의 시작 및 마감시간 등 |
| 적재량 기준 | 차량별 표준 적재량의 작성 및 최저 주문단위의 설정 등 |
| 루트 기준 | 회전별 또는 구역별 배송범위 및 적재효율이 고려된 배송경로의 설정 |
| 작업 기준 | 역배송순으로의 상차 등 상하차방법의 표준 및 납품방식의 표준 등의 설정 |
| 차량 기준 | 차량의 종류, 크기, 운행대수 등 차량의 구성 및 주행에 대한 표준 설정 |

## 4. 계획배송의 종류(유형)

### 1) 다이어그램 배송방법(시간 기준과 운송경로 기준)

고객별로 수주, 피킹, 소팅, 검품, 배송 시간표 등을 작성하고 계획배송을 실시하는 방식이다. 다이어그램 배송방법은 배송범위가 협소하고 배송빈도가 높을 경우

가능한 방법이다.

다이어그램 배송은 고객에 대한 도착시간을 정시화하여 순회배송서비스를 제공할 수 있으나 배송범위가 넓고, 배송빈도가 낮은 경우에는 적용할 수 없다. 실무적으로 배송범위가 30km 이내, 배송빈도는 2회전 / 1일 또는 1.5회전 / 1일(30～60km)인 경우에 적용하고 있다.

- 다이어그램 배송 : 주행경로 ⇨ 배송순서 ⇨ 시간계획 ⇨ 계획배송

### 2) 경로 배송방법(시간과 경로 기준)

비교적 광범위한 지역에 소량의 화물을 가진 다수의 고객을 대상으로 배송할 때 유리한 배송방식이다. 지역이나 판매량을 기초로 다수의 고객을 그룹화하고, 고객 그룹별로 납품시간을 조정하여 효율적으로 배송경로에 따라 순회배송서비스를 제공한다. 실무적으로 배송범위는 60km 이상인 경우에 주로 적용한다. 배송시 중요한 고려사항은 배송범위를 몇 가지 경로로 구분한 후 1일 배송량과 순회능력을 고려하여 배송차량의 크기를 결정하며, 1일 1회 배송을 원칙으로 차량의 출발시간을 결정한다.

### 3) 적합 배송방법(적재율 기준)

혼합배송이라고도 하며, 배차담당자 중 숙련자가 차량의 적재율을 기준으로 가장 적합한 배송경로 등 배송방법을 결정하는 방법이다.

- 주문 ⇨ 배송경로 결정 ⇨ 배송순서 ⇨ 배송차 결정 ⇨ 컴퓨터프로그램 입력 ⇨ 고객입지 계산 ⇨ 최적경로 결정 ⇨ 최종결정 및 숙련담당자 결정의 순으로 진행

## 5. 배송합리화 모형

### 1) 고정다이어그램 시스템

일정한 지역에 정기적으로 화물을 배송할 때, 과거의 통계치 또는 경험을 통하여 주된 배송경로와 시각을 정해 두고 적재효율이 다소 저하되더라도 고객에 대한 적시배달과 업무의 간편성을 중시하여 배송차량을 고정적으로 운영하는 시스템이다.

### 2) 변동다이어그램 시스템

계획시점에서의 물동량, 가용차량 수, 도로사정 등의 정보를 감안하여 컴퓨터로

가장 경제적인 배송경로를 도출해서 적재 및 운송지시를 내리는 방식을 채용하는 시스템이다. 많은 외국기업이 사용하는 기법은 SWEEP법, VSP법, TSP법 등이 있다.

### (1) 스위프법(SWEEP)

배송차량의 적재범위 내에서 배송루트가 교차하지 않고 가능한 눈물방울 형태의 배송루트가 설정될 수 있도록 배송거리와 물류센터로부터의 배송위치 각도를 이용하여 최적의 배송루트를 만들어 가는 방법이다.

〈그림 12-13〉 스위프법(SWEEP)

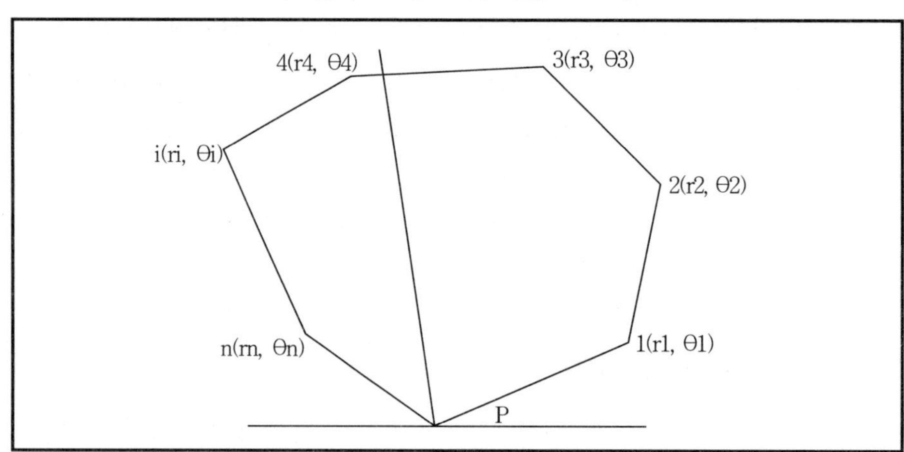


배송센터(P)를 원점으로, 각 배송처를 1, 2, … n으로 좌표위에 (ri, Θi)으로 표시한다. ri는 원점(P)과 i지점과의 직선거리를 나타내고, Θi는 가로축과의 각도를 나타낸다(수학용어로 극좌표). Θi가 작은 것부터 번호를 붙여 배송차 적재량의 제한범위까지 배송경로를 짠다.

### (2) VSP 기법(Vehicle Schedule Program)에서 Saving법

배송루트를 설계하기 위해 컴퓨터 소프트웨어로 도로 네트워크상 복수의 배송센터에서 다수의 고객에게 배송하는 데 필요한 보유 차량대수, 소요시간, 도로거리, 배송량 등 입력시 차량의 운행효율을 최대로 하는 배송루트와 필요한 차량대수를 계산한다.

〈그림 12-14〉 VSP 기법에서 Saving법

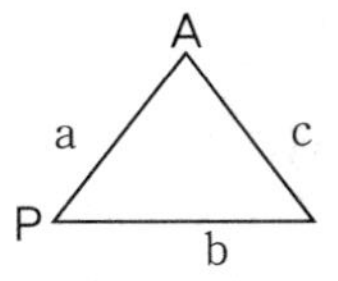


P를 배송센터, A·B를 배달처,
A·B 상호 간의 거리를 a·b·c로 할 때

⇩

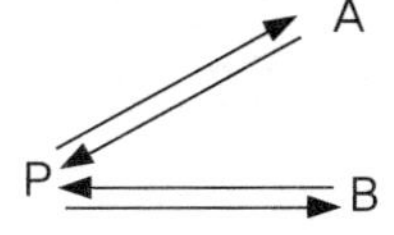


가장 단순한 배송방식은
A·B별로 그 운행에 의한 배송이다.

⇩

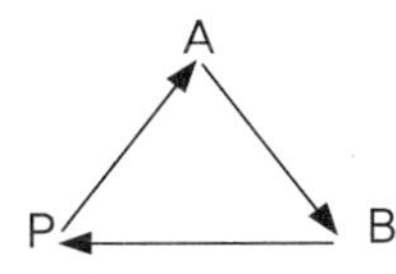


이때 그 거리는 2a + 2b라 할 수 있다. 그러나 옆의 그림과 같은 루트에서 1대의 차로 배송하면 거리는 a + b + c가 된다.

⇩

위의 그림처럼 배송방식을 바꿀 경우 배송거리가 (2a + 2b) − (a + b + c) = a + b − c만큼 절약되게 된다. 이 차이를 세이빙(saving)이라고 한다.

수십에서 수백 개의 배송처 모두에 대해 상호 간의 최단거리표를 작성하고 세이빙 표를 만든 후 세이빙차의 크기순으로 루트를 결부시켜 효율적인 배송루트를 결정한다. 물론 이 방법에 의한 해가 최적해는 아니나 대규모 배송처일 경우 계산시간이 다른 방법보다 짧은 장점이 있다.

다음 그림은 P점에 생산거점이 위치하고, A부터 E까지 물류센터에 각각의 화물을 배송하는 것으로 가정한 것이다. 각 구간의 숫자는 거리를 나타내며, A부터 E까지 배송해야 할 화물량은 각각 4톤, 2톤, 3톤, 2톤, 5톤이며, 이용가능한 화물자동차는 6톤 트럭과 10톤 트럭일 때 세이빙 거리와 차량 대수의 계산은 다음과 같다.

〈그림 12-15〉 세이빙법의 사례

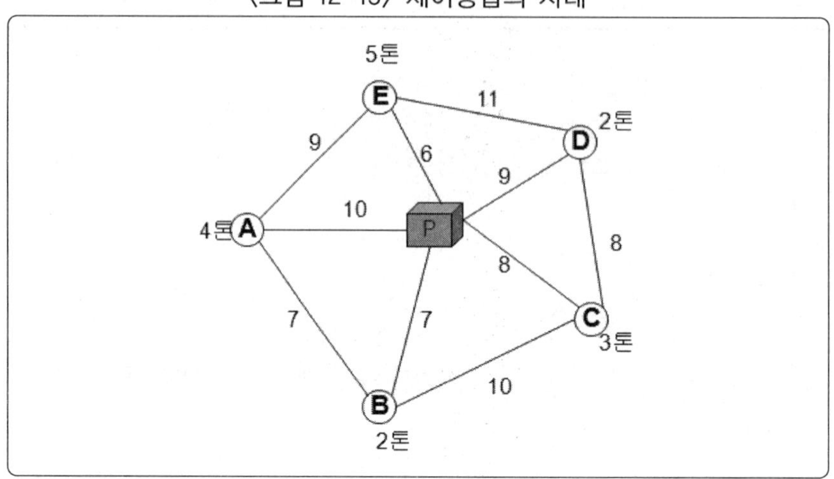


① 세이빙 없이 P에서 A, B, C, D, E지점을 왕복운송시 6톤 차량 5대가 소요되며, 운송거리는 총 80Km이다.

80Km=(6+9+8+7+10)*2

② 각 구간의 세이빙 거리 계산한 후 가장 세이빙이 큰 구간부터 세이빙할 순서를 정한다.

AB 구간 : (10+7)*2 - (10+7+7) = 10 ························ (1)
BC 구간 : (8+7)*2 - (8+7+10) = 5 ························ (4)
CD 구간 : (8+9)*2 - (8+9+8) = 9 ························ (2)
DE 구간 : (6+9)*2 - (6+11+9) = 4 ························ (5)
EA 구간 : (10+6)*2 - (10+9+6) = 7 ························ (3)

③ 세이빙이 큰 구간부터 차례로 연결하여 주행거리와 차량 대수를 산정한다. AB 구간의 세이빙이 10으로 가장 크므로 AB를 먼저 연결하고, 다른 구간은 각 지점을 왕복운행할 경우, 총주행거리는 AB(10+7+7) + (8+9+6)*2 = 70Km이다.
④ 다음으로 세이빙이 큰 구간은 CD 구간이므로 CD를 연결하고, E지점만 왕복운행할 경우 총주행거리는 AB(10+7+7) + CD(8+9+8) + 6*2 = 61Km이다.
⑤ 다음으로 세이빙이 큰 EA 구간을 연결하면 총 11톤을 운송해야 하므로 배차가 불가능하고, BC구간을 연결하면 역시 11톤을 운송해야 하나 역시 운행이 불가능하다.

⑥ 마지막으로 DE 구간을 연결하면 총 10톤으로 연결가능하며, 총운행거리는 AB(10+7+7) + CDE(8+8+11+6) = 57Km이다. 따라서, 세이빙 기법을 이용하면 5개 물류센터를 각각 왕복운행할 경우 보다 23Km 세이빙할 수 있으며, 6톤 차량 1대와 10톤 차량 1대만으로 5개 물류센터에 화물을 배송할 수 있다. 5개 물류센터를 각각 화물자동차로 운송시 6톤 트럭 5대가 필요하나, 세이빙시 총 2대의 트럭만으로 배송이 가능하다.

### (3) TSP(Traveling Salesman Program) 기법

TSP 기법은 차량이 지역배송을 위해 배송센터를 출발하여 되돌아오기까지 소요되는 거리 또는 시간을 최소화하기 위한 기법이다. 이 기법은 Karl Thompson(1964)이 제시한 휴리스틱 해법의 예를 통하여 쉽게 이해할 수 있다. TSP는 다음처럼 최단경로법을 이용하여 풀 수 있다.

- 최종 운송루트 : T ⇨ A ⇨ B ⇨ C ⇨ D ⇨ E ⇨ T, T ⇨ E ⇨ D ⇨ C ⇨ B ⇨ A ⇨ T로 되돌아 오는 경우로 27이다.

〈그림 12-16〉 거점과 고객 간 거리

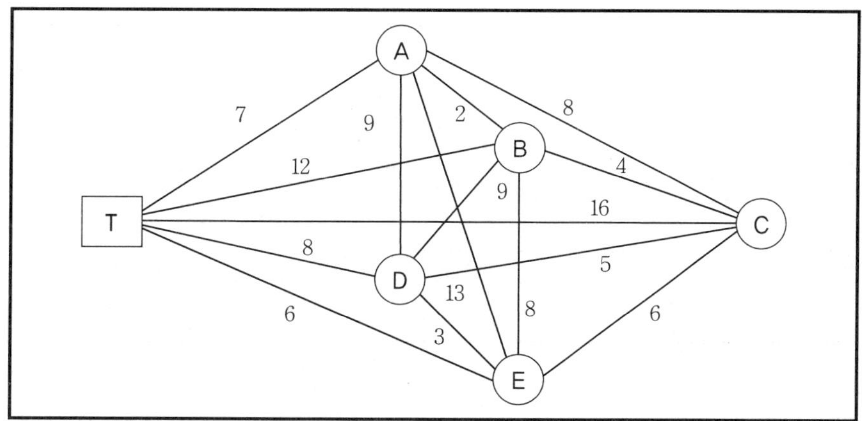

## 제5절 수배송 네트워크 모형

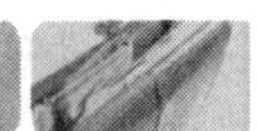

수배송 네트워크 모형은 2개 이상의 운송경로(link)가 있고, 복수의 운송거점(node)이 운송경로로 연결되는 운송망과 관련하여 가능한 각 운송구간별로 단위운송비용 또는 단위 운송량을 최적으로 배분하기 위한 방법을 말한다. 수배송 네트워크 모형은 크게 최단경로법, 최대운송량계획법, 네트워크 최소화법 등으로 구분할 수 있다.

### 1. 최단경로법(Shortest Route Problem)

출발지와 도착지 간 운송망상 두 운송거점(Node) 사이의 최단거리 또는 최소비용을 도출하기 위해 사용하는 방법이다.

S, A, B, C, D, E, F는 운송거점을 나타내고, 각 운송거점 간의 숫자는 거리를 나타내며, 단순한 직선거리를 의미하는 것은 아니다.

〈그림 12-17〉 최단경로 찾는 방법

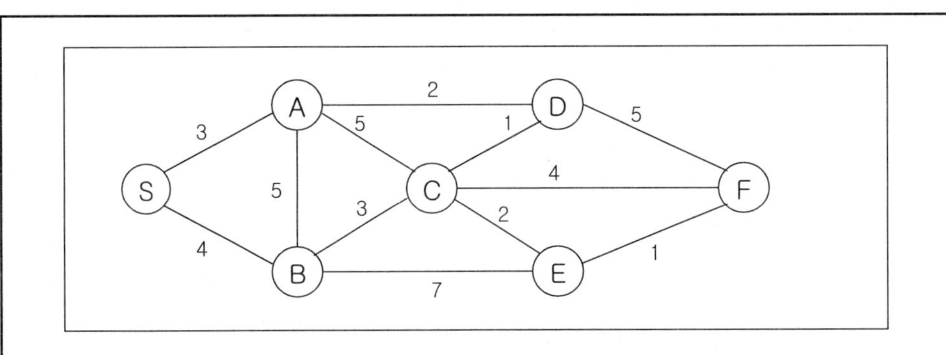


① 출발점 S로부터 가장 가까운 점 A, B 중 최단거리의 거점에 라벨을 표시한다. 즉, S에서 A거점은 (S, 3), S에서 B 거점은 (S, 4)이다.

② 다음 A에서 B, C, D점까지 S로부터 거리의 합계를 더하여 표시하면, 각각 (A, 8), (A, 8), (A, 5)로 표시할 수 있다. 다시 B에서 A, C, E점까지 S로부터 거리의 합계를 더하여 표시하면, 각각 (B, 9), (B, 7), (B, 11)로 표시할 수 있다. 총 6개의 거리 중 가장 최소의 거리를 찾으면 5(S ⇨ A ⇨ D)가 된다.

③ 다음으로 D에서 접근가능한 C, F점까지 S로부터 거리의 합계를 더하여 표시하면, 각각 (D, 6), (D, 10)로 표시할 수 있다. 여기에서 S ⇨ A ⇨ D ⇨ C의 경로를 거쳐 최종목적지 F까지 갈 경우 거리는 10이다.

④ C점에서 접근가능한 E, F점까지 S로부터 거리의 합계를 더하여 표시하면, 각각 (C, 8), (C, 10)로 표시할 수 있다. 여기에서 S ⇨ A ⇨ D ⇨ C ⇨ E의 경로를 거쳐 최종목적지 F까지 갈 경우 거리는 9이며, S ⇨ A ⇨ D ⇨ F로 가는 거리 10보다 작으므로 S ⇨ A ⇨ D ⇨ C ⇨ E가 최단경로가 된다.

⑤ 최종적으로 E점에서 접근가능한 F점까지 S로부터 거리의 합계를 더하여 표시하면 (E, 9)가 된다. 따라서 S에서 F까지 최단경로는 S ⇨ A ⇨ D ⇨ C ⇨ E ⇨ F로 거리가 9가 되기 때문에 최단거리가 된다.

〈그림 12-18〉 최단경로법의 해

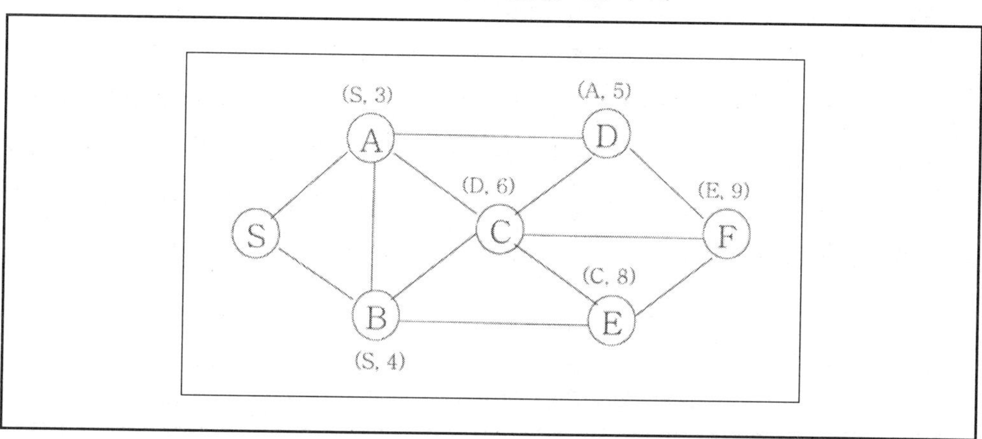


## 2. 최대수송량 계획 I

구간별 운송경로마다 운송량이 정해진 운송네트워크상 한 거점(출발지)에서 다른 거점(도착지)까지 총 수송량을 최대화하기 위해 필요한 경유지와 운송경로를 결정하는 방법이다. 출발점 S에서 목적지 F까지 운송량을 최대로 보내려 할 때 운송량을 어떻게 배분하여 어떤 운송경로를 이용해야 하는가를 찾는 방법이다.

〈그림 12-19〉 최대수송량 계획방법

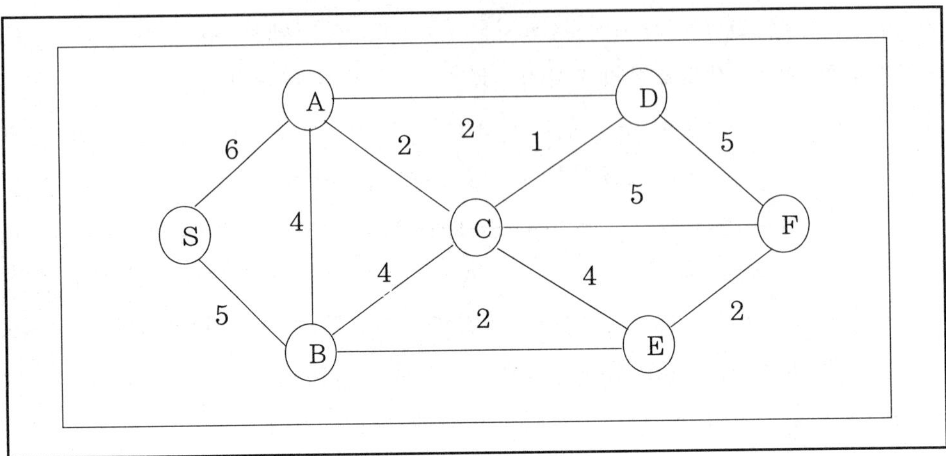


① 출발점 S로부터 도착점 F까지 연결되는 운송경로 중 최대로 운송할 수 있는 운송량을 구하고, 보내진 운송량을 차감한다. 먼저 S ⇨ A ⇨ D ⇨ F의 운송경로상에서는 A ↔ D 구간의 운송량이 2로서 다른 구간의 운송량을 제한한다. 각 운송경로에서 가장 제한적인 A ↔ D 구간의 운송량을 차감하여 최대 운송량을 구한다. 따라서 S ⇨ A ⇨ D ⇨ F의 운송경로상 최대운송량은 2이며, 각 구간의 운송량은 S ↔ A 구간은 4, A ↔ D 구간은 0, D ↔ F 구간은 3이 된다.

〈그림 12-20〉 최대수송량 계획법 1단계

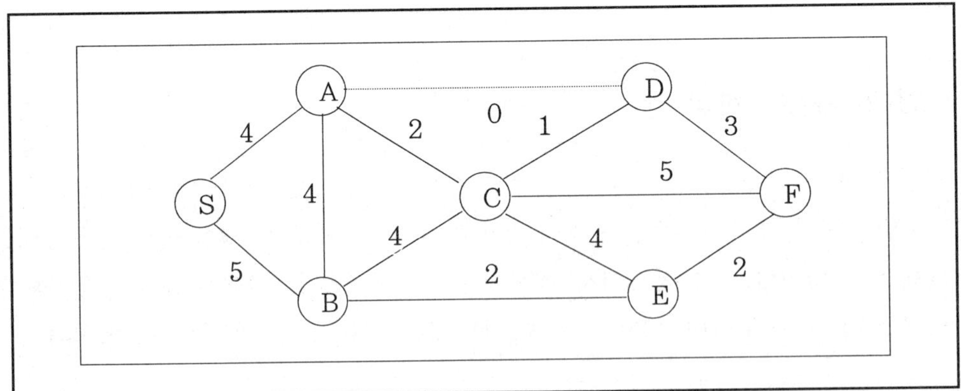


② 다음 S ⇨ A ⇨ C ⇨ D ⇨ F의 운송경로상에서는 C ↔ D 구간의 운송량이

1로서 다른 구간의 운송량을 제한한다. S ⇨ A ⇨ C ⇨ D ⇨ F의 운송경로상 최대운송량은 1이며, 각 구간의 운송량은 S ↔ A 구간은 3, A ↔ C 구간은 1, C ↔ D 구간은 0, D ↔ F 구간은 2가 된다.

〈그림 12-21〉 최대수송량 계획법 2단계

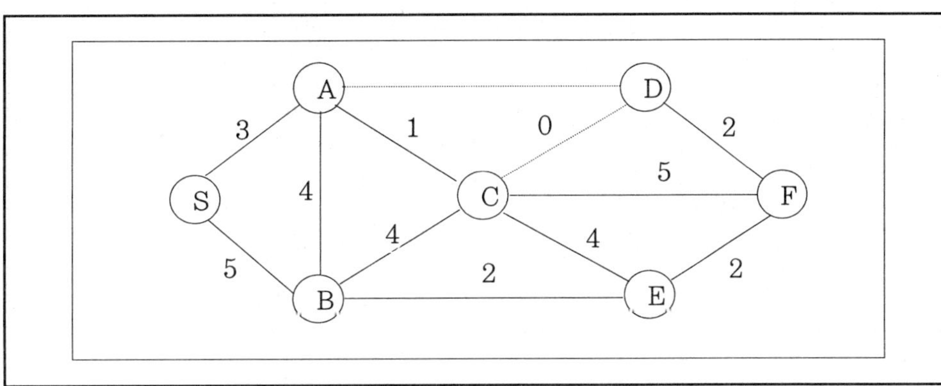


③ S ⇨ A ⇨ C ⇨ F의 운송경로상에서는 A ↔ C 구간의 운송량이 1로서 다른 구간의 운송량을 제한한다. S ⇨ A ⇨ C ⇨ F의 운송경로상 최대운송량은 1이며, 각 구간의 운송량은 S ↔ A 구간은 2, A ↔ C 구간은 0, C ↔ F 구간은 4가 된다.

〈그림 12-22〉 최대수송량 계획법 3단계

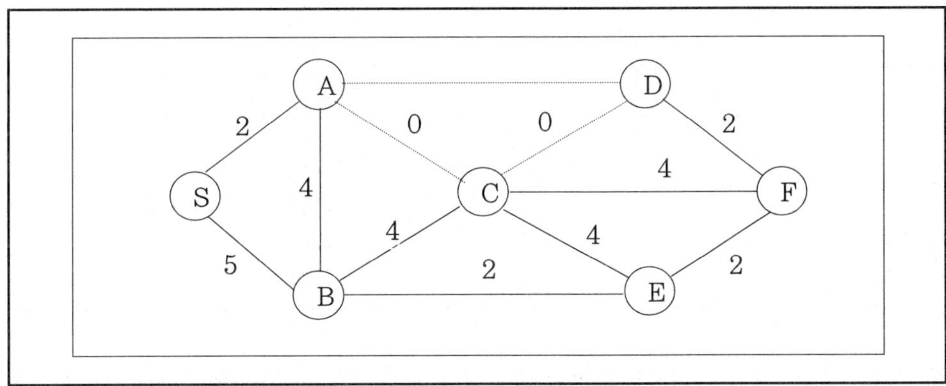


④ S ⇨ A ⇨ B ⇨ C ⇨ F의 운송경로상에서는 S ↔ A 구간의 운송량이 2로서 다른 구간의 운송량을 제한한다. S ⇨ A ⇨ B ⇨ C ⇨ F의 운송경로상 최대

운송량은 2이며, 각 구간의 운송량은 S ↔ A 구간은 0, A ↔ B 구간은 2, B ↔ C 구간은 2, C ↔ F 구간은 2가 된다.

〈그림 12-23〉 최대수송량 계획법 4단계

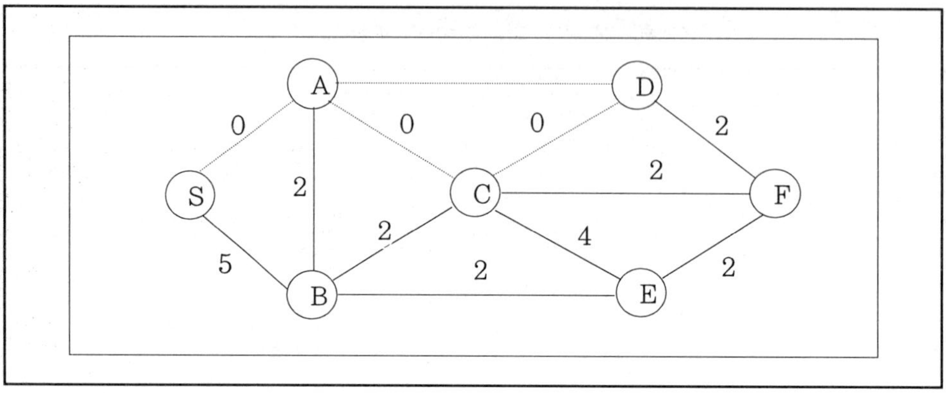

⑤ S ⇨ B ⇨ C ⇨ F의 운송경로상에서는 B ↔ C 구간의 운송량이 2로서 다른 구간의 운송량을 제한한다. S ⇨ B ⇨ C ⇨ F의 운송경로상 최대운송량은 2이며, 각 구간의 운송량은 S ↔ B 구간은 3, B ↔ C 구간은 0, C ↔ F 구간은 0이 된다.

〈그림 12-24〉 최대수송량 계획법 5단계

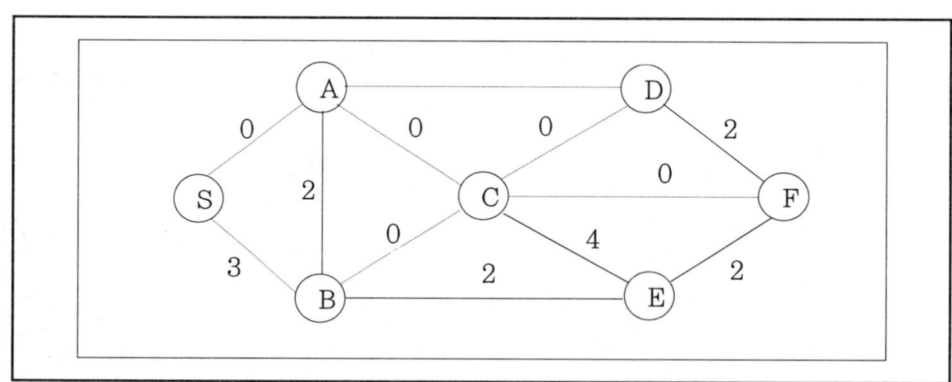


⑥ S ⇨ B ⇨ E ⇨ F의 운송경로상에서는 B ↔ E 구간의 운송량이 2로서 다른 구간의 운송량을 제한한다. S ⇨ B ⇨ E ⇨ F의 운송경로상 최대운송량은 2이며, 각 구간의 운송량은 S ↔ B 구간은 1, B ↔ E 구간은 0, E ↔ F 구간은 0이 된다.

〈그림 12-25〉 최대수송량 계획법의 해

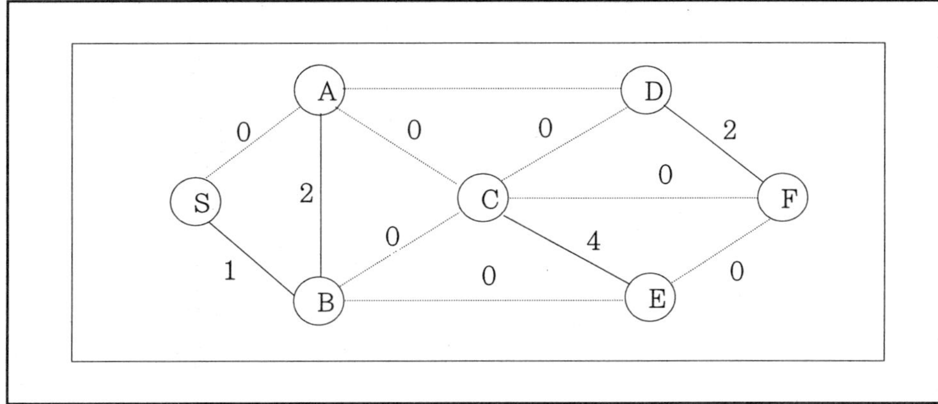


⑦ 아직 운송할 운송로는 4개 구간(S ↔ B, A ↔ B, C ↔ E, D ↔ F)이 남아 있으나 더 이상 운송은 곤란하다. 각 6개 운송경로별 최대운송량을 각각 더하면 최대운송량은 10이다.

- S ⇨ A ⇨ D ⇨ F의 운송경로 최대운송량 : 2
- S ⇨ A ⇨ C ⇨ D ⇨ F의 운송경로 최대운송량 : 1
- S ⇨ A ⇨ C ⇨ F의 운송경로 최대운송량 : 1
- S ⇨ A ⇨ B ⇨ C ⇨ F의 운송경로 최대운송량 : 2
- S ⇨ B ⇨ C ⇨ F의 운송경로 최대운송량 : 2
- S ⇨ B ⇨ E ⇨ F의 운송경로 최대운송량 : 2

## 3. 최소비용 수송계획 Ⅱ

출발지에서 도착지까지 임의의 2개 운송거점간 운송시 최소 운송비용으로 최대 운송량을 파악하는 방법이다. 최소비용 수송계획은 운송비용의 최소화와 운송량의 최대화를 동시에 도모함으로써 운송효율을 극대화하는 방안으로서 유용하게 활용할 수 있다.

운송량 할당시 출발지에서 도착지까지 가능 최소비용의 경로를 선택하고, 경로상에 있는 구간별 운송량을 감안하여 가능한 운송량의 최대치를 할당한다. ( )는 비용을 나타낸다.

〈그림 12-26〉 최소비용 수송계획방법

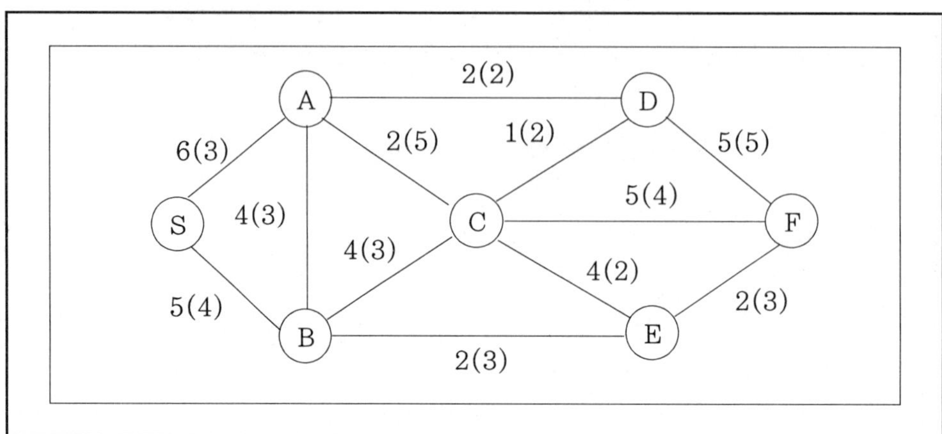


① 최단경로법을 이용하여 단위당 운송량 비용이 최소가 되는 경로의 운송량을 감소시키는 방식으로 최소비용 수송계획을 수립할 수 있다. 단위 운송량 비용이 최소가 되는 경로는 S ⇨ A ⇨ D ⇨ F의 운송경로이며, 이 운송경로를 이용하는 운송량은 2가 된다. S ⇨ A ⇨ D ⇨ F 운송경로의 비용은 10(3+2+5)이 된다.

〈그림 12-27〉 최소비용 수송계획법 1단계

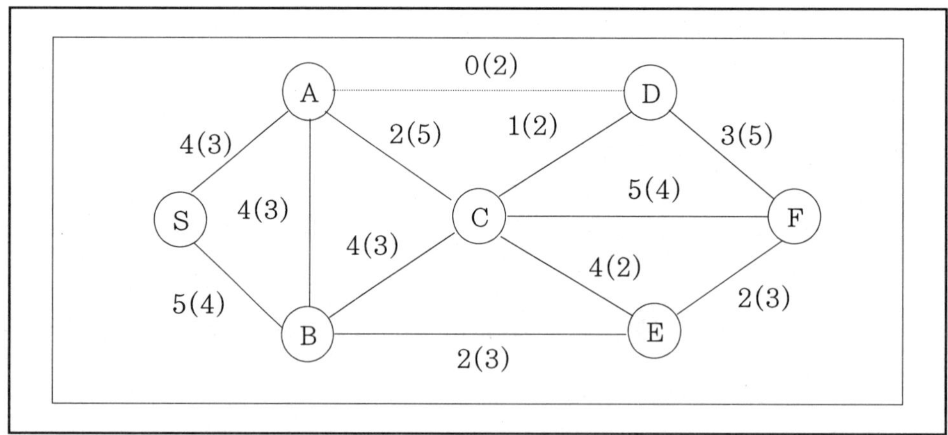


② 단위 운송량 비용이 최소가 되는 경로는 S ⇨ B ⇨ E ⇨ F의 운송경로이며, 이 운송경로를 이용하는 운송량은 2가 된다. S ⇨ B ⇨ E ⇨ F 운송경로의 비용은 10(4+3+3)이 된다.

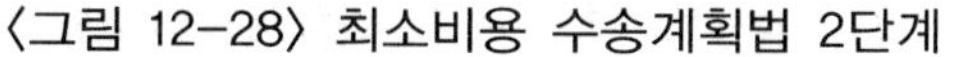

〈그림 12-28〉 최소비용 수송계획법 2단계

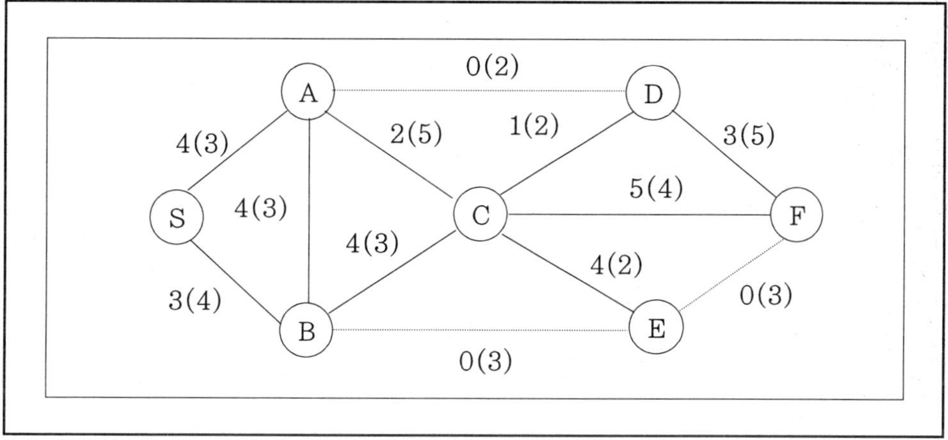


③ 단위 운송량 비용이 최소가 되는 경로는 S ⇨ B ⇨ C ⇨ F의 운송경로이며, 이 운송경로를 이용하는 운송량은 3이 된다. S ⇨ B ⇨ C ⇨ F 운송경로의 비용은 11(4+3+4)이 된다.

〈그림 12-29〉 최소비용 수송계획법 3단계

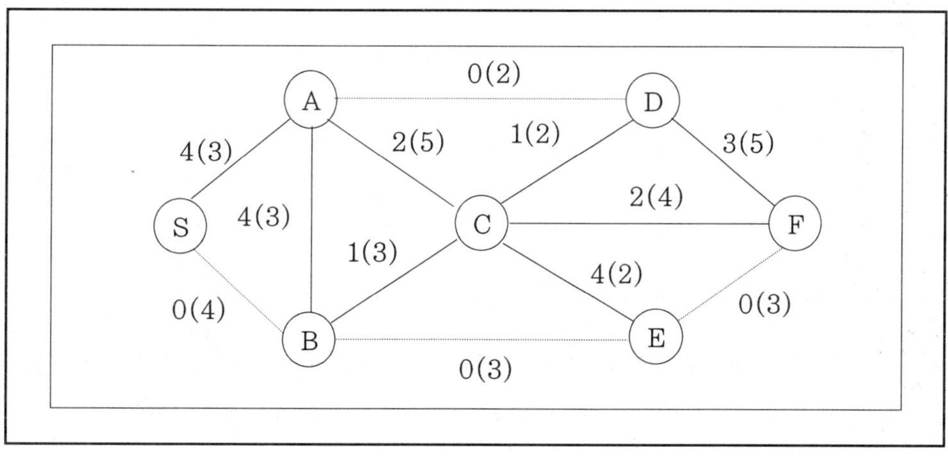


④ 단위 운송량 비용이 최소가 되는 경로는 S ⇨ A ⇨ C ⇨ F의 운송경로이며, 이 운송경로를 이용하는 운송량은 2가 된다. S ⇨ A ⇨ C ⇨ F 운송경로의 비용은 12(3+5+4가 된다.

〈그림 12-30〉 최소비용 수송계획법 4단계

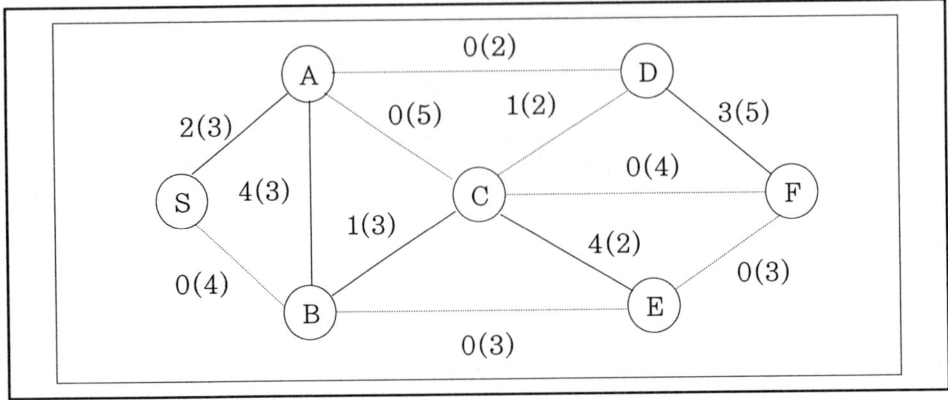


⑤ 단위 운송량 비용이 최소가 되는 경로는 S ⇨ A ⇨ B ⇨ C ⇨ D ⇨ F의 운송경로이며, 이 운송경로를 이용하는 운송량은 1이 된다. S ⇨ A ⇨ B ⇨ C ⇨ D ⇨ F 운송경로의 비용은 16(3+3+3+2+5)이 된다.

〈그림 12-31〉 최소비용 수송계획법의 해

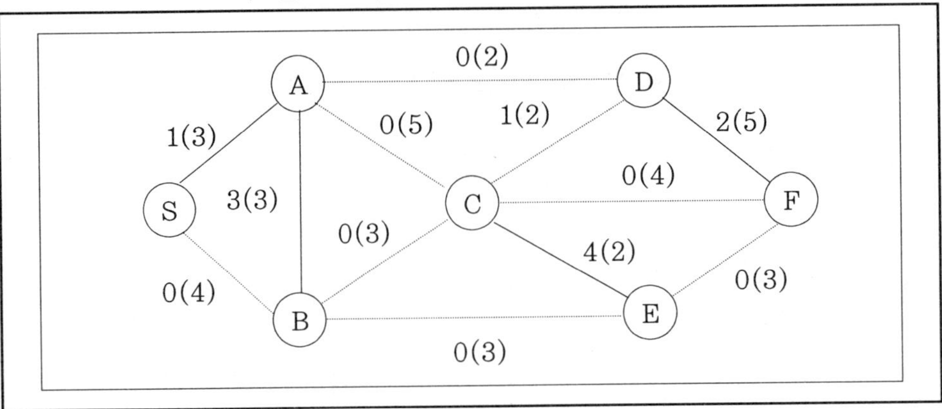


⑥ 각 5개 운송경로별 최대운송량은 10이며, 이때의 총비용은 113이다. 운송비용은 $2 \times 10 + 2 \times 10 + 3 \times 11 + 2 \times 12 + 1 \times 16 = 113$으로 계산한다

|  |  |  |
|---|---|---|
| • S ⇨ A ⇨ D ⇨ F의 운송경로 최대운송량 | : 2, | 단위운송비용 : 2×10=20 |
| • S ⇨ B ⇨ E ⇨ F의 운송경로 최대운송량 | : 2, | 단위운송비용 : 2×10=20 |
| • S ⇨ B ⇨ C ⇨ F의 운송경로 최대운송량 | : 3, | 단위운송비용 : 3×11=33 |
| • S ⇨ A ⇨ C ⇨ F의 운송경로 최대운송량 | : 2, | 단위운송비용 : 3×12=24 |
| • S ⇨ A ⇨ B ⇨ C ⇨ D ⇨ F 운송경로 최대운송량 | : 1, | 단위운송비용 : 1×16=16 |
| 합 계 | 10 | 113 |

## 4. Clarke-Wright법(외판원문제)

발견적 기법(휴리스틱)의 하나로서 기본 개념은 절약(Saving)에서 출발한다. dij(i거래처에서 j거래처까지의 거리), dk(각 거래처의 배달 요구량)로 할 때 (1)의 경우 차량 1대는 i점에 다른 1대는 j점에 챠량을 배차하는 방법이고, (2)의 경우 차량 한 대가 i를 거쳐 j까지 모두 순회하여 운송하는 경우를 나타낸다. (2)의 경우가 (1)의 경우보다 차량의 운행거리가 짧다.

〈그림 12-32〉 Clake Wright 기본 도해

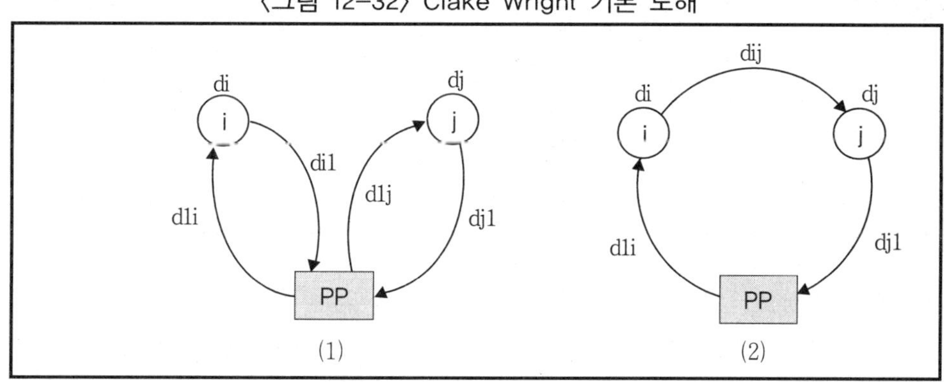


- (1)의 경우 총 거리 = d1i + di1 + d1j + dj1
  (2)의 경우 총 거리 = d1i + dij + dj1
  (1)과 (2)의 차이 Sij(절약)는 di1 + d1j − dij, 이것은 양수

## 제6절 수송문제 해법

### 1. 북서코너법(North-West Corner Method)

북서코너법은 운송비용은 전혀 고려하지 않고 하나의 실행가능한 해를 신속하게 구하는 방법이다. 북서코너법은 운송표의 칸을 채울 때 북서쪽의 칸부터 가로와 세로의 물동량을 비교한 후 가능한 최대의 값을 할당하는 방법이다.

각 행은 공급지를 나타내며, 각 공급지의 공급량은 우측 가장자리에 표시되어 있다. 또한 각 열은 수요지를 나타내며, 각 수요지의 수요량은 맨아래측에 표시되

어 있다. 3개의 공급지와 4개의 수요지의 12개 칸은 각 공급지에서 각 수요지까지 공급 Xij를 의미하고, 왼쪽 상부에는 단위당 운송비가 표시되어 있다.

■ **북서코너법을 이용한 문제해결**

다음의 초기운송표와 같은 운송조건이 주어졌을 때 북서코너법을 이용하여 각 구간별 물동량을 할당하는 방법은 아래와 같다.

〈표 12-8〉 북서코너법의 적용을 위한 초기운송표

| 공급지 \ 수요지 | A | B | C | D | 공급 합계 |
|---|---|---|---|---|---|
| X | (10) | (12) | (13) | (15) | 50 |
| Y | (13) | (10) | (7) | (9) | 90 |
| Z | (14) | (11) | (8) | (10) | 160 |
| 수요 합계 | 100 | 80 | 50 | 70 | 300 |

① 일단 북서코너법은 각 구간별 단위운송비용은 무시한다. 북서쪽에 있는 칸부터 할당량을 배정하므로 X 공급지 – A 수요지칸에 X 공급지의 최대공급량(X 공급량 합계 50과 A 수요량 합계 100중 작은 값인 50을 배정)인 50을 할당한다. X 공급지 합계는 50 – 50 = 0이 된다.

② A 지역의 수요량 50(100 – 50)이 남았으므로 수요량 50을 Y 공급지 – A 수요지 칸에 50을 할당한다. A 수요지 합계는 50씩 두 번 배정하였으므로 100 – 50 – 50 = 0이 된다.

③ Y 공급지의 남은 공급가능량 40(90 – 50)은 Y 공급지 – B 수요지 칸에 할당한다. Y 공급지 합계는 90 – 50 – 40 = 0이 된다.

④ B지역의 수요량 40(80 – 40)은 Z 공급지 – B수요지 칸에 할당한다. B 수요지 합계는 40씩 두 번 배정하였으므로 80 – 40 – 40 = 0이 된다.

⑤ Z 공급지의 남은 공급가능량 120(160 – 40)은 Z 공급지 – C수요지에 C 수요량인 50을 할당하고, Z 공급지 – D수요지에 D 수요량인 70을 할당한다. C수요지는 50 – 50 = 0이 되고, D수요지는 70 – 70 = 0이 된다. Z 공급지는 160 – 40 – 50 – 70 = 0이 된다.

⑥ 총운송비는 각 구간별 할당량과 각 구간별 단위운송비용을 곱하여 산출한다. 즉, 총운송비 : 10 × 50 + 13 × 50 + 10 × 40 + 11 × 40 + 8 × 50 + 10 × 70 = 3,090원이다.

〈표 12-9〉 북서코너법을 이용한 최종 운송표

| 공급지＼수요지 | A | B | C | D | 공급 합계 |
|---|---|---|---|---|---|
| X | (10) 50 | (12) | (13) | (15) | 50 − 50 = 0 |
| Y | (13) 50 | (10) 40 | (7) | (9) | 90 − 50-40 = 0 |
| Z | (14) | (11) 40 | (8) 50 | (10) 70 | 160 − 40 − 50-70 = 0 |
| 수요 합계 | 100 = 50 + 50 | 80 = 40 + 40 | 50 − 50 | 70 − 70 | 300 |

## 2. 보겔의 추정법(Vogel's Approximation Method : VAM)

보겔 추정법은 기회비용의 개념을 활용, 총운송비용이 최소화되도록 물동량을 할당하는 탐색적 기법이다. 각 행과 각 열별로 가장 낮은 수준의 단위운송비용과 두 번째로 낮은 수준의 단위운송비용을 찾아 그 운송비용 차이를 계산, 기회비용이 가장 크게 발생하는 곳부터 운송량을 배정해나간다.

■ **보겔 추정법을 이용한 문제해결**

X 공급지에 화물을 발송할 때는 A 수요지에 발송하는 것이 운송비를 절감할 수 있어 바람직하나, 만약 A 수요지가 이미 다른 공급자로부터 화물을 받았을 경우 X 공급지에서는 차선책으로 B 수요지에 화물을 발송하는 것이 바람직하다. 따라서 단위운송비의 차이(12원 − 10원 = 2원)만큼 추가 운송비용이 소요된다. 이러한 기회비용의 개념(가장 저렴한 운송비와 두 번째 저렴한 운송비의 차이)으로 수요지와 공급지의 물동량을 할당하는 기법이다.

〈표 12-10〉 보겔 추정법의 적용을 위한 초기 운송표

| 공급지＼수요지 | A | B | C | D | 공급 합계 | 기회비용 |
|---|---|---|---|---|---|---|
| X | (10) | (12) | (13) | (15) | 50 | 2 |
| Y | (13) | (10) | (7) | (9) | 90 | 2 |
| Z | (14) | (11) | (8) | (10) | 160 | 2 |
| 수요 합계 | 100 | 80 | 50 | 70 | 300 | |
| 기회비용 | 3 | 1 | 1 | 1 | | |

① 기회비용이 가장 큰 것은 A 지역이며, 그 칸에서 단위운송비용이 최소인 곳은 X 공급지 – A 수요지 칸이므로 X 공급지의 공급가능량인 50을 모두 할당한다.

〈표 12-11〉 보겔 추정법의 적용을 위한 두 번째 운송표

| 공급지＼수요지 | A | B | C | D | 공급 합계 | 기회비용 |
|---|---|---|---|---|---|---|
| X | (10) 50 | (12) | (13) | (15) | 50 − 50 = 0 | |
| Y | (13) | (10) | (7) | (9) | 90 | 2 |
| Z | (14) | (11) | (8) | (10) | 160 | 2 |
| 수요 합계 | 100 − 50 = 50 | 80 | 50 | 70 | 300 | |
| 기회비용 | 3 ⇨ 1 | 1 | 1 | 1 | | |

② X 공급지는 공급량 50을 할당하였으므로 0이 되고, X 공급라인은 전체를 삭제한 후 기회비용을 다시 계산한다. 각 행과 열의 기회비용을 수정하며, 공급량 또는 수요량이 0인 행과 열은 표에서 제외한다. 위의 두 번째 표의 경우 A 지역 수요량은 50(100 – 50)이 되며, 기회비용 또한 공급량이 0이 된 X 수요지는 무시되므로 1(14 – 13)로 수정하여 위의 두 번째 표와 같은 결과를 얻었다.

③ 두 번째 표에서 기회비용은 Y, Z 공급지 모두가 동일한 2원이며, 단위운송비용이 최소인 곳은 C 수요지 – Y 공급지이므로 Y 공급가능량인 90을 공급할 수 있으나 C 수요지의 수요가능량이 50에 불과하므로 C 수요지 – Y 공급지에는 50만 할당한다. Y공급지는 40(90-50)이 남게 된다. C 수요지 – Y 공급지에 50을 배정하면 C수요라인은 0이 되므로 다시 기회비용을 산정한다. 기회비용을 다시 산정하면 Y공급지, Z공급지 모두 기회비용은 1이 된다.

〈표 12-12〉 보겔 추정법의 적용을 위한 세 번째 운송표

| 공급지＼수요지 | A | B | C | D | 공급 합계 | 기회비용 |
|---|---|---|---|---|---|---|
| X | (10) 50 | (12) | (13) | (15) | 50 − 50 = 0 | |
| Y | (13) | (10) | (7) 50 | (9) | 90 − 50 = 40 | |
| Z | (14) | (11) | (8) | (10) | 160 | 1 |
| 수요 합계 | 100 − 50 = 50 | 80 | 50 − 50 = 0 | 70 | 300 | |
| 기회비용 | 1 | 1 | | 1 | | |

④ 기회비용은 A, B, D 수요지 모두 1이고, Y와 Z공급지의 기회비용도 모두 1이다. 따라서 어느 곳에 먼저 물동량을 할당해도 관계없다. 우선Y공급지와 D수요지가 만나는 곳에 40을 할당하기로 한다. Y공급지 라인에서 D 수요지 －Y 공급지에 40을 배정하면 Y 공급합계는 0이 되고, D 수요지 합계는 30이 된다. 다시 기회비용을 계산하면다음과 같은 네 번째 운송표를 작성할 수 있다. 다음은 D지역의 운송가능량 30을 Z 공급지와 D수요지가 만나는 칸에 할당하면 D수요지는 0이 된다.

〈표 12-13〉 보겔 추정법의 적용을 위한 네 번째 운송표

| 수요지<br>공급지 | A | B | C | D | 공급 합계 | 기회비용 |
|---|---|---|---|---|---|---|
| X | (10) 50 | (12) | (13) | (15) | 50 － 50 = 0 | |
| Y | (13) | (10) | (7) 50 | (9) 40 | 90 － 90 = 0 | 1 |
| Z | (14) | (11) | (8) | (10) 30 | 160-30=130 | 1 |
| 수요 합계 | 100 － 50 = 50 | 80 | 50 － 50 = 0 | 70 － 40 = 30 | 300 | |
| 기회비용 | 1 | 1 | | 1 | | |

⑤ Z 공급지의 공급가능량은 130(160 − 30)인데 A 수요지와 B 수요지의 기회비용이 동일하고, 수요량만큼만 할당이 가능하므로 Z 공급지 − A수요지에 50을 할당하면 A 수요지 합계는 0(100 − 50 − 50 = 0)이 되고, Z 공급지 − B수요지에 80을 할당하면 B 수요지 합계도 0(80 − 80 = 0)이 되어 모든 공급량과 수요량이 0이 된다.

〈표 12-14〉 보겔 추정법의 적용을 위한 최종 운송표

| 수요지<br>공급지 | A | B | C | D | 공급 합계 |
|---|---|---|---|---|---|
| X | (10) 50 | (12) | (13) | (15) | 50 － 50 = 0 |
| Y | (13) | (10) | (7) 50 | (9) 40 | 90 － 90 = 0 |
| Z | (14) 50 | (11) 80 | (8) | (10) 30 | 160-30-50-80= 0 |
| 수요 합계 | 100 － 50 - 50 = 0 | 80 - 80=0 | 50 － 50 = 0 | 70 － 40 － 30 =0 | 300 |

⑥ 총운송비는 각 구간별 할당량을 각 구간별 단위운송비용을 곱하여 산출할 수 있다. 즉, 총운송비 = 10 × 50 + 14 × 50 + 11 × 80 + 7 × 50 + 9 × 40 + 10 × 30 = 3,090원이 된다.

## 3. 최소비용법(Least Cost Method)

보겔 추정법과 유사하나 최소비용법은 초기 운송표상에서 단위운송비용이 가장 낮은 칸에 우선적으로 할당하되, 할당시 그 칸이 포함된 행의 공급가능량과 열의 수요량을 감안하여 할당이 가능한 최대량을 배정한다.

### ■ 최소비용법을 이용한 문제해결

모든 칸 중 단위운송비용이 가장 낮은 칸을 찾아 그 칸이 포함된 행의 공급가능량과 열의 수요량을 감안하여 할당이 가능한 최대량을 배정한다. 또한 그 칸을 교차하는 행과 열 중 공급량이 완전 충족되었거나 수요량이 완전히 충족된 경우 해당 행 또는 열에 포함되는 칸들을 이후 고려대상에서 제외한다.

〈표 12-15〉 최소비용법의 적용을 위한 초기 운송표

| 수요지 / 공급지 | A | B | C | D | 공급 합계 |
|---|---|---|---|---|---|
| X | (10) | (12) | (13) | (15) | 50 |
| Y | (13) | (10) | (7) | (9) | 90 |
| Z | (14) | (11) | (8) | (10) | 160 |
| 수요 합계 | 100 | 80 | 50 | 70 | 300 |

① 단위운송비용이 가장 낮은 칸은 Y 공급지 – C 수요지칸(단위운송비용은 7원)이다. 이 칸에 할당가능량의 최대치(X공급 합계 50과 A수요 합계 100을 비교하여 작은 50 배정)인 50을 할당한다. C수요지 수요량은 0(50 – 50 = 0)이 되고, Y 공급지의 공급량은 40(90 – 50)으로 수정한다.

〈표 12-16〉 최소비용법의 적용을 위한 두 번째 운송표

| 수요지 / 공급지 | A | B | C | D | 공급 합계 |
|---|---|---|---|---|---|
| X | (10) | (12) | (13) | (15) | 50 |
| Y | (13) | (10) | (7) 50 | (9) | 90 – 50 = 40 |
| Z | (14) | (11) | (8) | (10) | 160 |
| 수요 합계 | 100 | 80 | 50 – 50 = 0 | 70 | 300 |

② 두 번째 운송표에서 단위운송비용이 가장 낮은 칸은 Z 공급지 - C 수요지칸(단위운송비용 8원)이나 이미 C수요지의 수요량은 0이므로 제외하고, 다음으로 단위비용이 낮은 Y 공급지 - D 수요지칸(단위운송비용은 9원)이다. 이 칸에 할당가능량인 40을 할당한다. Y공급지의 공급량은 0(90 - 50 - 40 = 0)이 되고, D 수요지의 수요량은 30(70 - 40)으로 수정한다.

〈표 12-17〉 최소비용법의 적용을 위한 세 번째 운송표

| 공급지 \ 수요지 | A | B | C | D | 공급 합계 |
|---|---|---|---|---|---|
| X | (10) | (12) | (13) | (15) | 50 |
| Y | (13) | (10) | (7) 50 | (9) 40 | 90 - 50 - 40 = 0 |
| Z | (14) | (11) | (8) | (10) | 160 |
| 수요 합계 | 100 | 80 | 50 - 50 = 0 | 70 - 40 = 30 | 300 |

③ 세 번째 운송표에서 단위운송비용이 가장 낮은 칸은 Z 공급지 - D 수요지칸(단위운송비용은 10원)과 X 공급지 - A 수요지칸(단위운송비용은 10원)이다. Z 공급지 - D 수요지칸에는 30을 할당하면 D 수요지의 수요량은 0(70 - 40 - 30 = 0)이 되고, Z공급지 공급량은 130(160 - 30 = 0)이 된다. 또한 X 공급지 - A 수요지칸에는 X 공급지의 공급가능량인 50을 할당하면, X 공급지 공급량은 0(50 - 50 = 0)이 되고, A 수요지의 수요량은 50(100 - 50 = 0)으로 수정한다. Y 공급지 - B 수요지칸(단위운송비용은 10원)은 이미 Y공급 합계가 0이기 때문에 물량을 배정할 수 없다.

〈표 12-18〉 최소비용법의 적용을 위한 네 번째 운송표

| 공급지 \ 수요지 | A | B | C | D | 공급 합계 |
|---|---|---|---|---|---|
| X | (10) 50 | (12) | (13) | (15) | 50 - 50 = 0 |
| Y | (13) | (10) | (7) 50 | (9) 40 | 90 - 50 - 40 = 0 |
| Z | (14) | (11) | (8) | (10) 30 | 160 - 30 = 130 |
| 수요 합계 | 100 - 50 = 50 | 80 | 50 - 50 = 0 | 70 - 40 - 30 = 0 | 300 |

④ 네 번째 운송표에서 단위운송비용이 가장 낮은 칸은 Z 공급지 - B 수요지칸(단위운송비용은 11원)이다. 이 칸에 B 수요지의 할당가능량의 최대치인 80을 할당한다. Z 공급지의 공급량은 50(130 - 80)으로 수정하고, B 수요지 합계는 0(80 - 80 = 0)으로 수정한다.

〈표 12-19〉 최소비용법의 적용을 위한 다섯 번째 운송표

| 수요지 / 공급지 | A | B | C | D | 공급 합계 |
|---|---|---|---|---|---|
| X | (10) 50 | (12) | (13) | (15) | 50 - 50 = 0 |
| Y | (13) | (10) | (7) 50 | (9) 40 | 90 - 50 - 40 = 0 |
| Z | (14) | (11) 80 | (8) | (10) 30 | 160 - 30 - 80 = 50 |
| 수요 합계 | 100 - 50 = 50 | 80 - 80 = 0 | 50 - 50 = 0 | 70 - 40 - 30 = 0 | 300 |

⑤ 다섯 번째 운송표에서 단위운송비용 12원, 13원인 칸에는 수요 합계 또는 공급합계가 0이기 때문에 물량을 배정할 수 없다. 따라서 Z공급지 - A 수요지칸(단위운송비용 14원)에 공급 잔량 50을 할당하면 최소비용법에 의한 최종 결과를 얻을 수 있다.

〈표 12-20〉 최소비용법의 적용을 위한 최종 운송표

| 수요지 / 공급지 | A | B | C | D | 공급 합계 |
|---|---|---|---|---|---|
| X | (10) 50 | (12) | (13) | (15) | 50 - 50 = 0 |
| Y | (13) | (10) | (7) 50 | (9) 40 | 90 - 50 - 40 = 0 |
| Z | (14) 50 | (11) 80 | (8) | (10) 30 | 160 - 30 - 80 - 50 = 0 |
| 수요 합계 | 100 - 50 - 50 = 0 | 80 - 80 = 0 | 50 - 50 = 0 | 70 - 40 - 30 = 0 | 300 |

⑥ 총운송비는 각 구간별 할당량을 각 구간별 단위운송비용을 곱하여 산출할 수 있다. 즉, 총운송비 = 10 × 50 + 14 × 50 + 11 × 80 + 7 × 50 + 9 × 40 + 10 × 30 = 3,090원이 된다.

제 13 장

# 화물보험

## 제1절 화물보험의 기초

### 1. 화물보험의 개요

화물보험은 손해보험의 일부로서 물류활동 중 운송시 화물에 발생하는 손해나 손실과 관련한 보험이다. 물품의 국제해상운송 및 국내 연안운송 등 해상운송과 철도나 화물트럭에 의한 육상운송, 국내외의 항공기와 우편에 의해 물품운송 중에 발생하는 예상하지 못한 우발적 손해나 손실을 보장하는 보험을 말한다.

화물보험을 포함하여 물류와 관련한 화재보험, 도난보험, 점포종합보험, 배상책임보험 등 여러 가지 손해보험이 있다. 물품의 생산단계에서는 원자재와 제품보관 중의 사고에 대비한 화재보험이 있고, 운송 중에는 화물보험, 창고보관 중에는 화재보험과 도난보험, 풍수해보험 등이 있다. 도소매 단계에서는 점포종합보험과 동산종합보험 등이 있다. 운송도중 운송업자가 제3자나 화주에게 손해를 입혔을 경우 보험사가 보상하는 배상책임보험 등이 있다.

배상책임보험은 하역 중 항만노무공급자가 화물이나 항만시설에 손해를 입힌 경우 보상하거나, 컨테이너 운송 중 제3자에게 입힌 손해도 보상하는 보험이다. 이처럼 손해보험은 선박, 트럭, 항공기, 창고, 공장 등과 관련한 선박보험, 자동차보험, 항공기보험, 화재보험 등이 있다. 화물보험은 손해보험의 하나로서 선박보험과 함께 해상에서 발생하는 우연한 사고를 담보하는 해상보험 중 하나이다.

## 2. 화물보험의 종류

화물보험은 해상보험의 하나로 발전해 왔으며, 교통통신기술의 발전, 컴퓨터와 반도체, 핸드폰 등 고가품의 거래 증가, 그리고 고객의 요구가 고도화됨에 따라 화물보험도 수출입 무역에 따른 외항적하보험, 내항적하보험, 운송보험 등의 각종 보험을 여러 개 맞추어서 보험을 수탁하는 예가 많아지게 되었다.

보험회사는 계약자의 구체적인 요구에 적합한 보험을 만들어 위 3종의 보험 중 어느 하나의 보험증권을 발행하게 되며, 이를 일컬어 오더메이드 보험이라고 한다. 오더메이드 보험은 보통 보험대리점이 시중에서 판매되고 있는 상품 중 고객의 호응도가 높은 상품을 한데 묶어 고객이 원하는 조건을 직접 보험사에 주문해 제작한 보험 상품을 말한다.

## 3. 화물보험의 특색

화물보험은 다른 손해보험과 마찬가지로 화물의 소유자나 운송업자가 입은 금전적 손실을 보상한다는 점에서는 동일하지만, 화물보험은 이동하는 화물을 대상으로 한다는 점에서 다른 보험과 다른 몇 가지 특징을 가지고 있다.

### 1) 항해보험(구간보험)

화물보험은 일반적으로 일정기간 동안의 기간보험이 아니라 A항만에서 B항만까지 일정구간에서의 항해보험(구간보험)이다. 화재보험이나 자동차보험은 일정기간(대체로 1년 등)을 보험기간으로 정해서 보험계약을 체결하나, 화물보험은 A지점(항만)에서 B지점(항만)까지 운송기간 중 발생하는 사고나 손해에 대해서 담보한다.

### 2) 평가제 보험과 희망이익

화물보험은 계약시 보험자와 피보험자 간에 보험가액을 협정하는 평가제 보험증권(valued policy)을 발행하는 것을 원칙으로 한다. 화재보험의 경우 보험회사는 계약자와 보험금액을 사전에 결정하지만 보험가액 자체는 결정하지 않고 계약한다는 점에서 화물보험과 다르다. 화물보험에서 보험 목적물은 전세계적으로 이동하고, 사고발생 일시나 장소를 정확하게 알기가 어려울 뿐만 아니라, 사고발생 시

점과 장소에서의 화물가액을 기초로 하는 손실을 보장하기가 어렵다. 따라서 화물보험에서는 계약시 보험자와 피보험자간에 보험가액을 협의하여 결정한 것으로 하는 것을 원칙으로 한다. 통상 화물보험에서는 보험가액을 도착지 가격의 10%, 즉 희망이익을 포함한 가액을 협정가액으로 산정한다.

### 3) 위험변동과 고지의무

화물이 가진 잠재적 위험이나 위험발생 가능성 또는 위험변동 등에 대하여 계약체결시 피보험자는 보험목적물에 대한 구체적인 사항을 보험자에게 알려줄 의무가 있는데 이를 고지의무라 한다. 보험계약 당사자 중 일부가 최대선의를 준수하여 고지의무를 지키지 않으면 상대방(보험자)은 보험계약을 취소할 수 있다.

### 4) 담보조건

기본적인 담보조건은 외항적하보험의 경우 '분손부 담보조건', '분손 담보조건', '전위험 담보조건'이 있으며, 내항적하보험과 운송보험의 경우 국내화물보험에서는 '특정 위험담보'와 '전위험담보' 조건이 있다.

분손부 담보조건은 분손은 보상하지 않고, 전손 또는 화재, 폭발, 운송용구의 침몰, 좌초, 충돌, 탈선, 전복, 추락 등으로 발생하는 손해를 담보한다. 분손 담보조건은 분손부 담보조건의 손해에 분손까지 담보하는 조건이다. 전위험 담보조건은 모든 사고에 의한 손해를 담보하는 조건이다. 보험자가 보상해주는 담보범위가 넓은 조건의 순위는 전위험 담보조건, 분손 부담보조건, 분손 담보조건 순이며, 담보범위가 넓은 보험조건은 그만큼 보험료 수준도 높기 때문에 보험계약자가 보험가입시 적절한 담보조건을 선택하여 보험에 가입한다.

국내화물보험에서 특정 위험담보는 화재, 폭발, 운송용구의 충돌, 전복, 탈선, 추락, 불시착, 침몰, 좌초 등으로 발생한 손해에 대해 전손이나 분손을 불문하고 담보하며, 전위험 담보조건은 모든 우연한 사고에 의해 발생하는 손해를 담보한다. 그러나 어떤 경우에도 운송지연, 화주의 불완전 화물, 자체 고유의 성질, 보험계약자와 피보험자의 고의나 중대한 과실에 의한 손해는 보상하지 않는다.

### 5) 특약포괄 예정보험

계약자는 화물발송시 사전에 보험회사나 그 대리점에 보험가입을 신청하고, 보험료는 위험개시 전에 납부해야 한다. 사전에 화물의 발송일시 등을 사전에 파악하기 어려운 경우가 많으므로 계약자는 예정보험제도를 이용하여 보험계약서 내용 일부에 불확정한 요소가 있는 상태로 보험에 가입하고, 보험회사가 그 리스크를 포함하도록 하는 방법으로 보험계약을 체결한다.

또한 계속적으로 장기간 화물을 발송할 경우 매번 보험계약을 체결하고 보험료를 납부할 경우 상당히 업무처리도 번거로우므로 예정보험제도를 이용한다. 즉, 계약자는 보험회사의 특약서 또는 포괄예정보험증권(open policy)을 체결하고, 일정기간 발송하는 화물에 대해 부수적으로 담보하는 조건에 추후 부수적으로 담보가 누락되는 것을 등을 예방하기 위한 차원에서 활용하고 있다. 이 경우 보험료의 후불도 가능하다.

### 6) 보험요율

화물보험의 보험요율은 자유요율, 협정요율, 법정인가요율 등이 있다. 보험회사는 자사의 경험, 실적 또는 노하우에 따라 자율적으로 요율을 제시할 수 있는데 이를 자유요율이라 한다. 그러나 원유 등 대량화물 또는 상품가액이 거액인 경우 개별 보험회사가 화물보험을 인수하기 보다는 여러 보험회사가 인수하거나 개별 보험회사가 보험을 인수한 후 해외 보험회사(Lloyd 보험 등)의 재보험에 가입하여 위험을 분산하게 된다. 이때 각 보험회사가 동일한 조건, 동일한 요율로 보험계약을 체결하려면 동일한 요율이 필요한데 이를 협정요율이라 한다. 법정인가요율은 보험업법에 따라 보험회사의 과거의 실적 등에 따라 정부로부터 인가받은 요율을 말한다. 운송보험에는 협정요율은 없다.

## 제2절 해상보험

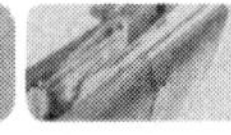

### 1. 해상보험의 정의

영국 해상보험법(Marine Insurance Act : MIA)은 '보험자가 피보험자에 대해 그 계약에 의해 합의된 방법과 범위 내에서 해상손해, 즉 해상사업에 수반하여 발생하는 손해를 보상할 것을 약속하는 계약'으로 규정하고 있다.

 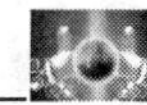

해상보험은 기본적으로 해상에서 발생하는 위험과 관련하여 발생하는 손해나 사고에 대해 보상하는 보험이다. MIA 제2조는 해상보험계약상 담보의 범위를 내수로(inland waters) 또는 육상위험에 의한 손해도 보상한다고 규정하여 사고발생장소가 반드시 해상이 아니라도 보상한다. 즉, 해상보험의 적용범위를 내륙지역까지 확장하여 해상보험계약만으로 전 운송구간의 보험계약 체결이 가능하도록 함으로써 피보험자를 보호하고 있다.

## 2. 해상보험의 원칙

### 1) 손해보상의 원칙(principle of indemnity)

해상보험계약은 도박이나 경마 등과 달리 이득금지의 원칙에 따라 피보험자에게 지급되는 손해보상은 손해 발생시의 손해금액을 한도로 지급되어야 하며, 이를 손해보상의 원칙이라고 한다.

### 2) 최대선의의 원칙(utmost good faith)

해상보험계약은 보험자와 보험계약자가 계약의 내용을 거짓 없이 사실 그대로 고지(disclosure), 교시(representation)하여 계약을 체결하여야 하는데, 이를 최대선의의 원칙이라 한다. 따라서 보험계약 체결시 피보험목적물에 대한 위험의 정도나 성질에 영향을 미치는 중요한 사실(material facts)에 대해 보험계약자는 보험자에게 최대선의에 의거하여 고지하여야 하며, 보험계약자가 부실고지 또는 불고지시 보험자는 보험계약을 취소할 수 있다.

### 3) 근인주의(proximate cause)

해상보험에 있어서 보험자가 보상하는 손해는 담보 위험에 가장 직접적인 근인하여 발생한 손해여야 한다. 즉, 해상손해는 보험증권상으로 담보되는 위험과 담보되지 않는 위험이 연속적으로 발생했을 때 시간적으로 손해발생에 직접적인 원인이 보험증권상 담보되는 위험이라면 보험자가 보상해야 한다는 원칙을 근인주의라고 한다.

보험사고가 발생하면 먼저 사고를 야기한 근인을 찾고, 이 근인이 담보위험에 속하는지 또는 면책위험에 속하는지를 조사한다. 사고나 손해발생시 근인이 담보위험에 속하면 보험자는 보상하고, 근인이 보험자의 면책위험에 속하면 보상하지 않는다. 근인이 담보위험인지 아니면 면책위험인지에 따라 보험자가 보상할 것인지, 보상하지 않아도 되는지 결정된다. 이러한 보상원칙을 근인주의라고 한다. 일단 근인이 규명되면 나머지 모든 원인은 고려하지 않는다.

### 4) 담보(Warranties)

담보는 피보험자가 보험자에 대해 지켜야 할 약속이며 위험에 대하여 중요한 것이든 아니든 중요성 불문의 원칙에 따라 반드시 충족되어야 한다. 담보는 문자 그대로 해석되어야 하며 피보험자가 담보를 위반할 경우 보험자는 보험계약을 취소할 권리를 가진다. 따라서 보험자는 보험계약자 측에 엄격히 이행하거나 충족시켜야 할 사항을 보험증권상에 명시하거나 법률에 규정하여 둠으로써 안전장치(safety valve)를 마련한 것이 영미보험법상의 담보이다. 즉, MIA에 의하면 담보라 함은 상호 확약적 담보조건을 의미한다.

## 3. 해상보험의 용어

### 1) 보험료(Premium)

보험자의 위험부담에 대한 대가로서 보험계약자가 지급하는 보수이다. 보험계약 당사자인 보험계약자가 보험계약에 의거하여 보험자에게 지급하는 보수이다.

### 2) 보험금(Claim)

보험사고가 실제로 발생하고 피보험자가 입은 재산상의 손해나 손실이 발생할 경우 보험자가 지급하는 보상금을 말한다. 보험금은 계약체결 당시 약정한 보험금액을 최대로 하고, 실제 손해 또는 손실액을 기준으로 지급된다.

### 3) 보험증권(Policy)

보험에 가입하였다는 증거서류로서 보험계약의 성립과 그 내용을 기재하고, 보험자가 기명날인하여 보험계약자에게 교부하는 증서를 말한다.

### 4) 보험자(Insurer, Assurer, Underwriter)

보험계약을 인수한 자(보험회사)로서 보험사고 발생시 그 손해를 보상할 의무가 있는 자, 즉 '보험회사'를 말한다. 보험자는 사회성, 공공성 등 특성에 따라 그 자격을 제한하는 경우가 있으며, 우리나라는 법인만 인정하나, 영국에서는 Lloyds와 같은 개별보험업자(underwriter)도 있다.

### 5) 보험계약자(Policy Holder)

보험계약을 청약한 자로서 보험료 지급의무, 중요 사항의 고지의무 및 위험변경 증가의 통지의무 등을 부담하는 자를 말한다. 자기 명의로 보험자와 보험계약을 체결하고 보험료를 지불할 의무가 있는 당사자이다. 보험계약자가 피보험자와 동일인(자신이 보험계약자이면서 피보험자)일 수 있고, 다를 수도 있다.

### 6) 피보험자(Insured / Assured)

보험목적물에 사고가 발생한 경우 그 손해를 입는 당사자, 즉 보험금을 청구하고 보상받는 자를 말한다. 적하보험에서는 보험계약자와 동일인인 것이 보통이나 CIF 매매계약에서 항해 중 화물에 손해가 발생한 경우라면 매도인은 보험계약자가 되고 매수인이 피보험자가 된다. 손실이나 손해가 발생할 경우 보험계약에 의해 보상을 받을 수 있는 당사자를 의미한다.

### 7) 보험가액(Insurable Value)

피보험이익의 평가액 또는 견적가액으로서 적하보험에서는 상업송장을 기초로 하여 보험계약 체결시 협정하는 것이 일반적이고, 선박보험에서는 보험계약 체결 시점에서 시장에서 형성되는 시가로 협정하는 것이 보통이다. 피보험 이익의 평가액으로 보험자가 보험계약상 부담하는 손해배상책임의 최고한도액이다.

### 8) 보험계약기간(Duration of Policy)

보험계약자가 담보받고자 하는 기간으로서 보험계약시 당사자의 합의에 의하여 결정한다.

### 9) 보험기간(Duration of Risk)

보험자의 위험부담책임이 존속하는 기간으로서 보험계약기간과 일치하는 것이 가장 바람직하지만 적하보험의 경우 보험약관에 의하여 보험기간이 보험계약기간보다 짧아지는 경우도 있고 또 길어지는 경우도 있다.

### 10) 보험금액(Sum Insured)

보험사고가 발생하였을 때 피보험자가 보상받을 수 있는 최고 한도액을 말하며, 이는 보험계약자와 보험자간 약정에 의하여 산정된다. 그런데 보험금은 보험가액과 보험금액과의 관계에 따라 전부(보험금액 = 보험가액) 또는 일부(보험금액 < 보험가액)가 보상된다.

### 11) 피보험이익(Insurable Interest)

보험의 목적과 피보험자 사이의 이해관계, 즉 보험목적물에 보험사고가 발생하여 피보험자가 경제상의 손해를 입을 가능성이 있는 경우, 이러한 보험목적물과 피보험자와의 이해관계를 피보험이익이라고 하며 이를 보험계약의 목적이라고도 한다. 적하보험계약에서의 피보험이익은 별도의 명기가 없는 한 화물에 대한 화주의 소유이익이다.

보험금을 청구하는 자, 피보험자는 계약체결시에 피보험이익을 가져야 하는 것은 아니지만 손해발생시에는 반드시 이를 가지고 있어야만 보험보상을 받을 수 있다.

### 12) 보험약관(Clauses)

보험계약의 내용을 이루는 조항들을 말하는데, 일반적이고 표준적인 것을 보통약관이라 하고, 보통약관의 약정사항을 제한하거나 확대하는 약관을 특별약관이라고 한다.

### 14) 보험의 목적(Subject-matter Insured)

위험발생의 객체로 해상보험에서는 화물이나 선박 및 운임 그 자체를 말하며 이에 따라 해상보험을 적하보험, 선박보험 그리고 운임보험으로 분류한다.

## 4. 해상보험의 종류

### 1) 적하보험(Cargo Insurance)

선박으로 운송되는 화물을 보험목적물로 하는 보험으로서 화물이 멸실 또는 훼손되거나 화물을 보전하기 위하여 보험조건에 따라 보상하여 주는 보험이다.

### 2) 선박보험(Hull Insurance)

선박을 보험목적물로 하는 보험으로서 선박의 관리 및 운항 중에 침몰이나 좌초나 훼손 또는 선박을 보존하기 위하여 지출된 경비 및 선박으로부터 발생한 책임손해가 있는 경우 이러한 손해를 보험조건에 따라 보상하여 주는 보험이다.

### 3) 운임보험(Freight Insurance)

운임을 대상으로 하는 보험으로서 선하증권이나 운송계약서에 화물을 목적지에서 화주에게 인도하지 못한 경우 운송인 등이 운임을 청구할 수 없도록 약정하고 있는 경우에 그로 인하여 운송인 등이 입은 손해를 보상하여 주는 보험이다.

### 4) P&I(Protection and Indemnity Insurance)

선주책임상호보험으로 선주상호 간 선박운항시 발생하는 제3자에 대한 배상책임을 담보하기 위해 만든 책임보험으로 P&I Club라고도 한다.

선주가 선박운항시 항만시설에 대한 손해, 선체제거비용, 오염처리비용 등 제3자(화주 등 피해자)에 대한 책임과 선원과 여객의 부상이나 사망에 따른 책임, 그리고 화물의 손실과 멸실에 대한 책임 보상 등을 담보해 주는 보험이다. 1차적으로 선주가 법적 피해자에 대하여 손해배상을 하고 P&I 클럽으로부터 보상을 받는다.

## 5. 해상위험과 근인주의

### 1) 해상위험(Maritime Perils)

해상위험은 침몰, 좌초, 충돌 등 해상에서 우연히 발생하는 사고나 재해를 의미한다. 해상위험은 보험자의 담보 여부에 따라 담보위험과 면책위험으로 크게 나눌 수 있다.

① 담보위험

보험자가 보상해 주는 위험이다. 해상보험계약 체결시 침몰, 화재 등 구체적인 담보위험을 보험증권상 약관 등에 명시하거나 관련업계에서 관행적이고 묵시적으로 인정하는 위험이고, 그로 인하여 발생하는 손실만을 보상해 주는 계약이다.

해상보험에서 보험증권에 명시한 담보는 명시담보이고, 보험증권에 명시되어 있지는 않으나 묵시적으로 보증하는 담보는 감항능력담보, 적법담보 등을 말하며, 묵시담보가 충족되지 않을 경우 보험자는 보험계약을 해약할 수 있다.

② 면책위험(면책사항)

손해가 발생하더라도 보험자가 보상하지 않는 위험이다. 즉, 보험자는 보험목적물에 손해가 발생하더라도 면책되는 위험이다. 담보위험이 아닌 위험은 자동적으로 면책이 되는데, 면책위험의 범위가 넓을수록 담보위험이 줄어들기 때문에 보험요율은 낮아진다.

우리나라 상법은 보험자의 일반적 면책사유로 ① 보험계약자 또는 피보험자의 고의 또는 중대한 과실로 생긴 보험사고, ② 전쟁 기타의 변란 등으로 인한 사고, ③ 보험의 목적의 성질, 하자 또는 자연소모로 인한 손해를 규정하고 있다.

또한 해상보험자의 면책사유는 ① 선박의 감항능력의 결핍으로 생긴 손해(선박보험과 운임보험의 경우), ② 용선자 · 송화인 · 수화인의 고의 · 중과실로 생긴 손해(적하보험과 희망이익보험의 경우), ③ 도선료 · 입항료 · 등대료 · 검역료 · 기타 선박 또는 적하에 관한 항해 중의 통상비용을 별도로 규정하고 있다.

### 2) 근인주의

보험자는 담보위험에 근인(proximate cause)하여 발생하는 손해만 보상한다. 여기서 근인은 손실을 야기한 가장 지배적이고 효과적인 원인을 말하는 것으로 직접적으로 손해에 지대한 영향을 미친 원인을 의미한다.

## 6. 해상보험증권 해석원칙

### 1) 수기문언 우선원칙

해상보험증권의 여러 약관 중 내용이 서로 상충될 경우 수기문언(Written)을 우선적으로 적용해야 한다는 원칙이다. 이는 인쇄된 내용에 보충하여 수기로 계약

조건이나 부가문언을 기입했을 때 시기적으로 최종적인 내용이므로 우선하는 것이다.

### 2) 계약당사자의 의사존중과 판례적용원칙

기본적으로 계약당사자의 의사(intention)를 우선 존중하여 해석해야 하나, 동일 또는 유사사건의 판결에 의해 내려진 해석에 의해 제한을 받는다는 원칙을 말한다.

### 3) POP 원칙

보험증권상의 약관이나 문언은 평이한(plain), 통상적인(ordinary), 통속적인(popular) 의미로 해석해야 한다는 원칙을 말한다. 보험약관이나 관행 등에 해박하지 못한 피보험자나 보험계약자가 약관이나 계약조항 등을 충분히 이해할 수 있도록 하여 불리한 입장이 되는 것을 보호하려는 원칙이다.

### 4) 동종제한의 원칙

해상보험증권상 여러 가지 피보험이익을 열거하고, 그 뒤에 기재된 all others perils(총괄적 문언)의 해석과 관련하여 동종제한(同種制限)의 원칙이 적용된다. 보험증권에 열거된 여러 피보험 위험 다음의 총괄적 문언은 앞에 열거된 위험과 별개의 위험 또는 모든 위험을 의미하는 것이 아니라 열거한 위험과 유사한 종류의 위험으로 제한된다는 원칙이다.

### 5) 문언 작성자 불이익의 원칙

보험계약은 보험자가 보험증권을 일방적으로 작성하여 서명, 교부함으로써 성립되는 계약이므로 보험증권상의 약관이나 문언의 애매함은 보험자에게 불리하게 해석해야 한다는 원칙이다.

### 6) 특별약관 우선의 원칙

적용된 약관이 서로 모순되는 경우 정형의 정도가 낮은 약관(특별약관)이 정형의 정도가 높은 약관(보통약관)에 우선한다는 원칙이다.

## 7. 해상손해

해상손해는 보험목적물 자체의 손해 또는 보험목적물의 손해확대를 방지하기 위한 비용지출 등이 있으며, 전자(보험목적물 자체의 손해)를 물적손해, 후자(간접적으로 발생하는 비용지출)를 비용손해라 한다. 그리고 제3자에게 배상해야 할 손해를 배상책임손해라 한다.

물적손해(Physical Loss)는 보험목적물 자체의 손해(직접손해)를 의미하며, 손해의 정도에 따라 전손 또는 분손으로 구분한다. 전손(Total Loss)은 보험목적물이 완전 멸실한 경우를 말하고, 분손(Partial Loss)는 보험목적물의 부분 손상을 말한다.

전손 중 현실전손(Actual TL)은 실제 발생한 손해를 말하고, 추정전손(Constructive TL)은 실제 전손은 아니나 전손으로 처리하는 것이 경제적이고 합리적인 경우 추정하여 전손으로 처리하는 것을 말한다. 분손 중 단독해손(Particular Average)은 보험목적물에 이해관계가 있는 자가 단독으로 부담하는 손해이며, 공동해손(General Average)은 공동의 안전을 위하여 희생된 손실과 비용을 관련 당사자가 균등하게 분담하는 손해를 의미한다.

비용손해(Expense Loss)는 보험목적물과 관련하여 간접적으로 비용이 발생하는 손해를 말하고, 성격에 따라 손해방지비용, 구조비, 특별비용 등으로 구분한다.

손해배상책임(Liability Loss)은 피보험자의 과실, 태만으로 제3자에게 손해를 입혀 보상해야 하는 손실을 손해배상책임이라 한다. 해상보험에서 충돌손해배상책임은 선박의 충돌로 인해 상대 선주에게 배상하는 것을 나타낸다.

### 1) 전 손

보험목적물이 전부 소멸되는 경우와 전부 소멸과 유사한 경우도 전손으로 인정한다. 일부 잔존물이 남아 있거나 잔존 이익이 있더라도 사실상 완전 소멸과 유사한 경우 전손으로 간주한다. 전손은 보험목적물의 물리적 손상만 의미하는 것이 아니라 피보험자가 보험목적물을 더 이상 점유할 수 없으면 전손으로 인정한다.

#### ① 현실전손

현실전손은 보험목적물/피보험이익이 실질적으로 손해가 발생하여 원래 상태로 복귀할 가능성이 없는 절대전손(Absolute TL)이라고도 한다. MIA는 보험목적물이 파손, 부보된 종류의 물건으로서 존재할 수 없을 정도로 심한 손상을 입은 경우,

또는 피보험자가 보험목적물을 박탈당하여 회복할 수 없는 경우에 현실전손이 성립된다고 규정하고 있다. 보험목적물이 멸실되었거나 원래의 성질을 상실하여 상품으로써 가치가 없거나 피보험자의 지배력이 상실도거나 선박의 행방이 상당기간 불명인 경우 해당된다.

② 추정전손

해상사고는 발생구간이 광활한 해상이고 천재지변에 기인하는 경우가 많고, 그러한 사실이 발생한 것조차 파악되지 않는 경우도 많기 때문이다. 현실전손을 피할 수 없거나 보험목적물의 복구비용이 가액을 초과하여 현실전손 처리를 하는 것이 경제적인 경우 피보험자가 위부를 통지하고 보험금 전액을 청구하는 손해이다.

전손이 확실하지 않고 전손을 현실적으로 입증하기 어렵지만 보험목적물이 전손을 입었을 것이라는 추측에 따라 손해를 전손으로 처리하는 것을 의미한다. 해상보험에서만 유일하게 추정전손을 인정하고 있다. 그 이유는 해상의 사고는 그 사실을 증명하기 어렵고 손해의 정도를 파악하는 것이 불가능하거나 어려운 경우가 많기 때문이다.

자료더보기

**위부와 대위**

피보험자가 손해를 전손으로 추정하겠다는 의사표시를 위부(Abandonment)라 한다. 위부는 보험사고의 결과 잔존물에 대한 모든 권리와 가치를 보험자에게 이전하고, 피보험자가 전손에 해당하는 보험금을 청구하는 행위이다.

대위(Subrogation)는 보험자가 피보험자에게 보험금을 지급한 경우에, 피보험목적물에 대한 일체의 권리와 손해발생에 과실이 있는 제3자에 대한 구상권 등을 피보험자를 대신하여 보험자가 취득하는 일체의 권리행위이다.

## 2) 분 손

보험목적물의 일부분만 손해를 입는 경우를 분손(Partial loss = average)이라 하며, 전손에 속하지 않는 모든 손해를 의미한다.

① 단독해손(Particular Average)

단독해손은 담보위험으로 인해 보험목적물 일부의 손해로서 피보험자가 단독으로 책임지는 손해이다. 분손은 주로 선박 파손, 화물의 일부손실, 운임의 미취득부분 등이다.

② 공동해손(General Average)

공동해손은 공동의 안전을 위해 희생된 손실과 비용을 이해관계자가 공동으로 비례하여 분담하는 제도이다. 특히 공동해손은 해상보험이 정착되기 전 해상의 상관습으로 인정된 제도로서 해상손해에 포함된다. 공동해손은 선박, 화물, 기타 해상사업과 관련한 단체에 공동위험 발생시 그러한 위험제거/경감을 위해 선체, 장비, 화물의 일부를 희생 또는 필요한 경비 지출시 이러한 손해와 경비를 의미한다. 공동해손은 공동해손희생손해(general average sacrifice)와 경비가 발생하는 공동해손비용손해(general average expenditure)로 구분된다. 공동해손과 관련한 국제규칙은 요크-안트워프 규칙(York-Antwerp Rule)이다.

공동해손이 성립하려면 이례적, 임의적, 합리적, 현실적, 항해단체 모두 위협 등 요건을 갖춰야 한다. 첫째, 선체, 장비, 화물의 희생손실이나 비용손실이 통상적인 운송과정에서 발생한 것이 아니라 이례적이어야 하며, 둘째, 결과를 예상하고 고의적으로 취한 행동만 공동해손행위로 인정하고, 셋째, 공동의 위험에 대처하기 위한 행동은 신중하고 적정해야 하며, 선박과 화물의 희생도 합리적이어야 한다. 넷째, 위험이 실제로 절박하게 닥쳐오는 위험이나 이미 발생한 위험이 있어야 하고, 다섯째, 해상사업과 관련하여 선박과 화물 모두에게 위협적이어야 공동해손이 성립한다.

## 8. 해상보험의 담보조건

### 1) 종전 약관

구약관은 해상손해의 형태에 따라 전손담보조건, 분손부담보조건, 분손담보조건, 전위험담보조건으로 구분하였다.

#### (1) 전손담보조건(Total Loss Only)

보험목적물이 전손되었을 경우에만 손해를 보상하는 조건이며, 분손(단독해손, 공동해손)의 경우 보상하지 않는다. 항공화물의 경우 보험물의 전손 발생시 보상한다.

### (2) 분손 부담보(分損不擔保, F.P.A., Free from Particular Average)

단독해손 부담보라고도 한다. 보험목적물이 전손의 경우는 물론이고, 분손 중 공동해손, 손해방지비용, 구조비, 특별비용 등 손해를 보상하는 조건이다. 단독해손 이외의 모든 손해를 보상해주는 조건이다.

### (3) 분손 담보조건(W.A., With Average)

보험목적물이 전손과 공동해손은 물론이고, 단독해손에 의한 손해까지 보상해주는 조건이다.

F.P.A 조건 + 악천후에 의한 해수 손해를 보상한다.
W.A 3%: 분손(단독해손)이 화물가액의 3%를 초과한 경우 손해액 보상
W.A IOP(Irrespective of Percentage): 면책한도없이 분손 전액을 보상

### (4) 전위험담보조건 (A/R, All Risks)

항해에 관한 우연한 사고로 발생한 모든 손해를 보상하는 보험조건이다. 이 조건의 보험은 보험료가 가장 비싸나 손해보상의 범위는 가장 넓다. 그러나 전쟁위험, 파업, 폭동까지 포함하여 보상하지는 않으며, 특히 화물고유의 하자나 고유의 성질 등에 의한 손해와 운송지연으로 인한 멸실, 손상 또는 비용은 담보하지 않는다.

특정 위험담보는 특약으로 담보할 수 있으며, 특약의 종류는 다음과 같다.

① T.P.N.D(Theft, pilferage & non-delivery : 도난, 발하, 불착손)

보험가입화물이 도난 또는 포장 단위당의 불도착으로 인한 손배를 담보하는 조건이다. 도난을 의미하는 Theft와 Pilferage란 용어를 사용하며, 특히 Pilferage는 좀도둑에 의해 포장내용물의 일부가 없어지는 발하(拔河)를 뜻한다. Non-Delivery는 포장단위의 화물이 송두리째 목적지에 도착하지 않은 경우를 말한다.

② R.F.W.D(rain and/or fresh water damage : 우담수손)

빗물 또는 담수에 의한 손해를 보상하는 조건이다. 분손담보조건으로 부보할 경우에도 Sea Water Damage는 담보되나 RFWD는 담보되지 않으므로 화물의 성질에 따라 본 부가위험조건을 첨부할 필요가 있다. 부선에 있는 동안 비에 의한 손해가 발생할 수 있다.

③ J.W.O.B(jettison & washing over-board : 투하, 갑판유실)

해난사고시 갑판상에 적재된 보험가입 화물을 투하하거나 풍랑으로 유실된 손해를 담보하는 조건이다. 일반적으로 해상운송화물은 선창내에 적재하는 것이 원칙이나, 원목, 차량, 생동물 등은 갑판에 적재되는 경우가 있다. 이처럼 갑판상에 적재된 화물이 투하되거나 풍랑으로 유실되었을 때의 손해를 말한다. 따라서, 원목의 경우 적하보험에 부보할 때에는 FPA+JWOB 조건으로 부보하는 것이 바람직하다

④ C.O.O.C(contact with oil and/or other cargo : 유류 및 타화물 접촉 손해)

유류나 다른 화물과 접촉하여 발생된 손해를 담보하는 조건이다. 화물이 유류 및 기타 화물과 접촉하여 오염되었을 때의 손해를 말한다.

⑤ Breakage, Denting & Bending(파손, 곡손)

외부적, 우발적으로 운송 중 화물이 파손되거나 충격으로 움푹 패거나, 찌그러지거나, 구부러지는 손해이다. ICC(A) 조건에서는 법정면책위험과 약관에 명시된 면책위험을 제외한 모든 위험을 보험자가 보상하도록 포괄책임주의를 택하고 있으나, 파손은 운송도중 통상적으로 발생할 수 있는 손해(Ordinary Loss)일 수도 있고 화물 고유의 하자 또는 성질을 근인으로 일어나는 필연적인 손해일 수도 있다.

따라서, 유리 및 도자기 제품, 정밀기기 등 파손되기 쉬운 화물의 경우에는 부보조건이 A/R 혹은 ICC(A) 조건이라 할지라도 파손(BREAKAGE) 위험을 추가로 부보한후 해당보험료를 납입하여야 협회적하약관(ICC)의 위험약관에 열거된 담보위험 이외의 위험으로 발생한 파손을 보상받을 수 있다.

파손은 절단이나 파괴, 분리의 의미가 있기 때문에 단순히 구부러지거나 찌그러졌을 때에는 엄밀히 말해서 파손이라고 할 수 없다. 따라서 화물의 성질, 형태 등에 의해서 단지 파손만을 추가 담보받을 것인가 아니면 굴곡손도 같이 담보답을 것인가를 명확히 해 놓아야 한다. 이 특약 역시 Breakage 와 마찬가지로 기계수선특별약관의 적용을 받아 화물의 원상을 회복함에 필요란 수리비만 보상한다.

⑥ Leakage and/or Shortage(누손, 부족손)

보험가입화물의 누손, 화물의 수량, 중량 부족으로 인한 손해를 담보하는 조건이다.

Leakage(누손)는 액체 또는 기체화물이 용기에서 유출되어 나가는 손해를 말하며, Shortage(부족손)는 주로 중량의 감소(Weight Shortage) 혹은 수량부족(Loss in

quantity)에 따른 손해를 말한다.

⑦ Sweat & Heating(습기 열 손해)

선창, 콘테이너 내벽에 응결된 수분에 접촉함으로써 일어난 손해(ship's sweat), 직접 화물 표면에 응결한 수분에 의한 손해(cargo sweat), 온도의 상승으로 화물이 입은 손해(heat damage)를 담보하는 조건이다. Sweat Damage는 선창내 습기의 응축으로 인해 화물이 입는 손해이며, Heating Damage는 곡물 등이 내포되고 있는 습기가 통풍불량이나 온도상승에 의하여 자체적으로 발열하여 발생하는 손해이다. 이러한 두 가지 손해는 서로 연관되어 발생되므로 구별이 곤란한 때가 많다.

⑧ Hook & Hole(갈고리 손해)

하역작업 중 갈고리에 의한 손해를 담보하는 조건이다. 직물류 등의 화물을 적하보험에 가입할 때 첨부되는 조건이다.

⑨ Contamination(오염)

오염손 담보조건으로, 액체화공품이나 유류 등이 해수 또는 담수에 의해 입는 품질저하의 손해를 말한다.

⑩ Sp. Comb(Spontaneous Combustion : 자연발화)

자연발화손 담보조건을 말한다.

⑪ Rust

녹손위험 담보조건을 말한다.

⑫ Mould and Mildew

곰팡이에 의한 손해를 말한다.

⑬ Rats and Vermin

쥐 및 벌레에 의한 손해를 말한다.

## 2) 개정 약관

종래 약관은 손해 형태를 담보기준으로 하였으나 개정된 협회화물약관(Institute Cargo Clause : ICC)은 손해의 발생원인을 기준으로 하여 ICC(A), ICC(B), ICC(C) 조건으로 구분하고 있다. 항공화물보험은 ICC(A)-AIR 조건이 있다.

협회적하약관(Institute Clause)은 런던보험자협회와 로이즈보험자협회가 합동으로 만든 약관이다. 협회적하약관은 각각 8개 그룹 약관으로 구성되고, 다시 19개 개별약관으로 나뉜다. A약관은 포괄책임주의를 원칙으로 하므로 위험약관에는 보험자의 면책위험이 열거되고, B약관은 19개 개별약관으로 구성되며, A약관과는 제1조, 제4조, 제6조만 다르고 나머지는 동일하며, C약관은 19개 개별약관으로 구성되고 제1조 약관만 제외하고 나머지 약관은 B약관과 동일하다.

### ■ ICC(A)

과거 보험조건 중 전위험담보조건(AR)과 유사한 조건으로 내용상 실질적인 차이는 거의 없다. ICC(A)는 포괄담보방식으로 다음의 면책위험을 제외하고 피보험 목적물에 발생한 손상, 멸실 또는 비용의 일체를 담보한다. 보험자는 제4조 일반면책위험, 제5조 선박의 불내항 및 부적합위험, 제6조 전쟁위험 및 제7조 동맹파업위험을 제외한 모든 위험에 근인하여 발생한 손해를 보상한다. 만약 사고의 원인이 4가지 면책위험에 속하면 보험자는 보상하지 않으나 그 사실을 입증할 책임은 보험자에 있다.

#### (1) 일반면책위험

① 피보험자의 고의적 비행에 기인한 멸실, 손상, 비용

② 보험목적물의 통상의 누손, 중량 또는 용적의 통상적인 손실 및 통상적인 자연소모

③ 보험목적물의 포장 또는 준비의 불완전 또는 부적합으로 인해 발생한 멸실, 손상, 비용

④ 보험목적물 고유의 하자 또는 성질로 인하여 발생한 멸실, 손상, 비용

⑤ 지연이 담보위험으로 발생된 경우라도 지연은 근인으로 하여 발생한 멸실, 손상, 비용

⑥ 본선의 소유자, 관리자, 용선자 또는 운항자의 지불불능, 재정상의 채무불이행으로부터 생긴 멸실, 손상, 비용

⑦ 원자력, 핵의 분열 및/또는 융합, 기타 이와 유사한 반응 또는 방사능이나 방사능 물질을 응용한 전쟁무기의 사용으로 발생한 멸실, 손상, 비용

#### (2) 불내항 및 부적합면책위험(Unseaworthiness and Unfitness Exclusion Clause)

선박 또는 부선의 불내항 그리고 보험목적물의 안전운송을 위한 선박, 부선, 운

송용구, 컨테이너 또는 리프트밴의 부적합으로 인한 멸실, 손해 등은 보상하지 않는다. 단, 보험목적물을 적재할 때 피보험자 또는 그 사용인이 그와 같은 불내항 또는 부적합을 알고 있을 경우에 한한다.

보험자는 선박의 내항성 및 보험목적물을 목적지로 운송하기 위한 선박의 적합성에 대한 묵시담보의 위반에 대하여 보험자의 권리를 포기한다. 단, 피보험자 또는 그 사용인이 그러한 불내항 또는 부적합을 알지 못한 경우에 한한다.

### (3) 전쟁면책위험(War Exclusion Clause)

① 전쟁, 내란, 혁명, 모반, 반란 또는 이로 인하여 발생한 국내투쟁 또는 교전국에 대해 행해진 적대행위

② 포획, 나포, 강류, 억지 또는 억류(해적행위 제외) 및 그러한 행위의 결과 또는 그러한 행위의 기도

③ 유기된 기뢰, 어뢰, 폭탄 또는 기타 유기된 전쟁무기

### (4) 동맹파업면책위험(Strike Exclusion Clause)

① 동맹파업자, 직장폐쇄를 당한 노동자 또는 노동분쟁, 폭동 또는 소요에 가담한 자에 의해 발생한 것

② 동맹파업, 직장폐쇄, 노동분쟁, 폭동 또는 소요의 결과로 생긴 것

③ 테러리스트 또는 정치적 동기에 따라서 행동한 자에 의해 발생한 것

## ■ ICC(B)

종래 보험조건 중 분손담보조건(WA)과 유사하다. 보험자가 보상해야 할 담보위험을 구체적으로 열거하여 피담보위험을 쉽게 이해할 수 있도록 하였다. 19개 개별약관으로 구성되었으며, A약관과 제1조, 제4조, 제6조만 상이하고 나머지는 동일하며, 담보위험은 다음과 같다.

① 화재 또는 폭발

② 선박 또는 부선의 좌초, 교사, 침몰 또는 전복

③ 육상운송용구의 전복 또는 탈선

④ 선박, 부선 또는 운송용구와 물 이외 타물체와의 충돌 또는 접촉

⑤ 조난항에서 적하의 양하

⑥ 지진, 분화 또는 낙뢰

⑦ 공동해손 희생손해

⑧ 투하 또는 파도에 의한 갑판상의 유실

⑨ 선박, 부선, 선창, 운송용구, 컨테이너, 리프트밴 또는 보관소에 해수, 호수, 또는 하천수의 유입

⑩ 선박 또는 부선에 선적 또는 양하작업 중 해수면으로 낙하하여 멸실되거나 추락하여 발생된 포장단위당 전손

## ■ ICC(C)

보상범위가 가장 좁은 보험조건으로 종래 보험조건 중 분손부담보조건(FPA)과 담보위험이 유사하다. FPA가 적재된 화물의 좌초, 침몰, 대화재에 의한 경우를 제외하고 단독해손은 담보하지 않는 데 비해 ICC(C)에 열거된 위험에 대해 전손, 공동해손, 단독해손을 면책없이 담보한다. ICC(C)도 열거책임주의를 채택하고 있으며, 담보위험은 다음과 같다.

① 화재 또는 폭발

② 선박 또는 부선의 좌초, 교사, 침몰 또는 전복

③ 육상운송용구의 전복 또는 탈선

④ 선박, 부선 또는 운송용구와 물 이외 타물체와의 충돌 또는 접촉

⑤ 조난항에서 적하의 양하

⑥ 공동해손 희생손해

〈표 13-1〉 신약관 담보조건 및 구약관과 대조

| 신약관 | ICC(C) | ICC(B) | ICC(A) | ICC(A)(AIR) |
|---|---|---|---|---|
| 보상범위 | • 화재, 폭발<br>• 본선·부선의 좌초, 침몰, 교사, 전복, 충돌, 접촉<br>• 육상 운송용구의 전복 또는 탈선<br>• 피난항에서의 화물의 하역<br>• 공동해손희생손해, 투하 | ICC(C)에 추가하여<br>• 지진, 화산의 분화, 낙뢰<br>• 갑판유실<br>• 본선, 부선, 운송용구, 컨테이너 및 보관장소에 해수, 호수, 강물의 침입<br>• 선적, 하역 작업 중 추락한 매 포장당 전손(SLING LOSS) | ICC(B)에 추가하여<br>• 면책사항을 제외한 운송과정 중 발생가능한 모든 위험을 담보 | ICC(A)와 대동소이<br>• 해상화물의 경우는 보험기간 종료가 본선 양하 후 '60일'에 비해 항공화물의 경우는 항공기 양하 후 '30일' |
| 구약관과 대비 | ICC(FPA) | ICC(WA) | ICC(A/R) | ICC(A/R)(AIR) |

〈표 13-2〉 신약관과 구약관의 보상손해 비교

| 보상하는 손해 | ICC(C) | ICC(B) | ICC(A) |
|---|---|---|---|
| ① 화재 또는 폭발 | ○ | ○ | ○ |
| ② 본선 또는 부선의 좌초, 교사, 침몰, 전복 | ○ | ○ | ○ |
| ③ 육상운송 용구의 전복 또는 탈선 | ○ | ○ | ○ |
| ④ 본선, 부선, 운송용구의 타물과의 충돌·접촉 | ○ | ○ | ○ |
| ⑤ 피난항에서의 화물의 하역 | ○ | ○ | ○ |
| ⑥ 지진, 화산의 분화, 낙뢰 | × | ○ | ○ |
| ⑦ 공동해손 희생 | ○ | ○ | ○ |
| ⑧ 투하로 인한 손해 | ○ | ○ | ○ |
| ⑨ 갑판유실 | × | ○ | ○ |
| ⑩ 본선, 부선, 선창, 운송용구, 컨테이너, 지게차 또는 보관장소에 해수, 호수, 강물의 유입 | × | ○ | ○ |
| ⑪ 본선, 부선에 선적 또는 하역작업중 바다에 떨어지거나 갑판에 추락하여 발생한 포장단위당 전손 | × | ○ | ○ |
| ⑫ 상기 이외의 멸실·손상의 일체의 위험 | × | × | ○ |
| ⑬ 공동해손 구조비 | ○ | ○ | ○ |
| ⑭ 쌍방과실 충돌(Both to Blame Collision) | ○ | ○ | ○ |

## 제3절 항공화물보험

### 1. 항공운송인의 책임과 책임보험

항공운송인은 위탁받은 화물에 대해 운송계약에서 정해진 대로 고의 또는 과실에 의해 화물이 멸실, 훼손된 경우 화주, 수화인, 송화인 또는 기타 배상청구권자에게 배상책임을 져야 한다. 항공운송인이나 대리인은 항공운송 중 손해를 방지하기 위해 필요한 모든 조치를 취했다는 것을 증명하지 못하거나 그러한 조치를 취하기가 불가능하였다는 사실을 증명하지 않는 한 면책되지 않는다.

항공화물에 관한 국제항공운송약관은 1929년 바르샤바조약(Warsaw Convention)과 1955년 개정된 헤이그 의정서(개정된 바르샤바 조약이라고 부름)에 준거하여 보상한다. 과실손해의 경우 배상한도액은 항공화물운송장(AWB)에 신고가격이 기재되어 있으면 신고가격까지 배상하고, 신고가격이 없이 손해를 입은 화물은 1kg 당 250 포앙카레프랑(poincare franc)으로 보상한다.

항공운송인은 손실책임주의에 입각하여 운송약관에 따라 책임을 지지만, 이를 커버하기 위하여 책임보험에 부보(附保)한다. 이 보험은 '화물배상책임보험(freight legal liability insurance)'이라 하며 운송인이 부담할 배상책임액을 보험회사가 부담한다.

## 2. 항공화물운송보험

항공운송의 경우 사고가 발생하면 기체도 화물도 전손이 되는 것이 대부분이다. 따라서 국제항공화물의 부보조건은 All Risks이다. 항공화물보험은 1965년에 제정된 협회항공화물약관[Institute Air Cargo Clause (All Risks)을 사용하다가 신협회 적하보험약관이 제정됨에 따라 1982년에 새로운 협회항공화물약관(Institute Cargo Clause(Air)]이 제정되어 현재 구약관과 신약관이 함께 사용되고 있다. 신약관인 Institute Cargo clause(Air)는 구약관의 Institute Air Cargo Clause (All Risks)에 해당된다. 구약관은 ICC(A / R)-AIR, 신약관은 ICC(A)-AIR이다. 항공화물약관도 해상적하보험의 All Risks 및 A조건과 마찬가지로 전쟁위험 및 동맹파업위험을 담보하지 않으므로 별도로 특별조건을 추가하여야 해당위험을 보상받을 수 있다.

약관은 내용적으로 ICC(A)와 대동소이하나, 해상화물의 경우는 보험기간의 종료가 본선 양하 후 '60일'로 되어 있는 것에 비하여 항공화물의 경우는 항공기로부터 양하 후 '30일'로 되어 있는 것이 특징이다.

## 3. 화주보험

항공화물화주보험(S.I.I; SHIPPER'S INTEREST INSURANCE)이란 특정 항공사의 항공기로 운송되는 화물이 운송 중에 발생한 사고로 손해를 입었을 경우 그 손해를 보험회사가 관련 항공사에 또는 화물의 화주가 직접보상을 원하는 경우에는 화주에 직접 보상하기로 하는 보험계약을 보험회사와 특정 항공사 사이에 체결한 보험을 말한다. 따라서, 여타 보험종목과는 달리 항공화물화주보험은 화물의 화주가 보험계약자가 되는 것이 아니라 해당화물을 운송하는 항공회사가 보험계약자가 되어 특정보험회사와 동 보험계약을 체결한 이후에 화물의 화주가 해당 항공사에

동 보험의 계약체결을 하고자 하는 경우 해당 항공사가 관련 보험회사를 대리하여 보험계약을 체결하고 보험료를 납부 받는 형태의 매우 특이한 보험이다.

간단한 수속으로 부보가 가능하며 각 항공사 또는 대리점은 보험회사의 대리점으로 화주 보험을 알선할 수 있다. 항공사와 보험사가 사전에 포괄적인 예정보험약관을 체결하고, 송화인이 항공사에 인도할 때 항공화물 운송에 필요한 사항을 기재하여 보험료를 지급하면 부보된다.

이 보험의 특색은 원칙적으로 모든 화물에 대하여 All Risks 조건으로 부보되며, 화물의 종류에 관계없이 담보조건은 모두 같다. 이 보험의 보험금액은 화물의 현실가격의 110%를 초과할 수 없고, 담보기간은 항공사 또는 대리인이 화물을 수령하고 운송장에 화물의 명세를 기입할 때부터 통상의 운송과정을 거쳐 도착지의 수화인에게 인도되거나 수화인이 지정하는 장소에 도착할 때까지이다. 보험증권이 발행되지 않으며 요청이 있을 경우 보험증명서가 발행된다. 화주보험의 계약절차는 다음과 같다.

첫째, 항공화물 화주보험의 계약은 항공화물운송장(Air Waybill)상에 보험금액을 기입한 후 특정 항공사에 접수함으로써 성립되며, 보험료는 항공운임의 정산시 함께 납입하면 된다.

둘째, 운임이 도착지 공항에서 지불되는 착지불(Charge Collect)조건 운송의 경우에는 보험료도 착지불 조건이 가능하며, 다만 이 경우에는 운송도중의 보험계약 취소가 인정되지 않는다.

셋째, 화주가 은행 NEGO용 등으로 별도로 보험증서 및 CERTIFICATE를 필요로 할 경우에는 보험회사를 통하여 보험증서를 발급받을 수 있다.

## 4. 손해배상

화물에 대한 책임보험은 항공화물보험, 화주보험과 밀접한 관계가 있다. 책임보험은 화물 자체를 보호하기 위해서가 아니라 운송인을 보호하기 위한 것이다. 화주가 화물보험에서 보험금을 수령하면 운송인에 대한 손해배상청구권은 보험사에 위부(abandonment)해야 한다. 운송인은 보험사의 배상청구에 대비하여 책임보험에 가입해야 한다. 이처럼 화주는 배상금과 보험금 중 어떤 한쪽만 손안에 넣을 수 있으며, 만약 둘 다 취득하더라도 그 합계금액이 화물의 손해액을 초과할 수 없다. 따라서 화물보험에 가입하면 항공사에 신고하지 않는 NVD(no value declared)를 운송하는 것이 일반적이다. 또한 보험상의 면책조항에 해당하는 경우 항공사에게 배상청구는 되지 않고, 가격신고가 있었다 하더라도 운송인의 과실이 없으면 배상금을 수령할 수 없다. 이 경우 사실 입증을 위해 소송을 제기할 수 있으나 긴 시간이 소요된다. 동일화물에 대해서 가격을 신고하여 종가요금을 지급하고, 보험사에 보험료를 지급하는 것이 화주에 대한 안전책이다.

## 5. 국제항공운송보험(Air Waybill Cover)

국제항공운송보험이란 항공회사가 발행한 Air Waybill의 사본으로 보험인수증을 대신하는 것으로 항공회사가 보험회사 대리점 자격으로 화주가 필요로 하는 경우 화주를 대신하여 항공화물을 부보시켜 주는 방식이다. 즉, 항공회사가 자신이 발행한 Air Waybill 사본의 일부에 보험계약에 필요한 사항을 기재하고 보험회사의 인수확인인을 대신 찍음으로써 그 사본으로 보험인수증을 대신하는 보험계약이다. 이것은 화주가 소량의 화물을 보험회사에 직접 부보시켜야 하는 수고를 들어주기 위하여 항공회사의 창구에 화물을 수탁시킴과 동시에 부보하는 시스템이다. 물론 보험금액이 큰 화물은 화주가 직접 보험회사와 화물보험계약을 체결하여야 한다. 국제항공운송보험의 담보조건은 All Risks이다. 그러나 전쟁 및 동맹파업위험은 담보하지 않는다.

제 14 장

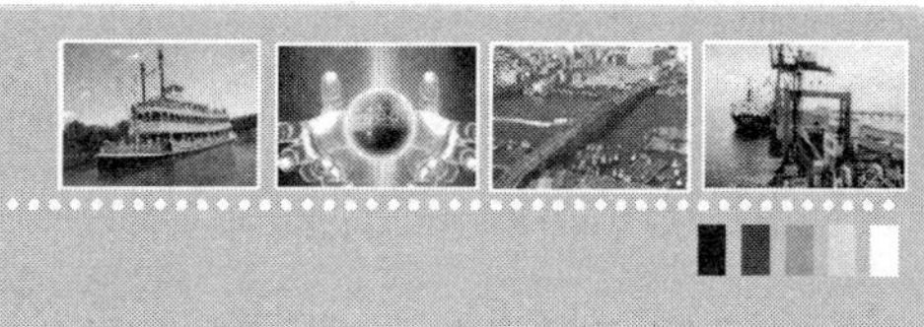

# 녹색물류 · 물류보안 · 물류기술 · 안전

## 제1절 녹색물류

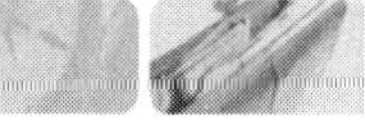

### 1. 녹색물류의 의의

기후변화와 환경오염이 큰 이슈로 등장하면서 온실가스 저감을 위한 국가적 차원의 노력이 필요한 실정이며, 발리 유엔기후변화협약이 체결되면서 개도국을 포함한 모든 국가에게 온실가스 감축의무가 부과되었다. 물류산업에서도 에너지 효율적, 자원재생형 녹색물류체계로의 전환이 시급하며, 폐기물 처리 등 녹색물류의 중요성이 증대되어 가고 있다. 기존에는 물류활동에서 발생하는 비용이 화폐상의 금전적 의미로 인식되었으나 환경적 이슈가 중요시 되는 현실에서 기후변화, 대기오염, 소음, 진동 등으로 인하여 발생하는 외생적 물류비용을 중요한 요소로 인식하기 시작하였다. 기업의 인식변화로 인하여 지속가능한 물류의 한 부분으로서 녹색물류의 중요성이 부각되고 있으며, 경제성, 환경성 및 사회성의 관점에서 지속가능한 물류를 생각하게 되었다.

최근 공급망 및 물류 운영시 발생하는 탄소 배출과 환경오염물질 배출을 줄여야 한다는 개념이 중요한 이슈로 부각되고 있으며, 공급사슬 운영을 위한 핵심 과제 중의 하나가 되고 있다. 기업의 탄소 배출에 대한 현재의 인식을 고려할 때 그린(green)은 기업의 전반적인 비즈니스 전략에서 중요한 역할을 하게 될 것이다. 또한 그린(green) 이슈가 물류분야에 중요한 영향을 미치고 있는 만큼 친환경 물류전략을 실행하기 위한 활동 역시 활발해질 것이며, 특히 에너지 사용의 효율성 향상,

물류거점의 재정비, 운송체계의 효율화 등과 같은 친환경적 물류전략이 중요한 역할을 하게 될 것이다.

〈그림 14-1〉 녹색물류의 구성요소

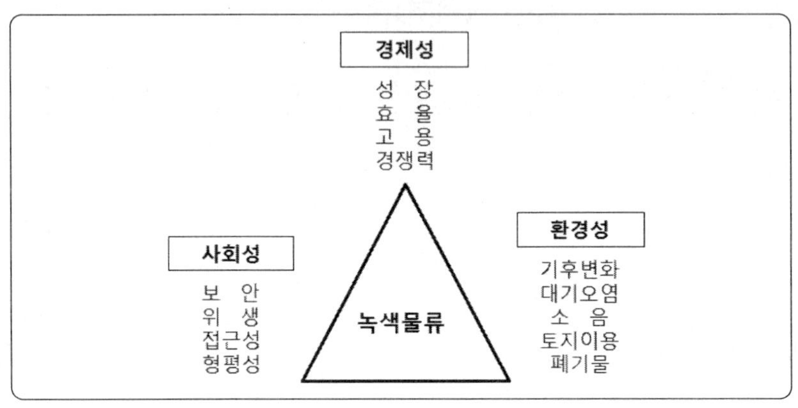


자료: www.greenlogistics.org.

녹색물류의 개념은 기존 역물류(Reverse Logistics)와 혼돈되어 사용되고 있으나 역물류가 녹색물류를 의미하기 보다는 녹색물류의 일부분으로 역물류를 이해하여야 한다. 녹색물류는 물류활동에 따른 환경문제의 가장 심각한 부분은 화물운송에서 발생하는 기후변화와 대기환경 오염의 문제이다. 결국 녹색물류의 영역을 역물류에 한정하지 않고 물류활동의 전 과정뿐만 아니라 환경, 교통 분야에 대한 영향까지 고려하는 것이 적합하다. 녹색물류는 순물류와 역물류를 포괄하며 물류활동의 제반 과정에서 파생되는 교통과 환경 분야에 대한 영향을 고려하는 물류의 개념으로 정의된다. 일반적으로 친환경 물류 또는 환경친화적 물류라는 용어를 사용하고 있으며, 물류 분야에서 기후변화와 대기오염물질의 배출 등 폐기물처리 및 재활용의 활성화를 위한 제반 활동이라고 할 수 있다.

협의의 녹색물류는 물류분야에서 화물운송시 발생 가능한 온실가스와 대기오염 배출가스 저감대책 등 오염물질을 저감 · 관리하는 활동을 뜻하며, 광의의 녹색물류는 물류활동에 따른 대기환경에 대한 영향뿐만 아니라 전통적인 순물류와 역물류를 포괄하는 물류활동 전반을 포함하여 환경을 고려한 물류를 의미한다.[1)] 즉, 녹색물류는 물류활동의 제반 과정에서 환경과 관련되어 파생되는 영향을 고려하여 기업의 가치를 높이는 물류활동이라고 할 수 있으며, 지구환경 개선을 위해 온

1) 서울시정개발연구원, 「서울시 대기환경 개선을 위한 그린물류 도입방안」, 2007.

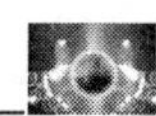

실가스 및 대기오염물질 저감 등의 화물자동차의 배출가스 저감대책을 수립하고 폐차, 폐기물 등의 처리 및 관리하는 활동을 포함한 물류활동 전반에서 발생할 수 있는 환경부하 저감을 목표로 효율적인 물류시스템을 구축하는 물류활동을 의미한다고 할 수 있다.2)

〈표 14-1〉 광의와 협의의 녹색물류

| | | | | | | |
|---|---|---|---|---|---|---|
| 그린 물류 | 광의 | 협의 | 대기환경 | 발생물질의 관리 | 배출가스규제 운행제한제도 | 화물자동차 |
| | | | 순물류 | 발생원의 관리 | 공동집배송, 친환경물류(시설)환경, 신물류시스템 | 지속가능성 물류효율화 |
| | | | 역물류 | 자원순환형, 역물류 | 회수물류, 폐기물류 | 정맥물류 |

자료: 서울시정개발연구원(2007).

## 2. 국내외 녹색물류의 추진 현황 및 정책

### 1) 국내 녹색물류 추진정책

#### (1) 저탄소녹색성장기본법

저탄소녹색성장기본법은 우리나라의 저탄소 녹색성장을 위한 정책목표 및 추진전략, 중점 추진과제를 포함하는 국가전략을 수립하고 시행하기 위한 종합법의 성격을 갖고 있다. 이 기본법은 녹색기술 · 녹색산업 및 녹색경제체제의 구현에 관한 사항과 기후변화 대응, 에너지 및 지속가능발전 정책에 관한 사항, 녹색생활, 녹색국토, 저탄소 교통체계 등에 관한 사항, 저탄소 녹색성장 관련 국제협상 및 국제협력에 관한 사항 등을 포함하고 있다. 특히 배출권거래제와 목표관리제를 시행할 수 있는 규정이 포함되어 있는데, 온실가스 감축 목표 설정과 이를 달성할 수 있는 구체적인 방법이 나타나 있으며, 총량제한 배출권거래제를 실시할 수 있는 법적 근거를 내포하고 있다.3)

저탄소녹색성장기본법 시행령에는 저탄소 녹색성장 국가전략, 녹색성장위원회,

2) 한국교통연구원, 「녹색물류 인증제도 도입방안 연구」, 2009.
3) 한국무역협회, 「녹색물류 가이드」, 2010.

녹색성장 추진, 저탄소사회 구현, 녹색생활 및 지속가능발전 실현 등에 관한 규정이 포함되어 있다.

### (2) 온실가스 · 에너지목표관리제

온실가스·에너지목표관리제는 대규모 사업장의 온실가스 감축·에너지 절약 목표를 설정, 관리하는 제도를 말하며, 저탄소녹색성장기본법과 시행령에 시행의 법적 근거를 두고 있다. 목표관리제를 추진하기 위해 정부는 목표관리제 대상업체의 지정기준, 온실가스 배출량 및 에너지 사용량 보고, 목표설정 방식, 감축목표 이행계획 및 이행실적 제출, 검증기관 관리방안 등 주요 추진 사안에 대해 참고할 수 있는 통합지침서를 고시하였다.

목표관리제는 2020년 예상배출량 기준 30% 감축이라는 국가 온실가스 중기 감축목표를 달성하기 위하여 국내산업의 여건, 국제적 동향 등을 고려하여 산업계의 지속가능한 발전을 저해하지 않는 범위 내에서 목표관리가 이루어지도록 하고 있다. 또한 기존 환경부 중심의 온실가스 목표관리제와 산업통상자원부 중심의 에너지 목표관리제가 통합 관리됨으로 인한 이중규제가 되지 않도록 관리체계 및 의무부여의 신중성을 기하여 녹색산업 육성 및 국민경제의 발전을 도모하자는 원칙을 제시하고 있다.

목표관리제의 이행을 위하여 총괄기관(환경부)과 각 부문별 주관기관(산업통상자원부, 국토교통부, 농림축산식품부 등)별 업무 영역을 구분하고 있다. 총괄기관은 목표관리제 이행 전반을 총괄하며, 통합지침을 마련하고 환경부 산하 온실가스 종합정보센터를 설치하여 국가 감축목표 설정지원 및 업무협조, 국제협력 지원, 목표달성 실적 온실가스 정보관리 업무를 지원하도록 하고 있다. 또한 각 부문별 주관기관은 관리업체 지정, 감축목표 설정, 감축목표 이행계획 및 실적을 보고·점검·평가하며, 개선명령 등 필요한 조치사항에 대해 총괄기관과 유기적 연계를 이루는 역할을 수행하게 된다.

### (3) 배출권거래제도

배출권거래제도(Emission Trading System, ETS)는 오염물질을 배출하는 오염원들에게 일정량의 오염물질을 배출할 수 있는 권리를 부여하고 오염원들간의 배출권리에 대한 거래를 허용함으로써 비용 효과적으로 환경목표를 달성하는 제도를 말한다. 저탄소녹색성장기본법상 총량제한 배출권거래제 도입은 배출권 거래제를

실시할 수 있는 근거를 두고 있으며 2015년 1월부터 국내 배출권거래제가 실시되고 있다. 본격적으로 제도를 도입하기 전에 지역단위 배출권거래제 시범사업을 실시하였으며, 시범사업 참여자는 기준배출량 대비 온실가스 감축목표를 설정하고, 목표 달성을 위하여 배출량 초과분과 감축분을 거래하여 단위 감축분을 조기행동으로 인정하고 있다.

## 2) 해외 녹색물류 추진정책

### (1) 일본의 그린경영 인증제도

① 개요

일본에서는 기업의 지속적 성장을 유지하기 위해 사회 · 환경 · 경제의 조화를 도모하는 "기업의 사회적 책임"의 실천이 요구되고 있으며, 녹색물류의 도입을 확대하기 위하여 기업의 녹색물류의 선진적인 대책을 사회적 책임(Corporate Social Responsibility, CSR) 보고서 등에 공개하도록 하고 있다. 이를 위하여 물류비 절감이나 시장 확대를 목적으로 CSR을 달성하는 녹색물류 정책을 출범시킬 수 있도록 녹색물류 추진기업 매뉴얼을 공개하고 있다.

또한 대규모 화주기업이 에너지절약법상의 특정화주로 지정되어 매년 운송에 관련된 에너지 사용량을 정부에 보고하고 $CO_2$ 배출량을 지속적으로 줄여나가도록 의무화하고 있다. 이로 인해 화주기업들은 협력 물류기업의 선정조건으로 환경인증 취득을 추가적인 조건으로 명시하고 있다.

현재 일본에서는 국토교통성 소관의 교통에콜로지 모빌리티재단(교통에코모재단)이 그린경영 추진 매뉴얼을 작성하여 충실히 이행하는 기업체에게 부여하는 그린경영 인증제도를 실시하는 등 기업활동을 인증하는 제도가 확산되고 있다. 또한 중소기업 역시 경영규모에 맞추어 환경보호활동을 추진하기 위한 기준으로 그린경영 인증제도가 국토교통성의 교통에코모재단에 의해 책정 · 시행되고 있다.

그린경영 인증제도는 그린경영 추진 매뉴얼에 따른 체크 리스트에 대해 법규제의 준수나 대책 정도에 따라 교통에코모재단이 심사 · 인증여부를 판정한다. 체크항목은 환경보호를 위한 대응방안 및 체제 정비, 에코 드라이브의 실시, 저공해차량의 도입, 자동차의 점검 및 관리, 폐차 · 폐기물의 배출 억제, 적정 관리 및 재활용 추진, 공차 주행거리의 단축 및 효율적 주행추진(택시) 등이며, 인증은 2년마다 갱신하여야 한다.

② 지원 및 규제정책

그린경영 인증제도의 활성화를 위해 환경보고서의 작성, 온실가스 배출량의 모니터링, 법령 준수 여부 등을 확인하고 있다.

환경보고서는 기업의 환경대책을 종합하여 고객이나 투자자 등에 대한 환경관리의 성과를 홍보함과 동시에 IR(Inventor Relation)의 우위성을 확보하는데 기여하고 있다. 국토교통성은 환경보고서에 입각해 물류 관련 대책을 중심으로 홈페이지에 공개하여 홍보하고 있으며, 환경개선전략은 모달 시프트나 공동배송, 저공해차량의 도입이나 환경규제 관련 인증 취득상황 등으로 기업을 홍보하고 있다.

온실가스 배출량의 모니터링은 환경정보 관리를 위해 필요한 방안 중 하나로 사업활동에서 발생하는 온실가스 배출량을 측정하고 그 정보를 공개하여 환경보호 활동의 촉진과 기업의 자발적 정보공개를 통한 사회적 신뢰성을 높이고자 한다.

법령 준수는 물류사업자에게 이행 의무로 부과된 자동차 POx · PM법(자동차가 배출하는 질소산화물 및 입자상 물질의 특정지역 내 총량 저감 등에 관한 특별조치법)과 자치단체의 조례에 의한 경유차 배기가스 규제의 준수나 대형 화물차의 속도 억제장치 도입 등을 적용하여 안전운전의 확보와 이산화탄소 배출량의 저감 및 연료사용량의 저감에 기여하고 있다.

③ 사업 활동

공동배송, 모달 시프트, 화주기업과의 협력, 저공해차량의 도입, 디지털식 운행기록기 설치, 물류거점의 합리화, 3PL에 의한 합리화, 효율적 수배송시스템의 도입, 에코드라이브의 추진, 에코포장, 고객과 환경 커뮤니케이션의 실천 등의 활동을 이행하고 있다.

### (2) 일본의 그린물류 파트너십 회의

① 개요

그린물류 파트너십 회의는 화주와 물류사업자의 연대를 통해 $CO_2$ 배출량 저감을 위한 사례 등의 보급을 추진하고 있다. 일본은 교토의정서 운수부문의 $CO_2$ 배출저감 목표를 달성하기 위해 그린물류 파트너십 회의를 통해 화주와 물류사업자의 파트너십 확대와 소비자와의 파트너십을 구축하여 그린물류 정책에 있어서 국민 운동화를 추진하고 있다. 기존에는 국가 등이 주도한 친환경 물류정책이 실시되어 왔다면 그린물류 파트너십은 전문가, 민간기업이 주도적으로 추진하고 국가 등의 행정기관이 지원하는 조직체계로 발전하고 있다.

② 주요 활동 실적

2005~2006년 그린물류 파트너십 회의에서는 스미킨(住金)물산을 그린물류의 성공사례로 채택하였다. 스미킨물산은 회사와 고객기업 및 물류사업자와의 파트너십으로 화물정보를 공유하여 물류의 효율화를 도모하고 국제물류센터에서 $CO_2$ 배출을 저감하는 시도를 적극적으로 추진하고 있다. 그린물류계획시스템을 사용해 물류비를 저감하면서 높은 수준의 $CO_2$ 배출 저감을 추진하였다. 또한 에너지절약이나 쓰레기 감축, 자원절약 등 환경보호 활동에 포인트를 부여하는 에코 포인트 제도를 도입하여 환경부하 저감에 기여하고 있다. 물류기업은 철도나 내항해운으로의 모달 시프트, 트럭의 대형화를 통한 운송 효율화, 거점 정비에 의한 물류 최적화, 저공해차량의 도입 등 다양한 녹색물류활동을 실천하고 있다.

2007~2008년에는 친환경 물류부문 대상 수상기업의 사례를 발굴하였다. 지구온난화 대책 중 운송부문인 그린물류 파트너십 회의에서 친환경물류센터 사례와 연계운송 사례를 소개하였다. 자동차부품을 취급하는 다하라 물류센터는 $CO_2$ 배출량을 25% 저감시키는데 성공한 물류개선 사례로 선정되었다. 또한 JR화물과 이용운송업계가 31피트 컨테이너를 공동으로 이용하는 시스템을 구축하여 연계운송의 성공사례로 선정되었다. 특히 모달 시프트와 슈퍼그린 셔틀열차를 이용함으로써 녹색물류 발전에 기여한 바가 인정되었다.

### (3) 미국의 스마트웨이 운송 파트너십

Smart Way Transport는 미국 환경청과 화물업계가 에너지 효율 향상, 온실가스와 대기오염물질 배출억제, 에너지분야 안전 제고 등을 위해 마련한 공동 협력체계이다. 스마트웨이 운송 파트너십을 통해 기업의 경영수지 향상 및 환경개선 효과를 확산시켰으며, 비용 절감 및 연료소비량 감소와 함께 환경을 개선시키게 되었다. 스마트웨이 운송 파트너십은 화물운송이 환경에 미치는 영향을 줄이고 파트너들이 자체의 비즈니스 혜택을 인식하도록 지원하는 것을 목표로 하고 있으며, 트럭과 열차 운송화물의 연료 소비, 화물운송과 결부된 운영비, $CO_2$, NOx, 입자상 물질 및 독성 대기 오염물질의 감축을 도모하고자 한다.

화물운송과 물류서비스를 제공하거나 이와 관련한 인력을 고용하는 업체들이 화물운송업무의 환경성과를 향상시킬 것을 약속하면 트랜스포트 파트너가 될 수 있으며, 환경당국으로부터 향상 목표의 책정, 비용 절감의 계산 등의 작업을 지원받게 된다. 이를 통하여 연료비용을 절감할 수 있으며, 기업의 이미지 개선 및 정부 인정 등의 성과를 얻을 수 있다. 일반적으로 공회전 감소 방안과 정책, 트럭과 트레일러의 유선형 설계 향상, 화물의 수배일정의 향상과 같은 물류기술과 전략을 활용한다.

## 3. 녹색물류 인증시스템

### 1) 녹색물류 기업인증의 목적과 범위

저탄소녹색성장기본법과 시행령이 발표된 이후 물류기업 목표관리제와 배출권 거래제 실시 등이 논란이 되면서 기업의 환경경영체계 도입이 중요한 이슈가 되고 있다. 녹색물류 기업인증은 독성 대기 오염물질의 배출, 온실가스 저감, 폐기물 관리 등의 물류분야에 환경부하를 줄이기 위하여 경영적·기술적 측면에서 대응방안을 수립하고 실천하는 물류기업을 선정하는 것을 원칙으로 하고 있다. 물류분야 주요 에너지 소비와 온실가스 및 독성 대기 오염물질의 배출, 폐기물 배출원인 운송, 시설, 서비스 관련 기업을 대상으로 하고 있다. 물류부분 환경부하 저감을 위한 H/W와 S/W 도입뿐만 아니라 환경관리를 위한 경영방침, 교육, 모니터링 등 경영 전반에 걸쳐 관리과정에 대한 평가를 목적으로 한다.[4)]

### 2) 우수녹색물류실천기업의 지정

국토교통부장관은 환경친화적 물류활동을 모범적으로 하는 물류기업과 화주기업을 우수기업, 즉 우수녹색물류실천기업으로 지정할 수 있다. 우수녹색물류실천기업으로 지정을 받기 위해서는 환경친화적인 물류활동의 실적 등 지정 기준을 충족해야 하며, 정기적으로 2년마다 지정 기준을 충족하고 있는지 점검을 받아야 한다.

### 3) 우수녹색물류실천기업 지정 평가항목

우수녹색물류실천기업으로 지정받기 위해서는 다음과 같은 평가항목에 대한 합산 점수가 80점 이상이어야 하고, 평가항목별 배점의 5할 이상을 취득하여야 한다.

① 물류시설, 운송수단 등에 관한 환경친화적 물류활동의 관리범위 설정 및 관리체계 구축

② 물류분야 에너지, 온실가스 및 화물운송량 관리수준

4) 녹색물류 인증시스템은 한국무역협회, 「녹색물류 가이드」, 2010, pp.187-198의 내용을 요약 정리함.

③ 환경친화적 물류활동에 관한 사업추진 계획 수립 및 이행 실적
④ 물류분야 에너지 사용량 또는 온실가스 배출량에 관한 감축목표 설정 및 달성율
⑤ 환경친화적 물류활동에 대한 효과분석 및 정부 보고

〈표 14-2〉 우수녹색물류실천기업 지정 평기 기준

| 평가항목 및 평가지표 | 배점 |
|---|---|
| 1. 관리범위 및 관리수준(30점) | |
| 1-1. 물류시설, 운송수단 등에 관한 환경친화적 물류활동의 관리범위 설정 및 관리체계 구축(15점) | |
| 가. 물류시설, 운송수단 등에 대한 관리범위 설정 수준 | 5 |
| 나. 환경친화적 물류활동 경영목표의 설정여부 및 내용 | 5 |
| 다. 환경친화적 물류활동에 관한 조직 및 인력 배치, 내외부 이해관계자간 소통 · 협력 등 추진체계의 구축 범위 및 정도, 장단기 계획 수립현황 | 5 |
| 1-2. 물류분야 에너지 사용량, 온실가스 배출량, 화물운송량 관리수준(15점) | |
| 가. 물류분야 에너지 사용량 및 온실가스 배출량, 화물수송량 산정범위 관리 수준 | 5 |
| 나. 물류분야 에너지 사용량 및 온실가스 배출량, 화물수송량 산정자료와 정보의 정확성 및 이해관계자간 공유 실천 정도 | 5 |
| 다. 물류분야 에너지 사용량 및 온실가스 배출량, 화물수송량 산정시스템의 기계화 또는 IT화 추진 수준 | 5 |
| 2. 사업계획 및 추진실적(40점) | |
| 2-1. 환경친화적 물류활동에 관한 사업계획의 수립 및 이행실적(20점) | |
| 가. 환경친화적 물류활동 사업의 과제 수 및 내용, 사업 및 투자 규모 (양 또는 비율) | 10 |
| 나. 환경친화적 물류사업 계획 대비 실적 | 10 |
| 2-2. 물류분야 에너지, 온실가스 감축 목표 설정 및 달성율(20점) | |
| 가. 물류분야 에너지, 온실가스 감축 또는 효율화 목표 설정 | 10 |
| 나. 물류분야 에너지, 온실가스 감축 또는 효율화 목표 달성율 | 10 |
| 3. 환경친화적 물류활동에 관한 효과분석 및 정부보고(30점) | |
| 가. 환경친화적 물류활동에 관한 사업실적의 주기적인 평가 및 효과분석 실시, 정확성 수준 | 10 |
| 나. 정부보고 또는 온실가스 검증기관 검증실시 여부 | 10 |
| 다. 환경친화적 물류지표의 설정 및 측정 여부(예, 물류공동화량(율), 전환수송 전환량(율) 등) | 10 |
| 합 계 | 100 |

자료: 국토교통부(2014)

## 4. 국내외 녹색물류 추진 사례5)

### 1) CJ-GLS

#### (1) 추진배경

국내 배출권거래제가 실시되는 2015년 1월 이후에는 Green Business 실현이 기업경쟁력을 좌우함에 따라 탄소배출량이 타 산업에 비해 높은 위치에 있는 물류분야의 지속적인 노력이 어느 때보다 중요한 시점임을 인식하게 되었다. 매출의 규모가 커질수록 녹색물류 추진이 정부정책에 수동적으로 이끌려 가기 보다는 물류프로세스나 자산운영의 효율성 제고 및 비용절감 효과를 기대하는 경향이 높았다. 또한 탄소배출량의 20%를 차지하고 있는 운송분야에서 차량운영의 효율화를 통한 녹색물류의 실천이 포장이나 시설운영보다 우선추진 과제로 진행되었다.

#### (2) 주요 추진내용 및 효과

① 친환경 물류 통합 Visibility

수배송 차량의 환경정보를 실시간으로 수집 · 모니터링하여 환경위험요인을 최소화하는 시스템으로 통합수배송 시스템을 통해 경로 최적화, 적재효율 향상, 사고/고장차량의 신속 조치, 탄소배출량 관리 등을 통해 이산화탄소 배출을 최소화하였다. 친환경 물류 통합 Visibility 시스템을 구축하고 공회전 방지, 간선차량 대형화 등을 통해 탄소배출량 25% 절감을 목표로 녹색물류전략을 추진하고 있다.

② 무선기반 다기능 실시간 물류정보 교환

무선기반 다기능 실시간 물류정보 교환은 RFID/USN 기반 재고조사, 피킹 등 물류프로세스 상에서 발생할 수 있는 다양한 운영환경을 무선기반으로 지원하여 간단한 탈부착을 통해 부가장비나 작업지시서 없이 물류관리가 가능한 시스템이다. 무선기반 다기능 실시간 물류정보 교환시스템을 적용하여 재고조사, 피킹작업 등에서 작업효율성을 높이고 No Paper Job을 실현하여 녹색물류센터를 구현하고 있다. 총 재고조사 시간 75%, 현장재고조사 58% 단축을 통해 탄소배출량을 감소시켰으며, 종이 작업지시서 연간 60,000page 절감효과를 가져오고 있다.

③ 생산성 분석 시스템 Visualizer

물류센터의 불필요한 자원을 최소화하고, 지게차와 같은 직접적인 탄소배출 자

5) 녹색물류 추진사례는 한국무역협회, 「녹색물류 가이드」, 2010의 내용을 요약 정리함.

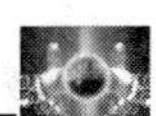

원에 대한 생산성 향상을 위한 Real Time Locating System 기반 Visualizer를 적용하고 있다. 이 시스템을 적용하여 자원 활용도를 30% 이상 향상시켰으며, 특히 지게차 운용율을 15% 이상 향상시켜 연평균 탄소배출량을 312t-$CO_2$ 절감하였다.

④ 친환경물류 최적화 시뮬레이션

Real Time Locating System 기술을 통해 획득한 물류자원 운영 data 기반 최적화 운영전략 시뮬레이션을 활용하고 있다. 친환경물류 서비스 개선 기여도 도출을 위한 변수 입력을 지원(연비, 전력 사용량, 자원 소모량 등)하고 있다. 시뮬레이션 결과에 기반하여 최적화 전략 시행 후 실제 운영지표와 예측지표 차이를 분석하여 환경위험요인을 사전에 차단하고 있다. 이러한 친환경 물류 최적화 시뮬레이션을 통한 최적화를 수행하여 연평균 10% 이상의 탄소배출량 절감을 목표로 하고 있다.

⑤ Smart Cold Chain

상대적으로 탄소배출량이 높은 저온 물류차량에 대해 환경물류 통합 Visibility 시스템과 연계하여 실시간 위치 및 상태관리를 통한 저탄소 녹색성장을 구현하고 있다. 기존 타코메타 기반 유선 온도정보 수집을 RFID/USN 기술을 적용한 Multi Point 온도관리를 수행하여 냉각효율을 극대화하고 있다. 온도관리 문제로 인해 폐기되는 제품을 최소화시키고 문제발생 가능성을 사전에 차단하기 위해 규정 기반 실시간 온도관리를 수행하고 있다. 이를 통해 저온 물류차량의 연료효율을 25% 향상시켜 연평균 3,066t-$CO_2$ 절감을 목표로 하고 있다.

## 2) DHL

### (1) 추진배경

DHL은 운송분야에서 전 세계 탄소배출량의 14%를 차지하고 있으며, 환경적인 법적 규제 및 고객 요구가 다양해지고 있는 상황에서 녹색물류 실행에 관심을 갖게 되었다. 2012년까지 탄소배출량을 2007년 대비 10% 감축하고 2020년까지 하청업체를 포함하여 30%까지 감축시키고자 하는 목표를 수립하였다. 특히 “Go Green” 프로그램을 수립하여 탄소 배출이 발생하는 전 부문에서 효율적인 탄소배출관리를 지향하고 있다.

### (2) 주요 추진내용 및 효과

DHL이 실행하고 있는 Go Green 프로그램은 운전자 교육, 차량기술, 네트워크 최적화, 효율적 채광 및 기타 현장시설 활동, 종업원 참여 유도, 고객 참여기회 마련 등으로 구성되어 있다. Go Green 프로그램의 5가지 핵심 분야는 다음과 같다.

① $CO_2$ 배출 투명성 제공 : 정확한 탄소배출량 산출시스템 구축
② $CO_2$ 효율성 제고 : 탄소배출량 감축 목표치 달성 및 프로그램 개선
③ 종업원 참여 : 각 부문 종업원들이 프로그램에 참여가 가능하도록 보증
④ Go Green 프로그램을 통한 가치 창출 : 고객을 지원하기 위한 신규 제품/서비스 창출
⑤ 공공정책 변화에 대한 대응 : 탄소관련 법규 준수 보증

특히 탄소배출 감축정책에서는 운송부문, 물류시설부문, 네트워크 최적화부문에서 녹색물류 활동을 실천하고 있다. 운송부문에서는 탄소배출을 절감할 수 있는 연료관리, 대체 바이오연료 사용, 차량의 운행속도 감소, 운전자 교육, 공기역학을 고려한 차량 설계, 전기자동차/하이브리드자동차 사용 등을 통한 녹색물류 활동을 실천하고 있다. 물류시설부문에서는 Switch off 캠페인 및 그린 오피스 프로그램 운용, 에너지 효율적인 조명 및 채광, 태양열, 지열 등의 재생 에너지 이용으로 이행하고 있다. 녹색물류를 위한 네트워크 최적화 부문에서는 네트워크 및 경로 최적화, 모달 시프트 적용, 운송차량 변경, 역물류시스템, 운영 효율성 제고, 입지 선정 및 서비스 구역 재설정, 서비스 수준 전략, SCM 컨설팅, 공급자 공동 수배송 등과 같은 전략을 도입하고 있다.

## 제2절 물류보안

### 1. 물류보안/개관

2001년 9·11테러 이후 물류보안이 국제물류체계상 중요한 이슈 중 하나로 부각되면서 글로벌 공급사슬관리(SCM)상 물류보안체계를 여하히 효과적으로 구축하는가가 개별 기업은 물론 국가 차원에서도 중요한 과제로 인식되고 있다. 미국은 물류보안에 선도적인 역할을 수행하고 있는데 CSI(Container Security Initiative), C-TPAT(Custom-Trade Partnership Against Terrorism), 24시간 규칙(선적 24시간 전

화물정보 사전신고규칙), 항만보안법(Safe Port Act), 9 · 11 테러대책 위원회의 권고 등의 제도를 도입하였다. 아울러 미국은 미국과 교역하는 주요 국가 및 물류업체들은 이러한 규정을 준수하도록 요구하고 있다.

〈그림 14-2〉 항만물류보안의 개념도

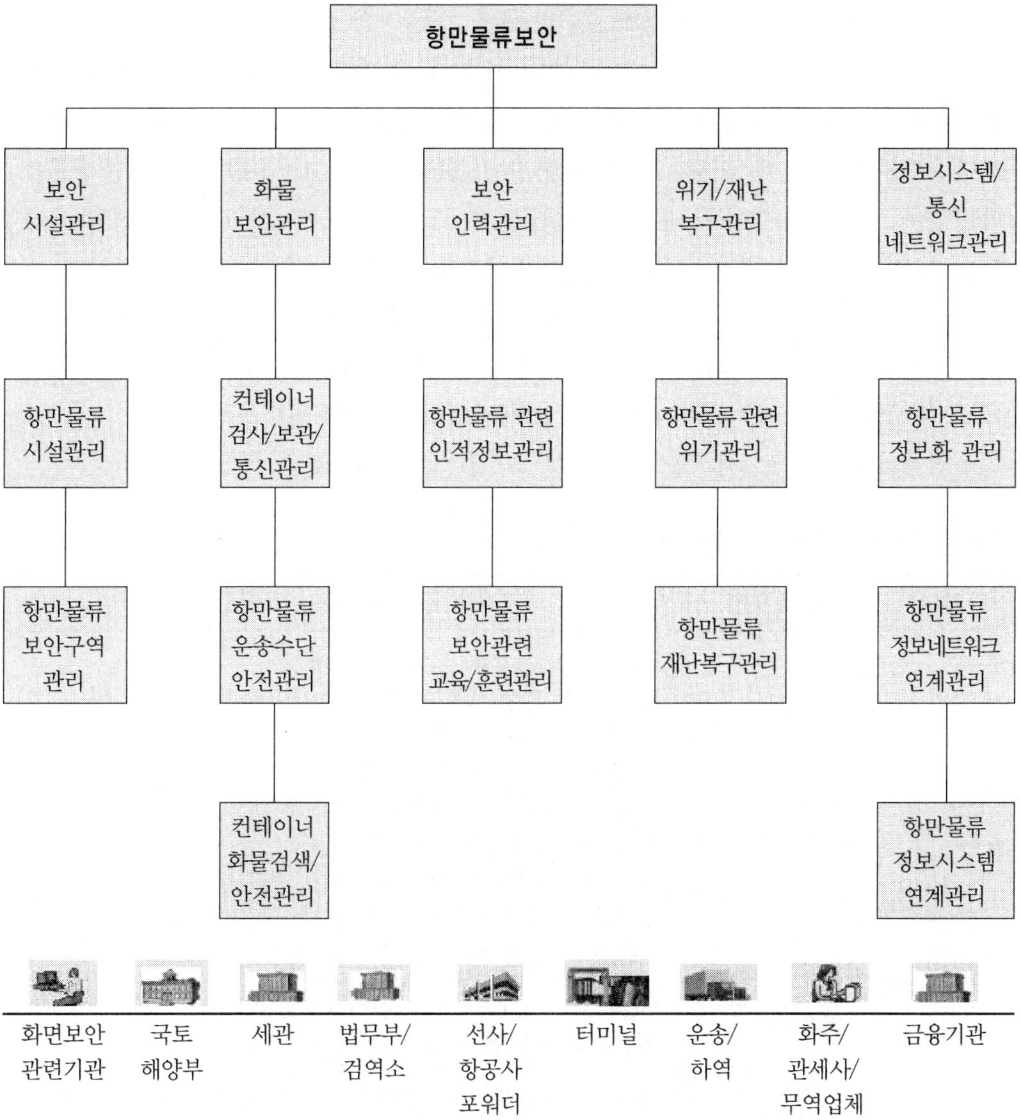

**항만물류보안**

| 보안 시설관리 | 화물 보안관리 | 보안 인력관리 | 위기/재난 복구관리 | 정보시스템/통신 네트워크관리 |
|---|---|---|---|---|
| 항만물류 시설관리 | 컨테이너 검사/보관/통신관리 | 항만물류 관련 인적정보관리 | 항만물류 관련 위기관리 | 항만물류 정보화 관리 |
| 항만물류 보안구역 관리 | 항만물류 운송수단 안전관리 | 항만물류 보안관련 교육/훈련관리 | 항만물류 재난복구관리 | 항만물류 정보네트워크 연계관리 |
|  | 컨테이너 화물검색/안전관리 |  |  | 항만물류 정보시스템 연계관리 |

| 화면보안 관련기관 | 국토 해양부 | 세관 | 법무부/ 검역소 | 선사/ 항공사 포워더 | 터미널 | 운송/ 하역 | 화주/ 관세사/ 무역업체 | 금융기관 |
|---|---|---|---|---|---|---|---|---|

자료: 김수엽 외, 「항만물류보안산업의 발전방안 연구」, 한국해양수산개발원, 2009.12

또한 국제해사기구(IMO), 세계관세기구(World Customs Organization, WCO)등 국제기구도 물류보안제도를 도입하여 시행중이다. 즉, IMO는 ISPS(International Ship and Port Facility Security) Code, WCO는 SAFE Framework, 유럽연합은 AEO(Authorized Economic Operator), 국제표준기구(International Organization for Standardization, ISO)는 공급사슬 보안경영시스템 등의 제도를 도입하고, 국제적인 협력과 연대를 통해 글로벌 물류보안체제를 강화하고 있다.

물류보안제도가 국제적으로 강화되는 가운데 우리나라를 포함한 중국 등에서 미국으로 수출되는 컨테이너 화물에 대한 보안검색이 크게 강화되고 있다. 미국은 우리나라와 2003년에 컨테이너 보안협정(CSI)을 체결하고, 부산항에 세관직원을 파견하여 미국 수출화물에 대한 검색을 실시하고 있는데, 주로 개성공단에서 생산되는 제품과 북한에서 중국 등을 거쳐 미국으로 수출되는 화물이 검색 대상이 되고 있다. 현행 보안체제 하에서 화물에 대한 검색과 관리가 강화될수록 화물의 통관 등 업무처리에 소요되는 시간과 절차가 늘어나고, 관련 비용도 증가하기 때문에 화주기업과 물류기업은 효율적인 보안체제의 구축이 필요하다.

우리나라 부처별로 시행중인 물류보안업무는 다음과 같다.

〈표 14-3〉 부처별 물류보안업무

| 부처 | 업무 구분 | 업무 내용 |
|---|---|---|
| 국토교통부<br>·<br>해양수산부 | 물류보안제도<br>(ISPS Code 등<br>IMO 보안협약) | - ISPS 코드 등 IMO 보안협약 시행<br>- ISPS 코드 이행 법률 제정(국제항해선박 및 항만시설의 보안에 관한 법률 시행령)<br>- 컨테이너 100% 검색 시범사업 추진<br>- 항공 안전 및 보안에 관한 법률 시행<br>- 항공 부문의 상용화주제도 도입<br>- 내륙 물류 교통부문 보안제도 도입 추진<br>- 국가물류보안체제 구축 민관 협의체 구성 및 운영<br>- 물류정책기본법 개정(보안부문 강화) |
| | 물류거점시설 | - 화물터미널, ICD, 유통단지, 항공화물터미널, 도시물류시설 등 거점시설 확충, 항만 및 배후 부지 등 개발 |
| | 물류운영 | - 국가물류통합정보센터, 물류기기/표준파렛트, 물류기술 개발<br>- 항만운영 정보시스템 및 자동화 설비 |
| | 물류산업 | - 화물운송업, 창고업, 화물운송주선업, 대량화물 전용선석 확충, 항만하역업 관리 |

| | | |
|---|---|---|
| | 국제물류 | - 공항건설, 복합운송 주선업, 항만건설 |
| 산업통상자원부 | 물류보안제도 (ISO 28000) | - 기술표준원에서 물류보안경영체제(ISO 28000) 인증제도 개발, 인증기관은 한국선급임<br>- 2008년 3월부터 시범사업으로 시작되어 현재 부산신항만에 인증을 수여하는 등 활동을 확대함 |
| | 물류거점시설 | - 집배송 센터, 공동집배송단지 등의 건립 |
| | 물류운영 | - 물류정보화 기반도입, 표준바코드, 표준 파렛트, 표준물류 기기 구입자금 지원 |
| | 물류산업 | - SCM, POS 시스템 보급지원, 포장표준규격의 정비 |
| | 국제물류 | - 자유무역지대 건설 및 관리 |
| 관세청 | 물류보안제도 (AEO제도) | - 미국과 컨테이너보안협정(CSI) 체결/시행<br>- 벨기에와 화물추적 시범사업 협정/체결<br>- 관세법 시행령(수출입 안전관리 우수업체 공인 및 안전관리 기준 등)의 시행/추진 |
| | 물류운영 | - 관세정보망 구축/운영 |
| | 물류산업 | - 보세창고관리 |
| | 국제물류 | - 수출입통관, 관세자유지역 운영 |
| 국가정보원 | 물류보안제도 | - 국가물류보안체제 구축 민관 협의체 구성 및 운영<br>- 국제 물류보안 기술 및 정책 동향 수집<br>- 국가보안관련 국내.외 정보의 수집 · 작성 및 배부<br>- 보안사건 대응을 위한 정보협력체제 유지<br>- 보안사건 대응능력 배양을 위한 위기관리기법의 연구 발전 · 보안대책 제공 및 보안사건 대응정보 · 기술 · 교육훈련 등 지원 |
| | 물류거점시설 | - 국가보안시설 보안 · 대테러 업무의 기획 · 조정, 추진실태 확인 점검 및 현장지도 등<br>- 항만시설 설계, 건설, 개보수시 국가보안대책 반영 여부 측정 |
| 국민안전처 | 물류보안제도 | - 해양경찰종합정보시스템(M-POLICE 2010)<br>- 배타적 경제수역(EEZ) 해상 치안 및 과학적 경비 활동 지원<br>- 함정, 육상 간 해양위기관리 대응시스템 구축 |
| | 물류운영 | - RFID 기반 해양안전관리 시스템 |

자료: 김수엽 외, 「항만물류보안산업의 발전방안 연구」, 한국해양수산개발원, 2009.12

## 2. 컨테이너보안협정(Container Security Initiative ; CSI)

미국은 9 · 11 테러이후 미국으로 수출물량이 많은 주요 외국 항만에 미국 세관원을 파견하여 미국으로 수출할 컨테이너 화물에 대한 위험도를 사전에 평가하는 컨테이너 보안협정(CSI)을 2002년 2월부터 시행하고 있다. 미국 세관은 CSI를 미국향 화물 및 미국 항만에 기항하는 모든 수출화물에 대하여 선적지에서 선적 24시간 전까지 미국세관에 적하목록 제출을 의무화하였다. CSI는 현재 전 세계 58개 항만에서 시행되고 있으며, 부산항에서도 2003년 8월부터 5명의 미국 세관원이 상주하여 미국으로 가는 컨테이너를 X-Ray투시기를 통해 검색하고 있다.

미국의 세계적인 전략물자 통제 체제는 나날이 강화되고 있다. 과거 엄포로만 그쳤던 강제사찰(Challenge Inspection)이 직접 실행되고, 컨테이너안전협정(CSI), 확산방지구상(Proliferation Security Initiative, PSI) 등이 나오면서 이중, 삼중으로 전략물자 국제수출 통제체제가 구축되고 있다.

## 3. 대테러방지 민관협력프로그램(Customs Trade Partnership Against Terrorism ; C-TPAT)

2002년 미국 CBP(US Customs and Border Protection, 세관 · 국경안전청)가 도입한 반테러 민관 파트너십 제도(C-TPAT)를 시행할 수 있는 법적 근거를 명문화했다는 점에서 미국에 수출하는 다른 나라 수출업체들에 막대한 영향을 줄 전망이다. C-TPAT는 미국 수입업자와 선사, 항공사, 터미널운영사, 포워더, 통관중개인 등을 적용대상으로 하고 있고 현재 1만개 이상의 업체가 가입신청을 하였다. C-TPAT에 신청하기 위해서는 CBP가 정한 시설과 인력보안, 운송보안, 화물추적 등 최소한의 물류보안기준을 이행하고 있어야 한다.

CBP가 제시한 Supply Chain Security의 주요 내용은 다음과 같다.

① 화물관련 정보의 제출, 위험분석 및 자기 평가
② 제조업체, 공급자, 납품업체 등 비즈니스 파트너의 보안활동 수행 사항 확인
③ 컨테이너, 트레일러, 화물적재용기 등에 대한 보안 검사
④ 운송 중인 화물의 추적관리 등 화물운송 보안
⑤ 이적 및 출입 통제, 인사 및 절차 보안
⑥ 정보기술 보안 및 비상조치 등

우리나라 기업이 C-TPAT에 가입한 업체와 수출 · 운송계약을 맺기 위해서는 C-TPAT가 정한 보안기준을 따라야 하는네 만약 C-TPAT에 가입하지 않은 업체와 거래할 경우 미국으로의 수출이 보다 불편해질 전망이다. 이러한 보안제도는 WCO가 2005년 말 기본협정을 체결해 전 세계 국가로 확대되었다.

C-TPAT 가입시 가장 큰 혜택은 C-TPAT에 가입된 회사가 취급하는 수입화물에 대해서는 미세관이 검소를 최소한으로 한다는 것이다. 그러므로 수입회사가 가입하지 않았어도 통관회사 및 운송회사가 회원으로 가입이 되어 있으면 그에 준하는 많은 혜택을 받는다. 특히 X-RAY EXAM, MET EXAM, CET EXAM, USDA EXAM 등 기타 여러 가지 세관 검사를 상당히 줄일 수 있다.

## 4. 공급사슬 보안경영시스템(ISO 28000)

보안경영시스템 ISO 28000은 다양한 국가의 물류보안제도를 수용 · 준수하는 보안경영시스템을 구축하여 국제적으로 보안상태가 유지되는 기업임을 인증받는 제도로서 생산자로부터 운송업체, 보관업체 등을 포함하는 공급사슬 내의 모든 기업이 적용대상이다. 보안경영시스템은 공급사슬 보안에 영향을 미치는 조직이 관리하거나 영향을 줄 수 있는 모든 활동과 관련이 있다. ISO 28000은 공급사슬을 따라 화물이 운송되는 것을 포함하여 언제, 어디서 보안 경영에 영향을 미치는 지 고려되어야 하며, 재무회계, 제조, 정보관리, 상품 포장, 보관 및 수송시설을 포함한다.

ISO 28000은 2005년 ISO 기술분과위원회에 물류전문가들이 참여하여 초안을 작성하였고, 우리나라는 2008년 4월 KS V ISO 28000으로 채택하여 시행 중이다. 엄밀하게는 물류보안과 공급사슬 보안은 차이가 있다. 즉, 물류보안은 화물을 공간적으로 이동, 보관하는 화주나 수화인이 효율성, 편의성, 경제성, 안전성을 추구하는 과정에서 재산상 피해를 최소화하려는 체계적인 관리행위를 의미한다. 반면, 공급사슬 보안은 화물이 생산되고 운송, 하역, 보관, 수출입 등의 과정을 거쳐 최종 소비자에 이르기까지 공급사슬 과정에서 테러위험의 대상이 되거나, 위협용도의 물품, 기술이 불법적으로 조달되는 것을 차단하려는 체계적인 관리행위이다.

따라서, ISO 28000은 테러의 대상이 되는 다중이용시설, 경제적으로 혼란을 야기시킬 수 있는 공항, 항만, 터미널, 화물기지, 보세창고 등 공급사슬 내 시설과 장소, 종업원과 이용자의 보호와 공급사슬을 통해 공급되는 화물에 의해 야기되는 테러나 환경파괴 등 위협을 관리하는데 초점을 두고 있다. 특히 테러, 해적행위, 사기 등과 같은 위협에 대해 중점을 두고 관리한다. ISO 28000은 화물흐름에 대한 효과적인 모니터링을 포함하여 밀수를 방지하고, 해적의 공격이나 테러리스트의 공격에 효과적으로 대처할 수 있도록 지원할 뿐만 아니라 안전한 국제공급사슬시스템을 구축하도록 설계되었다.

ISO 28000은 국제표준에 따라 물류보안규정을 준수할 수 있도록 전담조직 등 보안관리체계를 수립하고, 지속적으로 개선 · 유지해야 하며, 기업은 보안경영시스템 확립 여부를 인증 획득을 통해 국제적으로 공인받을 수 있다. ISO 28000은 국제 표준으로 승격되었고, 이는 공급사슬 내에서 인력 및 화물에 대한 위험성을 줄이는데 도움이 될 것으로 예상하고 있다. ISO 28000은 공급 프로세스의 모든 분야에 잠재적인 보안 이슈, 특히 테러, 해적행위 및 사기 등과 같은 위협에 대해 중점을 두고 공표되었다. 세계 최초의 ISO 28000 인증은 DP World의 두바이 본사가 2006년 9월에 획득했으며, 미국, 캐나다, 싱가포르 등에서 ISO 28000 인증체계 구축을 본격화하였다. 우리나라에서도 2008년 4월 최초로 부산신항만(주)가 ISO 28000 인증을 취득하였으며, 2010년에는 한진, 범한판토스, CJ GLS 등이 ISO 28000 인증을 획득하였다. 한국선급협회(KR)이 인증기관으로서의 역할을 담당하고 있다.

## 5. 공인경제운영인 제도(Authorized Economic Operator ; AEO)

미국은 9 · 11 테러 이후 무역안전을 위한 물류보안제도와 규정 등을 수립하였으나 초창기 물류보안제도는 보안에만 초점을 두었기 때문에 리드타임을 지연시키는 무역규제로 작용하기도 하였다. 따라서 WCO에서는 이러한 문제점을 보완하여 무역안전과 원활한 무역활동을 보장하는 국제규격의 무역안전규정을 수립하였다. WCO는 적절한 국경관리라는 정책기조 하에 국가 간 화물흐름을 원활하게 유지할 수 있는 절차를 강화하기 위해 2005년 6월 SAFE Framework(물류보안과 무역간소화에 관한 국제기준)을 도입하였다. SAFE Framework는 세관 간 네트워크 및 세관과 기업 간 파트너십 구축을 통해 국제공급사슬상 물류보안을 강화함과 동시에 무역원활화를 촉진시키기 위한 두 가지 목적으로 추진되었다. 특히 물류서비스를 공급하는 물류기업 등이 지정된 보안기준을 충족하여 AEO로 인증 받는 경우 신속한 통관절차 적용, 화물검사비율 축소 등의 혜택을 부여하고 있다. WCO가 추진

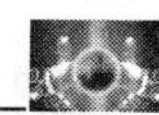

한 제도가 바로 AEO(Authorized Economic Operator; 공인경제운영인 또는 종합인증 우수업체)이다.

AEO는 수출업체, 수입업체, 관세사, 운송인, 창고업자, 선박, 항공사, 하역업자와 같은 물류주체들 중 WCO의 수출입 공급사슬 안전관리 기준 또는 이와 동등한 기준을 준수하여 자국 세관으로부터 공인받은 업체를 의미한다. 특히, AEO는 자국 내에서 뿐만 아니라 상호인정협약(Mutual Recognition Arrangement; MRA)을 맺은 해외 국가에서도 통관상의 혜택을 누릴 수 있다는 특징을 가지고 있다. 아울러 기존 거래조건 이행요구 이외에 AEO 기준을 무역거래요건으로 규정하는 업체들이 증가하면서 AEO 기준을 충족하지 못하는 업체의 경우 거래대상이나 무역활동의 범위가 제한받을 수 있다. 또한, AEO는 자국 세관당국이 신뢰하고 국제사회가 인정하기 때문에 AEO를 통해서 무역장벽을 해소하고 신속한 통관을 통한 수출경쟁력을 제고할 수 있다. AEO 업체는 국가로부터 AEO 기준 등을 공인받은 신뢰받은 업체이기 때문에 수출입시 보다 신속하고 간편한 무역관련 절차를 보장받을 수 있고, AEO 시행국과 상호인정협정이 체결될 경우 AEO 업체들은 협정체결국가에서도 검사비율 감소 및 신속 통관 편의 등의 혜택을 부여받아 물류비 절감과 신속한 통관을 통한 수출경쟁력을 제고할 수 있다.

미국의 예를 들면, AEO 기업에 대한 미세관의 검사(검사비용(3백～5백달러)/TEU + 검사 소요 시간(3～4일))비율은 AEO가 아닌 업체에 비해 1/10수준이고, 3M(화학), Bowing(항공), Bayer(제약) 등 글로벌 기업들이 국내의 거래업체에 대해 AEO 공인을 받을 것을 무역거래조건의 하나로 요구하고 있다.

현재 미국, 중국, 일본, EU(27개국) 등 전 세계 45개국이 AEO 제도를 도입하여 운영 중이다. 또한 AEO 제도를 도입한 국가들은 자국의 수출업체를 지원하기 위하여 상호인정협정을 추진하고 있다. 각국의 AEO 상호인정 노력은 2004년부터 시작되어 2009년까지 7개의 상호인정이 체결되는데 그쳤으나 2010년에만 6개의 상호인정이 추가로 체결되었고, 현재 미국-중국, EU-중국 등 거대경제권과의 상호인정협정도 추진 중이다. 우리나라는 2007년 AEO제도를 도입, 물류보안체제 정비를 준비하였으며, 2009년부터 삼성전자, 코오롱, 삼성전기, LG전자, 삼성SDI, 두산인프라코어 등 2015년 4월 현재 278개 업체(관세 관련 업체와 물류 관련 기업 포함시 611개)가 AEO 인증을 획득하였다.

## 6. 위험물컨테이너점검제도(Container Inspection Program ; CIP)

국토해양부는 2002년 위험물컨테이너 점검제도(CIP)를 부산항과 광양항에 도입, 시행하면서부터 위험물컨테이너의 결함율이 지속적으로 감소하는 등 효과가 비교적 큰 것으로 나타나 위험물컨테이너의 물동량이 증가추세에 있는 인천항과 울산항으로 시행범위를 확대했다.

위험물컨테이너점검제도(CIP)란 컨테이너에 적재되어 해상으로 운송되는 위험화물에 의한 사고를 예방하기 위하여 수입되는 위험물컨테이너에 대한 국제해상위험물규칙(IMDG Code) 준수여부를 점검하는 제도이다. 이를 통해 위험물 운송 중의 사고를 방지한다는 것이 목적이다.

CIP의 주요 점검내용은 선적서류와 컨테이너 적재 위험물의 일치여부와 컨테이너의 안전승인판 및 외관상태를 확인하게 된다. 또 위험성을 표시하는 표찰의 부착과 적정여부, 위험물의 컨테이너 수납상태(격리, 수납, 고박 상태)를 점검하고 적정용기의 사용여부와 표시 · 표찰의 적정성 등을 체크하게 된다.

우리나라에서는 수출위험물컨테이너에 대해서 1990년부터 위험물전문기관(한국해사위험물검사소)을 통하여 검사를 실시하고 있으며, 국내로 반입되는 위험물컨테이너에 대해서도 2002년 10월부터 우리나라의 주요 컨테이너 처리항만인 부산항과 광양항에서 전문점검관이 점검을 실시하고 있다. 2006년 한해 동안 부산항과 광양항에서는 우리나라 전체 수입위험물컨테이너의 1.6%에 해당하는 2,450TEU를 점검, 이 중 511TEU에서 결함(결함율 21%)이 지적돼 화주 등에게 경고장을 발송, 시정토록 조치한 바 있다.

CIP 제도를 도입, 운용하게 되면 폭발 등 위험물관련 사고 예방으로 인명 및 재산 피해를 방지할 수 있게 된다. 또한 우리나라로 수입되는 위험물컨테이너의 안전도 향상은 물론 선진국 수준의 해상안전 확보와 함께 해상안전과 관련한 국제적 위상 제고에도 도움이 된다.

## 7. 국제선박 및 항만시설 보안규약(International Ship and Port Facility Security ; ISPS code)

2004년 7월 1일부터 165개 가맹국에서 적용되는 국제선박 및 항만시설 보안규약(International Ship and Port Facility Security; ISPS code)이 발효되었고, 각국은 항

만시설들이 이 규정을 충족시키도록 조치를 취하고 있다.

국제해상보안규약인 ISPS 규정은 각국 정부와 항만관리당국, 선사들이 갖춰야 할 보안관련 조건들을 명시하고 있으며, 국제무역에 사용되는 선박 및 항만시설에서의 보안에 대한 위협을 감지하는 방법과 보안관련 사고를 예방하는 방법에 대한 가이드라인을 제시하고 있다.

ISPS 규정은 국제항해에 종사하는 총톤수 500톤 이상의 화물선과 국제여객선, 국제항만시설 등에 대해 적용되며, 각국 정부는 항만시설의 보안경계 수준을 '보통'(normal, 1단계), '경계'(heightened, 2단계), '비상'(exceptional, 3단계)의 세 단계로 설정해야 한다.

선사는 선박보안계획서에 선장의 권한을 강조하고 정부 및 회사에 지원을 요청할 최우선의 책임 및 권한을 가짐을 명시해야 한다. 또한 모든 항만시설과 선박에 대한 보안계획을 제출하고 승인을 받아야 한다. 이 규약에 따르지 않는 항만시설을 출발한 국제선박은 다른 규약가입국 정부로부터 더욱 엄격한 보안검사와 같은 규제를 당할 수 있으며, 심지어는 선박의 입항이 거부될 수도 있다.

ISPS Code는 Part A와 Part B로 구분되어 있으며, Part A는 이행이 강제되는 사항을 규정하고 있고, Part B는 임의규정으로 되어 있다.

우리나라는 ISPS Code를 국내법으로 수용한 국제항해선박 및 항만시설 보안에 관한 법률을 제정 시행(2008. 02)하고 있고, 이에 따라 2008년에는 "2008~2017 국가항만보안계획"을 수립하여 전국 항만에서 시행 중이다.

## 8. 항만보안법(SAFE Port Act)

미국의 조지 W. 부시 대통령은 2006년 10월 13일, 그동안 숱한 논란을 불러일으켰던 항만보안법을 공포했다. 이에 따라 미국은 2002년에 제정된 해운보안법과 함께 해운 및 항만 분야에 거의 완벽한 보안시스템을 갖추게 됐다. 전문가들은 항만보안법이 명칭과 달리 물류 전반을 적용대상으로 하고 있어 향후 파급효과가 클 것으로 보고 있다.

항만보안법의 가장 중요한 특징은 9 · 11 테러 이후 미국이 지금까지 견지해 온 대량살상무기(Weapons of Mass Destruction; WMD) 차단과 테러예방 등 거의 모든 조치가 망라돼 있다는 점이다. 특히 이 법률은 컨테이너로 이동하는 WMD 등 위험화물을 사전에 통제하는데 필요한 거의 모든 조치가 포함돼 있다.

예를 들면, 미국 CBP가 자발적으로 도입해 시행해 오던 반테러 민관 파트너십 제도(C-TPAT)와 컨테이너 보안협정(CSI) 등이 입법화됐으며, 외국 항만에서 컨테이너 화물을 100% 검색하는데 필요한 '시범 사업'은 물론 운수 근로자의 신원조회 및 신분증 발급제도도 포함되어 있다. 특히 이 법률은 국토안보부에 대해 빠른 시간 내에 컨테이너 보안장비 등에 대한 기준을 설정하도록 요구하고 있어 앞으로 '물류보안 표준'을 둘러싸고 글로벌 기업 간의 치열한 경쟁도 예상되고 있다.

## 9. Greenlane 해상화물보안법(The Greenlane Maritime Cargo Security Act)

CBP가 C-TPAT에 가입한 송화인들의 서류만을 검토하여 검사단계를 완화하는 것에 대한 비판이 제기되었다. 화물의 보안유지를 위한 보다 엄격한 기준을 요구하고 공급사슬 보안에 참가한 기업에 대한 인센티브 도입 등 기존의 화물보안 프로그램을 강화하기 위해 2005년 11월 미상원에서 제안하였다.

어떤 컨테이너가 테러위험 화물을 적재하고 있는지 쉽게 파악하고 송화인 스스로 공급사슬의 모든 단계에 걸쳐 보안에 대한 책임을 질 수 있도록 절차를 마련하기 위하여 추진 중이다. Greenlane 프로그램의 주요 내용은 다음과 같다.

① 합당한 신분증 소지자 외 화물과 컨테이너에 대한 접근 제한
② 선적 전 선적화물에 관한 사전정보 제출
③ 모든 컨테이너에 대한 추적시스템 구축
④ 수출입계약시 담보면제를 포함한 패키지 인센티브를 제공하는 'Trusted Account' 도입 검토
⑤ 컨테이너의 운송 도중  침입을 감지할 수 있는 감지장치개발

# 제3절 물류기술

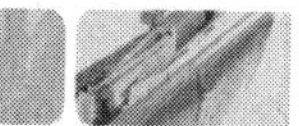

## 1. 물류기술 R&D 필요성

전 세계적으로 국제물류가 발전하고, 우리나라가 동북아 물류중심국으로 발돋움하기 위해서는 첨단물류기술의 개발과 도입 등 물류선진화를 적극 추진해야 한다. 정보통신기술의 급속한 발달로 모든 산업분야에서 기술 변화가 이루어지고 있다. 특히 첨단물류기술은 미래사회를 위해서, 그리고 물류분야에서 선도적인 역할을 수행하기 위해 필요한 기술이다. 우리나라 물류체계의 가장 큰 애로요인은 물류시설의 공급부족, 물류시설의 비효율적 운영, 복잡한 유통구조, 물류시설의 낙후, 폐쇄적 정보이용 등을 들 수 있다. 물류분야의 사회간접자본시설의 부족과 물류업무 전반에 걸친 정보공유체계가 미흡하고, 물류표준화에 대한 인식이 부족하여 기계화, 자동화, 일관수송기술, 그리고 시설 표준화가 미흡한 실정이다.

한편, 선진국의 물류정책은 물류인프라 확충, 정보화와 표준화를 통한 물류시스템의 고도화, 환경과 안전을 중시하는데 초점을 맞추고 있다. 선진국들은 기업 간의 경쟁격화, 노동력 부족현상의 심화, 산업재해 감소를 위한 무인자동화 요구, 환경친화적 물류체계의 요구 등의 이유로 물류기술개발을 위해 체계적으로 지원하고 있고, 도로-철도-항공-선박 등과 같이 연계시스템을 구축하기 위한 연구개발이 진행되고 있다.

〈그림 14-3〉 우리나라 물류선진화의 비전 및 목표

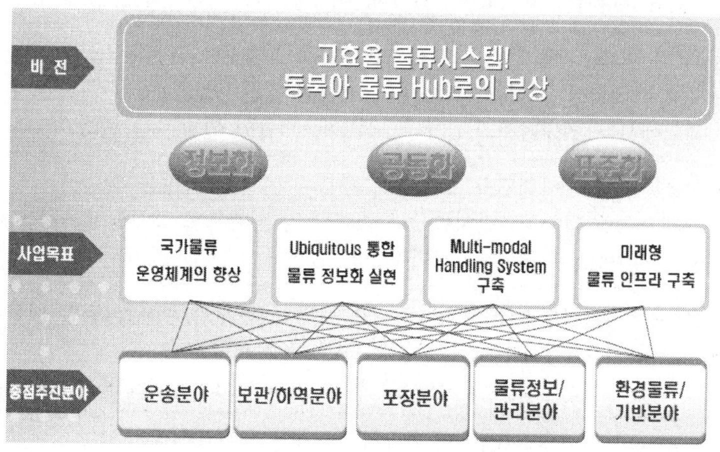


자료: 교통 R&D 중장기 계획수립 성과포럼 발표자료, 2007.5

물류분야는 전자상거래와 정보통신기술의 직접적인 영향을 받으므로 정부・기업・개인 등 경제주체의 의사결정을 지원할 수 있는 사용자 중심의 종합적인 물류정보망 구축과 다른 교통수단과의 연계를 통한 일관수송체계의 구축이 시급히 추진되어야 하며, 첨단 물류기술의 R&D도 적극 추진되어야 한다.

## 2. 물류기술 개발 동향

물류기술과 관련한 정부부처는 산업통상자원부, 국토교통부, 해양수산부, 교육부, 농림축산식품부 등이며, 물류표준화와 함께 첨단 물류기기나 물류시설의 기술개발을 추진하고 있다. 우리나라 물류기술은 외국 물류기술과 비교할 때 분야별로 약간의 차이는 있으나 대체로 선진물류기술 수준의 약 80% 수준에 머무는 것으로 파악되고 있다.

〈표 14-4〉 운송부문별 물류기술개발 동향

| 분 야 | 운송 하드웨어 부문 물류기술개발 동향 |
|---|---|
| 도로운송 | • 해외에서는 운송효율을 높이기 위한 대량운송 시스템이 개발되어 운영 중<br>• 진동, 온도 등에 민감한 화물을 안전하고 신뢰성 있게 운송하기 위한 특수 운송기술 개발<br>• 도로운송기술, Double Deck Trailer, Double Stack Trailer, Multi Trailer System, Road Train, 무진동차량 등 |
| 철도운송 | • 환경문제를 고려해 무공해 연료를 이용한 친환경 운송기술 개발<br>• 한 번에 여러 개의 컨테이너를 운송할 수 있는 대량 운송시스템 개발<br>• 도로운송에 대한 경쟁력 확보를 위해 화물열차의 속도를 증가시킨 고속화차 개발<br>• 철도운송기술로는 Double Stack Train, ECCO(Electric Cargo Conveyor) System, Cargo Rail Tram, SAFE Freight Shuttle, Sky Tech Transportation |
| 해상운송 | • 하역능력과 내륙 연계운송 시스템 중요시, 신개념 연안해운선박 개발 중<br>• 초고속선(일본, 미국)과 자가하역 바지선(유럽) 개발 중<br>• 해외에서는 초대형선과 U-Port 시스템 개발이 활발하게 진행 |
| 항공운송 | • 비용측면에서 여객기를 화물기로 개조하는 경우가 많음<br>• 세계적으로 공항물류단지를 조성하여 운영(싱가포르 창이공항 ALPS, UAE 두바이 공항 DAFZA, 네덜란드 스키폴공항 비즈니스 단지 등) |
| 연계운송 | • 운송분야별 장단점을 고려하여 운송수단간 연계성 확보를 위한 기술 개발<br>• 수송비 절감, 정시운송, 문전운송, 운송시간 절약 가능<br>• 열차페리, Piggyback, Bi-modal, Flexi-wagon, Cargo Speed, Modalorh |

자료: 노홍승, 「물류기술과 국가물류기술혁신 중장기 기본계획」, 국가물류기술혁신 중장기 기본계획 수립을 위한 국제세미나, 2008.10.30.

물류기술은 크게 하드웨어와 소프트웨어로 구분할 수 있다. 하드웨어 부문은 시설(facility)과 장비(equipment)와 관련된 기술을 의미하고, 물리적으로 보이지 않는 기술이나 정보 등은 모두 소프트웨어 범주에 포함된다고 볼 수 있다. 소프트웨어 부문은 단순한 물류정보를 취급하는 정보시스템뿐만 아니라 시설이나 장비를 효율적으로 운영하기 위한 운영시스템의 개념까지 포함한다. 또한 자동화된 시설이나 장비의 기계적 작동을 제어하기 위해 기계 내부에 내장된 프로그램은 기계시설이나 기계장비의 일부로 간주한다. 분야별 물류기술 개발동향은 다음과 같다.

〈표 14-5〉 보관부문 물류기술 개발동향

| 분야 | 보관 하드웨어 부문 물류기술 개발동향 |
|---|---|
| 국내 | • 각 물류센터의 기능에 맞는 최적 시스템 설계에 대한 투자 증가<br>• 각 업체의 성격, 취급품목 특성, 지역 특성에 맞는 물류센터 건설과 함께 작업자가 이용하기 용이한 물류센터 건설<br>• 무인반송차(AGV), 자동창고 Sorting, Picking 시스템, 입출고 무인화 기술, 로봇시스템, DAS, 자동 도크레벨러, 자동 컨베이어 기술 등 무인화/자동화 기술 수요 증가<br>• 보관시설(창고) 설계 등에 있어서 해외 기술 표준 차용요구 증가<br>• 초고층 자동화 창고의 개발 수요 증가<br>• 고단적재시스템(High-stack intellectual Storage System; HSS) 개발 |
| 해외 | • 일본은 세계 제1의 로봇자동화 국가로 개인 로봇 중심의 연구개발 활발<br>• 일본은 자동 이송장치, 자동창고에 사용되는 자동화 시스템, Sorting Transfer Vehicle 등 보관부문의 자동화 기술에 대해 기술적 선진화 주도<br>• 미국은 일본과 함께 무인반송기술 등의 선진기술 보유<br>• 미국은 세계 제2의 로봇 생산국(국가안보를 위한 중요기술로 지정)<br>• 미국은 3D Simulation을 통해 실제 시스템을 구축하기 전 입체적인 타당성을 검증한 후 보관 및 하역 시스템 구축<br>• 유럽은 AGV 기술-네덜란드 로테르담 컨테이너 터미널, 독일 함부르크 컨테이너 터미널, 벨기에 안트워프, 영국 Thamesport 등에 적용<br>• 유럽은 상하역 자동화 시스템-신개념 컨테이너 터미널 하역시스템, 인공지능형 이송장비 등에 대한 연구 수행(네덜란드)<br>• 유럽은 LMTT(Linear Motor-based Transfer Technology)시스템(독일), Cargo Domino Transport System(스위스) 등 기술 개발 |

자료: 노홍승(2008), 전게서.

〈표 14-6〉 하역과 포장 부문 물류기술 개발동향

| 분야 | 하역과 포장 하드웨어 부문 물류기술 개발동향 |
|---|---|
| 국내 | • 국내 상하역기기의 자동화 수준 미흡으로 인해 기계화/자동화 기술 개발 시급<br>• 포장 재료의 경우 환경친화형 재료에 대한 요구가 높아지면서 개발이 빠르게 진행되고 있으며, 특히 생분해성 플라스틱과 같이 환경을 오염시키지 않는 재료는 물론 기존 재료의 경우에도 재활용(Recycle), 재사용(Reuse), 감량화(Reduce)의 3R에 맞추어 개발<br>• 표준 회수용기 개발 및 시스템 구축, RFID기반 스마트 포장기술 개발 등 진행 |
| 해외 | • 컨테이너선의 대형화에 따라 항만설비의 대형화 추진, 이를 수용할 수 있는 설비 및 컨테이너 처리속도를 향상시키는 기술 개발 진행 중<br>• 첨단소재의 개발이 활발하며 나노, 각종 Active소재를 활용한 고차단재 및 식품의 보관수명을 연장하기 위한 항균포장재 등의 개발 활발<br>• 일본의 경우 포장기반기술 연구는 공업기술원 산하기관인 제품과학연구소와 각 지방공업시험장에서 수행하고 있으며, 실용화를 위한 핵심기술의 개발은 기업포장연구소와 관련 대학 등에서 산·학·연·관이 연계하여 추진<br>• 하역 자동화 시스템, 표준 회수용기 개발 및 시스템 구축, 회수물류비 절감을 위한 접이식 컨테이너 제작기술 개발 등 진행 |

자료: 노홍승(2008), 전게서.

〈표 14-7〉 정보화 부문 물류기술 개발동향

| 분야 | 정보화 소프트웨어 부문 물류기술 개발동향 |
|---|---|
| 국내 | • SCM 정보화 기술은 성숙기에 있으며 통합 솔루션 형태의 패키지가 강세<br>• 벤더들은 WMS의 개념을 포함한 확장 ERP의 개념으로 시장 진출<br>• SCM 솔루션 중 WMS에 비해 상대적으로 관심이 부족한 분야 |
| 해외 | • SCM 정보화 기술은 벤더들 간의 M&A를 통하여 모듈 보완<br>• SCM 정보화 기술은 ERP의 기본 기술을 이용하여 공급사슬을 통합하는데 주력<br>• WMS 기술 시장은 비교적 안정적이나 시장과다 현상이 일어나고 있는 상황<br>• TMS 기술은 지역적으로 TMS의 크기와 시장 분리 |

자료: 노홍승(2008), 전게서.

〈표 14-8〉 보안안전 부문 물류기술 개발동향

| 분야 | 보안안전 부문 물류기술 개발동향 |
|---|---|
| 국내 해외 | • 하드웨어 부문 : 컨테이너 보안장치-전자봉인, 스마트 컨테이너 등<br>• 하드웨어 부문 : 컨테이너 탐색장치-컨테이너 내부를 X-ray와 같은 주사선을 이용하여 이미지화 시키거나 기타 기술을 활용하여 이미지화 하지 않고 내부를 탐색<br>• 보안기술 부문 : 훼손 방지 및 훼손 불가능 Seals, Cargo Screening Technology, X-ray Screening, Explosive Detection Systems, Chemical Trace Detection Systems, 중성자 빔 기술, 강화 화물 컨테이너, 생체인식 기술 등 |

자료: 노홍승(2008), 전게서.

## 3. 물류기술 개발 정책 방향과 추진 분야

첨단물류기술 분야의 개발 정책 방향과 추진 분야를 요약하면 다음과 같다.

### 1) 물류기술 개발 정책 방향

① 운송 · 보관 · 하역 · 포장 등 물류의 각 단계에서 사용되는 물류기기 · 장비 간의 연계성 확보기술 개발

② 물류정보관련 공용데이터베이스 구축으로 물류서비스 최적화 제고

③ 교통수단간 정보연계 및 연계물류시설 · 장비의 개발을 통한 효율적 운영

④ 해외 물류망과 연동시스템을 구축, 확대하여 수출입 물류의 효율화 증대

### 2) 물류기술 개발 추진 분야

〈그림 14-4〉 물류기술 개발 추진 분야

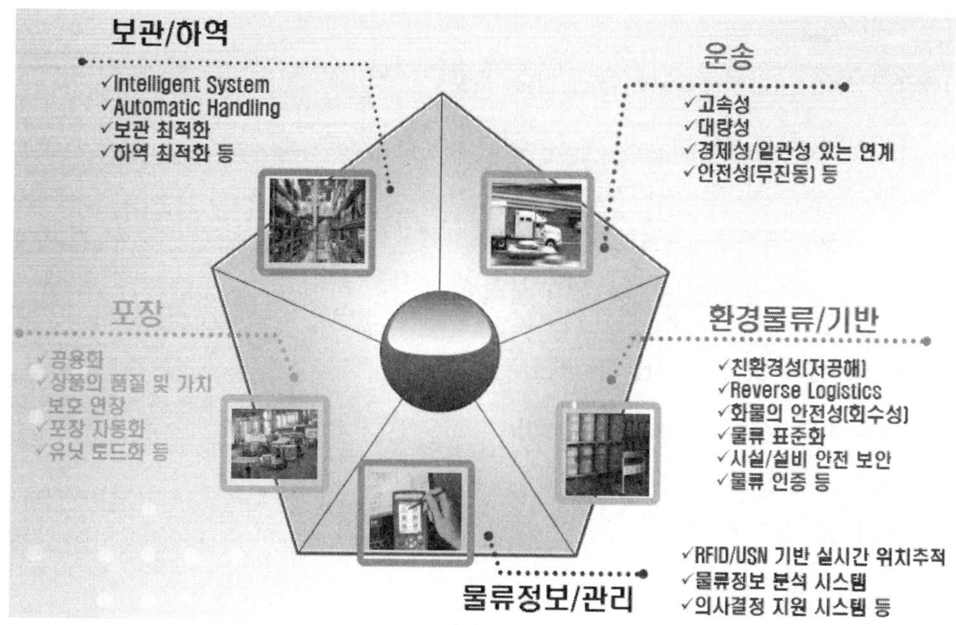


자료: 한국과학기술기획평가원, 「교통 R&D 중장기 계획수립 성과포럼 발표자료」, 2007.5.

〈그림 14-5〉 물류기술 중점 추진분야

| | |
|---|---|
| 운송 | 상품의 적재적소 공급을 위하여 수송수단에 의해 효율적으로 물자를 이동시켜 장소적 효용성을 창출하는데 필요한 기술 |
| 보관/하역 | 물품의 보관기술과 취급, 이동관련 하역 기술을 효율적으로 지원하기 위한 H/W, S/W의 물리적 시스템 지원기술 |
| 포장 | 물품의 생산에서 소비까지의 과정에서 물품의 보호/취급용이성/판매촉진 등을 위하여 물품에 시공하는 기술 |
| 물류정보 | 물품의 데이터를 첨단 기술을 활용하여 연계/수집/제공을 위한 Ubiquitous 환경에 적합한 물류시스템 구현 기반기술 |
| 물류관리 | 기업/국가의 물류정책에 대한 합리적인 의사결정 지원을 위해 필요한 과학적 물류 조사 및 분석기술 |
| 환경물류 | 물류의 전 과정을 통하여 환경 유해요소를 원천적으로 제거하거나 최소화할 수 있는 제반 활동에 필요한 기술 |
| 물류기반 | 선진 물류 시스템 도입/개발에 필요한 물류환경 기반기술 |

자료: 한국과학기술기획평가원, 「교통 R&D 중장기 계획수립 성과포럼 발표자료」, 2007.5

### (1) 물류시설의 생산성 증대를 위한 기술 개발

① 항만자동화 기술 개발

② 회수반송 기술 및 관리시스템

③ 지하 물류시스템

④ 복합운송을 위한 통관 표준화 시스템

### (2) 첨단물류장비 및 물류 자동화 관련 기술 개발

① 물류시설 운영 자동화 기술 개발

② AGV 무인반송시스템

③ 검품 및 상하역 자동화 기술

④ 무인 집배시스템

### (3) 물류시스템의 정보화 및 운영개선을 위한 기술 개발

① 인터넷기반의 화물 및 화물차량 추적시스템 개발

② 창고 운영 · 관리 시스템

③ POS 시스템

④ 물류정보관련 공용 DB 구축

### (4) 철도 화물연계 물류시스템 개발

① 복합일관화물운송체계 구축
② 종합물류거점 화물기지 개발
③ 물류 표준체계 개발

# 제4절 안전

## 1. 국제안전관리규약(International Safety Management Code ; ISM Code)

### 1) 제정배경

IMO는 그동안 해상안전 및 해양환경보전을 위해 선박 자체의 구조 · 설비에 관한 각종 기준을 강화해 왔다. 그럼에도 불구하고 대형 해난사고와 해양오염사고가 잇달아 발생하자 그 원인을 분석하였다. 전체 해난사고의 80% 이상이 선박 자체의 구조적인 결함이 아닌 인적요소(Human Factor)에 의한 것으로 나타났다. 1987년 3월 "Herald of Free Enterprise"호 전복사고에 의한 대형 인명피해 등을 계기로 인적과실 예방에 중점을 둔 새로운 시스템을 개발하기로 하였다.

### 2) 연혁

선박경영자 및 육상과 해상 종사자의 안전과 책임의식 제고로 자율적인 안전관리체제를 확보하도록 유도하기 위하여 1993년 10월 총회결의 제741호로 국제안전관리규약(ISM Code)을 채택하였고, 각국 정부가 이를 시행하도록 권고하였다. 또한, 1994년 5월에 개최된 국제해상인명안전협약 당사국 회의에서 ISM Code를 강제화하고 항만국통제시(Port State Control, PSC) 확인하도록 하였다.

### 3) 적용대상과 적용시기

ISM Code는 해운선사 및 선박의 안전관리 조직 및 절차 등에 대한 국제적 통일기준에 관한 규약으로서, 선사 및 선박이 자체실정에 맞는 안전관리와 관련된 모든 업무의 절차를 마련하여 조직 구성원들이 수립된 절차에 따라 안전관리 업무를 시행토록 하는 제도이다. 국제안전관리규약의 적용대상과 적용시기는 다음과 같다.

첫째, 국제항해에 종사하는 여객선, 총톤수 500톤 이상 위험물운반선과 살화물선은 1998년 7월 1일부터 국제안전관리 규약을 적용한다.

둘째, 국제항해에 종사하는 총톤수 500톤 이상 일반화물선 및 어획물운반선은 2002년 7월 1일부터 적용한다.

선박회사는 ISM Code A편(시행)의 12개 요소(Elements)를 반영하는 선박의 안전관리시스템을 구축하고, 회사의 육상조직과 선박에서 해당 그 시스템에 따라 안전관리를 이행해야 한다. 주관청(심사기관)은 Code B편(증서발급 및 검증)의 4개 요소에 따라 회사와 선박의 안전관리시스템의 적합성과 이행실태를 심사하고 인증서를 발급한다.

〈표 14-9〉 ISM Code의 주요 내용

| 요소 항목 | 내 용 |
|---|---|
| 안전관리시스템의 기능적 요건 등 | 안전관리의 목표를 정하고, 안전관리시스템을 구축하며, 이를 실행 및 유지 |
| 안전 및 환경보호 방침 | 회사의 안전관리목표를 달성하기 위한 방침을 명확히 설정 |
| 회사의 책임과 권한 | 선박안전과 환경보호에 관련된 업무를 수행하는 자들의 책임과 권한 명시 |
| 안전관리책임자 | 선박의 안전운항을 보장하고, 선박과 최고 경영층 간의 교량역할을 위해 안전관리책임자 지정 |
| 선장의 책임과 권한 | 선상 안전활동에 관한 선장의 책임과 권한 및 재량권을 분명히 하여 문서화 |
| 자원 및 인원 | 선장을 포함한 자격 있는 선원을 배승, 교육·훈련하고, 선상 안전활동을 위해 필요한 인적, 물적, 기술적 자원 제공 |
| 선박 안전운항 계획의 개발 | 안전운항과 환경보호에 관련된 주요 선상 업무지침(점검표 포함)을 개발하여 보급 |
| 비상대책 | 잠재적 비상상황을 식별해 내고, 비상대응계획을 세워 교육·훈련 |
| 부적합 사항, 사고, 위험상황의 보고 | 안전관리시스템의 실행과정에서 발견된 부적합 사항, 발생된 사고 및 위험상황 등을 회사 보고 |

자료: 해양수산부, 인터넷 자료.

선장은 DOC 사본과 SMC 원본을 본선에 비치해야 하고, 외국항에서 요구받으면 제시하여야 한다. 항만국(Port State)은 외국선박이 자국의 항만에 입출항시 증서의 비치 및 안전관리체제 이행 여부를 확인하고, 유효한 증서가 비치되지 아니하거나, 부적합 사항이 발견된 경우에는 출항통제 등의 조치를 취한다.

### 4) 국내 도입 우리나라 제도 도입

우리나라에서는 ISM Code의 도입을 위해 먼저, 1997년 5월 해양수산부 고시로 "국제안전관리규약시행을 위한 선박안전경영규정"을 제정 · 시행하였고, 1999년 2월에는 해상교통안전법을 개정하여 ISM Code를 국내법으로 수용하는 법적 근거를 마련하였다. ISM Code는 국제항해선박에 대하여 우선적으로 적용하고, 내항선에 대하여도 안전관리 능력을 제고하고자 2002년 7월부터 선박 종류에 따라 연차적으로 도입하였으며, 2003년 6월에는 해상교통안전법시행령 개정을 통해 200톤 이상 위험물운반선도 ISM Code 적용 대상에 포함시켰다.

## 2. 국제해상위험물규칙(IMDG Code)

### 1) 연혁

IMDG Code는 포장형태 위험물의 해상운송에 관한 국제규칙으로서 1965년에 제정된 이후 변화하는 산업의 요구에 발맞추고 모든 운송형태에 대한 기본적 요건을 결정하는 "UN권고"와도 조화를 이루기 위해 내용면에서 많이 변화되었다.

특히, 2004년부터 IMDG Code의 이행이 강제화되면서 위험물 해상운송에 관해서는 동 Code에 따르도록 되어 있다.

### 2) 주요 내용

IMDG Code는 당해 물질의 위험특성에 따라 제1급(화약류)부터 제9급(유해성물질)까지 분류한 후, 위험물의 표시 및 표찰, 포장 및 용기, 선적관련 서류, 컨테이너에 의한 위험물 운송, 적재방법 및 상호 간의 격리, 위험물의 화재 또는 유출시 비상조치, 인명손상시 응급의료 처치 등에 관한 사항을 규정하고 있다.

### 3) 표시 및 표찰

① 표시 · 표찰의 일반적 요건

표시·표찰은 쉽게 볼 수 있고, 읽기 쉬어야 하며, 포장화물을 해수에 적어도 3개월 동안 담가두었을 경우에도 포장화물상에 표시된 내용을 확인할 수 있어야 한다. 또한 포장화물의 외부 표면과 구별되는 색으로 표시하고, 본래 모양이 변형되지 않아야 하며, 용량이 450리터 이상인 중형산적용기(IBCs)에는 서로 반대되는 2곳에 표시해야 한다. 용기 및 컨테이너에는 각각 한변의 길이가 100mm와 250mm인 마름모꼴 형태의 표찰을 부착해야 한다.

② 표시의 종류

모든 포장위험물에는 해당 위험물의 명칭(적정선적명)과 이에 상응하는 유엔번호를 표시해야 한다. 위험물 명칭은 IMDG Code의 위험물 목록(DGL)상에 대문자로 표기된 부분을 말하며, 유엔번호는 IMDG Code상에서 각 위험물별로 지정된 고유번호로서 일부 위험물은 동일 위험물 명칭이라 하더라도 물질의 성상이나 농도에 따라 유엔번호가 다를 수 있다. 해양오염물질에 해당되는 경우에는 다음과 같은 표시를 해야 한다.

〈그림 14-6〉 해양오염물질의 표시

③ 표찰의 종류

표찰은 화약, 고압가스, 인화성액체 등 위험물의 종류별로 다음과 같이 부착한다.

100℃ 이상의 온도에서 액체 상태로 운송되거나 240℃ 이상의 온도에서 고체 상태로 운송되는 물질이 수납된 컨테이너 등과 같은 화물운송기구에는 고온주의 표시(elevated temperature mark)를 양 측면과 전 · 후단에 부착해야 한다. 훈증소독을 거친 밀폐형 화물운송기구에는 훈증소독 주의표시(fumigation warning sign)를 그 설비에 들어가고자 하는 사람이 쉽게 볼 수 있는 위치에 표시해야 한다.

〈그림 14-7〉 위험물별 표찰 종류

| 1급 화약류 | 2급 고압가스류 | 4급 가연성 고체 | 5급 산화성 물질 |
|---|---|---|---|
| 등급 1.1, 1.2 및 1.3 | 제2.1급 인화성 가스 | 제4.1급 가연성 고체 | 제5.1급 산화성물질 |
| 6급 독성물질 | 7급 방사성 물질 | 8급 부식성 물질 | 9급 기타 위험물질 |
| 등급 6.1 독성물질 | 제1종 - 백색 | | |

〈그림 14-8〉 고온 표시 훈증소독 주의 표시

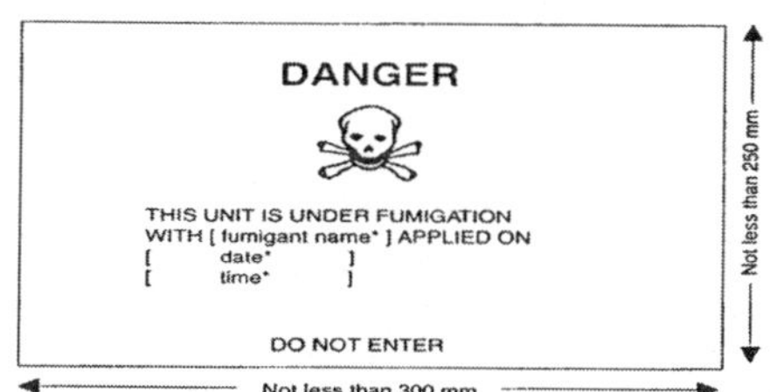


## 4) 적재 및 격리

① 적재

위험물을 선박에 적재할 때 위험물별로 지정된 선박의 종류(화물선 또는 여객선), 위험물을 적재할 수 있는 위치(갑판상부 또는 갑판하부) 및 적재방법 등에 관한 요건을 준수하여 선적시 안전을 확보해야 한다. 적재화물이 화약류인 경우, 품목별로 선박의 종류 및 위치 등 적재구분이 있으므로 해당 기준에 맞춰 적재해야 한다. 포장용기는 강재갑판(鋼材甲板)에 직접 놓이지 않도록 화물깔개를 사용해야 하고, 이동, 전도, 압괴 손상되지 않도록 적절한 결박(고박)을 하여야 한다.

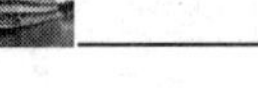

② 격리

만약 서로 다른 위험물들이 함께 적재될 경우 누출, 유출 혹은 사고로 인해 반응하게 되면 폭발, 화재, 독가스 발생 등 부적절한 위험을 초래할 수 있다. 따라서 상호 반응하기 쉬운 위험물들 간에 적절한 거리를 유지하여 위험을 방지토록 해야 한다. 격리구분은 반응위험의 정도에 따라 4가지로 나누고 있으며 각 위험물별로 격리표에 지정되어 있다. 분리적재(away from)는 수직투영면의 최소 수평거리가 3미터 이상 떨어져야 하며, 격리적재(separated from)는 수직투영면의 최소 수평거리가 6미터 이상 떨어져야 한다. 1구획실 또는 1화물창 분리적재(separated by a complete compartment or hold from)는 최소수평거리가 12미터 이상 떨어져야 하고, 1구획실 또는 1화물창 격리적재(separated longitudinally by an intervening complete compartment or hold from)는 최소수평거리가 24미터 이상 떨어져야 한다.

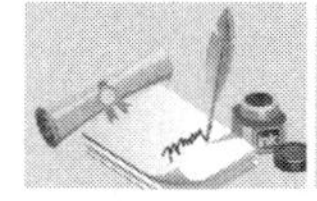

# 참고문헌


강종희 외, 「21세기 글로벌 해운물류」, 한국해양수산개발원, 2000.
곽규석 외, 「항만운영관리론」, 박영사, 2009.
곽현, 「국제물류운송론」, 보명Books, 2008.
경윤범, 「국제운송론」, 형설출판사, 2005.
교통개발연구원 · 한국철도기술연구원, 「대륙횡단철도 운영현황 조사 연구」, 2004.
구교훈 외, 「국제물류론」, 신지원, 2011.
구종순, 「해상보험론」, 박영사, 2010.
국토교통부부, 「교통안전연차보고서」, 각년도.
국토교통부, 「국토교통통계연보」, 각년도.
김근섭 외, 「한국 국제물류산업 선진화 방안 연구」, 한국해양수산개발원, 2010.
김수엽 외, 「항만물류보안산업의 발전방안 연구」, 한국해양수산개발원, 2009.
김영식 · 한대희, 「화물운송론」, 두양사, 2005.
김태현 외, 「전략적 물류경영」, 범한, 2011.
김찬호 · 이병진, 「국제물류운송론」, 보명Books, 2006.
김학용, 「항공업무관리」, 대왕사, 2011.
김현 외, 「컨테이너하역론」, 박영사, 2009.
김현덕 외, 「해운항만정책론」, 박영사, 2009.
나희승 · 손지언 · 조영걸, "대륙횡단철도 연계운영의 효율화를 위한 기초조사", 한국철도학회 춘계학술논문집, 2004.
나희승 · 황영진 · 박정진, "한반도 통합철도망을 위한 남북·대륙철도 상호연계기술 개발", Korea Rail Tech, 2007.
노창균 · 홍순경, 「위험화물 운송론」, 도서출판 두남, 2009.
노홍승, "물류기술과 국가물류기술혁신 중장기 기본계획", 국가물류기술혁신중장기기본계획 수립을 위한 국제세미나, 2008.10.
로지스틱스 21, 「물류관리사 2011 물류관리론」, 2011.
로지스틱스 21, 「물류관리사 2011 화물운송론」, 2011.
류동근 외, 「해운기업경영론」, 박영사, 2009.
대한교통학회 · 한국철도학회, 「국제철도시대에 대비한 대응전략 개발」, 2002.
민연주 · 박진영, 「국녹색물류체계 구축에 따른 온실가스 감축효과 추정모형 개발연구」, 한국교통연구원, 2010.
박명섭 · 김은주, 「국제운송의 이해」, 이앤비플러스, 2010.
박병주 · 이정석, 「녹색성장을 위한 일본 그린물류 정책의 시자점」, 2008.
박성철, 「국제운송물류론」, 학문사, 2008.
방희석, 「국제운송론」, 박영사, 2013.
백종실, 「화물운송론」, 박문각, 2011.
부산항만공사, 「부산항 컨테이너화물 처리 및 수송 통계」, 각년도.
서울시정개발연구원, 「서울시 대기환경 개선을 위한 그린물류 도입방안」, 2007.
송선욱, 「국제운송론」, 도서출판 두남, 2009.

송채헌 · 박종은, 「국제물류운송론」, 탑북스, 2011.
심종석 · 서민교, 「국제운송론」, 도서출판 두남, 2009.
안병민, 「북한의 철도현황과 한반도의 대륙연계철도망」, 2001.
연덕원, 「철도운송물류론」, 우송대학교, 2008.
오가영 · 서선애, 「국제물류운송론」, 무역경영사, 2012.
오원석, 「국제운송론」, 박영사, 2004.
우정욱 · 김형기 · 문종범, 「화주 및 복합운송업체의 모달쉬프트 여건조사」, 한국철도기술연구원, 2008.
원동욱 · 노상우, 「녹색성장을 위한 교통물류 협력방안 연구」, 2009.
유석형, "대륙횡단 철도운송의 현황과 발전전망", 「월간해양수산」, 한국해양수산개발원, 1992.
윤일현 · 유창권, 「화물운송론」, 형설출판사, 2008.
이미영 · 임영태 · 류재영, 「국가물류경쟁력 가화를 위한 복합교통수단 연계운송체계 구축방안 연구」, 국토연구원, 2010.
이성우 외, 「한국 국제물류산업 선진화 방안 연구」, 한국해양수산개발원, 2010.
이시환 · 김정회, 「국제운송론」, 대왕사, 2013.
이원동, 「화물운송론」, 도서출판 두남, 2010.
이철영 외, 항만물류시스템」, 박영사, 2009.
이태원, 「항공수송 입문」, 기문사, 2010.
임종길, 「화물운송론」, 신지원, 2014.
임석민, 「국제운송론」, 삼영사, 2014.
장팔선, 「화물운송론」, 범한, 2014.
전순환, 「국제운송물류론」, 한올출판사, 2010.
전일수, 「국제복합운송시스템」, 서울프레스, 1997.
전재경, 「화물운송론」, 도서출판 두남, 2011.
조갑진, 「신국제운송물류론」, 도서출판 두남, 2007.
조윤성, 「화물운송론」, 박문각, 2014.
차중곤, 「화물운송론」, 도서출판 두남, 2013.
최재선, 「국가물류보안체제 확립방안」, 한국해양수산개발원, 2007.
추창엽 · 김종권, 「국제화물운송론」, 도서출판 두남, 2004.
프레시안, 「미래로 가는 대륙철도, 그 꿈과 현실」.
한국과학기술기획평가원, 「교통 R&D 중장기 계획수립 성과포럼 발표자료」, 2007.
한국교통연구원, 「2012년도 국가물류비 산정 및 추이」, 2014.
한국교통연구원, 「국가교통DB구축사업」, 2002-2006.
한국교통연구원, 「녹색물류 인증제도 도입방안 연구」, 2009.
한국교통연구원, 「전국 지역간 화물통행량 분석」, 각년도.
한국철도기술연구원 · 서영엔지니어링·서울시립대학교, 「고속철도 개통 시너지 효과 극대화를 위한 철도시설 개량방안 연구」, 2007.
한국철도기술연구원, 「철도기술 국제화 연구」, 2005.
한국철도공사 물류사업단, 「업무현황」, 2014.
한국철도공사 인재개발원, 「화물영업실무」, 2009.
한국철도공사, 「철도통계연보」, 각년도.
한국철도공사, 「화물운송세칙」, 2015.
한국철도공사 물류사업단, 「업무현황」, 2015.

한국컨테이너부두공단, 「컨테이너 유통추이 및 분석」, 각년도.
한국무역협회, 「녹색물류 가이드」, 2010.
한국무역협회 국제물류하주지원단, 「녹색물류 경영전략」, 2009.
한국복합운송협회, 「복합운송의 이론과 실제」, 1996.
한국복합운송협회, 「복합운송실무」, 1997.
한국복합운송협회, 「항공운송실무」, 2004.
한국해운조합, 「연안해운통계연보」, 각년도.
한낙현 · 정준식, 「물류관리론」, 형설출판사, 2006.

〈외국문헌〉
池田博行 · 松尾光芳, 「現代交通論」, 税務経理協会, 1994.
市来清也, 「国際物流要論」, 東洋経済新報社, 1989.
石井晴夫, 「現代の公共事業ー規制緩和時代の課題と展望ー」, NTT出版, 1996.
今城光英, 「鉄道改革の国際比較」, 日本経済評論社, 1999.
宇沢弘文, 「自動車の社会的費用」, 岩波書店, 1974.
大阪商船三井船舶, 「国際複合輸送の知識」, 1994.
織田政夫, 「海運経済論」, 成山堂書店, 1984.
加藤修, 「国際物流のリスクと保険」, 日通総合研究所(白桃書房), 1990.
川嶋弘尚 · 根本敏則, 「アジアの国際分業とロジスティクス—生産 · 物流から見えるアジアそして 日本」, 勁草書房, 1 998.
経済協力開発機構 · 丸茂新, 「国際航空輸送政策の将来 — グローバルな変化に対応して」, 日本経済評論社, 2000.
小林晃, 「21世紀の国際物流」, 文真堂, 2002.
土居靖範 · 柴田悦子·森田優己 · 飴野仁子, 「交通論を学ぶ」, 法律文化社, 2006.
戸崎肇, 「航空の規制緩和」, 勁草書房, 1995.
式城正長, 「国際交通論」, 税務経理協会, 1998.
スティーブンA. モリソン · 郭賢泰, 「規制緩和の経済効果」, 日本評論社, 1997.
柴田悦子, 「物流経済を考える」, 成山堂書店, 2000.
鈴木暁, 「国際物流の理論と実務」, 成山堂書店, 2000.
速水保 · 山野邊義方, 「交通経済の理論と実務」, 成山堂書店, 1995.
平野一徳, 「国際物流の構造改革」, 文芸社, 2002.
廣岡治哉 · 岡村広, 「現代の物流」, 成山堂書店, 1994.
堀雅通, 「現代欧州の交通政策と鉄道改革」, 税務経理協会, 2000.
中田信哉, 「運輸業の市場開拓と競争」, 白桃書房, 2009.
中田信哉, 「現代物流システム論」, 有斐閣, 2003.
日本政策投資銀行, 「調査報告書」, 2006.
宮下国生, 「日本の国際物流システム」, 千倉書房, 1994.
山上徹, 「国際物流概論」, 白桃書房, 1988.
山岸寛, 「海上コンテナ物流論」, 成山堂書店, 2004.
山本弘文, 「交通 · 運輸の発達と技術革新」, 法政大学出版局, 1986.

www.greenlogistics.org.
국토교통부(http://www.molit.go.kr)

한국교통연구원 동북아 · 북한교통정보센터(http://www.nk-koti.re.kr)
한국해양수산개발원(http://www.kmi.re.kr)
해양수산부(http://www.mof.go.kr)
한국철도공사 철도물류정보서비스(http://logis.korail.go.kr)

# 찾아보기

**▌바▐**



**▌사▐**

**| 아 |**

**| 자 |**

**D**



**E**



**F**

▌L▌



▌M▌



▌N▌



▌O▌



▌P▌

‖ U ‖



‖ V ‖



‖ W ‖



‖ Y ‖

## 공저자 약력

### ■ 백종실

한국해양대학교 졸업(학사)
한국외국어대학교 해운경영학과(경영학 석사)
중앙대학교 무역학과(경영학 박사)
한국해양수산개발원 물류전략팀장
물류관리사 자격시험 선정위원 및 출제위원
물류관리사 시험위원회 위원
경기도 물류정책위원회 위원
국무조정실 물류유통분야 규제완화 실무위원
국방부 규제완화위원회 위원
종합물류기업인증 심사위원, 국가교통DB 점검단
한국해운물류학회 부회장, 한국로지스틱스학회 상임이사
한국국제상학회 편집위원장, 한국물류학회 이사
현, 평택대학교 무역학과 부교수

• **저서**
물류관리론(2013년, 도서출판 두남)
화물운송론(2011년, 박문각)
해운항만정책론(2009년, 박영사)

### ■ 김영민

중앙대학교 경영학박사(운송물류 전공)
한국산업경제연구원 유통연구실 연구원
APEC산업전략연구원 유통물류실 선임 · 책임연구원
물류경영연구원 책임연구원
물류관리사 자격시험 출제위원
한국능률협회컨설팅 한국의 경영대상 심사위원
중소기업청 중소기업 규제영향평가 자문위원
백석대학(전 천안외국어대학) 국제무역과 조교수
한국물류학회 이사 및 편집위원 역임/한국유통경영학회 이사 및 편집위원
현, 서울사이버대학교 국제무역물류학과 부교수

• **저서**
물류관리론(2013년, 도서출판 두남)
물류관리론(2011년, 박문각)
물류관련법규(2009년, 도서출판 두남)
물류관리론(2006년, 서울사이버대학교 출판부)

### ■ 우정욱

일본 메이지(明治)대학교 상학박사(교통론 전공)
인하대 정석물류통상연구원 연구교수 역임
일본물류학회, 일본교통학회, 일본해운경제학회 회원
한국경영교육학회 이사, 한국녹색물류학회 이사, 한국철도학회 논문편집위원
물류관리사 출제위원 및 선정위원
현, 한국교통대학교 철도경영물류학과 교수

• **저서**
물류관리론(2013년, 도서출판 두남)
물류관리론(2011년, 박문각)

인 지

**국제운송론 – 개정판**

초　판 1쇄 발행 —— 2011년 8월 30일
초　판 2쇄 발행 —— 2012년 8월 15일
개정판 1쇄 발행 —— 2015년 8월 25일
지은이 —— 백 종 실·김 영 민·우 정 욱
펴낸이 —— 전 두 표
펴낸데 —— 도서출판 두남
서울시 강동구 성내로 6길 34-16 두남빌딩
신 고: 제25100-1988-9호
TEL : 02) 478-2065, 2066, 2067, 2311
FAX : 02) 478-2068
E-mail : dunam1@unitel.co.kr
http://www.dunam.co.kr

**정가 28,000원**

ISBN 978-89-6414-618-7　93320